아랍에서 출발한

이슬람의 역사와 문화

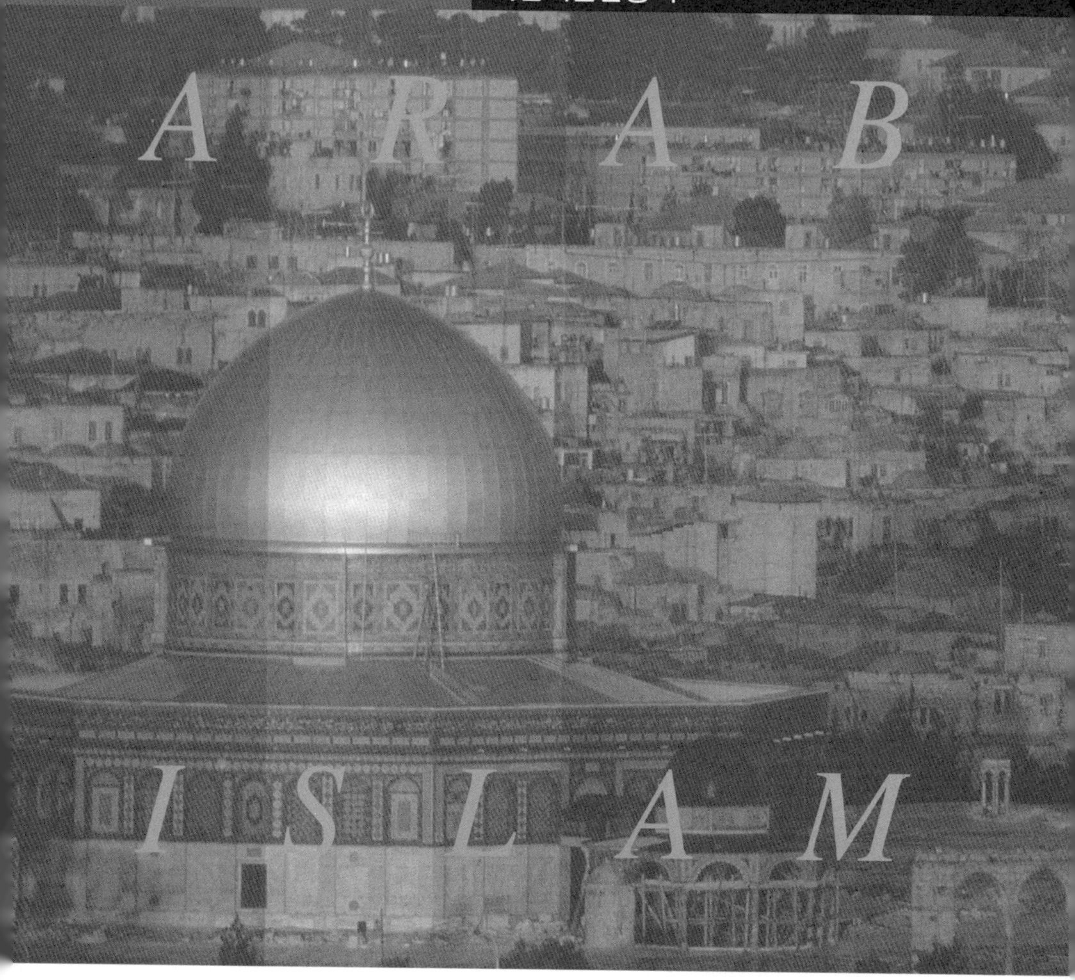

아랍에서 출발한

이슬람의 역사와 문화

최영길 저

세창출판사

아랍이슬람총서 002

아랍에서 출발한
이슬람의 역사와 문화

초판 1쇄 발행 2009년 11월 10일
초판 2쇄 발행 2014년 1월 25일

-

지은이 최영길
펴낸이 이방원
편　집 김명희 · 안효희 · 조환열 · 강윤경
디자인 손경화 · 박선옥
마케팅 최성수

-

펴낸곳 세창출판사
신고번호 제300-1990-63호
주소 120-050 서울시 서대문구 경기대로 88 (냉천빌딩 4층)
전화 02-723-8660
팩스 02-720-4579
이메일 sc1992@empal.com
홈페이지 http://www.sechangpub.co.kr

-

ISBN 978-89-8411-288-9 94300
978-89-8411-272-8 (세트)

값 30,000원

이 도서의 국립중앙도서관 출판시도서목록(CIP)은 서지정보유통지원시스템 홈페이지(http://seoji.nl.go.kr)와
국가자료공동목록시스템(http://www.nl.go.kr/kolisnet)에서 이용하실 수 있습니다. (CIP제어번호: CIP2009003427)

서 문

13세기 몽고에서 시작된 칭기즈칸의 정복은 7세기 아라비아 반도에서 시작된 예언자 무함마드의 정복에 비유할 수 없을 정도로 훨씬 방대한 지역에 이르렀으나 지금은 몽고인들이 살고 있는 땅 이외에는 아무것도 남기지 못했다. 반면에 무함마드의 이슬람 정복은 서남아시아에서부터 중앙아시아, 중동, 아프리카 중·북부에 걸쳐 55개 이슬람 국가권을 형성했으며 전 세계 인구의 5분의 1을 넘는 16억 이슬람인을 만들었다.

전 세계 거의 모든 문화가 생성과 소멸의 과정을 반복하여 왔지만 이슬람 문화는 7세기 초에 생성한 이래 1,400년이 지난 오늘날까지도 소멸의 과정을 단 한 번도 거치지 않고 꾸준히 발전하면서 민족과 언어를 초월한 단일 공동체의 이념과 사상, 역사와 문화, 현세와 내세를 동시에 구속하는 독특한 문화를 유지·발전시켜 나가고 있다.

우리는 지금 지구촌 전체를 우리의 일터로, 세계인 모두를 우리의 친구로 만들어 가는 역사 이래 가장 중요한 시점에 와 있다. 우리는 다행과 불행의 역사적 흐름 속에서 불교문화, 유교문화 그리고 기독교문화에 친숙해져 있다. 그러나 우리는 이슬람 문화와 그 역사에 대해서는 소홀히 해왔을 뿐만 아니라 때로는 무지하고 때로는 미개인의 열등한 종교 문화로만 매도하여 버리는 버릇이 있다.

이슬람 문화와 역사에 대한 우리의 잘못된 편견과 무지는 거대한 인구와 방대한 지역을 형성하고 있는 이슬람 세계를 우리의 일터로, 그들을 우리의 친구로 만들어 가는 데 도움이 되지 않는다. 우리의 역사와 문화가 바르게 이해되기를 바라는 것처럼 이슬람세계의 역사와 문화를 바르게 이해하여 문화적 충돌 없이 서로 공존하는 세계 속의 이웃을 만들어 가는 데 일조하는 것이 본서 집필의 목적이다.

카사블랑카로 가는 기내에서

2009년 5월 24일

저 자

차 례

제1장

무함마드와 이슬람의 부활 (570 ~ 632 A.D.)

이슬람 이전 아라비아 반도의 상황

이슬람 이전의 아라비아 역사는 유감스럽게도 다음 두 가지 이유로 정확하게 기술할 수 없다. 첫째는 정치적 통합의 결여에서 비롯된다. 대다수의 아라비아 반도 주민들은 유랑생활을 하면서 살았다. 이들의 생활은 고난과 수난의 삶이었고 목축업에 적합한 한정된 지역을 둘러싸고 부족 간에 생존경쟁을 위한 끊임없는 투쟁의 연속이었기 때문에 정치적 통합이 불가능하였다. 둘째는 무지(無知)와 문맹(文盲)으로 우마위야조(750 A.D.) 말기까지는 아라비아의 역사적 사실들을 기록할 수가 없었다. 그 결과 이슬람 이전의 아라비아 역사를 알기 위해서는 입에서 입으로 전하여 내려온 구설(口舌)과 역사가의 양심적 기록에 의존할 수밖에 없다.

아라비아 반도는 홍해와 인도양 그리고 아라비아만[1]에 둘러싸인 아시아 대륙 남서부에 위치하고 있는 약 300만 평방킬로미터의 거대한 지역이다. 이 반도의 지형은 대부분이 사막으로 형성되어 있으며 지역에 따라 오아시스(Waha)가 있는 곳에는 물과 종려나무 열매[2]가 있었을 뿐이다.

지형은 모래언덕과 산악지대로 산에는 나무 한 그루 풀 한 포기 없는 앙상한 암벽으로 태양이 내리쬐는 오후가 되면 쇠붙이가 대장간 화로에서 달구어진 것처럼 검붉게 보이고 모래에 뒤덮인 산들은 눈 덮인 산처럼 하얗거나 불그스레하다. 산들은 벌거벗은 나체이며 색깔도 가지가지이다. 불에 달구어 놓은 것처럼 보이는 붉은 산, 새까맣게 타버린 듯한 화산대지, 은광이 파묻혀 빛나는 것처럼 보이는 노르스름한 산, 인황이 매장되어 있는 밤색의 산, 그런가 하면 온통 새하얀 모래로 덮여 있는 흰색의 산이 형성되어 있다.

폭우가 쏟아져 생긴 듯한 계곡들 사이에 사막 유목민들이 살 수 있는 물이 있다. 물이 있는 곳에는 가축이 먹을 풀과 유목민이 유용하게 사용할

1_ 페르시아어를 사용하는 이란 사람들은 페르시아만으로 표기하고 있다.
2_ 아랍어로는 나클(Nakhl)이라고 하며 열매는 따므르(Tamr)라고 부른다.

수 있는 종려나무가 있었다. 그러나 오아시스가 없는 광대한 대지는 버림받은 땅이었다. 황량한 사막은 저주받은 땅이라고 생각했을지 모른다. 루브으 칼리(Rub Al--Khaali)라고 불리는 거대한 사막은 생명체가 없는 죽음의 바다였기에 사람이 횡단하기조차 어려운 곳이었다. 아라비아 반도에서 가장 큰 것으로 알려져 있는 다흐나(Dahna) 계곡은 경작이 가능한 기름진 지역이다. 이따금 내리는 가냘픈 비는 사막의 먼지를 씻어주고 달아오른 열기를 식혀줄 정도의 강우량도 안 되지만 이 비는 원주민들에게 어떤 무엇과도 바꿀 수 없는 생명수 같은 것이다.

한편 오아시스를 찾아다니며 생활하는 베두인들은 한 장소에서 오래 머물지 못한다. 물이 마르면 또 물이 있는 다른 곳을 찾아서 떠나야 하기 때문이다. 물을 찾아 이동할 때 영혼과 육체가 함께 떠났다. 영혼과 육체가 동시에 떠나기 때문에 이들에게는 농경지대에서 오랫동안 살아온 정착민이 갖고 있는 고향에 대한 향수(鄕愁)나 애향심(愛鄕心) 같은 것이 별로 없다. 그들의 고향은 태어나 뛰어놀던 곳이 아니라 물이 있는 오아시스가 있는 곳이다. 물은, 땅속 깊은 지하층에 고인 것을 펌프로 끌어올리는 아흐사(Ahsa)라 불리는 물이 있고, 하늘에서 내린 빗물이 있다. 지역에 따라 강우량의 차이는 있지만 1년 동안에 2~3차례밖에 내리지 않는 비는 그들의 갈증도 해소시킬 수 없는 소량에 불과하였다. 물을 저장하여 이용할 수 있는 시설도 없었거니와 초기 아랍인들은 그런 생각도 갖고 있지 않았다. 그러나 예멘 사람들은 일찍부터 마으립(Ma`rib) 댐을 만들어 사용함으로써 농경산업을 발전시켰다. 예멘을 제외하고는 아라비아 반도에 내리는 연강우량은 거의 전무할 정도다. 그나마 겨울철에 내린 비마저도 메마른 사막의 대지가 흡수하여 버리고 만다.

아랍인의 시조는 예멘에서 비옥한 영토를 이용하여 농경생활을 영위하면서 문화생활을 즐겼던 까흐탄(Qahtan) 족과 예언자 아브라함의 후처에게서 태어난 이스마엘의 후손 아드난(Adnan) 족이 있다. 이들은 반도 중심부와 두 성지 메카(Mecca)와 메디나(Al--Madina)를 축으로 한 헤자즈(Hijaz) 지역에 정착하여 살고 있었는데 B.C. 750년경에 만들어진 것으로 알려진 마으리브 댐이 B.C. 120년경에 붕괴되자 남부 까흐탄 족의 아랍인들이 북쪽으로 이동하여 오면서 북부 아랍인들과 혼합되었다. 이들 남부 아랍인들이 북쪽으로 이동하여 히라(Hira)와 가산(Ghassan), 두 왕국을 건설하였다고 역사가들은 기술하고 있다. 꾸란은 시바(Siba) 여왕 시절의 예멘 사람들이 영광을 누리고 명성을 떨쳤다는 것을 입증하고 있다. 시바 사람들이 아프리카로 넘어가 아비시니아 왕국을 건설하기도 하였다. 시바 여왕이 솔로몬을 방문했다는 기록에서 두드러지게 나타나고 있다. 솔로몬 왕과 사랑에 빠졌다는 설도 있다. 그러나 시바 여왕이 꾸란에 언급된 것으로 보아 그 시대의 가장 위대한 통치자의 한 사람으로 볼 수 있으나 솔로몬 왕이 보낸 서신을 접수한 후 백성들에게 두려움의 연설을 했던 것으로 미루어 보아 강한 왕국은 못 되었던 것 같다.

《여왕이 말하기를, 왕들이 어느 나라를 쳐들어 갈 때는 그 나라를 파괴하고 그 나라의 백성들을 비참하게 하나니 마찬가지로 그들도 그러하리라.》(Qu. 27:34)

이러한 내용의 서신을 받아 본 솔로몬 왕은 사신을 통하여 시바 여왕에게 경고서한을 보냈다.

《그들에게 가서 말하라. 우리는 그들이 대적할 수 없는 군대를 이끌고 가서 그들을 추방할 것이니 그들은 불명예스러운 굴욕을 맛보게 될 것이라.》(Qu. 27:37)

아랍인들은 여러 신들을 신봉하면서 신들을 모시는 성역을 두었고 신들에게 제물을 바치기도 하였다. 당시 시리아 아랍인들은 기독교를 믿고 있었으나 신도는 많지 않았으며 아라비아 반도 중부와 남부지역에도 일찍이 기독교가 들어와 있었으나 교세가 확장되지 못한 것은 로마 교황들의 무관심에서 그 원인을 찾고 있다. 아랍인들 중에는 유대교인들도 있었지만 교리를 전파할 수 있는 신학적 지식이 결여되어 있어 메디나와 그 밖의 지역에 소수의 신도밖에는 두지 못했다. 당시 아라비아 유목민들의 종교는 고대 셈 족처럼 각 부족마다 수호신을 두고 있었다. 개인의 구원을 위한 신이 아니라 한 부족의 안녕과 행운을 빌기 위한 신들을 모시고 있었던 것이다. 가장 유명한 부족 신(神)들로는 타이프(Taif) 지역 사람들이 숭배했던 라트(Lat) 신과 메카와 메디나를 축으로 하여 해변가 사람들이 믿었던 마나트(Manat)와 웃자(Uzza) 신이 있다. 떠돌아다니던 유목민들은 보자기에다 그들의 신상(神像)을 모시고 다녔으며 심지어는 전쟁터에까지 가지고 나갔다. 메카 카으바(Kaaba) 신전 주변에도 360여 종의 우상들이 있었는데 예언자 무함마드가 속해 있었던 꾸라이쉬 부족이 이 신전을 수호하고 있으면서 타 부족에 대한 종교적 행사권까지 갖고 있었다. 예멘과 메소포타미아 상부지역에 살고 있던 시바인들은 별과 유성들을 숭배하였고, 페르시아와 아라비아만 동부, 특히 바레인 사람들은 불을 숭상하였다. 베두인들은 달을, 그리고 농부들은 태양을 숭배하였다. 이집트에서는 라(Raa)를, 그리고 바빌로니아에서는 태양을 신으로 모시고 있었는데 이들은 종교가 선과 악의 힘을 갖고 있는 것으로 생각하였다.

이렇듯 미신과 우상숭배 사상이 지배적이었던 환경에서도 일부 아랍인들은 절대자 유일신이 있을 것이라고 확신하고 있었다. 남부 지역에서는 소수 왕국들이 몰락하면서 힘의 공백이 생겼다. 상권도 로마에 빼앗기고 말았다. 북부를 장악하고 있던 헤자즈 지역의 부족들이 힘의 공백이 생긴 남부를 장악하면서 전 아라비아 반도를 통일할 수 있는 기회를 갖게 된 것이다. 유일신의 존재를 믿고 있었던 북부 아랍인들을 하니프(Hanif)라 불렀다. 잘못된 신앙생활을 회개하고 유일신의 인도를 받는 올바른 신앙인들이란 뜻이다. 이 어휘는 꾸란에서 발견된다.

《아브라함은 유대인도 아니었고 기독교인도 아닌 유일신을 경배한 하니프로 다신을 믿지 아니했노라.》(Qu. 3:67)

아브라함은 유일신교의 신자로서 별과 천체에 관한 지식이 뛰어났을 뿐만 아니라 물리와 그 이면의 영적 세계까지 관찰하였다는 것을 꾸란은 암시하고 있다.

《밤이 되면 별을 보고, '이것이 나의 주님이란 말인가'라고 중얼거리다가 사라지는 것을 보고, '나는 사라지는 저 별을 좋아하지 않습니다.'라고 말했노라.》(Qu. 7:76)

《환하게 떠오르는 달을 보더니, '이것이 나의 주님이란 말인가'라고 중얼대다가 지는 달을 보고는, '나의 유일신이 나를 인도하지 아니하시면 나는 분명 방황하게 될 것이라.'라고 말했노라.》(Qu. 6:77)

《찬란하게 떠오르는 태양을 보고, '이것이 나의 주님으로 가장 위대하단 말인가'라고 하더니, 지는 태양을 보고는, '백성들이여! 나는 다신교를 믿지 않노라.'라고 말했노라.》(Qu. 6:78)

《나는 실로 천지를 창조하신 그분만을 경배하는 하니프로 그분 외에 다른 신을 두지 않음이라.》(Qu. 6:79)

무함마드의 생애

무함마드 족보

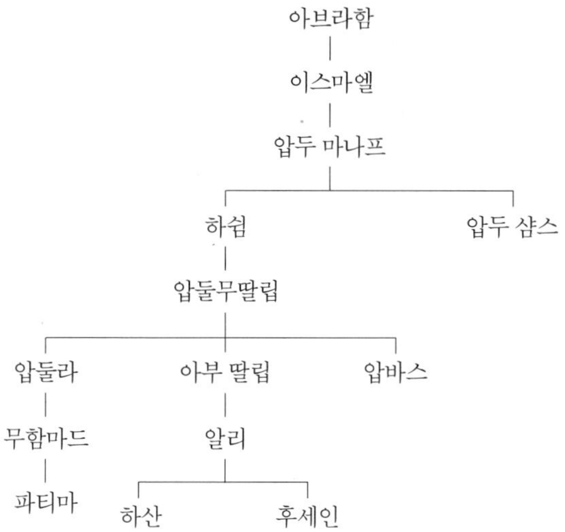

예언자 이전 시절

아라비아 반도 전역에 만연된 미신과 우상숭배 사상을 타파할 정신적 지도자가 절실히 요구되고 있던 시기에 무함마드(Muhammad)[3]가 출현한 것이다. 그는 A.D. 570년 4월 20일 메카에서 유복자로 태어났다. 부친 압둘라는 신혼 3일 만에 시리아를 다녀오는 대상 길에서 사막의 열병으로 사망하였다. 그 당시 아랍사회의 귀족들 사이에는 남자 아이가 태어나면 사막의 유목민 유모에게 맡겨서 키우는 전통과 관습이 있었다. 공기가 깨끗한 방대한 사막에서 담력과 독립성을 길러 가족 또는 그가 속해 있는 부족의 지도적 역할을 할 수 있도록 하는 데 그 목적이 있었다. 유모 슬하에서 자라다가 예닐곱 살이 되면 부모에게로 돌아오게 된다.

3_ 칭송과 찬양을 받을 자라는 의미를 담고 있다.

무함마드를 맡아 길렀던 유모 할리마(Halima)는 그가 네 살이 되었을 때 생모 아미나(Amina)에게로 데려왔다. 유모가 속해 있는 부족이 장차 무함마드로 인하여 큰 재앙을 받을 것이라는 점쟁이의 점술에 따라 유모의 부족 사람들이 그를 살해하려 했기 때문에 일찍 데려왔다는 설과 무함마드의 가정이 넉넉하지 못하여 유모에게 양육비를 지불하지 못한 것이 그 원인이었다는 설이 있다.

설상가상으로 그가 여섯 살이 되었을 때 모친마저 세상을 떠났다. 메디나에 있는 친정을 다녀오는 길목에서 열사병으로 세상을 떠난 것이다. 고아가 된 그는 조부 압둘무딸립(Abd al-Muttalib)의 슬하에서 보호를 받게 되었으나 여덟 살이 되었을 때 조부마저 세상을 떠나고 말았다. 그 후부터 그는 삼촌 아부 딸립(Abu Tal-ib) 집에서 더부살이를 하였다. 가난한 삼촌집의 가사를 돕기 위해 품삯을 받고 양치는 목동생활로 유년기를 보내면서 밤하늘을 벗 삼아 외로움과 고독을 달랬다. 밤하늘과의 대화가 우주를 관찰하고 명상에 잠길 수 있는 기회를 만들어 준 것이다.

그는 열두 살이 되면서 시리아와 예멘 지역으로 대상무역을 떠나는 삼촌을 따라다녔다. 여행에서 보고 들은 것도 많았지만 사막 노숙에서 밤하늘과의 대화는 그의 외로움을 달래주는 사랑의 어머니가 되었고 다정한 친구가 되어 주었다. 반복되는 상거래 여행에는 남다른 상술도 터득했다. 어릴 때 잃었던 것을 그의 대상무역 여정에서 찾게 된 것이다. 교육을 받을 수 없는 환경이었으나 나라 밖의 문물을 직접 보고 들을 수 있었고 일찍이 부모를 잃어 사랑의 대화를 나눌 수 없었으나 아무도 없는 사막의 밤하늘과의 대화에서 친구를 발견하였다. 가난하여 어렵게 살았지만 그 여정에서 물질적 여유를 얻었다. 이러한 그의 경험에서 그는 지식을 얻기 위한 해외여행을 강조하였다.

《중국에까지 가서라도 문물을 배워야 합니다. : Utlub Al- ilma wa law bi Sin》

그가 상술에 탁월한 재능이 있다는 소문이 퍼져 나갔다. 당시 메카에서 대상무역의 가장 큰 재력가로 널리 알려진 카디자(Khadija)가 그에게 대리무역을 위탁하였고 이 제의를 수락한 그는 그녀가 만족할 정도로 실적을 올렸다. 그는 상술에도 뛰어났지만 여인들이 좋아하는 미남형에다 성실하고 정직했다는 기록도 있다. 이러한 조건을 갖추고 있었다면 그를 좋아하지 않을 여성이 없었을 것이다. 그를 대리인으로 고용한 미망인도 예외는 아니었다. 그녀는 두 번 결혼한 경험이 있는, 그보다 열다섯 살이나 더 많은 마흔 살의 미망인이었다. 이 여인의 청혼이 있었을 때 그는 그녀를 결혼할 대상자로서 그리고 따뜻한 어머니 같은 사랑의 대상자로서의 느낌을 가졌을 것으로 생각된다.

예언자 시절

그는 결혼한 다음에도 밤하늘과의 대화를 계속했다. 때로는 인적이 없는 산 동굴로 들어가 명상에 몰입하는 시간을 자주 가졌다. 그러던 어느 날 사우르(Saur) 산등성이에 있는 히라(Hira) 동굴에서 예전처럼 명상에 심취되어 있을 때 영적 반려자를 만났다. 이때가 그가 40세 되던 해, A.D. 610년으로 이슬람역사의 가장 큰 사건이었다. 꾸란은 그가 만난 영적 반려자를 알라(Allah) 하나님의 심부름으로 내려온 가브리엘 천사장이라고 언급하고 있다. 알라께서 그분의 말씀을 전달하라는 명령이 있어 그분의 말씀을 전하기 위해 왔다고 했다. 알라께서는 무함마드가 글을 읽을 수도 없고 쓸 줄도 모르는 무학자(Ummi)이므로 구두로 전달한다고 하면서 첫 계시를 내렸다.

> 《만물을 창조하신 그대 주님의 이름으로 읽으라. 그분은 한 방울의 정액으로 인간을 창조하셨느니라.…》 (Qu. 96:1~2)

알라의 계시는 간헐적으로 전달되었다. 무함마드는 알라의 계시를 전달받아 메카 사람들에게 전파했지만 미신에 빠져 있었고 여러 우상들을 구세주로 믿어 왔던 그들이 무함마드를 따를 리가 없었다. 오히려 그를 정신 나간 정신병 환자로 취급하여 버렸다. 그러나 그는 가족과 빈민층 젊은 이들을 상대로 알라의 유일신 사상을 비밀리에 전파해 나갔다. 그의 아내 카디자가 그를 따르는 최초의 여성 무슬림이 되었고 이어서 그가 어릴 때 더부살이를 했던 삼촌 아부 딸립의 아들 알리(Ali), 양자(養子)로 데려온 자이드(Zadi bin Harith), 당시 메카 꾸라이쉬 부족 중에서 가장 명성이 높았을 뿐만 아니라 상권을 주도했던 아부 바크르(Abu Bakr)가 이슬람을 받아들였다. 3년 동안 조용히 유일신 교리를 전파하는 동안 그를 따르는 사람들이 늘어나자 그가 속해 있던 꾸라이쉬 부족이 그와 그의 추종자들을 학대하고 박해하기 시작하였다. 그의 삼촌 아부 딸립이 그를 보호하였지만 역부족이었다. 그가 계시를 받은 지 5년째가 되던 A.D. 615년, 박해를 받고 있던 남녀 100여 명을 지금의 에티오피아로 피신을 시켰다. 당시 아비시니아로 불리어졌던 에티오피아는 기독교 국가였지만 같은 알라 하나님을 믿는 백성이라 하여 그들을 친절히 대접하였다.

그 후에도 우상숭배와 미신을 타파하자는 무함마드의 외침은 큰 호소력을 갖게 되었다. 추종자들이 크게 늘어나자 이들에 대한 꾸라이쉬 부족의 학대와 박해는 더해갔다. 견디다 못한 무함마드와 그의 추종자들이 메카에서 북쪽으로 약 450킬로미터 떨어진 메디나로 피신하여 갔다. 이와 같이 정치적 혹은 종교적 박해를 피하여 안전한 곳으로 망명이나 피신하는 것을 히즈라(Hijra)라고 한다. 그가 그의 추종자들과 함께 메카를 떠나 메디나에 도착한 때는 그가 쉰세 살 되던 해, A.D. 622년 6월 16일이다. 이 날이 이슬람 역(曆) 혹은 히즈라 역(曆)의 기원이 되었으며 이 해를 기준으로 하여 이전의 역사를 암흑 또는 무지의 시대(Jahiliyah), 그 이후의 시대를 문명 또는 이슬람 시대라고 일컫고 있다.

무함마드가 13년 동안 알라의 계시를 전달받으면서 메카에서 활동했던 시기를 메카 시대라고 한다. 미신을 타파하고 우상숭배를 금지해야 한다는 유일신 사상운동을 전개했던 것이 메카에서의 주된 임무였다면 메디나에서는 사막 유목생활에서 살아남기 위한 치열한 생존경쟁으로 인하여 야기된 부족 간의 원한관계를 치유하여 하나의 신앙공동체(Ummah)[4]로 만드는 것이 그의 사명이었다. 그래서 그는 형제애(兄弟愛, Al-Ikhwah) 사상을 고취시켜 나갔다. 한국인은 피가 물보다 진하다고 하였지만 그는 이슬람의 형제애를 피보다 진한 것으로 표현하였다. 인류 모두가 아담과 하와의 후손으로 형제자매라는 것을 강조하였다. 다른 한편으로는 인류 모두는 알라의 피조물로 알라 앞에서 똑같다는 평등사상(平等思想, Al-Musawah)도 펼쳐나갔다. 이와 같이 형제애 사상은 국민적 화합을 창출해 내는 데 보완적 역할을 하게 되었고 평등사상은 부족 간의 불화를 없애는 데 기여함으로서 수많은 부족으로 분열되어 있었던 아라비아 반도를 통일하는 데 기틀을 마련하게 되었다.

《사람들이여! 알라 하나님께서 인간을 창조하사 남자와 여자를 두었고 종족과 부족을 두었으되 서로가 서로를 알도록 하였느니라.…》(Qu. 49:13)

무함마드는 각 부족들에게 평등사상을 고취시켰다.

"사람들이여! 알라 하나님도 한분이요 우리의 선조도 한분으로 우리 모두는 아담의 후손입니다. 알라 하나님께서 보시기에 가장 훌륭한 인간은 정의로운 사람으로 아랍인이 비아랍인에게 우월한 것 없이 모두가 평등합니다."

메디나에서도 알라의 계시는 계속되었고 메카에서 메디나로 이주하여 온 메카 이주민들(Muhajirin)과 무함마드를 열광적으로 추종하고 후원했던 메디나 후원자들(Ansari)은 그를 알라의 사자(Rasullah) 혹은 예언자(Nabi)로 믿었다. 또 그를 공동체의 정치적 지도자로 때로는 군사령관으로 받들었다. 종교적 제도에 의해 확립된 사회가 정치적 제도로 발전한 것이다. 메카 사람들과 벌어진 몇 차례의 전투를 승리로 장식한 무함마드는 메카에서 메디나로 피신하여 온 지 8년 만에 메카에 무혈 입성하는 전과(戰果)를 올리기도 하였다. 뒤이어 15일 만에 피서지로 잘 알려진 타이프(Taif) 지역도 평화협상을 통하여 항복을 받아냈다.

메카와 메디나에서 이슬람화에 성공한 무함마드는 아랍인에게만 국

4_ 이슬람을 믿고 무함마드의 전통을 따르며 꾸란의 언어인 아랍어를 공통언어로 사용하는 단일 공동체.

한하지 않고 주변 국가에 이슬람을 전파하기 위한 외교정책을 수립하였다. 첫 단계로서 에티오피아 출신의 빌랄(Bilal)과 페르시아 출신의 살만(Salman), 그리스 출신의 슈아이브(Suaib)를 끌어들였다. 주변 국가의 왕이나 통치자에게 외교사절을 파견하여 이슬람화 정책에 관한 외교문서를 전달하였고 국정의 핵심적 역할을 담당했던 그의 동료들(Ashab)에게는 다른 나라에 이슬람 사상을 전파하는 한 방안으로서 그 나라의 언어를 익히도록 하였다. 이슬람 사상을 수락한 국가의 백성들은 이슬람의 형제로서 권리와 의무를 갖게 되나 이슬람을 수락하지 않고 인두세(人頭稅)도 지불하지 않을 경우는 알라께서 판가름할 때까지 성전(Jihad)할 것이라는 내용의 외교문서를 보낸 것이다. 인두세를 지불할 경우에는 자신의 종교생활을 하면서 권리와 의무를 누릴 수 있었다.

예언자 무함마드는 알라의 존재를 부정하는 무신론자(Kafir)와 다신론자(Mushrik)에 대항하여 알라의 실체를 인정할 때까지 싸우는 것을 비롯하여 침략자에 대한 방어, 사회정화, 퇴폐추방 및 욕망에 대한 절제까지를 성전(Jihad)이라고 하였다. 그 중에서도 가장 훌륭한 성전은 칼이나 무기를 사용하지 않고 위의 목적을 수행하는 것이라고 하였다. '스스로 선택하지 않고 강요된 종교는 수락되지 않는다(La ikraha fi din)'라는 꾸란의 계율에 따른 것이다.

이슬람력(A.H.) 9년, 주변국가에까지 급속도로 퍼져가고 있는 이슬람을 저지하기 위해 비잔틴 군대가 팔레스타인 변방에 집결하였다는 소식을 접했다. 이때 무함마드는 무슬림들에게 성전을 촉구하고 시리아를 향하여 가던 길목에서 타북 지역의 주민들과 평화협상을 통하여 그곳을 이슬람화하는 데 성공했다. 타북 원정이 예언자가 지휘한 일련의 종교전쟁으로서는 마지막이었다. 남부의 타이프 지역과 북부의 타북 지역 두 곳이 무함마드가 이끈 군대에 완전히 장악되자 아랍인들은 그의 통치권을 인정하였고 이로 인하여 이슬람은 아라비아 반도 전 지역으로 확산되어 갔다. 각 지방의 부족장들은 서둘러 이슬람을 받아들이면서 무함마드에게 충성할 것을 맹세하였다.

A.H. 10년, 무함마드는 10만 명 이상의 순례자들을 인솔하고 메카에서 순례를 하고 있었다. 4대 순례과정[5] 가운데 하나인 아라파트(Arafat) 동산에서 체류하면서 이슬람 헌법으로 간주되는 고별연설(Khutbat Al-Wada)에서 무슬림 간의 평등권을 강조한 후 꾸란을 암기하였다.

《오늘 내가 인간을 위한 종교를 완성하였고 인간을 위하여 나의 은총을 완료하였으니 이슬람이 인간의 종교로 충족될 것이라.》(Qu. 5:3)

이 동산은 자비의 산(Jabal Al-Rahmah)이라고도 하는데 아담과 하와가 천국에서 땅으로 내려와 처음으로 정착한 에덴동산으로 알려져 있다.

예언자 무함마드는 사막 열병으로 투병(鬪病) 생활에 들어갔다. 그의 병세는 더욱 악화되어 3개월을 넘길 수가 없었다. 임종이 다가온 것을 깨달은 그는 머리를 붕대로 싸맨 채 이슬람 사원[6] 뜰로 걸어 나와 제자들과 추종자들이 모인 자리에서 메카 이주민들과 메디나 주민들 간에 사랑과 협력을 촉구하고 다른 한편으로는 아부 바크르 같은 인물이 이슬람 공동체의 지도자로 선출되기를 바라는 기도를 끝으로 A.H. 11년 3월 13일(632. 7. 8 A.D.) 월요일 63세로 세상을 떠났다.

이렇게 하여 무함마드의 생애는 끝났으나 그의 죽음은 예수가 인간의 원죄를 대속하여 죽었다고 하는 성경의 이야기와는 전혀 다른 의미를 부여하고 있다. 꾸란은 무함마드를 완전한 인간으로 묘사하고 있기 때문이다. 자기 자신도 인간 이상의 것은 아무 것도 없다고 하였고 꾸란을 알라의 성서로 믿는 무슬림도 그를 인간 이상으로 생각하지 않는다. 사람으로 태어나 사람으로 죽은 것 외에는 그 이상의 의미를 부여하지 않는다. 그가 일반 사람과 다른 것은 단지 알라의 계시를 전달 받아 다른 사람들에게 전달한 마지막 알라의 머슴으로 선택을 받았다는 것뿐이다.

그는 석가처럼 불교인들로부터 불상(佛像)을 만들어 놓고 그 앞에서

5_ 1. 하얀 순례복 이흐람을 입는다. 2. 카으바 신전을 7차례 돈다. 3. 사파와 마르와 동산 사이를 7회 걷는다. 4. 자비의 동산 아라파트에서 체류한다.

6_ 마스지드(Masjid) 또는 자미으(Jami)라고 하며 영어발음으로는 모스크라 부른다.

절을 받는 대상도 못 되었고 예수처럼 기독교인으로부터 신의 자격을 부여받아 경배의 대상이 되거나 구세주가 되지도 못했다. 오히려 무슬림들은 무함마드를 인간 이상으로 받들어서는 안 된다는 것을 강조하였다. 그를 경배의 대상이나 구세주로 믿는다면 그것은 큰 죄악으로 간주해 버린다. 그런데도 무함마드는 인류 역사에서 가장 큰 영향력을 끼친 사람으로 평가되고 있다. 칭기즈칸은 인류역사에서 가장 큰 정복을 하고서도 영구적인 문화를 남기지 못했지만 무함마드는 영토의 정복뿐만 아니라 정복한 나라의 언어를 꾸란의 언어인 아랍어로 통일시켰고 서로 다른 각 지역문화를 이슬람 문화로 흡수하였다. 또한 수정이 불가능한 꾸란은 전 세계 16억 무슬림의 종교언어를 하나로 통일하여 그들의 정신은 알라를 생각하게 하고 머리는 메카의 카으바 신전을 향하도록 하는 하나의 구심력(求心力)을 만들어 놓았다.

제2장

정통 칼리파 시대

(11 ~ 40 A.H. / 632 ~ 661 A.D.)

- 칼리파의 기원과 아부 바크르
- 우마르와 아랍 통치체제의 확립
- 우스만과 꾸란의 집대성
- 알리와 정통 칼리파 시대의 종말

1. 아부 바크르(Abu Bakr) (11/632)

2. 우마르(Umar bin Al-Khattab) (13/634)

3. 우스만(Uthman bin Al-Affan) (23/644)

4. 알리(Ali bin Abdulmutalib) (35~40/656~661)

칼리파의 기원과 아부 바크르

무함마드가 사망하자 후계자 문제를 놓고 메카 이주민들과 무함마드에게 안식처를 제공한 메디나 후원자들 간에 논란이 대두되었다. 예언자 생존시에 후계자를 선정하지 않았기 때문이다. 아부 바크르 같은 인물이 지도자로 선출되기를 바란다는 무함마드의 마지막 예배의 기도가 어느 정도 영향을 미쳤을 것이다. 예배와 기도는 이슬람의 다섯 가지 기본 원칙[7] 순위에서 두 번째를 차지하고 있기 때문이다. 그러나 아랍인들에게 민주정신(民主精神)을 고취시켰던 무함마드가 아부 바크르를 마음에 두고 후보자로 추천했을지는 모르지만 후계자로 지명한 것은 아니라며 후계자 선출은 무슬림들에게 맡겨야 한다는 것이 대론(大論)이었다. 후계자 선출 문제를 놓고 메카 출신과 메디나 출신 간에 격렬한 불화가 발생하기는 했지만 이슬람 이전 부족장 선출방법에 따라 아부 바크르(632~634 A.D.)가 제1대 칼리프(Khalif)로 선출되었다. 부족장이 되는 몇 가지 자격 조건이 있었는데 연장자로서 재정적 능력이 있어야 하며 자손들을 두고 있어야 했다. 아부 바크르는 이 조건들을 다 갖추고 있었을 뿐만 아니라 예언자 무함마드와 밀접한 관계에 있었다. 어려서는 죽마고우(竹馬故友)였고 성장해서는 정치적 · 사상적 동지였으며 정치헌금을 많이 바쳤던 인물이다. 무함마드

7_ ① 신앙고백, ② 예배, ③ 이슬람세, ④ 단식, ⑤ 성지순례.

가 하산(下山)하여 알라의 계시를 받았다고 외쳤을 때 모든 사람들이 그를 정신병자로 취급했지만 아부 바크르는 예언자의 말을 절대적으로 믿고 따랐다. 예언자의 첫 부인 카디자(Khadijah)가 사망한 후에는 그의 딸 아이샤(Aishah)가 예언자의 두 번째 부인이 되면서 밀접한 친인척 관계가 맺어지게 되었다.

이러한 선출 방식이 당시 아랍관습과 일치하고 있었는데도 불구하고 예언자의 삼촌 압바스(Abbas)와 예언자와 사촌관계이면서 예언자의 사위가 된 알리(Ali bin Abi TAl-ib)[8] 등 일부 저명인사들이 아부 바크르에게 신복(信服)할 것을 거절하였다. 이들은 예언자의 혈통을 이어받은 후손만이 이슬람 공동체의 합법적인 통치자가 될 수 있다고 주장하고 나섰다. 즉 예언자의 딸 파티마(Fatimah)와 결혼한 알리와 그의 후손들만이 예언자의 통치권을 계승할 합법적 권리가 있다고 해석하면서 아부 바크르, 제2대 칼리프 우마르(Umar), 제3대 칼리프 우스만(Uthman), 우마이야 가문과 압바스 가문이 알리의 권리를 강탈한 장본인들이라고 비난하였다. 이 사건으로 인하여 이슬람 공동체는 통치권 문제를 놓고 꾸란과 예언자의 가르침을 따르는 집단과 꾸란과 예언자의 가르침을 따르면서도 혈통주의를 주장한 집단으로 분열되는 징조가 나타났다. 전자를 옹호하는 무슬림들은 자신들이 바로 이슬람 공동체를 올바른 길로 인도하는 사람들(Al-Rashidun)이라고 하면서 정통성을 주장하게 되었고 후자를 지지한 구성원들은 혈통주의를 주장하면서 후에 쉬아(Shiyah) 정당으로 발전하였다.

토마스 아놀드는 중세 때 동양과 서양에서 실시되고 있었던 정치제도의 유사성과 차이점을 비교·설명하고 있다. 동서양이 다같이 성서에 의존한 신정정치를 하고 있었는데 로마 제국은 바이블에, 동양의 이슬람 제국에서는 꾸란에 근거를 두고 있었다. 로마에서는 신교 이전에 구교정치제도를 부활시켜 황제를 겸한 교황제도를 두었다. 신의 대리자로서 인간의 영혼을 주관하면서 동시에 국가를 다스리는 최고 통치자였다. 그러나

8_ bin은 아들, 자손이란 아랍어 발음으로 알리는 아비 딸립의 아들이라는 뜻. 아랍인의 이름은 주로 ~의 아들 bin, ~의 아버지 Abu, ~의 어머니 Ummu로 표기된다.

이슬람 제국에서는 칼리프라고 하는 새로운 정치제도를 도입하였다. 칼리프는 제국의 최고 통치자로서 꾸란법에 입각하여 통치만을 할 뿐 인간의 영혼을 주관하는 임무가 없었다. 알라의 대리자로서 임무는 최후(最後)의 예언자 무함마드에게서 종료된 것으로 보았기 때문이다. 교황이 바이블을 해석할 수 있는 권한을 갖고 있었던 반면에 칼리프에게는 꾸란을 해석할 권한이 없었고 이슬람 법학자들(Ulama)에게 있었다.

쉬아파에서는 이맘(Imam)에게 성스러운 진리의 해설자로서 고귀한 권한과 등급이 주어지기는 하였지만 영혼을 주관하지는 못한다. 정통파에서는 교황에 버금가는 어떠한 기능이나 역할도 결코 수락되지 않는다. 예언자에 의해 진리의 근원이 해석되어 왔던 정신적 · 영적 기능을 전혀 수행하지 못했던 칼리프보다는 학식이 풍부한 이슬람 학자들이 꾸란을 해석하는 것이 낫다고 보았기 때문이다. 칼리프는 꾸란과 예언자의 언행록(Hadith)에 근거하여 국민의 권리를 보호하였고 이슬람 법학자들은 이 두 가지 이슬람 법전을 해석하는 임무를 맡음으로서 기독교세계에서 일어났던 국가(國家)와 교회(敎會)의 분리논쟁이 이슬람 국가에서는 차단되었다.

아부 바크르의 통치기간 2년 동안에 이슬람이 일상생활의 종교로 발전하면서 각 무슬림의 생활철학이 되었다. 피를 먹지 말라는 꾸란의 가르침에 따라 이슬람식 도살법이 나오게 되었고 비이슬람인의 성지 출입이 금지되면서 메카와 메디나가 성역화되었다. 아부 바크르는 비잔틴 제국의 속국으로 있던 시리아 정벌에 나서는 등 페르시아를 비롯한 팔레스타인, 이라크 등 주변 국가들을 정복할 수 있는 기반을 마련한 후 A.D. 634년 63세로 세상을 떠났다. 국가 지도자의 재산은 개인의 것이 아니라 국민의 것이라는 무함마드의 말에 따라 칼리프는 예언자 사망 후 그의 재산을 모두 국고로 환수시켰다. 예언자의 딸 파티마가 환수된 예언자의 재산을 환원하여 달라고 요구했을 때 거절되었던 것이 알리를 지지했던 당원들의 분노를 자아내면서 이슬람 제국을 두 개의 공동체로 분열시킨 한 원인이 되었던 것으로 보고 있다.

우마르와 아랍 통치체제의 확립

우마르(634~643 A.D.)는 무함마드보다 4년 먼저 메카에서 태어났다. 그는 어려서부터 웅변에 능숙했고 정의감과 용맹성은 그의 성격과 성품을 잘 반영하고 있다. 이러한 그의 용맹성과 정의감으로 인하여 예언자는 그를 사자의 아버지(Abu Asad)라고 불렀다. 어려서는 양 치는 목동생활을, 성장한 후에는 시리아까지 오가면서 대상무역을 하였다. 때로는 꾸라이쉬 부족과 다른 부족들 간에 대사(大使)로서의 역할도 하였다. 초기에는 이슬람을 가장 강렬하게 반대했던 인물이었다. 우마르는 무함마드가 예언자임무를 수행한 지 5년째가 되던 해 이슬람을 수락한 그의 여동생을 학대하는 과정에서 이슬람을 받아들인 것으로 전해지고 있다. 이슬람 전파에 가장 큰 장애가 되었던 우마르는 이슬람으로 전향한 후에는 이슬람 전파에 가장 많이 공헌한 인물이 되었다. 꾸라이쉬 부족 구성원 사이에 그를 대적할 인물이 없었다. 이븐 아씨르(bin Al-Athir)는 그가 이슬람으로 전향한 사건을 정복과 승리로 묘사하고 있다.

> "그가 이슬람으로 전향한 사건은 하나의 정복이요 승리이며 그의 통치는 하나의 자비였다."

우마르는 예언자가 사망하던 날 발생한 분쟁을 슬기롭게 해결하였다. 제1대 칼리프로 선출된 아부 바크르의 정통성에 대한 시비가 일고 있었을 때 그는 아부 바크르에게 충성한다는 선서를 하였다. 누구도 감히 그에게 반기를 들지 못했다. 그가 칼리프의 정치보좌관으로서 맡은 역할도 컸지만 꾸란을 수집하고 편집하는 임무는 더욱 컸다.

아부 바크르는 그의 임종이 다가왔음을 느끼고 예언자 사망 후의 상황에서 발생할지도 모를 무슬림 간의 불화와 분열을 미리 예방하기 위하여 우마르를 후계자로 임명하였다. 우마르는 영웅주의나 권위주위를 배척하는 명언을 남겼다.

"자기가 아니면 국정을 운영할 수 없다는 생각은 오만과 거만에서 비롯된 그릇된 철학이요, 그 인물이 아니고는 이 나라를 다스릴 사람이 없다는 보통 사람들의 생각도 겸허한 생각에서 나온 그릇된 철학이다. 영웅과 바보는 자기가 만드는 것이 아니라 그 시대의 국민들이 만들어 주는 선물이기 때문이다."

또 다른 그의 연설에서는 고집이 센 아랍인들에 관한 통치방법이 제시되었다.

"아랍인들은 고집이 센 한 마리의 낙타와 같은 것이어서 길을 인도하는 안내자에 달려 있다. 알라 하나님께 맹세하사 내가 여러분들이 가야 할 길로 안내하겠습니다."

예루살렘의 성역화

우마르는 이슬람의 황금기를 만든 인물로 묘사되고 있다. 그가 재임한 10년 반 동안에 영토가 크게 확장되고 부(富)가 축적되었다. A.H. 14년에 시리아를 정복한 것을 비롯하여 15년에는 예루살렘을 정복하고 야곱이 신과 대화를 나누었다는 반석 위에다 사원을 세우고 우마르 사원이라는 이름을 붙였다. 예루살렘의 정복은 단순한 정치적 또는 군사적 점령이라기보다는 하나의 종교적 차원에서 그 중요성을 가졌다. 그래서 메카와 메디나에 이어 이곳을 세 번째 이슬람교의 성지로 성역화한 것이다. 같은 해에 이라크의 관문이라고 할 수 있는 까디쉬야를 점령하였고 18년에 이집트 정벌에 나서 A.H. 20년(641 A.D.)에 완전히 정복한 후 그곳에 푸스타트(Fustat)라는 최초의 아랍수도를 건설하였는데 지금은 올드카이로(Old Cairo)란 이름으로 남아 있다. 이곳은 파티미조 말기 A.H. 567(1171 A.D.)까지 대도시로서의 기능과 무역의 중심지 역할을 하여 왔다.

이집트는 B.C. 30년 로마에 정복되었다. 시저(Augustus Caesar)는 이집트를 곡창지대로 만들어 로마인들을 충족시켰다. 그 후 이집트는 페르시아인들의 수중에 들어갔다가 다시 아랍인들에게 정복된 것이다. 비잔틴 제국을 정복하는 것보다 훨씬 어렵고 복잡할 것으로 생각했던 페르시아도 A.H. 23년에 정복되고 말았다. 페르시아 정복으로 아랍인들은 엄청난 부(富)를 축적하게 되었고 풍요로운 생활을 만끽하게 되었다. 화려한 페르시아의 문화와 풍요로움이 사막의 단순한 생활관습에 젖어 있던 아랍인들을 어리둥절하게 만들어 버릴 정도였다. 페르시아가 이슬람 정신으로 무장한 아랍인들에게 정복됨으로써 많은 페르시아인들이 이슬람을 받아들이자 이에 힘을 얻은 아랍인들은 동방으로까지 이슬람과 아랍어를 전파하여 나갔다.

바스라와 쿠파 도시건설

아랍인들은 페르시아의 수도(Ctesiphon)에서 정착하고 싶은 마음이 없었다. 사막 유목민들이 화려한 도시생활에 쉽게 적응을 못했기 때문이다. 답답한 도시생활보다는 훤하게 트인 사막과 가축을 방목(放牧)할 수 있는 초원을 더 좋아했다. 이러한 이유로 A.H. 16년에 오늘날 이라크 남부의 바스라(Basra)와 바그다드 근교에 쿠파(Kufa)라는 두 도시를 건설하였다. 20년이 지난 후 바스라는 가장 중요한 상업 중심지가 되면서 인도와 중국의 상인들이 진귀한 상품들을 가지고 대거 몰려들었다. 인구의 집중으로 문인들의 활동을 촉진시켰다. 중국, 인도, 아프리카에서 온 사람들이 이야기꽃을 피우면서 천일야화의 한 페이지를 장식하는 계기를 만들어 놓은 것이다.

바스라는 물과 침수로 인하여 습도가 높았다. 이런 환경 때문에 모기가 많이 기생하였는데 모기를 쫓기 위해서 아랍인에 의해 최초로 선풍기가 고안되었다고 한다. 건조한 사막성 기후에 적응이 된 아랍인들은 습도가 높은 기후가 그들의 건강에 부적합하다는 것을 깨닫고 유프라테스 강 언덕에 쿠파 도시를 건설하고 이곳을 도읍으로 하였다. 정부 관저와 이슬람 사원은 페르시아 석공들에 의해 페르시아 양식으로 건축되었다.

알리를 지지했던 당원들과 후원자들이 쿠파에 몰려 있었다. 이러한 이유로 칼리프 알리는 이슬람 제국의 수도였던 메디나를 포기하고 쿠파를 수도로 삼았다. 그곳의 땅이 비옥하고 이슬람 제국의 중심부에 위치하고 있다는 지리적 조건이 그의 마음에 들었다. 그는 쿠파를 너무나 좋아한 나머지 다음과 같이 묘사하였다.

> "쿠파는 신앙의 보고(寶庫)이며 이슬람의 증거로 신이 뜻을 두시어 그곳에 알라의 검과 창을 놓아둔 곳이라."

집권 10년 6개월이 되었을 때 우마르 칼리프는 아부 룰루아(Abu Lulua)라는 한 페르시아 노예에 의해 피살되었다. 군중 속에 숨어 있다가 새벽예배(Fazr)에 참석하기 위하여 사원으로 들어가고 있던 칼리프의 심장을 예리한 칼로 찌른 것이다. 페르시아를 정복하여 그들의 재산과 자유를 빼앗아 간 아랍인들에 대한 복수로 볼 수 있다. 여기서부터 아랍 민족과 페르시아 민족 간에 불화와 증오가 싹트기 시작한 것이다.

우스만과 꾸란의 집대성

우스만은 제1대 칼리프 아부 바크르를 통하여 이슬람으로 전향한 후 칼리프 비서로서 때로는 국무에 관한 자문위원 역할을 담당했다. 그는 예언자와 밀접한 친인척 관계였으며 또한 대부분의 재산을 정치헌금으로 바친 인물이다. 제2대 칼리프 우마르도 그의 자문에 의존했다. 우마르가 피살된 후 그는 칼리프 후보로 추천되었다. 후보는 자신을 포함하여 모두 6명이었는데 치열한 대권경선에서 절대다수의 지지를 얻어 3대 칼리프로 당선되었다. 가장 힘들었던 경쟁자는 예언자의 혈통을 이어받은 알리와의 경쟁이었다. 이 두 후보자 간의 경쟁은 우마위야(Umawiyah) 가문과 하쉼(Hashim) 가문의 대결로 비화되었다. 우스만은 우마위야 가문 출신이고 알리는 하쉼 가문 출신이었기 때문이다. 이 두 가문 사이의 갈등은 후에 무슬림들을 두 집단으로 분열시키는 원인이 되었다.

그는 무함마드의 딸 루끼야(Ruqiya)와 결혼함으로써 예언자의 사위가 되었다. 병으로 부인이 사망하자 부인의 여동생 움무쿨숨(Umm Kulthum)을 두 번째 부인으로 맞아들였다. 그 이후로 그는 예언자의 두 딸과 결혼하였다고 하여 두 빛의 소유자(Dhu Al-Nurain)라는 칭호를 받게 되었다. 예언자의 딸을 하나의 빛(Nur)으로 보았기 때문이다. 그의 12년 집권 기간에도 정복 사업은 계속되어 A.H. 26년에는 튀니지와 마그립 지역을, 그리고 A.H. 28년에는 사이프러스(Cyprus)를 정복함으로써 북아프리카 정복을 위한 기지를 확보하였다.

우스만은 온건정책 노선을 걸었다. 선임자 우마르가 강경정책을 펼쳤던 것과는 대조를 이루었다. 나이가 많은 탓도 있었지만 그의 미지근한 정책과 통치방법이 무슬림들의 불만을 유발시킨 것이다. 전리품 분배에 대한 불만이 터져 나왔고 지역의 총독을 해임하고 친인척을 임명한 것도 큰 화근이 된 것이다. 우마르 시절 이집트를 정복한 후 그곳 총독으로 있던 저명한 아므르(Amr) 장군을 해임하고 시리아 총독에는 가까운 친인척 무아위야를 임명함으로써 족벌주의 정책을 펴고 있다는 비난을 받게 되었다. 그의 정책을 공격해 왔던 이븐 사바(bin Saba)와 그의 당원들이 공격의 고삐를 늦추지 않았고 경건한 신앙심으로 사람들의 추앙을 받아오던 아부 다르르(Abu Dharr)가 지도자 능력의 부재를 이유로 삼아 반 우스만운동에 더욱 부채질을 하였다. 또 예언자의 미망인 아이샤(Aishah)와 알리가 그의 가장 큰 정적(政敵)으로 메디나에 있었고 총독에서 해임된 아므르가 분개하여 이집트에서 반정부 운동을 하고 있었다. 이러한 정치적 대립 속에서 A.H. 35년(655 A.D.) 새벽예배 중에 정확하게 밝혀지지 않은 상황에서 적의 단검에 찔려 84세에 사망함으로써 그는 12년간의 통치를 마쳤다.

우스만의 가장 큰 업적으로는 그의 임기 중에 꾸란이 최종 집대성된 것을 들 수 있다. 꾸란은 예언자 무함마드가 가브리엘(Gabriel) 천사를 통하여 메카에서 13년, 메디나에서 10년, 총 23년 동안 계시받아 114장으로 편집된 알라의 서(Kitab Allah)를 말한다. 예언자는 알라의 말씀을 계시받은 즉시 그의 가장 가까운 동료들(Ashab)에게 암기시키고 다른 한편으로는 서기들로 하여금 종려나무 잎, 짐승의 뼈, 가죽 등 기록이 가능한 도구에다 기록하도록 하였다. 이렇게 해서 암기되고 기록된 꾸란은 공식행사나 대중 집회가 있을 때마다 가락을 넣어 낭송(朗誦)되었다.

예언자가 임종한 후 벌어진 야마마(Yamama) 전투에서 꾸란 암송가(Hafiz) 및 독송가(Qari)들이 대거 살상되자 우마르는 꾸란을 암기나 암송에만 의존하여 보존하는 것은 위험하다고 판단하였다. 그래서 그는 꾸란이 변질되거나 조작 혹은 개정되는 것을 방지하기 위하여 꾸란의 편집을 칼리프 아부 바크르에게 제의하였다. 칼리프는 꾸란을 단행본으로 편집하라는 예언자의 말씀이 없었다는 이유를 들어 처음에는 꾸란의 편집 작업을 두려워하다가 예언자의 서기로 근무하면서 꾸란의 전 분량을 암기하고 있었던 자이드(Zaid bin Thabit)를 위원장으로 임명하여 편집 작업을 수행하도록 하였다. 이렇게 해서 단행본으로 편집된 꾸란은 칼리프가 보관하고 있다가 그가 사망한 후에는 우마르 제2대 칼리프가 보관하였으며 그 후에는 그의 딸이며 예언자의 부인이 된 하프사(Hafsa) 미망인이 보관하고 있었다. 이 원본이 우스만 3대 칼리프까지 전수되어 오다가 이슬람 지역이 방대해지면서 이라크, 페르시아, 시리아, 팔레스타인, 이집트 등 각 지역에서 이슬람을 받아들인 초보자 무슬림들이 모음기호가 없는 쿠픽체(Kufic)로 기록된 꾸란을 읽고 암기하는 과정에서, 읽는 방법이 각각 다르게 나타나자 꾸란을 원본대로 보존하고 꾸란을 읽고 암기하는 방법을 통일시키기 위해 암송가들이 검증을 거쳐 모음기호를 붙여 오늘날 사용하고 있는 꾸란으로 집대성하였다.

이때 집대성된 최초의 꾸란을 무스하프(Mushaf)라 하였는데 이때까지는 114장으로 분류가 되어 있지 않았다. A.H. 25년 우스만 3대 칼리프 시절 꾸란 전 분량을 암기하기에 편리하도록 114장을 동일한 분량으로 30등분(Juz) 하였고 1등분을 다시 2등분(Hizb)하였다. 꾸란을 30등분 한 것은 매일 1등분씩 암기하여 한 달 동안, 특히 라마단 한 달 동안에 꾸란 전 분량을 쉽게 읽거나 암기하도록 하는 데 있었다.

각 장의 편집순서는 계시된 순위로 배열된 것이 아니라 상황에 대처하기 위해 예언자 무함마드가 적용했던 순위에 따랐다고 하는 것이 학자들의 공통된 견해다. 한편 각 장(Surah)의 명칭은 각 장에서 다루고 있는 주제이거나 발생한 어떤 사건에서 유래되고 있다. 이때 편집이 완성된 단행본을 다시 6권의 필사본을 만들어 바레인, 시리아의 다마스쿠스, 이집트, 바그다드, 예멘, 메카 및 메디나로 각각 한 권씩 보냈다. 오늘날 전 세계에 있는 모든 꾸란은 이 일곱 권의 꾸란에서 복사된 것으로 14세기가 지난 오늘날까지 일획 · 일점의 차이도 없이 보존되고 있다는 것을 무슬림들은 긍지와 자랑으로 삼고 있다.

알리와 정통 칼리파시대의 종말

알리는 예언자와 사촌관계이면서 예언자의 사위였다. 알리가 어렸을 때 메카는 극심한 흉년으로 기근(饑饉) 상태에 있었다. 부양가족이 많은 아부 딸립의 가정형편도 이만저만 어려운 것이 아니었다. 무함마드는 그가 어렸을 때 삼촌이자 알리의 아버지인 아부 딸립의 따뜻한 보살핌에 보답하는 마음으로 알리를 부양하기로 하고 압바스 삼촌에게는 알리의 형제 자으파르(Jaafar)의 부양을 부탁했다. 무함마드가 알라의 사도로 택함을 받았을 때 13살이 된 알리는 예언자의 아내 카디자에 이어 두 번째로 이슬람을 받아들이고 다음날 예언자와 함께 예배를 근행한 최초의 인물이었다. 이러한 관계로 무함마드의 사랑과 영향을 가장 많이 받았던 것으로 전해지고 있다. 알리가 예언자의 사랑을 가장 많이 받았다는 한 증거로서 아부 바크르와 우마르가 예언자의 딸 파티마에게 청혼을 했지만 예언자가 이를 거절하고 알리를 사위로 받아들였다는 것을 그 예로 들 수 있다.

알리는 예언자와 생사고락(生死苦樂)을 같이 하였다. 메디나 사람들과 협정이 조인되어 예언자가 메카를 떠나 메디나로 갈 것이라는 소식이 전해졌을 때 메카 꾸라이쉬 부족은 그를 살해할 음모를 꾸미고 캄캄한 밤을 틈타 무함마드의 집을 급습하였다. 이 정보를 입수한 알리는 전날 밤 예언자를 무사히 메디나로 도피시키고 예언자를 가장하여 예언자 침대에 누워 잠자는 시늉을 하고 있다가 봉변을 당하기도 했다. 그 후에도 알리는 메카에서 예언자를 대신하여 업무를 수행하였고 메디나에 온 후에도 메카에서와 마찬가지로 예언자의 오른팔 역할을 하는 등 예언자가 제창한 형제애를 확립하고 실현하는 데 앞장섰다. 그는 또 아랍관습을 잘 알고 있는 학자이기도 했고 예언자가 살아 있는 동안에는 누구보다도 용감했던 인물이다. 그래서 예언자는 그의 용감성을 은유적으로 표현하여 그를 알라의 사자(Asad Allah)라고 불렀으며 알리를 다음과 같이 묘사하였다.

"그대는 현세와 다가올 내세에서 나의 형제라."

예언자가 임종하자 메카에서 온 이주민들과 메디나 후원자 출신들 간에 후계자 선출문제를 놓고 심각한 논쟁이 벌어지고 있었는데도 알리는 예언자 장례식을 치르고 있었기 때문에 이 회의에 참석하지 못했다. 아부 바크르가 후계자로 선출되자 예언자의 삼촌 압바스를 비롯하여 일부 저명 인사들은 아부 바크르에게 충성하겠다는 맹세를 하지 않았다. 알리의 지지자들은 알리가 비록 나이는 어리지만 최초로 이슬람을 받아들였을 뿐만 아니라 이슬람 발전을 위한 그의 공로는 감히 평가할 수 없을 정도로 훌륭하였으므로 예언자의 피가 섞인 알리와 그의 후손(後孫)들만이 예언자의 통치권을 계승할 수 있는 합법적 권리를 갖고 있다고 주장했다. 혈통주의(血統主義)를 지지했던 알리의 추종자들은 그들의 주장을 합리화할 수 있는 예언자의 말을 인용하면서 알게 모르게 선전을 하기 시작했다.

"나의 가문은 노아의 방주(方舟)와 같은 것으로 그 방주에 승선한 사람은 구제될 것이나 그렇지 아니한 자는 익사할 것이라."

"마음속에 예언자의 가문을 사랑하다가 죽은 사람은 순교자의 죽음과 같은 것이라. 그러나 예언자의 가문을 증오하다 죽은 자는 천국의 향수를 맡을 수 없을 것이라."

알리가 서둘러 아부 바크르에게 충성의 맹세를 하지 않았던 것은 예언자의 사망으로 인한 큰 슬픔 때문이었으며 그의 아내 파티마가 임종한 후에는 아부 바크르에게 충성할 것을 선서하였다. 파티마가 그녀의 아버지 예언자의 유산을 환원하여 달라고 요구했을 때 아부 바크르가 거절했던 것이 알리가 그에게 충성의 맹세를 거부한 이유라고 설명하는 학자도 있다.

제2대 칼리프 우마르의 아들 압둘라(Abdullah)가 칼리프를 선출할 수 있는 투표권을 갖고 있었지만 칼리프 후보자의 자격은 없었다. 우스만이 피살되었을 때 이븐 사바가 주도한 반란에서 알리(656~660 A.D.)가 지지를 받으면서 제4대 칼리프로 추대되었다.

알리 통치하의 정세는 선임자보다 더 어려운 처지에 놓이게 되었다. 우스만과는 달리 다수의 지지를 받지 못하고 일부 세력의 지지만으로 칼리프가 되었기 때문이다. 알리는 빈번히 일어나고 있는 내란이 각 지역 총독들의 선동에 의한 것으로 보고 선임 칼리프가 총독들에게 호의로 베푼 봉토(封土)를 환수시켰을 뿐만 아니라 그들을 총독직에서 해임시켰다. 이러한 알리의 정책은 봉토를 환수당하고 총독 직책에서 쫓겨난 고관들의 분노를 야기시켰다. 특히 우스만의 친인척이며 그의 오른팔 역할을 했던 시리아의 총독 무아위야가 그의 재력을 동원하여 강력한 정당을 조직한 후 전임 칼리프의 피살전모를 철저히 조사한 후 관련자와 배후자들에 대한 처벌을 촉구하였다. 그렇지 않을 경우에는 시리아 군대를 동원하여 공격할 것이라고 하였다. 한편으로는 알리를 미워했던 예언자의 둘째 부인 아이샤가 탈하(Talha)와 주베이르(Jubair) 등 꾸라이쉬 부족 출신들과 합세한 후 바스라의 지원을 받아 알리에 대항하여 봉기하였다. 알리는 A.D. 656년 10월 메디나를 떠나 쿠파에 입성하였다. 이곳에서 지지 세력을 규합한 후 바스라로 진격하여 아이샤가 주도하고 우스만 당원들이 일으킨 봉기를 진압하였다. 무슬림들 간에 벌어진 이 최초의 전쟁을 낙타전투(Gazwat Al- Jamal)라고 하는데 이 명칭은 아이샤가 낙타를 타고 참전한 데서 비롯되었다. 이 전투에서 두 사람은 전사하고 아이샤는 포로가 되어 메디나로 돌려보내졌다.

알리가 예언자의 부인 아이샤로부터 미움을 산 것은 예언자가 타북 전투를 끝내고 메디나로 철수했을 때 예언자를 동반했던 아이샤가 어떤 이유로 함께 철수하지 못하고 그 다음날 한 젊은이가 끌고 온 말을 타고 귀환하였다. 신앙인들의 어머니(Umm Al-Muuminin)로 불리는 예언자의 부인이 외박을 한 것은 극히 불미스러운 사건이므로 그 진상을 밝혀 한 점의 의혹도 없다는 것이 밝혀져야 한다고 알리가 주장함으로써 그녀의 분노를 사게 된 것이다. 영국작가 살만 루슈디가 이 사건을 배경으로 예언자의 부인을 부정한 여자로 등장시킨 문학작품이 바로 악마의 시(詩)이며 예언자의 가문을 더럽히고 모욕하였다 하여 예언자의 가문을 중시하는 쉬아파의 이맘 호메이니가 그에 대한 사형선고와 함께 거액의 상금을 걸고 지구촌 끝까지 추적하여 그를 체포하라는 지시를 내렸던 것이다.

한편 무아위야가 주도한 반란을 진압하기는 무척 어려웠다. 657년 5월에 시리아와 메소포타미아 사이에 있는 유프라테스 강 근처 시핀(Siffin)이란 지역에서 양 군대가 충돌하였다. 무아위야는 전세(戰勢)가 불리해지자 꾸란 구절을 창끝에 매달고 무슬림 형제간의 싸움을 싫어한다는 것을 내보이면서 평화적 해결을 제의해 왔다. 이러한 제의는 문제해결에 아무런 도움이 되지 않는다는 것을 알고 있었지만 독실한 신앙인들의 충고에 따라 알리는 무아위야의 제의를 받아들였다. 양측은 각각의 중재인을 임명하고 중재인들의 결정에 따르기로 한 것이다.

무아위야는 자기에게 가장 충실한 신복이며 이집트의 정복자요 협상에 능숙한 아므루(Amru)를 대리인으로 임명하였고 알리는 중재인으로 아랍의 전통적 방식에 따라 중립적 인사인 아부 무사(Abu Musa)를 임명하였다. 659년 1월 요르단 페트라 근교에서 양측 중재인을 통한 협상은 무아위야에게 정신적 승리를 안겨 주었다. 지방 총독에 불과한 무아위야가 제국의 통치자인 칼리프와 대등한 입장에서 협상을 하게 된 꼴이 되었을 뿐만 아니라 협상결과가 알리 측에 불리했기 때문이다. 이 협상방법과 협상의 결과가 알리를 난처한 입장으로 몰아넣었다. 이에 불만을 품은 알리의 많은 추종자들이 알리를 떠났다. 알리의 정치노선에서 탈퇴한 이들을 이탈자, 탈퇴자 또는 공화당원이라고 부른다. 그 결과 무슬림들은 삼분되었다. 무아위야를 중심으로 한 우마위야 파, 알리의 명분을 지지한 쉬아파 그리고 알리로부터 탈퇴하여 창당한 카와지리(Al-Khawajir)파로 나누어지게 되었다.

알리의 세력은 카와지리파의 반란으로 그의 인기는 크게 떨어졌으며 협상을 무아위야에게 유리하게 이끌어낸 대가로 무아위야가 아므루를 이집트 총독으로 임명하자 알리의 정치적 입장은 더욱 약화되고 말았다. 무아위야로부터 시리아를 탈환하려 했던 알리의 정책은 실패로 끝났고 A.H. 40년(660 A.D.) 무아위야와 평화조약을 체결하였다. 그 해 라마단 달 20일 그가 쿠파에 있는 한 사원에서 그의 노선에서 탈퇴한 이븐 물잠(bin Muljam)의 손에 피살됨으로써 정통 칼리파시대는 막을 내리게 되었다. 그 당시 빈번하게 일어나고 있던 내란의 근본 원인이 알리, 무아위야 및 아므루 삼인에게 있다고 보고 혼란에 빠진 이슬람 공동체를 구제하는 길은 이들 세 사람을 제거하는 길밖에 없다고 보았기 때문이다.

비록 알리가 정치에는 실패하였다고 말할 수 있으나 그는 남다른 미덕과 앞을 내다보는 선견지명의 지혜를 갖고 있었다. 때로는 어려운 일에 봉착했을 때 헤쳐 나가는 힘과 결단력도 대단했던 것으로 전해오고 있으며 예언자 무함마드 다음으로 이슬람 세계에 영향을 많이 끼친 인물로 평가받고 있다.

알리의 장남 하산(Al-Hasan)이 칼리파직을 계승하여 무아위야의 군대에 대항하였으나 패배하고 그를 지지했던 후원자들마저도 그를 저버리자 그는 더 이상 이슬람 제국을 통치할 수 없다는 것을 깨닫고 집권 5개월 만에 칼리파직을 포기하고 말았다. 체결된 평화조약 기간은 무아위야를 아랍제국의 절대적 통치자로 만들었다. A.H. 41(A.D. 661)년 4월 무아위야는 알리가 제국의 수도로 삼았던 쿠파에 입성하였다. 알리의 두 아들 하산과 후세인이 지켜보는 앞에서 백성들이 무아위야에게 충성할 것을 맹세하고 군중들이 그의 주위를 에워싸며 모여드니 그해를 '민중이 군집(群集)한 해(Am Jamaa)'라 하였다.

제3장

우마위야조와 아랍인 전성시대

(41 ~ 132 A.H. / 661 ~ 750 A.D.)

- 무아위야와 우마위야조 건국
- 야지드와 3대 사건
- 베개와 마르완의 사망
- 압둘말리크와 우마위야조의 황금시대
- 왈리드와 아랍어 문법
- 우마위야조의 몰락

무아위야와 우마위야조 건국

우마위야조의 계보

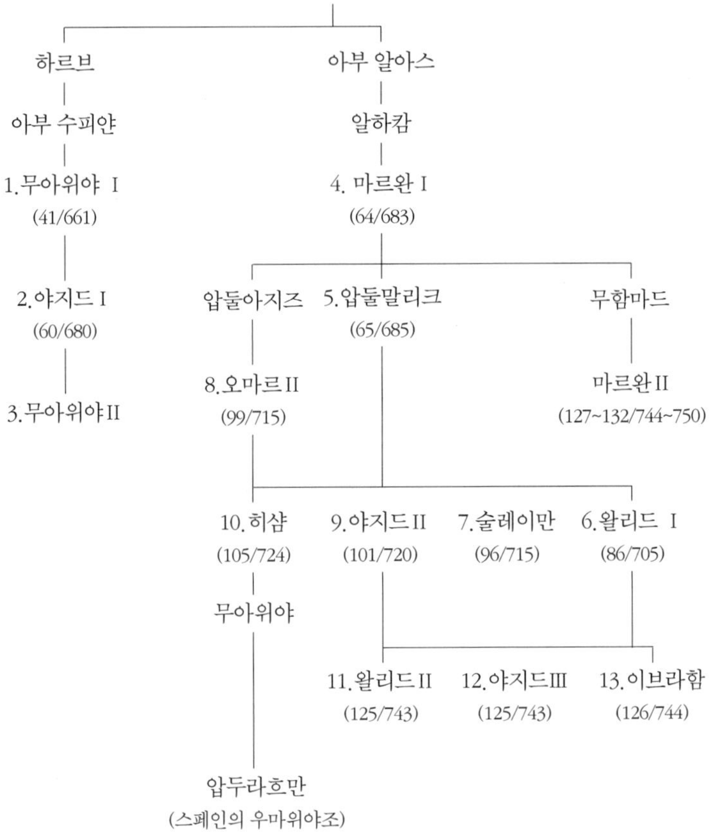

무아위야에게 통치권이 이양되는 과정은 그 당시로서는 마지막 민주 절차였다. 그 이후의 칼리프는 선거나 절대적 지지에 의해서 선출된 것이 아니라 총칼에 의존한 무력과 공작정치에 의한 철저한 세습군주제 형태가 되고 말았기 때문이다. 하산과 체결한 조약에서 다음 후계자의 선정은 무슬림들의 선택에 맡기기로 되어 있었다. 그러나 무아위야는 이 조약을 깨뜨리고 그의 아들 야지드(Yazid bin Muawiyah)를 다음 황태자로 선포하였다. 무슬림들의 반대에도 불구하고 합법화하려 하자 상당한 소요와 내란이 일어났다. 제국의 행정이 마비되고 도처에서 반란이 일어나니 정세가 불안하였다. 무아위야의 당면 과제는 국민적 화합을 이끌어내기 위한 새로운 제도를 도입하는 일이었다. 종교에 바탕을 둔 신정(神政)체제를 아랍 부족의 신분제도로 대체하여 세습군주제를 구축하여 나갔다.

아랍인 통치 이전부터 오랫동안 비잔틴 제국의 한 예속국가였던 시리아 정치권력의 제도에 영향을 받은 무아위야는 페르시아와 비잔틴 제국의 세습적 군주제도를 모방한 것이다. 이러한 그의 생각은 그의 웅변에서 잘 나타나고 있다.

"나는 왕 중의 왕이라(Ana Malik minAl- Muluk)."

그는 제국의 수도를 쿠파에서 시리아의 수도 다마스쿠스로 옮겼다. 쿠파에는 알리를 지지하는 후원자들이 많았다. 그러나 시리아는 그가 그곳의 총독으로 있을 때 그에게 절대적으로 충성을 바쳤던 군대와 그를 지지한 후원자들이 있었기 때문이다. 우마위야조를 무너뜨린 압바스조 시대의 이슬람 역사학자들은 무아위야와 그 후계자들에게 칼리파 칭호를 붙이지 않았다. 그러나 우마르II세만은 예외였다. 신앙생활의 모범이 되었기 때문이다. A.D. 750년 압바스조가 집권할 때까지 우마위야조 90년 동안은 칼리파 체제가 단절된 시기였다고 보고 있다.

무아위야는 강력한 통치자이면서 탁월한 행정가였다. 그의 능수능란한 외교술은 그를 반대하는 야당 정치인들 중에서 중용(中庸)의 견해를 가진 야당 인사들의 지지를 충분히 얻어내고도 남았다. 그는 행정제도의 변화를 시도하였다. 강력한 군사 통치를 하기 위해 창기병 제도를 두었다. 칼리프의 신변안전을 위해서 이슬람 사원 안에는 특별 예배구역도 설치하였다. 칼리프 우마르나 알리처럼 예배 중에 피살되는 것을 예방하기 위해서였다. 각 지방 총독에게 발송하는 칼리프의 공문을 봉인(封印)하여 보내는 제도를 도입하였는데 이것이 관청공문의 최초 봉인제도로 알려지고 있다. 또 어떤 사건이 발생했을 때 그에 관한 신속한 보고를 받기 위해 최초로 우편제도를 도입하였다. 이를 위해 잘 훈련된 말들을 각 역(驛)마다 상비하여 두었다. 기사(騎士)가 역에 도착하여 새 말로 바꾸어 타고 다음 역까지 신속하게 달릴 수 있도록 하기 위해서였다.

무아위야 재임기간에도 영토는 점차 확장되었다. 중앙아시아 지역의 헤라트(Herat), 카불(Kabul), 우즈베키스탄의 부카라(Bukhara)를 정복하고 북아프리카에서는 대서양 연안까지 이르렀다. 비잔틴 제국에 대한 공격은 계속되었다. 그가 시리아의 총독으로 있을 당시 A.D. 655년에 벌어진 돛단배를 이용한 해상 전투에서는 성장한 아랍 해군력을 이용하여 비잔틴 해군을 물리침으로써 최초의 해상전 승리를 거두기도 하였다. 그의 재임기간 중 가장 큰 군사작전은 670년에 있었던 콘스탄티노플 공격이었다. 정복의 꿈은 그의 사망과 함께 끝나고 말았지만 비잔틴 제국과의 전쟁은 그의 종교적 위신을 높여 주었고 군의 사기(士氣)를 북돋우고 원정경험을 쌓는 효과를 가져다주었다.

야지드와 3대 사건

A.H. 60년(680 A.D.) 무아위야가 60세의 나이로 세상을 떠나자 그의 아들 야지드가 통치권을 계승하였다. 그는 그의 아버지가 칼리파직에 오르기 전에 결혼한 유목민 출신 마이순(Maysun)과의 사이에서 태어난 아들이다. 그의 모친은 다마스쿠스의 도시생활에 적응을 못했다. 화려한 비잔틴 양식으로 세워진 궁궐의 호화생활이 유목민 생활의 혼(魂)을 매혹시키지 못했다. 그래서 무아위야는 아내를 아들과 함께 그녀의 고향으로 보냈다. 어머니 고향으로 돌아온 야지드는 넓은 광야에서만 맛볼 수 있는 오락과 사냥을 즐겼고 그곳에서만 수련될 수 있는 폭 넓은 아량을 연마하면서 어머니의 시적 재능을 이어 받아 시감상과 창작생활을 하는 등 독특한 유목민 생활환경 속에서 성장하였다. 그의 시 창작 능력과 기교에 감탄한 후

세 사람들은 시(詩)가 이므룰 까이스(Imriu Al-Qays) 통치자에서 출발하여 야지드 통치자에게 와서 종료되었다고까지 묘사하였다.

야지드의 재임 3년 반 동안에 세 가지 중대한 사건이 발생했다. 첫 해에는 알리의 차남 후세인이 살해되는 사건이 있었고, 그 다음 해에는 이슬람의 두 번째 성지 메디나가 약탈을 당했다. 재임 3년째 되던 해에는 카으바 신전이 공격을 받았다. 야지드가 칼리파직을 계승했을 때 메디나의 일부 귀족층 인사들이 그에게 충성할 것을 거절하고 반기를 들었다. 야지드는 메디나 총독에게 서한을 보내 그곳 백성들로 하여금 그에 대한 충성의 맹세를 받아내도록 하였다. 압바스의 아들 압둘라와 우마르는 야지드에게 충성하기로 하였다. 그러나 주베이르의 아들 압둘라는 끝까지 반대하면서 예언자의 무덤을 은신처로 삼고 칼리파직에 대한 그의 권리를 주장하였다.

야지드의 가장 큰 정적(政敵)은 알리의 차남 후세인이었다. 메디나의 총독이 야지드에게 충성하도록 후세인을 설득하였을 때 수락할 것처럼 하다가 메카로 떠났다. 그를 지지하겠다는 그곳 사람들의 약속과 더불어 그를 쿠파로 초청하겠다는 그곳 후원자들의 서한을 입수했기 때문이다. 후세인은 그의 조카 무슬림(Muslim bin Aqil bin Abi Talib)을 쿠파로 보내 그곳의 상황을 파악하도록 하였다. 그곳에 도착한 지 며칠이 안 되어 그는 그곳의 총독 우베이둘라(Ubaidullah bin Ziyad)의 손에 피살되고 말았다. 쿠파로 가지 말라는 주위 사람들의 충고에도 불구하고 후세인은 메카를 떠나 쿠파로 갔다. 당시 저명한 시인 파라즈다끄(Farazdaq)는 다음과 같은 시를 써서 쿠파로 가서는 안 된다는 충고를 하였다.

> "비록 쿠파의 백성들 마음은 후세인과 함께 있을지 모르지만 그들의 총칼은 우마위야인들과 함께 있을 것이네."

후세인이 그러한 위험성을 인식하고 있었다 하더라도 그의 조카 무슬림을 살해한 우바이둘라에게 복수해야 한다는 친척들의 압력으로 쿠파로 갔을 것이라는 설도 있다. A.H. 61년 1월 10일 그는 200명의 추종자들과 함께 그곳에 도착한 후 티그리스 계곡에 진지를 잡고 우바이둘라 군대에 대항하여 싸웠으나 그는 물론 아들과 딸, 소수의 병사들까지 포로가 되고 말았다. 후세인의 목은 잘려졌고 잘려진 그의 목은 우바이둘라 총독에게 보내졌다. 우바이둘라는 후세인의 목을 포로가 된 아내와 자식들로 하여금 우마위야 제국의 수도 다마스쿠스에 있는 야지드 칼리프에게 바치도록 한 후 메디나로 돌려보냈다.

후세인의 피살은 그 당시 열정과 충성이 결핍되어 있었던 알리파에게 커다란 분노와 열광(熱狂)을 불러 일으켰을 뿐만 아니라 우마위야 가문에 대한 쉬아인들의 적개심을 유발시켰다.

예언자의 손자가 쓰러져 피로 얼룩진 카르발라(Karb ala) 지역 주민들도 알리를 지지했을 경우 누구를 막론하고 고통과 고문을 받았다. 이러한 박해는 우마위야에 대한 적대 감정을 불러 일으켰을 뿐만 아니라 온순하고 정치에 무관심했던 쉬아인들의 가슴에 언제 폭발할 줄 모르는 분노와 슬픔을 심어 놓았다. 그 결과 우마위야조에 대한 반대세력에선 알리의 후손 중에서 칼리프가 나와야 한다는 주장이 더욱 강열해졌고 쉬아정당 또는 쉬아파 세력을 규합시키는 계기가 되었다. 그 후 쉬아인들은 후세인의 죽음을 순교로 보고 그 날을 애도하기 위해 그가 피살된 A.H. 1월 10일을 애도의 날로 정하였다. 그 날을 아슈라(Al-Ashura)라고 하는데 아랍어로 10일째라는 뜻이다.

두 번째 사건은 예언자의 도시 메디나가 약탈을 당한 사건이다. 메디나 사람들이 야지드 칼리프에게 호전적인 태도를 보였다. 그에 대한 충성의 맹세를 파기하는가 하면 칼리프가 임명한 메디나 총독을 추방하고 우마위야 당원들의 권리를 침해하자 야지드는 폭군 중에 폭군인 무슬림(Muslim bin Uqba)이란 장군을 보내 메디나를 점령하도록 하였다. 그곳을 점령한 그는 병사들과 함께 3일 동안 약탈을 자행하였다. 그가 인솔한 군대가 난폭하고 악랄하게 약탈을 하였다는 이유로 그는 방탕자(Musrif)라는 별명으로 불리게 되었다.

세 번째는 A.H. 64년에 메카를 공격한 사건이다. 후세인이 피살되자 주베이르의 아들 압둘라가 자신이 바로 메카의 칼리프라고 선언하였다.

그는 이라크와 이집트에서 지지를 받았다. 야지드는 메디나를 공격한 무슬림에게 메카를 공격하도록 명령을 내렸다. 그러나 그는 메카로 가던 도중에 사망하고 누메이리(Numair)의 아들 후세인이 메카 공격에 나섰다. 무슬림의 군대와 후세인이 인솔한 두 군대의 공격으로 메카의 카으바 신전이 크게 파손되었다. 한 시리아 시인은 우마위야 군대의 메카 공격을 다음과 같이 묘사하고 있다.

> "성스러운 사원의 나무 기둥들이며, 예언자의 설교단과 유물들이 우마위야 군대의 대포공격을 받았는데 대포에서 품어 나오는 연기는 종마가 내품는 거품과 같았다."

메카에 대한 공격이 계속되고 있는 중에 칼리프 야지드가 사망했다는 소식이 전해지자 후세인은 메카공격을 중단하고 메카의 칼리프라고 선언하고 나섰던 압둘라에게 충성하기로 약속하고 시리아로 이동할 것을 요구했다. 그러나 그는 이 제안을 받아들이지 않았다. 그는 두 성지 메카와 메디나를 축으로 한 헤자즈 지역의 칼리프가 되고 싶었기 때문이다. 야지드가 두 성지를 공격한 것은 헤자즈 지역 백성들이 그에 대한 적대 행위를 차단하기 위해 불가피하게 이루어진 사건이었으며 두 성역을 공격할 의도가 없었다는 것을 무슬림들은 인식하고 있었다.

베개와 마르완의 사망

683년 야지드가 어린 아들 무아위야(Muawiyah bin Yazid)를 후계자로 남기고 사망하였다. 그의 선조 무아위야와 구별하기 위해 역사학자들은 그를 무아위야 II세라고 부르고 있다. 아버지의 통치권을 이어 받은 그는 허약한 지도력으로 말미암아 그의 통치기간은 40일을 넘지 못했다. 궁궐에 틀어 박혀 1대 칼리프 아부 바크르가 우마르를 2대 칼리프로 선정했듯이 칼리프 직책에 적합한 인물을 추천해야 한다는 생각만 하고 있었다. 적임자를 찾지 못한 그는 2대 칼리프 우마르가 그랬듯이 6명의 후보자를 추천하기로 했다가 마지막에 가서는 다음과 같은 말로 칼리프 선택권을 무슬림들에게 넘겨주었다.

> "여러분, 여러분의 일을 가장 잘 이해하고 판단력이 좋은 사람 중에서 여러분이 좋아하는 사람을 칼리프로 선출하시오. 나는 그 직책을 살아 있을 때도 누리지 않을 것이요 죽은 후에도 그것을 나의 직책으로 간주하지 않을 것입니다."

이런 말을 남긴 그는 궁궐에 틀어박혀 그가 사망할 때까지 한 번도 그의 모습을 드러내지 않았다고 전해지고 있다. 즉위한 지 6개월 만에 후계자도 선정하지 못하고 무아위야 II세가 죽자 그때까지 단결을 통하여 강력한 힘을 과시해 왔던 시리아의 아랍인들이 칼리프 선정문제로 양분되는 양상을 보였다. 남부 출신의 예멘계열 아랍인들은 우마위야 가문에서 다음 칼리프가 나와야 한다고 주장했고 북부 출신 아랍인들은 주베이르의 아들 압둘라 쪽으로 기울었다. 학식이 풍부하고 웅변에 능숙한 칼리드(Khalid bin Yazid bin Muawiyah)가 칼리프로 추천되었지만 나이가 너무 어리다는 이유로 마르완(Marwan bin Al-Hakam)이 적합하다는 쪽으로 기울었다. 일부 무슬림들은 마르완을 싫어하였다. 예언자 무함마드로부터 메디나에서 추방당한 하캄의 자식이라는 이유 때문이었다. 이러한 이유로 마르완도 추방당한 자식으로 간주되면서 하캄과 그의 자손, 우마위야인들은 일부 무슬림들에게 의해 저주(詛呪)를 받았다.

우마위야 가문의 구성원들 간에 불화가 계속되어 오다가 시리아의 자비야(Jabiya)에서 열린 한 회담에서 마르완이 칼리프로 추대되었다. 한편 684년에 일어난 마르즈 라히트 전투는 시리아는 물론 각 아랍지역, 특히 이란의 쿠라산 지역에서 아랍 부족 간의 또 다른 불화의 불씨가 되었다. 이러한 불화와 반목은 멀리 떨어진 아랍지역까지 확산되어 갔다.

마르즈 라히트 전투 이후 아랍 제국은 두 칼리프에 의하여 통치되고 있었다. 칼리프가 된 마르완(684~685)은 시리아와 이집트를 장악했고 주바이르의 아들 압둘라는 메카와 메디나, 이라크의 바스라 지역을 장악하고 있었다. 마르완은 이집트를 정복한 후 그의 아들 압둘아지즈를 그곳 총독으로 임명하고 그는 시리아로 돌아와 두 부대를 출동시켰다. 헤자즈 지역으로 파병된 부대는 주바이르의 아들 압둘라를 제압하는 데 성공하였으나 이라크로 파병된 다른 부대는 별다른 성과를 거두지 못했다.

A.H. 65년 마르완이 사망하고 그의 두 아들 압둘말리크(Abdulmalik)와 압둘아지즈(Abdulaziz)가 칼리파직을 계승하였다. 이러한 과정은 마르완에 뒤이어 아므르(Amr bin Said)가 칼리파직을 계승한다는 자비야 회담을 위반하게 된 것이다. 마르완의 통치기간은 9개월을 넘지 못했다. 그는 전임 칼리프 야지드의 미망인과 결혼하였다. 그녀는 전 남편에서 얻은 칼리드를 데리고 왔다. 칼리드가 칼리파직을 요구하자 마르완은 대신들 앞에서 그를 모욕하는 등 그의 입지를 허약하게 만들었다. 어느 날 의붓아버지 마르완으로부터 우둔하다고 심한 질책을 받은 칼리드는 이 사실을 어머니에게 털어놓았다. 이에 분개한 아내가 결심을 한 후 어느 날 저녁 마르완이 침대에서 깊이 잠들어 있을 때 그의 얼굴을 베개로 눌러 숨지게 했다고 전해오고 있다.

압둘말리크와 우마위야조의 황금시대

마르완이 사망한 이후 정세는 걷잡을 수 없을 정도로 불안하였다. 부족 간의 불화와 반목은 우마위야조 붕괴를 자초할 정도로 위험하였다. 압둘말리크(65~86 A.H./685~705 A.D.)가 인내와 지구력으로 위기에 빠진 우마위야조를 구해냄으로써 그를 우마위야조 제2의 창설자라고 부르게 되었다. 무크타르(Mukhtar)와 압둘라(Abdullah bin Zubair)가 압둘말리크에게는 가장 만만치 않은 정적들이었다. 아랍 사학자 마스우디가 그때의 상황을 잘 말해주고 있다.

"A.H. 66년 압둘말리크는 쿠파에 있는 무크타르를 제압하기 위해 군대를 파견했지만 인솔 장군이 가는 길목에서 사망하고 이라크에서는 패배의 소식이 들려왔다. 같은 날 저녁 압둘라 이븐 주베이르와 싸우기 위해 메디나로 떠났던 장군도 사망하였다는 소식을 접했다. 설상가상으로 압둘라 이븐 주베이르 군대가 팔레스타인에 입성하였고 비잔틴 황제가 시리아로 이르는 길목에 진지를 치고 있다는 소식도 들려왔다. 다마스쿠스의 노예들과 감옥에서 탈출한 죄수들이 주민들을 공격하기 시작했다는 정보도 들려왔다. 사면초가가 된 이러한 상황에서 사태를 제압할 수 있는 그의 지혜와 용기가 없었다면 우마위야조는 멸망했을 것이다. 그의 사기(士氣)가 그 날 저녁만큼 왕성했던 때는 그의 생애에서 찾아볼 수 없었다."

무크타르를 제압한 후 쿠파와 바스라 지역의 총독을 임명하였다. 다마스쿠스로 귀환한 압둘말리크는 헤지즈 지역을 장악하고 있던 압둘라 이븐 주베이르에게 관심을 돌렸다. 두 성지 메카와 메디나를 장악하는 것이 그의 통치권을 확고히 할 수 있었기 때문이다. 압둘말리크는 타이프 지역의 한 학교에서 교장직을 지냈던 핫자즈 주도하에 대군을 조직한 후 메카에 머물고 있는 압둘라 이븐 주베이르를 공격하였다. 그 결과 메카의 카으바 신전은 또 다시 대포세력을 받게 되었다. 핫자즈는 승리의 대가로 2년 동안 헤자즈 지역의 총독으로 임명되었다가 그 후에는 이라크의 총독이 되었다.

압둘말리크는 재능과 수완 그리고 용맹성을 갖춘 인물이었다. 마스우디는 그를 이렇게 묘사하고 있다.

"그는 우마위야조의 한 정치인이요 행정가로서 무아위야 I세, 압둘말리크 그리고 히샴에 버금가는 인물이다."

칼리프가 되기 이전 그는 메디나의 종교 법률가로 일하고 있었다. 비둘기가 하루도 거르지 않고 예언자 사원에 날아와 앉아 있었던 것처럼 그도 매일 하루도 빠짐없이 사원에 나와 꾸란 공부를 하였다. 그 이후로 그는 사원의 비둘기(Hamamat Al-Masjid)라 불렸다. 뿐만 아니라 그는 탁월한 시인이었고 예언자의 언행(言行)에 관한 전문가였다. 샤비는 압둘말리크의 탁월함을 이렇게 표현하였다.

> "나는 마르완의 아들 압둘말리크를 제외하고는 나보다 탁월한 사람을 본적이 없다. 그래서 나는 그가 아니면 어느 누구하고도 대화를 나누지 않았다. 내가 예언자의 말씀을 언급할 때마다 그는 예언자 말씀에 대한 나의 지식을 향상시켜 주었고 내가 꾸란에 관하여 이야기할 때마다 그는 그것의 의미를 설명하여 주었다.
> 어느 날 내가 압둘말리크에게, 당신의 머리가 너무 일찍이 백발이 되었습니다, 라고 말했더니 그가 대답하기를, '나의 머리가 빨리 흰 것은 설교단에 올라가 설교를 할 때 항상 알라를 두려워 한 탓입니다' 라고 대답하였다."

행정기구의 변화

새로운 권력체제가 확립되면서 각 지역에서는 페르시아와 비잔틴식 행정기구를 아랍식으로 개편하였다. 우마위야조 시대의 행정기구는 능률적이거나 세분화된 기구라기보다 원시적 성격을 띠고 있었다. 오늘날 행정부처에 해당하는 제도를 두었는데 이를 디완(Diwan)이라 불렀다. 이 단어의 어원은 두 가지로 보고 있다. 하나는 기록(記錄) 또는 등록(登錄)이라는 뜻을 가진 페르시아 말에서 유래하였다는 설과, 기록하다 또는 등록하다라는 뜻의 다우와나(Dawwana)라는 아랍어에서 파생된 단어로 보는 설이 있다. 2대 칼리프 우마르가 디완 제도를 최초로 도입한 것으로 알려지고 있다.

압둘 말리크는 4개 부처(Diwan)를 두었다. 토지세를 부과하고 징수하는 부처(Diwan Al-Kharaj)를 비롯하여 정부 법령을 수립, 인준, 옥새 관리 등을 담당하는 부처(Diwan Al-Khatam)가 있었다. 공문을 발송할 때 관인제도를 도입한 최초의 인물은 무아위야 칼리프였다. 공문이 작성되고 실로 꿰어 봉인하면 관인으로서의 효력을 가졌다. 제반 통신 업무를 관할하는 부처(Diwan Al-Rasail)에는 기록을 전담하는 서기, 서한을 작성하는 시인이나 비서가 있었다. 서기는 보편적으로 문학에 조예가 깊고 문장력이 탁월한 사람 중에서 선발되었으며 이 업무를 관장하는 문서작성의 총 책임자(Sahib Diwan Al-Insha)도 있었다. 일반세금 업무를 주관하는 부처(Diwan Al-Mustaghalat) 및 군(軍) 업무를 주관하는 부처(Diwan Al-Jund)도 있었다.

아랍어 우선정책

행정기구가 아랍식으로 개편되면서 행정 언어도 바뀌었다. 그리스어와 페르시아어가 폐지되고 아랍어가 행정 공용어가 된 것이다. 등기부 기록 및 조세업무가 지금까지 페르시아에서는 페르시아 언어로, 시리아에서는 그리스 언어로 취급되어 오다가 A.H. 85년(704 A.D.)에 최초로 아랍어로 번역이 되었다. 그 후 1년 뒤 705년 이집트에 아랍어가 처음으로 소개되었다. 우마위야조 왈리드 칼리프가 무함마드(Muhammad bin AbdulmAl-ik)를 이집트 총독으로 임명하면서 아랍어가 이집트에 소개된 것이다. 아랍어는 통치자의 언어를 대변하였고 조세나 세금에 관련된 업무는 그리스어가 그대로 사용되었다. 이러한 아랍어 우선정책(優先政策)으로 말미암아 아랍어를 모르는 페르시아인들과 기독교인들이 공직에서 해임되고 그 자리를 아랍인들이 차지하였다. 그러나 업무에 관한 전문지식이 전혀 없었던 아랍 유목민들이 주어진 업무를 수행하지 못함으로써 정치나 외교적 업무를 제외하고는 전문지식을 요구하는 제반 공무나 업무가 다시 비아랍인에게 환원되었다.

관복의 공식문구

아랍제국의 영토가 동서로 팽창되어 가면서 부(富)도 축적되어 갔다. 아랍 통치자나 왕자들은 물론 고관들까지 그들이 입는 관복에다 그리스인들과 페르시아인들이 사용하던 문형(Tiraz)을 넣기 시작했다. 처음에는 그 문형의 뜻을 전혀 알지 못한 채 그들의 의상을 모방하여 사용하였다. 우마위야조 압둘말리크 칼리프도 이집트에서 생산된 파피루스 종이 위에 새겨진 기독교 문형과 문구를 그대로 사용하였다. 얼마 후 칼리프는 관복에 새겨진 기독교 문구의 의미를 아랍어로 번역을 시켰다. 그 결과 칼리프의 관복에 새겨진 기독교 문형과 문구의 내용이 이슬람 교리와 모순되고 있다는 것이 발견되었다. 우상숭배를 철저히 배척하고 있는 이슬람은 어떤 조형(造形)이나 상(像)이 새겨진 기독교 문형과 문구를 수용할 수가 없었기 때문이다. 칼리프는 그의 형제이며 이집트 총독인 압둘아지즈에게 명령하여 이슬람 교리에 위배된 문형이나 문구를 삭제하고 다음과 같은 이슬람 문구로 교체하도록 지시를 내렸다.

> "알라 하나님 외에는 어떤 형태의 신도 존재하지 않는다(La ilaha illah Allah.)"

동시에 압둘말리크 칼리프는 다른 지역의 모든 총독들에게도 파피루스나 관복에 새겨진 그리스 문형이나 문구를 삭제하도록 하달을 내렸다.

이슬람 교리의 핵심인 '알라 하나님 외에는 어떤 형태의 신도 존재하지 않는다'라는 문구가 새겨진 관인을 콘스탄티노플에 있는 비잔틴 황제에게도 보냈다. 이러한 아랍인들의 태도에 분노한 비잔틴 황제는 우마위야조 칼리프에게 공식서한을 보내 이러한 태도에 대하여 항의하고 취소할 것을 요구하였다. 그러나 칼리프는 3차에 걸쳐 이슬람 관인을 보냈다. 화가 난 비잔틴 황제는 칼리프에게 경고서한을 보내왔다. 그 경고장 안에는 비잔틴 주화에 이슬람 문구를 새겨 넣는 것은 예언자 무함마드를 저주하는 행위라는 내용이 담겨져 있었다.

평행줄무늬가 들어간 자수공장 설립이 압둘말리크에 의해 제의되면서 직물생산은 우마위야조와 압바스조 두 시대에 걸쳐 전성기를 이루었다.

화폐제도

세금징수 제도와 합법적인 표준화폐 제도는 2대 칼리프 우마르에 의하여 최초로 법률로 제정되었다. 소량은 동전으로 그리고 거액(巨額)은 낙타로 표시하였다. 예언자 무함마드 시절에는 로마의 금화 디나르(Dinar)와 페르시아의 은화 디르함(Dirham)이 사용되고 있었다.

비잔틴 화폐인 디나르는 주로 이집트와 시리아에서 사용되었고 페르시아 화폐 디르함은 이라크 지역의 메소포타미아와 바빌론에서 통용되고 있었다. 그러나 아랍제국의 팽창과 문명의 발달은 새로운 화폐제도의 도입을 유발시켰다. 칼리프 압둘말리크는 화폐개혁을 단행하면서 처음으로 아랍 금속화폐를 주조(鑄造)하였다. 각 지역에서도 저마다 금속화폐를 만들기 시작하였다. 각 지역의 총독들은 칼리프 이름 대신 자기 이름을 새겨 넣은 금속화폐를 발행하였으나 칼리프는 이를 통제할 수가 없었다. 금본위제도를 도입한 압둘말리크의 통화개혁에 따라 그 이후로 아랍제국에서는 금속화폐가 발행되고 있었다.디나르는 금의 순도가 65, 디르함이 43이었으며, 압바스조 시대에 와서는 그 순도가 97도까지 이르렀다.

디르함이란 화폐명칭은 아랍인들이 페르시아로부터 차용(借用)한 이름이다. 압둘말리크의 통화개혁은 로마 비잔틴과 페르시아 화폐제도에 아랍적인 것을 첨가한 개혁으로 볼 수 있다.

금과 은을 녹여 순도(純度)를 확인하였다. 이에 따라 순금화와 순은화는 경화(Nugra), 위조된 은화는 흑경화(Sawada)라 불렀다. 이렇게 해서 주조된 이슬람 경화 한쪽 면에는 짤막한 꾸란 구절이나 알라 하나님 외에는 어떤 형태의 신도 존재하지 않는다라는 이슬람의 교리의 신조가 새겨졌고 다른 한쪽 면에는 칼리프나 총독의 이름, 지명 및 발행일자가 새겨졌다. 이러한 문구는 칼리프, 술탄 또는 총독들이 사용한 도장에도 새겨졌다.

왈리드와 아랍어 문법

압둘말리크에 이어 그의 아들 왈리드(Walid bin Abdulmalik bin Marwan)가 칼리파직에 올랐다. 그가 집권한 10년(86~96 A.H./705~715 A.D.) 동안은

정복사업과 번영이 동시에 이루어진 시기다. 아랍·이슬람 제국이 동서로 팽창되어 가면서 부(富)가 축적되었다. 왈리드는 축적된 부를 이용하여 시리아의 다마스쿠스, 메디나와 예루살렘에 대 이슬람사원 건립에 역점을 두었다. 그의 단 한 가지 결점이 있었다면 웅변이나 연설에 능숙하지 못했다는 점이다. 그래서 그는 그의 아버지 압둘말리크로부터 다음과 같은 질책과 충고를 받았다고 한다.

"아랍어를 유창하게 말할 수 없는 사람은 아랍을 통치할 수 없을 것이라."

이 충고에 따라 왈리드는 훌륭하다고 하는 아랍문법 학자들을 궁궐로 초빙하여 아랍어 공부에 매달렸으나 오랜 시간이 지난 후의 그의 웅변실력은 오히려 옛날보다 크게 퇴보되었다는 것이 드러났다.

아랍 이슬람 제국이 동서로 확장될 수 있었던 것은 세 장군의 정복사업이 크게 성공을 거두었기 때문이다. 동방으로 원정을 나섰던 꾸타이바(Qutaba bin Muslim), 인도 정벌에 나선 무함마드(Muhammad bin Al-Qasim Al-Thaqafi), 스페인 정복에 나간 무사(Musa bin Nusair), 이 세 장군의 공헌이 컸다. 아랍인들은 영토를 정복하면서 그곳을 군사 및 경제식민지화에 역점을 두었다기보다는 이슬람을 전파하기 위한 목적이 더 컸다고 볼 수 있다. 그래서 그들은 정복지역의 주민들을 이슬람화하는 데 여러 가지로 노력했다. 금요일 합동예배에 참석하는 주민들에게 금전보상을 하는 등 아랍어로만 읽고 암기해야 하는 꾸란을 페르시아어로 낭송하는 것까지 허용하였다.

중국정벌과 상징적 승리

아라비아 반도가 이슬람화되기 이전부터 중국은 아랍인들에게 많이 알려져 있었다. 예언자 무함마드는 학문추구를 촉구하면서 중국을 언급하였다.

"학문을 추구하되 중국까지 가서라도 구하시오."

아라비아와 중국과의 상거래는 무함마드가 탄생하기 훨씬 전부터 있어 왔다. 당나라 초기(618~907) 중국 연대기에도 처음으로 아랍이 언급되고 있는데, 새로운 종교의 출현과 메디나에서의 무슬림의 세력에 관하여 간략하게 묘사되고 있다. 페르시아 사산왕조 마지막 왕 야즈다기르(Yazdagir)가 사망하자 그의 아들 피루즈(Firuz)가 아랍인들의 침략이 두려워 중국에 군사지원을 간청했을 때 중국 황제는 군대를 파견하기에는 페르시아가 너무 먼 거리에 있다는 것을 핑계로 거절하였다. 그러나 황제는 중국으로 망명해 온 페르시아 왕자의 신변을 보호하였다. 또 한편으로는 서쪽, 즉 아라비아에서 융성하고 있는 새 왕국의 세력 정도를 탐지하고 망명한 페르시아 왕자를 변호하기 위해 아랍 법정에 한 중국대사를 파견했던 것으로 전해지고 있다. 3대 우스만 정통 칼리프도 652년 본국으로 귀환하는 중국대사의 신변안전을 위해 한 아랍 장군을 중국으로 보냈는데 중국 황제가 그를 정중히 받아들임으로써 최초의 무슬림 사절이 중국에 파견된 것이다.

중앙아시아 지역의 아프가니스탄, 부카라, 사마르칸드 지역을 점령한 꾸타이바 장군은 A.H. 96년 중국 국경으로 진격하여 갔다. 도중에 칼리프 왈리드가 사망했다는 소식을 받았지만 아랑곳하지 않고 중국을 향하여 갔다. 중국 변방에 도착하여 중국 황제에게 사절을 보내 서한을 전달하였다. 황제도 아랍 사절을 통하여 꾸타이바 장군에게 다음과 같은 내용이 담긴 회신을 보내왔다.

"귀하의 지도자에게 가서 멀리 사라지라고 전하시오, 나는 그가 욕심이 많다는 것도 알고 있지만 병력이 소수에 불과하다는 것도 알고 있소, 만일 그렇게 하지 않는다면 그대와 그대 지도자를 파멸할 군대를 보내겠소."

다시 꾸타이바가 회신을 보냈다.

"올리브가 자라는 영토에서[9] 기마병들이 출발하였는데 소수의 병력만 되겠습니까. 귀하께서 우리를 살상하겠다고 위협한다면 우리는 그 운명을 기꺼이 받아들이겠습니다. 그리고 생명의 종말이 온다면 우리는 순교자로서 최고의 영광을 만끽할 것입니다. 우리는 죽는 것을 두려워하지도 않고 싫어하지도 않습니다."

이 말을 전해들은 중국 황제는 두려움을 느끼고 사신에게 물었다.

"어떻게 하면 귀하의 지도자를 기쁘게 할 수 있을까요?"

사절이 대답했다.

"우리의 지도자는 폐하의 영토를 점령하고 귀하의 충성스러운 젊은이들에게 이슬람 세례를 주며 인두세를 받지 않고서는 떠나지 않겠다는 맹세를 하였습니다."

황제가 말했다.

"우리는 귀하의 지도자에게 우리 영토의 흙을 보낼 테니 그 위를 밟도록 하고 우리의 충성스러운 젊은이들을 보낼 테니 그들에게 세례를 주면 될 것이요, 얼마의 중국 화폐를 인두세로 보내면 그의 맹세가 풀어지겠소?"

황제는 커다란 금 접시에 흙을 채우고 실크와 4명의 젊은이를 준비하여 아랍 사절을 따라가도록 하였다. 꾸타이바는, 금 접시는 인두세로 그리고 4명의 젊은이는 이슬람을 받아들인 것으로 생각했으며 접시 위에 담긴 흙은 중국의 영토를 정복한 것으로 간주했다. 명예와 위신을 존중한 사막 유목민의 관습에 젖은 꾸타이바는 상징적인 중국의 정벌을 끝내고 귀환한 것이다.

토마스 아놀드 교수에 의하면 A.H. 108년(726 A.D.) 우마위야조 히샴(Hisham) 칼리프가 중국 현종에게 파견한 아랍 대사는 술레이만(Sulaiman)으로 중국 연대기는 언급하고 있다.

9_ 지중해를 마주보고 있는 아프리카 북부지역을 일컫는다.

아랍과 중국과의 정치외교 관계는 현종 말기에 와서 중요한 의미를 갖게 된다. 한 반란자에 의해 황제의 위치가 위협을 받자 그의 아들 숙종에게 왕권이 돌아가도록 유리하도록 해 놓고서 왕위를 물러났다. 숙종은 압바스조 만수르(Mansur)에게 지원을 요청해 왔고 만수르는 지원을 하였다. 이 도움으로 숙종은 신간포와 호남포 두 도시를 회복하게 되었는데 이 전쟁에 지원 나간 아랍 병사들이 종전 후에도 아랍으로 귀환하지 않고 중국 여성들과 결혼하여 그곳에서 정착하였다.

인도 정벌과 신의 집

인도에 대한 무슬림들의 최초 원정은 예언자 무함마드 사망 후 15년에 시작되었다. 그때부터 18세기까지 아랍인들이 인도로 몰려들기 시작했고 그 가운데 일부는 그곳에 정착하여 살면서 인도에 이슬람 문화를 꽃피웠다.

압둘말리크의 아들 왈리드가 칼리프로 등장했을 때 까심의 아들 무함마드가 인도 원정의 임무를 맡았다. 그는 A.H. 89년(708 A.D.) 인더스강 입구에 자리한 데이불(Deibul) 항구를 포획하여 빼앗고 그곳에 이슬람 사원을 건립하였다. 그는 계속하여 인더스강까지 진격하여 갔다. 당시는 인더스 강을 신드 강이라 불렀는데 이곳을 점령한 무함마드는 신드 강을 미흐란(Mihran) 강으로 개명하였다. 그는 대부분의 인더스강 지역을 정복하고 남부 판잡 지역에 자리 잡고 있는 인도 사람들의 순례지 물탄(Multan)까지 깊숙이 진격을 계속하여 갔다. 그러나 무슬림 병사들은 그곳에서 군량(軍糧)이 고갈되어 기아상태에 놓이게 되었다. 이때 무슬림 병사들은 꾸란이 금기하고는 있으나 기아상태에서는 먹어도 된다는 꾸란의 가르침에 따라 식용으로 금기된 짐승들의 고기를 먹게 되었다.

무함마드 장군은 유명한 물탄 불교사원의 수위들을 살해하였다. 물탄은 당시 불상(佛像)을 숭배하기 위해 인더스 강 전 지역으로부터 불자(佛子)들이 찾아오는 불교 순례지역이었을 뿐만 아니라 불자들이 거액의 돈을 봉헌한 곳이기도 하였다. 이 불교사원의 수위 살해 사건은 인도인들을 크게 놀라게 만들었다. 이에 놀란 이 지역의 왕은 도주하였으나 추격되어 결국 피살되고 말았다. 피살된 왕의 왕비와 가족들은 포로가 되는 불명예보다는 죽음을 선택하였다. 야꾸트가 진술한 바에 따르면 아랍인들은 물탄을 인도의 관문이며 신의 집이라고 묘사하였다. 인도 원정에서 아랍 병사들은 어려움을 겪어 오다가 이 불교사원을 점령한 후 그곳에서 풍부한 금은보화가 발견되면서 이곳을 그렇게 표현한 것이다.

북아프리카 원정과 원주민의 이슬람화

이집트 정복에 성공한 아랍인들은 지금의 튀니지 지역인 아프리카 정벌에 나섰다. A.H. 50년(670 A.D.) 우끄바가 세운 튀니지의 까이라완(Qairawan) 도시는 이슬람을 전파할 수 있는 전초지가 되었을 뿐만 아니라 군사작전의 기지 역할까지 하였다. 그러나 북아프리카의 베르베르(Berber) 원주민에 대한 이슬람 선교는 쉽지 않았다. 비잔틴 여러 나라를 정복한 아랍인들의 정벌작전에 이들이 강력하게 저항했기 때문이다.

우마위야조의 신임 총독 아부 무와지르가 카르타고에 도착하여 베르베르 족과 휴전을 하기도 했지만 그는 비잔틴 제국의 공격을 제지할 수가 없었다. 그러나 그의 정책은 북아프리카에서 성공을 거두었고 그 결과 산하자(Sanhaja) 대 부족이 이슬람을 받아들이게 되었다. 후에는 아부 무하지르 총독이 파견한 군대에 동참하여 알제리를 정복하고 마그립 중부지역까지 진격하여 갈 수 있었다. 마그립 중부지역의 베르베르족의 저항을 종결지으라는 명령이 우끄바 장군에게 다시 하달되었다. 그는 그 임무를 성공적으로 마친 다음 다시 그 병력을 인솔하고 마그립 깊숙이 진격하여 감으로써 그는 이 지역을 정복한 최초의 아랍인이 되었다. 사실상 그의 군대는 아프리카 서부지역 탄자니아까지 이르게 되었다. 일부 역사가들의 주장에 따르면 우끄바 군대는 수단 북부까지 진격하고 가나를 정복한 것으로 전해지고 있다. 그래서 그는 이곳을 원정한 최초의 사절이요 개척자로 그리고 사막의 길을 터놓은 최초의 인물로 평가받고 있다. 그러나 우끄바 장군은 까이라완으로 귀환하는 길목에서 한 비잔틴 사람에 의해 피살되었다.

주하이르(Zuhair bin Qais)가 우끄바 뒤를 이어 그를 살해한 비잔틴 사람들에게 복수를 하고 아울러 그들의 완강한 저항을 물리쳤으나 그도 역시 트리폴리 해변에 정박해 있던 비잔틴 함대에서 유세(遊說)에 열중하고 있을 때 피살되고 말았다.

그를 계승한 하산(Hasan bin Al-Nuuman)은 이슬람 전파에 지대한 관심을 가졌다. 비잔틴에 대항하여 싸우면서도 그의 희망은 마그립 지역을 회복하여 무슬림들의 영향력을 회복하는 것이었다. 베르베르족이 하산과의 싸움에서 패하자 북아프리카는 아랍인의 수중에 떨어졌다. 베르베르인 1만 2,000명의 병사를 아랍 군대에 입적시킨다는 조건으로 평화조약이 체결되었다. 이 조약에 대하여 토마스 아놀드는, 이처럼 아랍 장군이 베르베르인들을 아랍군대에 입적시키려 했던 것은 이슬람으로 귀화하지 않는 주민들로부터 인두세를 받으려는 목적이었을 것이라고 하였다. 그는 이슬람을 전파하는 한 방안으로 정부 공직에서 아랍어를 사용하도록 하면서 베르베르족과 아랍인들을 평등하게 대우하였다. 이러한 그의 업적에도 불구하고 하산은 그곳 총독 직책에서 해임되고 스페인을 정복한 무사(Musa)가 그의 후임으로 임명되었다. A.H. 92년(711 A.D.) 따리끄(Tariq bin Ziyad)가 북아프리카에서 지브롤터(Jibal- Tariq) 해협을 건너 스페인 원정길에 나섰을 때 베르베르인 병사 7,000명을 인솔하고 떠났다.

이슬람으로 귀화한 베르베르 사람들을 위해 꾸란을 가르칠 학자와 종교의식을 가르쳐줄 아랍 신학자들이 임명되었다. 무사도 이슬람 발전을 위해 열성을 보였다. 그는 우마위야조 압둘말리크 칼리프로부터 받은 거액의 포상금으로 노예들을 사들여 이슬람으로 귀화시키고 탁월한 능력과 재능이 있는 노예들은 자유의 몸으로 해방시켰을 뿐만 아니라 군고위직에도 임용하는 등 능력에 따라 진급도 시키는 특혜를 베풀었다.

우마위야조 다른 칼리프들도 베르베르인들의 이슬람을 향상시키기 위하여 관심과 열성을 보였다. 우마르(Umar bin Abdulaziz) 칼리프가 이스마엘(Ismail bin Abdullah)을 북아프리카 총독으로 임명하면서 10명의 이슬람학자들을 보내 꾸란과 이슬람 의식을 가르치도록 하였다. 그때까지 이곳 원주민들은 이슬람이 술을 금지하고 있다는 것을 알지 못하고 있었다. 그럼에도 불구하고 북아프리카의 전 지역이 이슬람화되지는 못했다. 수세기 동안 이슬람 신학이 확고히 뿌리를 내리지 못했기 때문이다. 각 부족들과 긴밀한 관계를 갖고 범이슬람 운동을 전개하기 전까지는 이슬람이 보편화되지 못했다.

파크흐(Fakh) 전투 이후 마그립 지역으로 도피해 온 알리의 추종자 이드리스(Idris bin Abdullah)가 A.H. 172년(788 A.D.)에 최초로 이 지역에 이드리스조 이슬람 독립국을 세웠다.

스페인 정복과 아랍인의 호수

무사 총독과 따리끄는 주까끄 해협에 위치한 꾸에타(Cueta) 요새를 제외하고 전 아프리카를 정복할 수 있었다. 레인폴은 그때의 상황을 다음과 같이 기술하고 있다.

> "지중해 남부 연안의 여타 지역과 마찬가지로 꾸에타도 그리스 영토였다. 그러나 그곳은 콘스탄티노플에서 너무 멀리 있었기 때문에 필요할 때 지원을 받기로 하고 그 땅을 스페인에 넘겨주었다. 명목상으로는 그리스 땅으로 되어 있었지만 지원과 보호를 받기 위한 외교정책의 일환이었다. 그러나 급속도로 밀려오는 사라센의 침략에는 스페인의 지원이 아무런 도움을 주지 못했다. 또한 당시 꾸에타를 통치하고 있던 줄리안 총독과 로데릭 스페인 왕과의 불화와 분쟁이 아랍인들에게 문을 열어주었다."

백작 줄리안은 아킬라파와 동맹을 맺고 그의 딸을 학대한 복수로 로데릭 왕권을 전복하기로 하였다. 또 그는 베르베르 군대와 북아프리카의 아랍 군대와도 스페인 전복 음모를 꾸몄다. 무사를 방문하여 아름답고 풍요로운 스페인 정복을 제의하면서 무슬림 군대를 지원하겠다고 약속했다.

이에 무사는 관심을 가지면서도 심사숙고 하였다. 그리고 이 문제를 왈리드 칼리프에게 상정하여 결정을 내려달라고 하였다. 그러나 칼리프는 주저하면서 줄리안이 무슬림들을 기만하기 위한 음모가 아니라는 것을 확인하도록 무사에게 명령을 내렸다. 무사는 A.H. 91년(710 A.D.) 4백 명의 보병과 100명의 기마병, 500명의 보병과 함께 베르베르 출신 따리끄를 스페인으로 파병하였다. 따리끄는 줄리안이 제공한 4척의 선박에 분산하여 타고 바다를 건너 스페인의 남부 항구들을 침략하였다. 여기서 그는 스페인 내부가 허약하다는 정보와 더불어 많은 전리품을 안고 돌아왔다.

따리끄의 성공에 고무된 무사 총독은 그를 탄자니아 통치자 겸 군사령관으로 임명했다 그 후 1년 뒤 A.H. 92년(711 A.D.) 따리끄는 다시 줄리안이 제공한 4척의 배에 7,000명의 병사를 태우고 푸른 섬(Al-Jazira Al-Khadra)에 정박하였다. 그 이후로 이 섬은 아랍어로 자발 따리끄(Jibal- Tariq)라 불려졌다. 후에 서구학자들이 아랍어 표기를 바르게 발음하지 못함으로써 지금은 지브롤터(Gibraltar)로 알려지게 되었고 그 해협을 지브롤터 해협이라 표기하게 되었다. 아랍군에 상처를 입은 로데릭 왕은 스스로 라카 계곡으로 투신자살하였으며 그의 시체는 강을 타고 대서양으로 떠내려간 것으로 전해지고 있으나 그의 최후 운명은 아직까지 비밀로 남아 있다. 레인폴은, 아랍군의 과달레 승리로 스페인 전체가 무르(Moors) 손아귀에 들어가게 되었다고 하였다. 무르란 베르베르인과 아랍인과의 혼혈족으로 스페인을 정복한 후 그곳에 정착하여 살았던 무슬림들을 스페인 사람이 비하시켜 불렀던 말이다.

스페인의 유대인들도 아랍이 스페인을 정복하는 데 큰 기여를 하였다. 대부분 유대인들의 거주지역인 이들의 후원이 컸던 것으로 전해지고 있다.

따리끄의 스페인 정복소식을 접한 총독 무사는 712년 여름 1만 8,000명의 아랍 및 베르베르 병사를 인솔하고 지브롤터 해협을 건너가 스페인 정복의 영광과 명예를 맛보았다. 무사의 정복사업은 동쪽으로는 바르셀로나, 남서부 쪽으로는 나브론, 북서쪽으로는 칼리카까지 성공을 거둔 뒤 탈라베라 지역 어느 곳에서 따리끄와 합세하였는데 따리끄가 무사에게 복종하지 않았다는 이유로 강등(降等)시키고 체벌(體罰)을 주었는가 하면 그가 전쟁의 승리로 얻은 재물과 전리품 모두를 압수하고 그를 투옥시켜 버린 것으로 전해오고 있다.

무사의 욕망은 피레네에서 만족하지 않고 현재 프랑스 남부지역까지 정복을 계속하기로 결심하였다. 비록 콘스탄티노플까지의 원정은 실패하였지만 우마위야조 수도 다마스쿠스까지 정벌을 계속하여 지중해를 아랍의 가장 큰 호수(湖水)로 만들어 놓았다.

왈리드 칼리프는 무사에게 유럽정벌을 종식하고 귀환하라는 명령을 내렸다. 무슬림 병사들이 위험에 직면하는 것을 피하고 날로 증대하고 있는 무사의 세력과 영향력으로 그가 정복한 나라에서 독립을 선언하지 않을까 두려워했기 때문이다. 무사가 다마스쿠스에 도착하기 전 왈리드 칼리프는 중병에 걸리고 말았다. A.H. 96년 다마스쿠스로 돌아온 무사는 그의 아들 압둘아지즈를 시리아 통치자로 그리고 다른 아들 압둘라는 튀니지 지역 통치자로 임명하였다. 한편 따리끄의 생애는 신비로 시작하여 운명도 신비로 끝나고 말았다. 역사가들의 기록한 모든 역사책에는 그가 스페인을 정복한 후 그의 상관 무사와 함께 이동하였다는 사실 외에는 그에 대한 기록은 찾아볼 수 없기 때문이다.

무사의 뒤를 이어 받은 아들 압둘아지즈는 스페인을 통치하면서 국민들에게 수긍이 갈 수 있는 강력한 법령을 제정하였다. 그는 농업과 도로건설에 특별한 관심을 가졌다. 고스인들의 전제정치에 억압되어 있던 스페인 국민을 해방시키고 과중한 세금부담을 줄여 주었으며 민족이나 종교에 의한 차별을 철폐하고 평등정책을 추구하면서 종교와 종교의식에 관계없이 그들의 생명과 자유와 재산을 보호하였다. 아랍인들에게는 국제결혼을 장려하여 서로 혼합하여 살도록 권장하면서 자기 자신도 로데릭 스페인왕의 미망인과 결혼하고 그녀의 종교와 의식을 보호하여 줌으로써 모범을 보였다.

술레이만과 여자

왈리드 칼리프 통치기간 중 이슬람 제국의 영토는 동서로 확장되어 갔다. 왈리드가 콘스탄티노플 원정계획을 세웠으나 떠나기 전에 사망하고 술레이만(Sulaiman bin AbdulmAl-ik bin Marwan) 칼리프가 그 뒤를 이어 원정에 나섰다. 무슬림 군대는 소아시아의 도시들을 하나둘씩 점령하여 가면서 바다를 건너 콘스탄티노플 성곽에 이르렀을 때 시리아와 이집트에서 온 함대들과 합세하였다. 그러나 이번 원정도 무아위야 I세가 그랬던 것처럼 실패로 끝나고 말았다.

술레이만은 칼리파직에 2년 이상을 머물지 못했다. 왈리드 칼리프와는 대조적으로 그는 화술과 웅변에 능숙했다. 왈리드가 웅변에 능숙하지 못했으나 많은 업적을 남겨 널리 알려졌다면 술레이만은 그와는 정반대로 업적은 별로 없으나 여자와 먹을 것을 좋아하고 사치와 낭비벽이 심했다. 또한 그는 웅변에도 능통했던 것으로 알려져 있다. 그는 궁궐에 내시들을 많이 두었는가 하면 각 지역 총독들에게 포악하게 대하였다. 어느 날 초록색 외투에 터번을 쓰고 거울을 보면서 이렇게 중얼거렸다.

"나는 아직 젊은 왕이야."

라고 중얼거리더니 이번에는 그를 바라다보고 있던 시녀에게 말했다.

"너는 무엇을 바라다보고 있느냐?"

시녀가 대답했다.

"폐하께서 죽지만 않으시다면 사랑스러운 왕이 되실 것입니다. 그러나 인간에게 불멸(不滅)이란 없습니다. 죽을 운명만 없다면 폐하로부터는 인간의 어떠한 결점도 찾아볼 수가 없습니다."

우마르 II세

우마르(Umar bin Abdulaziz)는 우마위야조 칼리프 중에서 가장 훌륭한 인물로 평가받고 있다. 그는 학식이 풍부했을 뿐만 아니라 신앙생활에 충실한 경건한 성품에다 이슬람을 빛낸 개척자로 추앙받고 있다. 선임자들이 유혈과 독재에 의존한 군사 통치를 하였다면 그는 그 반대의 방법으로 통치를 함으로써 우마위야조 역사에 한 페이지를 장식하였다. 그 결과 무슬림들은 그의 정의로운 성품과 경건한 자세를 그의 할아버지 우마르 I 세에 비유하였다.

그의 아버지 압둘아지즈는 이집트 총독으로 20년(65~86 A.H./684~705 A.D.) 이상을 통치하였다. 우마르는 카이로에서 24마일 정도 떨어진 훌완(Hulwan)에서 태어났다. 그는 언제나 예언자를 동행했던 예언자의 친구들(Sahaba)이나 예언자의 말씀을 전한 전언(傳言)가들 사이에 앉아서 예언자의 말씀을 전해 들었고 문학과 시(詩)에 관한 강연에도 귀를 기울였다. 그 결과 그가 주재한 국무회의는 법률가, 이슬람학자 및 문학가를 위한 아카데미가 되었다. 그의 모친은 정통 칼리파 시대의 제2대 우마르 칼리프의 아들 아심(Asim)의 딸이다.

그는 어려서 꾸란 공부에 열중했다. 그의 부친은 그를 제2의 성지 메디나로 유학을 보냈다. 그는 그곳 유학생활 동안에 종교학, 예언자의 전통 및 시와 문학에 특별한 재주를 보였다. 부친은 그가 메디나 유학중에 있을 때 사망하고 압둘말리크 형제가 그 뒤를 계승하였다. 그 후 우마르 II세는 조카 왈리드가 A.H. 86년(705 A.D.) 통치권을 계승할 때까지 다마스쿠스에 머물러 있었다. 후에 그는 메디나 총독으로 7년을 보냈다. 술레이만이 칼리파직을 계승하게 되었을 때 왈리드는 그를 칼리프 직에서 배제시켜야 한다고 우마르 II세에게 촉구했다. 그러나 우마르 II세는 그가 이미 맹세한 사람을 배신할 수 없다고 왈리드의 요구를 거절했다. 술레이만이 칼리프가 되자 그는 우마르 II세의 태도를 잊지 않고 그를 황태자로 책봉한 것이다. 일부 역사가들은 우마르 II세의 통치를 아부 바크르와 우마르 정통 칼리프에 비유하고 있다.

> "세 사람의 훌륭한 칼리프가 있었는데 그들은 아부 바크르, 우마르 그리고 압둘아지즈의 아들 우마르이다."

우마르 II세의 칼리프 재임기간은 2년 5개월을 넘지 못했으나 그가 칼리프 직책에 좀더 오래 머물러 있었다면 이슬람 역사에 영광스러운 한 장을 장식했을 것이라고 그를 칭찬하고 있다. 압바스조 시대에 들어와 우마위야조 칼리프들의 무덤들이 파헤쳐졌을 때 우마르 II세의 무덤만은 그대로 보존되었고 그 후 많은 사람들이 그 무덤을 방문했다는 것은 그가 남긴 업적을 기리기 위해서였다.

우마위야조의 몰락

우마르 II세의 사망은 우마위야 제국의 찬란한 역사의 종말을 의미하였다. 그의 뒤를 이어 허약한 칼리프들이 등장하면서 국가의 재산을 개인의 향락과 사치에 탕진한 것이다. A.H. 101년(720 A.D.)에는 압둘말리크의 아들 야지드(Yazid bin Abdulml-ik)가 그랬다. A.H. 105년(724 A.D.)에는 그의 뒤를 이어 히샴 친 형제가, A.H. 125년(743 A.D.)에는 야지드의 아들 왈리(Al-Wali)가, 그리고 A.H. 127년(744 A.D.)에는 마르완 II세가 그 뒤를 이었다. 그는 총명하고 능력이 있는 인물이었으나 우마위야조의 운명을 살려내기에는 너무 늦었다.

나라가 몰락하게 된 근본 원인은 왕자들 간의 불화와 갈등에서 찾아볼 수 있다. 우마위야조 창건 이후부터 그래왔던 것처럼 새로운 칼리프가 등장하면 다른 왕자들을 제거하고 부자세습(父子世襲)의 통치를 했던 것이 가장 큰 원인이었다. 밀려난 왕자들이 반기를 들고 세력을 규합하여 대항하니 불화와 갈등은 불가피했다. 밀려났던 왕자가 권력을 장악하면 선임자들이 그랬던 것처럼 경쟁이나 하듯 상대를 후원했던 정적들에게 똑같은 정책을 적용하여 복수를 하였다.

또 다른 원인은 무아위야의 아들 야지드가 사망한 후부터 아랍 부족 간의 반목이 재발하였다. 그러나 이러한 부족 간의 불화가 우마위야조를 몰락케 한 직접적인 원인은 못 되었다. 그때까지만 해도 우마위야조는 일당(一黨)으로서 튼튼한 기반을 구축하고 있었기 때문이다. 일부 우마위야 칼리프들이 화려한 비잔틴 궁전의식의 영향을 본받아 사치와 낭비에 몰두했던 것이 더 큰 영향을 미친 것이다. 야지드 I세 칼리프는 향락에 몰두했으며 야지드 II세는 사치와 낭비가 더 심했고 그의 아들 왈리드는 그보다 더했다.

우마위야조는 절대적인 아랍제국이었다. 이들 아랍 칼리프들은 같은 무슬림이면서도 비아랍인들을 경멸하고 차별하여 과중한 세금을 부과했다. 강력한 아랍민족주의(Shuubiyah) 운동이 일어난 것이다. 이러한 민족주의는 알라의 언어로 택함을 받은 아랍어와 아랍민족의 우월성에서 비롯되었다. 비아랍인에 대한 편견과 차별대우가 우마위야조 정권에 대하여 비아랍인들이 강한 불만을 가졌다고 하는 것은 당연한 일이다. 공격할 기회를 시시탐탐 노려오고 있던 비아랍인들이 무크타르(Al-Mukhtar)에 합세한 후 이븐 아쉬아스가 주도한 혁명에 가담하고 카와리즈, 무르지아, 무으타질라파 같은 정당 및 종파들이 주도한 정치운동에 적극 가담하였다. 이들 모든 정당 또는 종파들의 공통 목적은 우마위야조를 타도(打倒)하는 것이었다.

같은 하심(Hashi) 가문으로서 아직 이슬람 제국의 권력을 장악해 본 적이 없는 압바스(Abbas) 후손들이 권력 장악에 관심을 두고 기회가 오기만을 기다리고 있었다. 압바스 후손들의 정치적 유세가 영향력을 미치자 우마위야조에 불만을 품고 있던 정치인들이 압바스 정당의 반우마위야 정책에 가담하였고 압바스 정당은 그들의 불만을 받아들이면서 불만세력의 힘을 이용하였다.

마스우디 사학자는 우마위야조가 멸망한 원인을 다음과 같이 기술하고 있다. 이 왕조의 역사와 정무(政務)를 잘 알고 있었던 우마위야조의 한 지도자에게 몰락의 원인을 물었을 때 그는 이렇게 말했다.

> "우리는 사치와 향락에 도취한 나머지 우리가 해야 할 일을 알지 못했소. 우리의 차별대우 정책으로 실망을 한 사람들이 우리에게서 해방되기를 원하고 있었소. 세무공무원들의 불공평한 세금징수로 국민이 우리를 떠나버렸소. 농토는 황폐하였고 국고는 빈털터리가 되었으며 믿었던 대신(大臣)들은 공무보다는 사생활에 더 열중하면서 국민들의 마음을 우리에게 숨기고 있었소. 군인들이 급여를 받지 못하니 그들이 우리에게 충성할 리가 없고 오히려 우리의 정적(政敵)을 지원했으니 그들의 공격에 저항할 수가 없었소. 정부의 소식이 국민들에게 철저히 은폐된 것도 우리의 왕국이 전복하게 된 요인이 되었소."

제4장

압바스조와 바그다드

(132 ~ 232 A.H. / 750 ~ 847 A.D.)

- 압바스 가문의 정책홍보
- 아부 압바스와 압바스조 건국
- 초기 압바스조의 황금기

초기 압바스조 계보

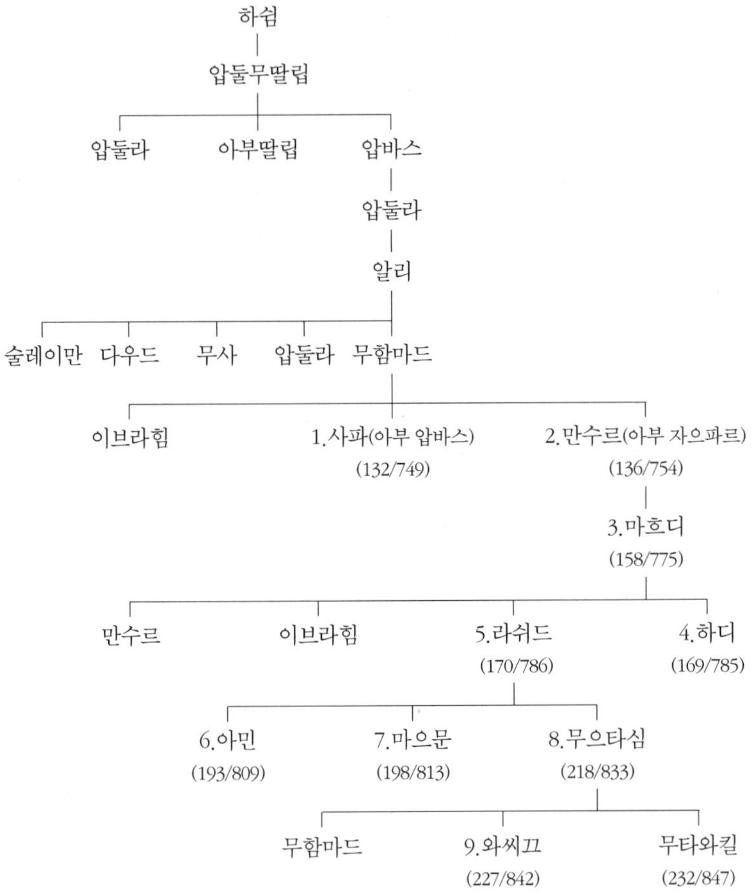

압바스 가문의 정책홍보

압바스 가문의 이맘 무함마드(Muhammad bin Al-i)는 정권이 한 가문에서 다른 가문으로 이양(移讓)될 때 먼저 국민들의 지지를 얻어야 한다는 것을 알고 있었고 국민이 수용하지 못하는 정권은 불안하다는 것도 깨닫고 있었다. 그래서 그는 국민들의 추앙을 받고 있는 예언자 무함마드의 가문

중에서 존경을 받고 있는 인물의 이름을 빌려 정책홍보를 하도록 했다. 그는 압바스 가문만을 지지하여 달라고 하지 않고 애매모호한 표현을 써서 예언자의 혈통을 이어받은 알리(Ali)와 압바스 가문을 함께 지지하여 달라고 호소했다. 이 정책선전이 압바스 가문에 의해 주도되고 있다는 사실은 극비로 되어 있었다. 알리 가문 후원자들의 지지를 얻어내기 위해 이맘(Imam) 칭호를 사용했지만 이맘 정치제도를 싫어한 우마위야 정치인들의 분노를 유발하여 정치적 탄압을 받지 않을까 하는 두려움 때문에 기밀로 한 것이다. 그는 이라크의 쿠파와 이란의 쿠라산 두 지역이 쉬아정책을 선전하는 데 가장 좋은 지역이라는 것을 알았다. 그는 사산왕조 이후 페르시아에 널리 보급된 왕들의 신성권리(神聖權利)도 믿고 있었다. 우마위야조에 억압받은 비아랍인 페르시아인들의 지지를 받아내기 위한 정책적 믿음이었는지도 모른다. 무까다시가 기록한 이맘 무함마드의 연설내용은 그 당시의 상황과 분위기를 잘 말해주고 있다.

> "쿠파와 그 주변 농경지역(Sawad)은 알리를 열성적으로 지지했던 당원들이 있었던 곳이요, 바스라 지역은 중립을 지킨 우스만의 지지자들이 있는 곳이며, 메소포타미아 지역은 진실한 자유당원들(Haruriyah)이 있는 곳입니다. 시리아인들은 우마위야 후손들을 따랐고 아라비아 반도의 메카와 메디나 사람들은 아부 바크르와 우마르 외에는 아무도 모릅니다. 그러므로 여러분들은 쿠라산을 향해 노력해야 합니다. 그곳에는 감정의 영향을 받지 않고 이단자들에 의해 왜곡된 일이 없는, 마음이 강직하고 용감한 사람들이 있습니다. 그곳에는 몸집이 크고 울창한 턱수염과 두려움을 자아내는 굉장한 목소리를 가진 강한 남성들로 조직된 군대가 있습니다."

이맘 무함마드는 그의 정책을 홍보하는 데 웅변의 힘이 크다는 것을 알고 12명의 지도급 홍보책임자(Naqib)와 58명의 보조원들을 임명하여 비밀리에 압바스 정책노선의 홍보를 펼쳐나갔다. 알리의 추종자들이라는 것을 감추기 위해서 하쉼 가문의 이름을 내세운 것이다.

첫 번째 홍보단계는 A.H. 1세기 초에 시작되어 쿠라산 지역 아부 무슬림(Abu Muslim)과의 동맹으로 끝났다. 이 단계에서는 어떠한 무력에도 의존하지 않고 선교사를 가장한 홍보요원들이 상거래를 핑계로 각 지역을 드나들면서 홍보를 하였다.

두 번째 단계에서는 아부 무슬림이 압바스 가문의 정책노선에 가담하여 홍보를 하였다. 이로 말미암아 우마위야 정부와 압바스 가문과의 분쟁이 잦아지게 되었고 이러한 두 가문 간의 직접적인 일련의 충돌이 우마위야 정부의 몰락을 가져오게 된 것이다.

쿠라산 출신 아부 무슬림을 살해하려는 음모가 담긴 압바스조 이브라힘(Ibrahim)의 서한이 마르완 II세 우마위야조 칼리프 수중에 들어왔다. 이 편지에서 이브라힘은 쿠라산 지역에서 아랍어를 말하는 사람이면 누구를 막론하고 살해하라는 명령을 그의 장군에게 하달한 것이다. 이 음모사건으로 이브라힘은 체포되어 투옥된 후 사형을 당하고 말았다. 이브라힘의 뒤를 이어 아부 쌀마(Abu SAlma)가 압바스 가문의 정책을 홍보하는 임무를 맡았다. 이브라힘은 그의 죽음이 피할 수 없는 운명이라는 것을 깨닫고 아부 압바스(Abu Abbas) 형제를 후계자로 임명하면서 본거지를 쿠파로 옮기도록 하였다. 이브라힘의 사자(使者)는 압바스 가문의 본부가 있는 후마야마로 달려가 아부 압바스에게 이 소식을 전했다. 아부 압바스는 형제인 아부 자으파르, 조카인 이사(Isa bin Musa), 삼촌인 압둘라(Abdullah bin Ali)와 함께 쿠파로 이동하였다.

야지드(Yazid bin Umar bin Hubaira) 우마위야 지도자가 쿠파 변방에서 벌어진 싸움에서 패하고 후퇴하였으며 아부 쌀마는 A.H. 132년(749 A.D.) 쿠파에 진지를 구축하는 데 성공하였다. 그해 말 우마위야조 수도 다마스쿠스 상공에는 압바스 가문의 검은 깃발과 우마위야조의 흰 깃발이 동시에 펄럭이고 있었다. 압바스 가문의 지도자 이브라힘의 죽음을 애도하기 위해 검은 깃발이 펄럭였고 우마위야조의 항복을 의미하는 흰 깃발이 꽂힌 것이다. 중국의 당대(唐代) 문헌에는 흑의대식(黑依大食)과 백의대식(白依大食)으로 묘사되어 있다.

아부 압바스가 압둘라 삼촌에게 우마위야 마지막 칼리프 마르완 II세 정권을 타도하도록 위임하자 마르완 II세는 이집트로 도주하였다. 그러나 그는 그곳에서 압바스 군대에 의해 피살된 후 잘려진 그의 머리는 압바스조의 칼리프에게 보내지면서 90년 동안의 아랍인 전성 시대는 막을 내렸다.

아부 압바스와 압바스조 건국

아부 자으파르가 형이었지만 어머니가 노예출신이었고 아부 압바스는 동생이었지만 어머니가 아랍 여성이었다. 이러한 관계 때문에 압바스 가문의 구성원들이 아부 압바스에게 충성의 맹세를 하였다. 이로써 아부 압바스가 1대 압바스조의 칼리프가 되었다. 그 이후부터 그를 혁명에서 성공한 사람, 즉 사파(Al-Saffah)라 부르게 되었다. 이후로 아부 압바스는 사파라는 이름으로 불러지게 된다. 그는 재임 기간(750~754 A.D.) 동안 우마위야조를 지지했던 아랍 지도자들에게 대항하여 싸웠다. 스페인에 우마위야조를 세운 압둘라흐만(Abdurahman)을 제외하고는 대다수 아랍 지도자들을 제거하는 데 성공하였다. 사파는 그를 지지했던 일부 아랍 인사들까지 제거하였다. 예언자 가문의 대신(大臣)으로 잘 알려진 아부 쌀마와 마르완 II세, 우마위야 칼리프 치하에 있다가 압바스 정권으로부터 사면(赦免)을 받은 이븐 후바이라(bin Hubairah)까지 살해하였다. 그는 가장 훌륭한 장군이었던 아부 무슬림을 제거하기 전 A.H. 136년, 33세의 나이로 운명하고 말았다.

만수르와 신성권리

사파가 사망하기 전에 아부 자으파르(Abu Ja'far) 다음에는 이사(Isa bin Musa)가 정권을 승계하기로 되어 있었다. 사파가 사망하자 이사는 아부 자으파르에게 사망소식을 전하면서 그에게 충성할 것을 맹세하였다. 칼리프가 된 아부 자으파르는 그 이후부터 승리자, 즉 만수르(Al-Mansur)란 칭호를 사용하였다. 그 이후로 그는 만수르라는 이름으로 불렸다. 만수르는 페르시아의 사산왕조 정치제도를 도입하였다. 압바스조 시대의 칼리파 체제는 하나의 정치제도로 발전되었다. 페르시아인들에 대한 사회적 · 정치적 차별대우를 했던 우마위야조에 적개심을 갖고 있었던 페르시아인들의 지지를 등에 업고 압바스조가 건국되었기 때문이다. 압바스 칼리프들도 우마위야 칼리프들처럼 후손과 친인척을 후계자로 등용시켰다. 페르시아에서는 왕의 신성권리를 믿고 있었다. 압바스 칼리프들도 칼리프의 통치권은 인간으로부터 온 것이 아니라 알라로부터 부여받은 것이라고 주장하였다. 이 주장은 만수르의 웅변에서 잘 나타나 있다.

"나는 신이 인간에게 위임한 대지를 다스릴 신의 대리 통치자라."

이 제도는 초기 정통 4대 칼리프 시대의 정치제도와는 전혀 달랐다. 신을 대신한 칼리프의 권한은 이미 예언자 무함마드에게서 종료되었다고 보았기 때문이다. 즉 정통 4대 칼리프의 통치권은 신으로부터 부여받은 것이 아니라 인간으로부터 계승한 것으로 정의했다.

이와 같이 압바스조 칼리프들은 알라의 대리권(代理權)을 정치제도로 도입하여 최고의 절대적 권리를 행사한 것이다. 이처럼 신권 정치제도를 도입할 수 있었던 것은 그들이 예언자 가문의 후손들이라는 명분을 내세울 수 있었기 때문이다. 신학자들에게 우월권이 부여된 신정일치의 칼리파 통치체제를 확립하려고 하였다. 칼리프는 단순한 세속적 지도자나 또는 종교적 지도자로서만 군림하기를 바라지 않고 종교지도자이면서 통치자이기를 원했다. 물론 중세 서구사회를 지배하던 교황이면서 황제를 겸한 통치자의 개념과는 크게 다르다. 교황은 인간의 영적 세계까지 다루었지만 이슬람에서의 성직자는 신과 인간 사이에 매개체 역할을 할 수 없었다. 압바스조는 칼리프의 신성권리를 강화하기 위해 새로운 칼리프에게 충성의 맹세의식을 거행할 때마다 칼리프는 예언자의 망토와 지팡이를 가지고 있었다.

압바스조가 도입한 이맘(Imam)이란 칭호는 이슬람 제국의 지도자란 뜻이다. 신의 권리를 대행한다는 종교적 의미와 칼리프의 통치권을 신성화하기 위한 조치였다. 정통 4대 칼리프 시대 및 우마위야조 시대에 이맘이란 단지 예배를 인도하고 금요일 합동예배에서 설교를 집전하는 사람이란 것 외에는 그 이상의 의미를 부여하지 않았다. 또 다른 측면에서 본 이맘의 개념은 예언자의 사위 알리 추종자들에 의해 확립된 쉬아교리에서 열두 이맘들에게 붙여진 칭호였다.

압바스조는 후계자 선정에 있어서 우마위야조의 전통을 그대로 답습하였다. 초대 사파 칼리프는 아부 자으파르 형제와 조카 이사 이븐 무사를 다음 후계자로 임명했으나 아부 자으파르는 칼리프가 되자마자 이사를 제쳐놓고 그의 아들 마흐디(Mahdi)를 후계자로 선포하고 이사를 그 다음의 황태자로 임명하였다. 마흐디가 칼리프로 등장하자 그도 역시 이사를 제쳐놓고 그의 아들 하디(Hadi)와 하룬 라시드(Harun Rashid)를 다음 후계자로 임명하였다. 하디 역시 하디가 칼리프가 되자 하룬 라시드를 설득하여 그의 아들 자으파르에게 황태자 자리를 양보하도록 종용했다. 그러나 하디는 뜻을 이루기 전에 사망하고 말았다.

하룬 라시드가 칼리프가 되었을 때도 마찬가지였다. 그도 아민(Amin), 마으문(Maamun), 무으타만(Muutaman) 세 아들을 다음 후계자로 임명하고 이슬람 제국을 분할하여 각 지역의 방어임무를 맡겼다. 이러한 부자세습 통치가 하룬 라시드 사망 이후 잦은 내란과 폭동을 야기시키는 한 원인이 되었다. 와씨끄(Wasiq) 칼리프는 이러한 세습제도를 포기하였다. 그가 병중에 있을 때 그의 아들 무함마드가 후계자로 추천되었으나 이를 승인하지 않고 이렇게 말했다.

> "신은 내가 살아 있을 때나 죽어서도 칼리파직에 있지 않다는 것을 알게 될 것입니다."

그리고 그는 다음 후계자 선정문제에 대하여 우마르 정통 칼리프와 마르완 II세 우마위야 칼리프의 선례를 따랐다.

우마위야조 시대에는 단 한 명을 후계자로 임명한 단순성을 보였지만 압바스조 시대에 와서는 한 명 내지 두 명을 후계자로 임명하면서 칼리프들에게 명예와 권위를 북돋아 준 것이 차이점이다. 또 우마위야조 시대에는 아랍인들이 절대적 권리를 행사하면서 비아랍인들이 푸대접을 받았던 시대라 한다면 압바스조 시대에는 페르시아인들이 제국의 권력을 장악하고 있었고 특히 7대 마으문(Ma'mun) 칼리프는 페르시아 여인의 몸에서 태어난 아들로 그도 페르시아 여인과 결혼했던 것이 특징이다.

만수르와 바그다드 건설

국가의 위기상황을 극복한 압둘말리크를 우마위야조 제2의 창설자로 묘사했던 것처럼 만수르 역시 압바스조 제2의 창설자로 간주되고 있다. 만수르 재임기간 중에도 여러 중대한 사건들이 일어났다. 진압하는 데 가장 힘들었던 사건들로는 외교와 음모에 의존해 왔던 알리 세력들이 이제는 칼을 들고 반정부 활동과 만수르 자신을 하나의 신(神)으로 숭배한 라완디 이교도들의 사건을 제압하는 일이었다. 그는 학식이 풍부하고 결단력이 있는 인물이었다. 파크리는 그를 가장 건전한 군주로 묘사하고 있다.

> "만수르는 가장 훌륭하고 결단력이 가장 강한 인물이었다. 뿐만 아니라 그는 학식이 풍부하고 현명했으며 가장 건전한 군주였다. 품위를 갖춘 선량한 행정가에다 천성이 온순하였으며 때로는 엄격했으나 오락과 유희(遊戱)를 자제했던 분이다. 그러나 그가 관복을 입고 회의장으로 나갈 때면 그의 두 눈은 충혈이 되면서 다른 모습으로 변했다. 어느 날 그는 그의 아들에게 이렇게 말했다. : 내가 관복을 입고 회의에 나갈 때는 누구도 나에게 가까이 하지 말라."

바그다드 도시가 건설되어 압바스 제국의 수도가 되면서 바그다드는 무역과 문화의 중심지가 되었다. 압바스조 초대 칼리프 사파는 우마위야조의 수도 다마스쿠스를 버리고 유프라테스 강 동안(東岸)에 위치한 페르시아의 옛 수도 안바르(Anbar)의 성(城)에 체류하면서 그의 할아버지 하쉼(Hashim bin Abd Manaf) 이름을 본떠 하쉬미야 성으로 개명하였다. A.H. 136년(754 A.D.)에 사파가 사망하자 만수르는 다른 성(城)을 건립하고 그

성을 제2의 하쉬미야 성, 때로는 쿠파의 하쉬미야 성이라고 불렀다. 그러나 이 도읍은 알리 추종세력인 쉬아 정치인들의 근거지 가까이에 있어 반체제 아랍 인사들의 중심지였기 때문에 이곳이 수도로서 부적합하다는 것을 알고 페르시아 사산왕조의 옛 수도 크테시폰(Ctesiphon) 근교에 압바스 제국의 새 수도로 바그다드를 건설했다. 이 도시를 건설하기 위해서 시리아, 바스라, 모술, 쿠파 등지로부터 기술자, 벽돌공, 장인(匠人)들이 동원되었고 중심지에는 금으로 장식된 궁전이 세워졌다.

바그다드는 '정원'이라는 뜻 외에도 '평화의 도시, 하늘이 내린 땅'이라는 의미를 갖고 있다. 교통이 편리하고 대군(大軍)의 주둔과 유프라테스 강과 메소포타미아 강이 있어 식량 확보가 용이했던 곳이다. 또 습도가 낮아 모기가 번식하지 않는 곳으로도 알려져 있다. 이곳은 페르시아와 중국으로부터 많은 상인들의 왕래가 잦아지면서 무역의 중심지가 되었다. 중국과 인도의 물자가 중앙아시아의 실크로드를 통해 들어오고 아프리카에서는 황금, 상아, 노예가 그리고 페르시아로부터는 미인들이 좋아하는 진주가 들어왔다. 바그다드는 당나라의 장안, 콘스탄티노플과 함께 그 시대의 세계 3대 도시를 이루었다.

바그다드의 외곽들도 날로 번성해 갔다. 사원들과 웅장한 건물, 아름다운 공원들이 들어서고 목욕탕들이 늘어났다. 이처럼 압바스조 초기의 바그다드는 세계적 도시가 되면서 무역의 중심지가 되었고 아프리카, 인도, 중국, 아랍에서 온 상인들과 문인들이 이야기꽃을 피우면서 서구 어린이들의 유산이 된 천일야화(Alf Laila wa Laila), 일명 아라비안 나이트의 이야기가 시작된 문학의 도시, 과학과 이슬람 예술이 발달한 문화의 도시가 된 것이다.

마흐디와 카으바[10] 신전 덮개

압바스조의 선임 칼리프들이 포악하고 탄압정치를 한 데 비해 마흐디

10_ 카으바 신전 덮개는 670kg의 순 흑실크 47단, 길이 14m, 총 넓이 2650s/m 위에 금실과 은실

(Mahdi bin Abu Jaafar)는 중용과 자비의 정책을 펼쳤다. 그는 그의 아버지가 몰수한 재산들을 소유주에게 반환하고 감금되었던 알리 추종자들을 석방하면서 생활보조금까지 지불하였다. 이교도의 하나로 탄압을 받아오던 진디끄(Zindiq)들이나 그 밖의 정적들에게도 새로운 정책을 펼쳐나갔다.

그는 투옥된 많은 죄수들을 석방했을 뿐만 아니라 메카로 가는 도로에 건물을 세우고 물탱크를 설치하여 지나가는 대상이나 순례자들의 갈증을 식혀주었다. 나병 환자나 전염병 환자들을 치료하고 구걸을 하지 않도록 정규적으로 생활보조금을 주었다. 그는 예언자 사원 증축에도 관심을 두었는데 기둥에 새겨진 우마위야조의 칼리프인 왈리드 이름을 지워버리고 자신의 이름을 새겨 넣었다.

그의 재임기간 동안 압바스 제국은 번영과 정의를 누렸다. 바그다드는 국제무역, 시, 철학의 중심지가 되었고 특히 문학은 두드러지게 발전하였다. 그는 메카의 카으바 신전 덮개(Kiswat Al-Bait)를 매년 갈아 덮는 전통을 확립하였고 예언자의 전통(Sunnah)을 지키려는 쪽으로 기울었다.

비잔틴 제국과의 전쟁

이슬람 제국이 건국되면서 비잔틴 제국과의 전쟁은 끊일 줄 몰랐다. 우스만 정통 칼리프가 처음으로 비잔틴 국가에 원정을 나간 것을 비롯하여 무아위야 I세 때 두 번째 원정이 있었고 우마위야조 제7대 술레이만 칼리프 시절에는 콘스탄티 IV세 비잔틴 황제가 시리아를 공격해왔다. 압바스조의 3대 마흐디, 5대 하룬 라시드, 7대 아민 칼리프들도 비잔틴 국가들 원정에 나섰다. 하룬 라시드는 비잔틴 제국의 수도 콘스탄티노플에 이를 때까지 정복을 계속해 나갔다. 이때 찰스 마르텔 프랑크 왕은 동쪽의 압바스 제국과 스페인의 우마위야 세력 간의 비우호적인 관계를 적절히 이용

로 꾸란 구절이 새겨진 것이다. 총 경비는 34억 원 이상이 소요되고 있다. 매년 성지순례 달에 새것으로 교체되며 교체된 것은 여러 조각으로 나누어져 가장 신성하고 귀중한 선물로 기증된다. 공장은 사우디아라비아 메카에 있다.

하였다. 그는 국내에서 그의 영향력을 증대하고 비잔틴 황제에게서 많은 것을 얻어 낼 목적으로 마흐디 칼리프에게 접근하였다. 샤를르마뉴는 하룬라쉬드와 우호관계를 수립함으로써 그 결실을 보았다. 그는 기독교인들의 예루살렘 성지순례를 보호하고 양 제국 간에 교역을 증대하며 동방의 과학을 배우기 위해 2명의 기독교인과 1명의 유대인으로 구성된 사절단을 하룬 라시드에게 파견하였다. 하룬 라시드는 콘스탄티노플 황제와 스페인의 우마위야조 세력에 대항하기 위해 샤를르마뉴와 협정을 체결해야 한다는 쪽으로 마음이 기울었다.

그러나 하룬 라시드는 회담 협정에서 얻은 것보다는 잃은 것이 더 많았다. 예루살렘 교회의 열쇠를 샤를르마뉴에게 넘겨주고 선물이 오가는 결과밖엔 없었다. 예루살렘 교회의 열쇠를 인수받은 샤를르마뉴는 예루살렘 순례자들의 실질적인 보호자가 되었고 팔레스타인에 있는 성역(聖域)에 대한 보호권을 프랑크 왕에게 넘겨준 중대한 결과를 낳게 되었다.

하룬 라시드가 샤를르마뉴에게 보낸 선물들 중에는 코끼리와 물시계가 있었는데 이 두 선물은 프랑크인들을 깜짝 놀라게 했을 뿐만 아니라 물시계를 보고는 마술의 기계라고 표현하였다.

하디와 모친의 내정간섭

하디(Hadi bin Mahdi)는 하룬 라시드 동생을 축출할 계획을 세우고 있었다. 그가 다음 후계자로 되어 있었는데 아버지 마흐디가 하룬 라시드를 다음 칼리프로 등용시키려 한데다 어머니까지 동생의 편을 들었던 것이 원인이 되었다. 그러나 마흐디 칼리프는 그의 계획이 실행되기 전에 사망하였다. 그러나 영리한 하룬 라시드는 서둘러 형을 지지하고 나섰다.

하디는 그의 아버지가 그랬던 것 이상으로 진디끄 이단자들을 증오했다. 이들의 선동과 파괴행위로부터 제국을 구제하려 애썼던 아버지의 뜻을 실천하려 했기 때문이다. 이단자들이나 탈당파 당원들에 대한 미움도 컸지만 우마위야인들에 대한 그의 증오는 이루 말할 수가 없었다. 그는 항상 우마위야 가문에 대한 충분한 복수를 다하지 못했다고 믿고 있었다.

하디 칼리프는 칼리파 계승권을 아들 자으파르에게 양보하도록 하룬 라시드 동생에게 강요하였으며 대신들도 그렇게 하도록 칼리프를 부추겼다. 그러나 야히야(Yahiya bin Khalid) 대신만은 칼리프의 그런 생각을 거두어들이도록 조언하였다. 나이 어린 자으파르가 다음 후계자로 임명되었을 때 대신들과 백성들로부터 충성의 맹세를 기대하기 어렵다는 이유에서였다. 그러나 하디는 야히야의 조언을 무시하고 하룬 라시드를 투옥시켜 버렸다.

형과 대신들의 학대를 이겨내기 힘들 것이라고 판단한 하룬 라시드가 형의 요구에 따르기로 결심했을 때 야히야 대신이 하룬 라시드에게 조언을 하였는데 형 하디 칼리프에게 멀리 사냥이나 나가게 해달라는 허락을 받아내라는 충고였다. 허락을 받은 하룬 라시드는 사냥을 떠나 형이 사망했다는 소식을 접할 때까지 돌아오지 않았다. 하룬 라시드를 편애했던 어머니 카이주란이 하녀들을 동원하여 장남 하디 칼리프를 살해할 음모를 꾸몄다고 전해지고 있다. 아버지 재임 당시 어머니의 정책조언이 절대적으로 영향을 끼치다 보니 백성들이 문제해결을 위해 칼리프보다는 그녀에게로 갔다는 설도 있다. 그런데 하디가 집권하면서부터는 이러한 어머니의 정치적 영향력이 차단되었다. 이에 분개한 어머니가 아들을 살해할 계획을 세우게 되었다고 따바리는 전하고 있다.

하디는 A.H. 170년 바그다드에서 사망함으로써 집권한 지 1년 1개월 20일 만에 그의 생애를 마감하게 되었다. 파크리는 그가 사망한 밤을 이렇게 묘사하고 있다.

> "그가 사망한 날 저녁은 한 칼리프가 죽고 다른 한 칼리프가 취임하고 한 칼리프가 탄생한 밤이었다. 백성들은 그러한 밤이 있을 것이라고 예견했다. 왜냐하면 사망한 칼리프는 하디였고 칼리프로 취임한 사람은 하룬 라시드였으며 태어난 사람은 마으문이었기 때문이다."

초기 압바스조의 황금기

하룬 라시드와 바그다드의 번영

하룬 라시드(Harun Rashid bin Al-Mahdi)는 압바스조 칼리프 중에서 가장 많이 알려진 인물이다. 그의 24년 통치기간 중 바그다드의 번영은 절정에 이르렀다. 바그다드는 무역의 중심지가 되었고 모든 문학도의 구심점(Qiblah)이 되었다. 그의 명성은 프랑크의 샤를르마뉴 왕과 체결한 정치외교 및 우호관계로 유럽 정치사에 널리 소개되었으며 천일야화가 아라비안 나이트란 제목으로 번역 소개되면서 그의 이름은 세계 모든 어린이들에게까지 널리 알려지게 되었다.

그는 학식이 풍부했을 뿐만 아니라 웅변에도 뛰어난 재능을 갖고 있었다. 너그럽고 관대했으며 한해 걸러 2년마다 습관적으로 메카 성지순례를 떠나는가 하면 이따금 하루에 100번 이상 엎드려 예배를 하기도 하였으며 어떤 칼리프도 그렇게 실천한 적이 없었는데 그는 맨발로 성지순례를 하였다. 그가 성지순례를 떠날 때는 10만 명 이상의 이슬람 법학자들이 그와 동행하였다. 가난한 사람들의 요구를 거절한 적이 없었고 시(詩)를 사랑했기에 문인들을 좋아했고 이슬람을 수호했기에 이슬람 법률가들을 좋아했지만 신학적인 논쟁은 극히 싫어하였다.

그의 재임기간 중 이집트의 관문인 지중해와 홍해를 연결하려는 계획이 고안되었으나 대신이었던 야히야의, 그리스인들이 성지에서 오는 사람들을 납치하여 헤자즈 지역으로 강제 송환할 수도 있다는 조언에 따라 그 계획을 취소하게 되었다고 슈티 학자는 전하고 있다.

가장 충실했던 총리의 운명

바르마크(Barmak)는 바르마크 가문의 시조로서 불의 가문을 수호하고 있었다. 예언자 무함마드의 선조 꾸사이(Qusay)와 그의 후손들이 카으바 신전을 지키는 수호자였던 것처럼 그도 불을 지키는 제사장이었다. 바르마크 가문은 고대 페르시아에 널리 보편화되고 있었던 조로아스트 종교를 믿고 있었는데 이슬람이 소개된 후 그들 중에 바르마크 가문을 비롯하여 일부 조로아스터교인들이 이슬람으로 귀화하였다. 바르마크 출신의 칼리드(Khalid bin Barmak)는 1대 사파와 2대 만수르 칼리프 시절에 총리(Wazir) 직책에까지 올랐다.

칼리프들이 그랬듯이 하룬 라시드도 야히야를 비서직에 고용한 후 업무에 관한 그의 자문을 받았다. 하룬 라시드가 칼리프가 되었을 때 그는 국무의원으로 등용되었다. 하룬 라시드가 훌륭한 칼리프가 되기까지에는 그의 보좌관 야히야의 공헌이 절대적이었다는 것으로 역사가들은 묘사하고 있다. 파크리는 야히야를 하룬 라시드의 월계관으로까지 언급하고 있다.

> "야히야와 그의 자식들은 그 시대 초기에 타오르는 불길이었고 저물어 가던 그 시대 말기에는 월계관이었다. 모든 명언들은 그의 관대함에서 비롯되었고 카라반들은 그와 그의 자식들을 만나기 위해 출발했으니 모든 희망이 그들에게 달려 있었다. 세상 사람들이 그들에게 최고의 행운과 명예의 월계관을 부여하니 그들에 관한 작품들이 불티나게 팔려나갔고 따라서 그들에 대한 추앙과 존경심은 날로 높아만 갔다. 당시의 세상은 번영과 발전을 계속하였고 왕국의 화려함은 이루 말할 수가 없었다. 그들은 상처받은 백성들에게는 안식처(安息處)가 그리고 추방당한 사람들에게는 은신처(隱身處)가 되어 주었다."

하룬 라시드 칼리프는 모든 국무를 야히야에게 일임하고 야히야의 네 아들 자으파르, 파들, 무함마드, 무사로 하여금 보좌하도록 하였다. 야히야는 모든 업무에 능숙하고 완벽했다. 능력이 있는 행정가로, 지혜가 넘쳐흐르는 문학가로, 조직에 능숙한 인물로 파크리는 묘사하였다. 하룬 라시드의 어머니가 양육한 야히야의 장남 파들(Fadl)은 부친을 위한 오른팔 역할을 하였다. 그리고 칼리프의 아들 아민(Amin)이 태어났을 때는 야히야가 그를 양육하였다. A.H. 176년 카스피아 해안에서 알리 가문의 야히야가 폭동을 일으켰을 때 칼리프는 파들을 파견하여 진압하도록 하였다. 2년 뒤

쿠라산 지역에서 일어난 폭동을 진압한 것도 역시 파들이었다. 그 대가로 파들은 이 지역 총독으로 임명되어 1년 동안 근무하면서 그곳 주민들에게 많은 것을 베풀고 다시 바그다드로 돌아왔다.

이와 같이 하룬 라시드 집권기간 중에 바르마크 가문의 영향력이 크게 증가하였다. 그럼에도 불구하고 이 가문은 그들을 후원하고 그들에게 국정을 일임할 정도로 신임했던 칼리프의 수중에서 운명을 맞이하고 말았다. 칼리프는 여러 가지 이유를 들어 그들에게 가혹한 벌을 내렸다. 칼리프가 가장 골치 아픈 정적으로 간주하고 있는 알리 가문의 구성원들과 그 추종자들에게 무거운 벌을 내리지 않고 관대한 조치를 취했다는 것이 가장 큰 원인으로 보고 있다. 그러나 바르마크 가문이 하룬 라시드 칼리프로부터 받은 재앙에 대하여 아랍 역사학자와 예언자 전기 연구가들은 견해를 달리하고 있다. 하룬 라시드가 바르마크 가문의 칼리드에 의해 양육되었고 또 야히야는 하룬 라시드를 아버지라고까지 불렀던 관계에서 칼리프를 화나게 한 것은 자으파르(Ja'far bin Yahiya)와 칼리프의 누이 압바사(Al-Abbasa)의 관계 때문이었다는 주장과, 알리 가문의 추종자 야히야(Yahiya bin Abdullah)를 투옥시키라는 칼리프의 명령에도 불구하고 자으파르가 그를 그대로 방임했던 것이 원인이 되었다고 말하는 학자도 있다. 또 다른 학파에서는 바르마크 가문이 국무수행에 있어 절대적 권리를 행사하면서 부유층으로부터 세금을 징수하여 가난한 사람들에게 분배함으로써 백성들의 관심과 마음을 그들 편으로 유도했으며 그것이 원인이었다고 주장하고 있다.

더욱이 바르마크 가문은 하룬 라시드 칼리프가 그를 추앙하는 백성들을 발견할 수 없을 정도로 백성들에게 많은 것을 베풀었다고 전해오고 있다. 여기에다 아랍정당의 당수이면서 칼리프의 정적(政敵)인 파들(Fadl bin Al-Rabi)에게도 호의를 베풀었으니 칼리프의 분노를 살 수밖에 없었다고 보고 있다. 파크리는 바르마크 가문이 몰락하게 된 원인을 당시 칼리프의 주치의이면서 기독교인이었던 바크티쉬의 이야기를 인용하고 있다.

"어느 날 내가 하룬 라시드 칼리프에게 갔을 때 그는 평화의 도시 바그다드에 있는 쿨드(Al-Khuld) 성에 앉아 있었다. 한편 바르마크 가문은 티그리스 강 건너편에 살고 있었다. 칼리프는 창밖을 내다보면서 야히야 집 대문에 많은 백성들이 모여 있는 광경을 보고 말했다. : 오, 알라 하나님이여! 야히야에게 훌륭한 보상과 은혜를 베풀어 주소서. 그는 국무에 열중했고 성실하여 저를 고통으로부터 자유롭게 해방시켜 기쁨을 가져다주었습니다."

잠시 후, 나는 칼리프에게 갔다. 그런데 그들에 대한 칼리프의 감정과 안색이 변하기 시작했다. 창문을 통하여 그전에도 그랬던 것처럼 말들을 바라보며 말했다.

"야히야는 저의 능력이 미치지 못할 정도로 국무를 완전히 통제하여 버렸습니다. 실질적인 칼리프는 야히야이고 저는 명목상의 칼리프가 되어 이제는 아무것도 할 수가 없습니다."

바크티슈 주치는 말을 계속하였다.

"그래서 칼리프가 그들을 전복시켜야 한다고 생각하였으며 그래서 그는 즉시 실행에 옮겼다."

자으파르에 이어 차례로 바르마크 가문의 사람들이 피살되어 갔다. 이로서 야히야와 함께 꽃피웠던 이슬람 문화와 문명이 시들어 버렸고 과학, 문학, 농업과 무역발전에 지대한 영향을 미쳤던 바르마크 가문의 흔적은 사막의 신기루처럼 사라지고 말았다.

아랍 혈통과 페르시아 혈통 간의 대립

하룬 라시드는 그의 아들 아민(Amin)을 다음 후계자로 선포한 후 이어서 다른 세 아들 마으문(Maamun), 무아만(Mu'amn), 무으타만(Muutaman)을 차례로 그 다음 후계자로 임명하였다. 합법적인 효력을 갖기 위해 문서를 작성한 후 가문 구성원들, 이슬람 법학자들 및 고위층 간부들의 서명을 받아 복사본을 만들어 메카 카으바 신전에 걸어두도록 하였다.

6대 칼리프로 취임한 아민은 아랍 혈통의 알파들(Al-fadl bin Al-Rabi')을 그의 대신으로 임명하였다. 그는 칼리프를 선동하여 다음 칼리프 후계자 마으문 형제를 축출하고 칼리프의 아들 무사(Musa)를 다음 후계자로 선포하도록 하였다. 한편 페르시아인의 혈통을 이어 받은 파들(Fadl bin Shal-)은 마으문에게 칼리프의 제의를 거절하도록 조언하고 있었다. 이러한 두 형제간의 갈등은 사실상 압바스 가문과 알리 가문과의 당파싸움이었고 다른 한편으로는 페르시아인과 아랍인 간의 민족 싸움이었다. 경계를 소홀히 했던 아민 칼리프가 피살되었고 잘린 그의 목은 쿠라산에 있는 마으문 형제에게로 보내졌다.

이러한 형제간 갈등은 그의 부친 정책의 실책에서 그 원인을 찾을 수 있다. 첫째 하룬 라시드는 마으문을 제쳐놓고 동생 아민을 황태자로 임명했다. 영토권에 대해서는 마으문에게 우선권을 주었다. 아민에게는 이라크와 시리아를, 형 마으문에게는 페르시아를 그리고 무으타만에게는 이집트와 북아프리카를 각각 다스리도록 하였다. 그 다음으로는 카으바 신전에 걸린 성스러운 약속을 아민이 무시하고 그의 아들을 다음 후계자로 임명한 것은 신성(神聖)을 모독한 것으로 무슬림들의 분노를 사게 된 주요 원인이 된 것이다.

마으문과 꾸란 창조설

마으문은 A.H. 204년(819 A.D.) 7대 칼리프로 선포되었다. 파크리는 그를 가장 훌륭한 칼리프로서 그리고 정통 이슬람학파에서 인정하지 않고 있는 꾸란의 창조설(創造說)을 주장한 인물로 묘사하고 있다.

"마으문은 가장 훌륭한 칼리프 중의 한 인물이며 가장 지혜가 풍부했던 현인이었다. 그는 여러 새로운 제도를 도입하였는데 그 가운데는 철학과 문학을 검증하는 제도를 두었다. 여러 작품들을 아랍어로 번역 · 출판하도록 하였고 자기 자신도 그리스의 수학자 에우클리드를 통달하는 등 고전공부에 열중하고 의학에 관한 토론을 하면서 후원을 아끼지 않았다. 가장 두드러진 그의 새로운 종교정책은 정통 이슬람이 허용하지 않는 꾸란의 창조설을 백성들로 하여금 믿고 따르도록 강요한 것이었다."

무으타심과 집시의 시조

A.H. 218년(833 A.D.)에 마으문이 세상을 떠나던 날 무으타심이 8대 칼리프로 선포되었으나 초기에는 군대가 그에게 충성의 맹세를 거절하였다. 마으문의 아들 압바스를 지지하고 있었기 때문이다. 그러자 압바스가 아버지의 유언에 따라 서둘러 무으타심 삼촌에게 충성하겠다고 맹세하였고 군대도 그의 뒤를 따랐다. 파크리는 다음과 같은 11가지 이유로 무으타심을 8각형 칼리프로 묘사하였다.

"무으타심은 강한 체구에다 마음이 건전한 분이었다. 그는 일천 파운드의 무게를 짊어지고 뛰어갈 수 있을 정도로 체구가 좋았다. 그는 압바스 가문의 8번째 손으로 A.H. 8월(Shaaban) 나이 8살에 압바스 제국의 8번째 칼리프가 된 후 8년 8개월 동안 집권하고 48세에 세상을 하직했다. 그의 생전에 8번의 원정을 나갔으며, 유족으로는 8명의 아들과 8명의 딸이 있었고 8백만 디르함의 재산을 유산으로 남겼다."

그는 마으문 선임 칼리프가 유언으로 남긴 꾸란의 창조설을 계속하여 지켜 나섰다. 알리 추종자들에 대한 그의 정책은 마으문 칼리프를 제외하고는 다른 압바스 칼리프들보다 엄격함이 덜하지는 않았다. 터키인들의 지원을 얻기 위한 방안으로 그들에게만 특혜를 베풀자 아랍인들이 터키인들을 시기하고 질투하기 시작하였다. 집시(Zutt)들과 싸워서 화려한 승리를 거두었던 우자이프(Ujaif) 아랍 지도자가 아랍인들을 학대한 터키 장군들에 대항한 반란을 일으켰다. 그는 무으타심을 제거한 후 마으문의 아들 압바스를 칼리프로 추대하기로 결심하고 압바스에게도 이 계획에 동참하여 달라고 요구했다. 이러한 음모의 계획에 대하여 한 공모자를 통해 입수한 칼리프는 물 공급을 단절하여 압바스와 우자이프를 죽게 했다고 전해오고 있다. 무으타심이 터키인들에게 의존한 것은 후에 아랍인들의 분노와 폭동을 유발시켰다. 아랍인들은 칼리프가 사망하기 바로 직전 팔레스타인에서 폭동을 주도했던 아부 하르브(Abu Harb)를 중심으로 시리아에서 반란을 일으켰다. 그리고 아부 하르브는 복면의 사나이(Al-Mubarqa')라는 별명을 갖고 있었다.

무으타심 칼리프가 직면한 가장 어려운 문제는 마으문이 집권한 이래 불안을 조성해 왔던 집시인들이 일으킨 폭동을 제압하는 일이었다. 여러 민족으로 구성된 이들 집시들은 바스라 고속도로를 차단하고 그 지역을 황폐화시켜 버렸다. 이들의 시조는 페르시아 만 연안에 거주했던 아시아의 인도인들로 아민과 마으문 사이에 불화가 있는 기회를 틈타 바스라 고속도로를 점령해 버렸다고 사회학자이며 역사가인 이븐 칼둔은 기술하고 있다.

A.H. 205년 마으문은 한 장군을 파견하여 집시들의 반란을 진압하도록 하였다. 그 다음 해에는 다우드(Dawood bin Manjur)를 바스라, 티그리스, 야마마, 바레인 지역 통치자로 임명하고 그로 하여금 그들을 진압하도록 하였다. 그러나 아무런 성과를 거두지 못했다. 이들 집시들은 8대 무으타심 칼리프 시대에 들어와서도 압바스 정부에 대항하여 반란을 일으켰다. 바스라로 가는 길목을 점령하고 선박에 대한 과다한 세금을 부과하는가 하면 양곡과 군량이 바그다드로 들어가는 것을 차단하였다. 칼리프는 우자이프 아랍장군을 파견하여 이들을 진압하도록 하였다. 9개월 동안의 진압작전으로 성공을 거두고 2만 7,000명에 달하는 집시들을 배에 태워 A.H. 220년(835A.D.) 1월 10일 바그다드로 돌아왔다. 이들은 무으타심 칼리프에 의해 소아시아로 추방되어 그곳에서 살다가 A.H. 241년(855 A.D.) 비잔틴 제국이 소아시아를 점령하자 이들은 살길을 찾아 유럽 쪽으로 흘러들어가 도시외곽에 거주하였다. 그 이후로 그들은 유럽인들에 의해 집시(Gypsies)라고 불리게 되었다.

와씨끄와 황금기의 종말

A.H. 227년(842 A.D.) 와씨끄(Wathiq)가 그의 아버지 무으타심을 계승하여 9대 칼리프가 되었다. 그도 부친의 정책노선에 따라 터키인들에게 의존하였다. 그들의 인구가 크게 늘어났을 뿐만 아니라 그들의 영향력이 컸기 때문이다. 그래서 그는 아쉬나스를 요직에 임명하고 보석으로 장식된 관을 씌워 주었다. 그의 아버지와 마찬가지로 무으타질라 교리를 옹호하면서 한편으로는 그에 대항하여 음모를 꾸미기 위해 바그다드 시민들을 선동했던 교파에 대해서는 단호하게 대처했다.

와씨끄는 전임 칼리프들과는 달리 허약했다. 어느 날 저녁 그는 한 동료에게 바르마크 가문이 그의 할아버지 하룬 라시드에 의해 사라지게 된 배경을 이야기하여 달라고 했다. 이야기를 듣고 난 그는 하룬 라시드가 그들의 재산을 어떠한 방법으로 몰수했는가를 알게 되었다. 그리고 말했다.

> "알라 하나님이여! 저의 할아버지는 정당했습니다. 제국을 통치할 때 절대적 권력을 행사하지 않는 것은 허약하고 능력이 없다는 것을 말해주는 것입니다."

이런 일이 있은 지 일주일 후에 그는 고위 공직자들의 재산을 몰수하기 시작했는데 이것은 바로 그 당시 공직자들의 부패와 뇌물수수가 어느 정도였는가를 말해주고 있다.

와씨끄는 6년도 채 집권하지 못했을 뿐만 아니라 선임자들과는 달리 그의 아들을 후계자로 임명하지도 못했다. 그가 병중에 있을 때 그의 장남을 후계자로 선포해야 한다는 요청이 있었으나 살아서나 죽어서도 백성의 짐을 짊어지고 싶지 않다는 말을 남기고 A.H. 232년(847 A.D.)에 사망하였다. 아랍인들이 거부했던 터키인들이 압바스조의 정치에 지대한 영향력을 행사하기 시작하면서 압바스조의 황금기는 종료된 것이나 다름이 없었다.

제5장

압바스조 초기의 이슬람 문화와 사상

- 교 육
- 초기 이슬람 문화
- 이슬람 문화의 중심지
- 문학과 학술서 번역
- 역사기록
- 지 리
- 천문학 · 수학 · 화학 · 의학
- 꾸란과 학문의 근원
- 예언자의 언행과 전통(Hadith & Sunna)
- 공인된 6권의 하디스
- 법률학의 발전
- 아랍 시
- 음 악

교 육

이슬람이 정착하기 이전의 대다수 아랍인들은 글을 모르는 문맹인들이었다. 그 결과 그들의 역사와 문명의 발자취는 구전으로 전해오고 있는 전통에 의지해야 한다. 유프라테스 강 남부 히라(Hira) 지역에 살고 있던 아랍인들은 페르시아인들을 통해서 그리스 학문과 철학을 받아들였다. 당시 페르시아인들은 비잔틴 제국의 쥬스티니언 황제가 아덴으로 추방한 네스토리아인들과 플라톤 추종자들로부터 그리스 학문을 전수받고 있었다. 히라 지역 주민들은 아랍어가 보편화되기 전에 이미 글 쓰는 방법을 익혀 가장 오래된 아랍시를 창작하기도 하였다.

예언자 무함마드가 속해 있는 꾸라이쉬 부족은 대상무역에 종사하고 있었다. 시리아, 에티오피아, 예멘, 이집트를 오가면서 그곳의 비잔틴문화, 기독교문화, 유대교문화, 콥트문화를 접하게 되었다. 특히 고대문명을 꽃피웠던 페르시아인들과 비잔틴 사람들과 접촉하는 과정에서 이들 국가의 정치, 사회, 문화를 알게 된 것이다. 그러나 대다수의 아랍 부족들은 그들의 자녀들에게 글을 읽고 쓰는 방법을 가르칠 여유가 없었으므로 소수만이 글을 읽고 쓰는 법 그리고 기본적인 산술공부를 하였을 뿐이다.

이슬람이 차츰차츰 정착되어 가면서 예언자 무함마드는 아랍인 교육에 지대한 관심을 가졌다. A.H. 2년 이슬람 운동에 반대했던 메카 사람들과 바드르에서 전투가 벌어졌다. 이 전투를 승리로 장식한 무함마드는 몸값을 치르지 못한 포로들 중에서 학식이 있는 메카 사람들을 선발하여 몸값 대신으로 각각 10명의 무슬림 자녀들을 가르치도록 하였다.

교육의 중요성은 꾸란과 예언자의 언행록에서 강조되었다. 꾸란은 58장 11절과 39장 9절에서 지식의 탐구는 신앙 다음으로 중요하다고 하였고, 예언자 무함마드는 모든 인간은 학문 탐구를 위하여 서로가 노력하되 중국에까지 가서라도 지식을 얻어야 한다고 강조하였다.

이슬람 초기에는 두 단계의 교육이 실시되었다. 초기 단계에서는 서당(Makta or Kuttab) 또는 사원 구석(Jamiya)에서 꾸란, 수학, 서체 및 아랍어를 공부하는 과정이었다. 초기 단계를 마친 어린이들은 지금의 중등교육에 해당하는 교육을 받았다. 일정분량의 꾸란을 암기하고 나면 가족은 꾸란 선생님과 학생에게 잔치를 베풀어 주었으며 꾸란 전 분량을 암기하거나 암송했을 경우에는 그에 대한 명예로서 행사와 향연이 베풀어졌다. 이 정도의 지식을 습득한 학생은 아랍학, 꾸란해설, 하디스학, 이슬람법학, 문법, 언어학, 수사학 및 문학공부에 들어간다.

칼리프, 왕자 및 고관들은 자녀 교육에 특별한 관심을 보였고 남녀가 교육을 받게 되었다. 이슬람 초기 교육을 받은 대표적 아랍 여성들을 보면, 예언자의 아내 아이샤(Aishah)가 있었다. 그녀는 이슬람법, 하디스학, 문학사, 역사, 족보학 및 의학에서 탁월한 역할을 하였다.

움무 다르다(Ummu Al-Darda)는 매년 예루살렘에 있는 사원에 가서 6개월, 다마스쿠스 사원에 가서 6개월씩 체류하였다. 법률가이면서 작가이기도 한 그녀는 그곳 두 사원에서 강연을 하는 등 이슬람 학자들의 모임에도 참가하였다.

예언자의 손자 후세인의 딸 수카이나(Sukaina)는 미와 재치, 미덕을 함께 겸비한 여성이었다. 위트가 넘치는, 대답하기 난처한 질문에 재치 있게 대답하는 그녀의 모습은 세간인들을 놀라게 했다고 전해오고 있다.

우마위야인들은 화학과 의학에 관한 책들을 아랍어로 번역하였다. 우주학에도 특별한 관심을 두었고 예언자의 전기(傳記)를 기록하기 시작하였다.

이슬람 사원은 꾸란, 하디스, 이슬람 법학을 가르치고 공부하는 가장 중요한 학교기능을 함으로써 많은 사원들이 지적 활동의 중심지가 된 것이다. 가장 좋은 선례로서 바스라 사원은 신학자들이 모여 신학을 토론한 장소가 되었으며 시(詩)나 문학을 토론하고 여러 나라에서 온 여러 종교를 가진 사람들의 모임 장소가 되었다.

시간이 흐르면서 점차 다른 문화와 동화되어 갔다. 비아랍 무슬림들, 특히 페르시아인들은 아랍어로 기록된 꾸란과 예언자의 언행록을 이해하기 위해서 아랍어와 아랍 문학을 공부해야 한다는 필요성을 느끼게 되었다. 이로써 그들의 고유문화도 점차 아랍 문화와 융합하게 되었다.

이슬람 초기의 무슬림들은 종교학에 특별한 관심을 갖고 이슬람의 뿌리가 되고 있는 꾸란과 꾸란해설학, 예언자의 언행과 전통에 해당하는 하디스학, 꾸란평론학, 법률, 문법, 언어 분야에 열중하였다. 이러한 제반 학문 분야는 우마위야조 시대에 널리 보급되어 있던 꾸란과 밀접한 관계를 갖고 있었으나 압바스조 시대의 학문은 주로 외래문학과 많이 관련되어 있다.

초기 이슬람 문화

이슬람 초기 단계에서 이슬람 학문은 주로 꾸란과 하디스에서 출발하였다. 비아랍 페르시아인들은 꾸란과 하디스를 이해할 목적으로 계보학과 역사학을 공부하게 되었으며 계보학을 공부하기 위해서는 문헌학을, 그리고 역사학을 하기 위해서는 이슬람 이전 전쟁사를 공부해야 했다. 그 이후로 그들은 종교학에 관심을 갖게 되었다.

이슬람 사회학자이며 사학가인 이븐 칼둔은 무깟디마(Muqaddima)란 그의 저서에서 학문은 주로 페르시아 무슬림들에 의해 발전되었다고 설명하고 있다. 초기 무슬림들은 과학과 예술에 대한 지식이 거의 없었다. 그들은 단지 꾸란을 품안에 안고 다니면서 꾸란의 가르침에 충실하고 예언자 무함마드의 전통을 충실히 지키는 일에만 전념하고 있었기 때문이다. 당시 아랍인들은 학문을 익히는 방법, 책을 편찬하는 기술, 학문을 보존하는 방법 등을 전혀 알지 못하고 있었다. 꾸란을 암기할 수 있고 예언자의 말씀을 전할 수 있는 사람을 '꾸르라(Qurra')'라 하였다. 이렇듯 당시의 학문이 구두(口頭)로 압바스조 하룬 라시드 칼리프 때까지 전승되어 오다가 예언자의 말씀과 전통이 부패되거나 소멸되는 것을 예방하기 위해 기록을 해야 한다는 필요성을 느끼게 되었다. 위조되었거나 잘못 전해진 예언자의 말씀과 전통으로부터 진본을 가려내기 위해 계보(Isnad) 검증이 시작되었다. 또 아랍어의 순수성이 점차 손상되어 가면서 순수성을 유지하기 위한 아랍문

법학의 필요성도 느끼게 되었다. 법학과 신학의 급속한 발달로 논리학이나 방언학 등에 관한 전문적 연구가 이슬람 제국 대도시에서 직업으로 장려되었다. 대도시의 주민들은 주로 자유업과 무역에 종사하고 있던 페르시아 사람들로 이들은 오래전부터 문화와 예술을 누려오고 있었다. 그 결과 초기 문법학자, 하디스학자, 신학자, 법학자, 꾸란 학자 등은 주로 페르시아 사람들이었다. 이 사실은 예언자의 말씀이 잘 입증해 주고 있다.

> "지식이 하늘 끝에 매달려 있었다 하더라도 페르시아 사람들의 일부는 그 지식을 얻기 위해 그곳까지 갔을 것이라."

이렇듯 지적활동이 활발했음에도 불구하고 유목민 출신의 아랍인들은 지배계급의 명령에 따른 군사원정과 행정관료 생활에 전념하느라 문화활동을 향유할 시간적 여유를 갖지 못했다. 그 결과 초기 이슬람 제국의 학문연구와 활동은 주로 페르시아인들과 정복자와 피정복자 사이에서 태어난 혼혈족(Al-Muwallad)에게 맡겨져 있었다. 그러나 아랍인들은 학자들을 무시하지 않고 특히 이슬람 발전과 관련된 분야의 학자는 대접을 하고 업적을 인정하여 주었다.

무슬림 학자들은 일반적으로 꾸란과 관련된 학문과 아랍인들이 비아랍인들로부터 배운 학문을 구별하고 있는데 전자에 해당하는 분야로는 전통학문(Al-Ulum Al-Naqliyya) 또는 이슬람법학(Al-Sharia)이 있고 후자에 해당하는 분야로는 논리학(Al-Ulum Al-Aqliyya)과 철학(Al-Ulum Al-Hikmiyya)이 있는데 이 분야의 학문은 외래학문(Ulum Al-Ajam) 또는 고대학문(Al-Ulum Al-Qadima)이라 불려졌다. 꾸란과 관련된 순수학문과 외래문화와 관련된 외래학문을 구체적으로 분류하면 다음과 같다.

순수학문

1. 꾸란해설학(Ilm Al-Tafsir)
2. 꾸란평론학(Ilm Al-Qiraat)

3. 예언자의 언행 및 전통연구학(Ilm Al-Hadith)
4. 법률학(Fiqh)
5. 변증학(Ilm Al-Kalam)
6. 문법학(Nahw)
7. 언어학(Lugha)
8. 수사학(Bayan)
9. 문학(Adab)

외래학문

1. 철학(FAl-safa): 여기에는 논리학, 형이상학, 수학, 자연과학이 포함된다.
2. 기하학(Handasa): 산술, 대수, 역학 등 다양한 수학분야가 포함된다.
3. 점성학(Ilm Al-Nujum)
4. 음악(Musiqi)
5. 의학(Tibb)
6. 마술 및 연금술(Al-Sihr wa Al-Kimya)

이슬람 문화의 중심지

압바스조가 등장하면서 아랍의 정복사업과 지적 활동은 동방이 거의 목격하여 본 적이 없을 정도로 활발하였다. 그것은 마치 모든 무슬림들이 배우는 학생이면서 문학 활동을 지원하는 후원자처럼 보였다. 그들은 지식을 탐구하기 위해 아시아, 유럽, 아프리카 3개 대륙을 여행하고 돌아와서 현대학문의 근원이 되고 있는 대사전을 편찬하기도 하였다.

우마위야조 시대의 공공도서관은 무의미할 정도였으나 압바스조에 들어와서는 번역 및 기록문화가 증대되었고 종이 산업의 발달로 출판문화가 발전하고 따라서 도서관들은 종교, 과학, 문학작품들로 장식되어 갔다. 그 결과 도서관들은 가장 중요한 문화의 중심역할을 하게 되었다. 하룬 라시드가 세운 지혜의 집(Bait Al-Hikma) 도서관은 압바스조 시대의 가장 위대한 문화유산 가운데 하나로 간주되고 있다.

모든 이슬람 문화의 업적들이 소장되어 있던 이 도서관은 A.D. 1258년 칭기즈칸의 후예 몽고군이 침략하여 압바스조가 붕괴될 때까지 도서관으로서의 기능을 다하였다. 이 도서관을 자주 드나들었던 과학자와 문학도들이 학문발전에 기여하였을 뿐만 아니라 무슬림과 비무슬림들에게 인류의 문화를 전파하는 데 크게 공헌하였다.

학문을 후원했던 사람들은 칼리프뿐만 아니라 모든 대신이나 고위층 사람들이었으며 이들 가운데 일부는 가정에서까지 학술 모임을 가지면서 후원하였다.

문학과 학술서 번역

압바스조의 통치체제가 확립되면서 2대 만수르, 5대 하룬 라시드, 7대 마으문 칼리프는 페르시아와 그리스 학문연구에 특별한 관심을 가졌다. 비잔틴 제국의 수도인 콘스탄티노플에까지 사절단을 파견하여 철학, 논리학, 의학, 수학, 점성학, 음악, 지리와 역사에 관한 진기한 작품들을 수집하여 오도록 한 후 아랍어로 번역을 시켰다. 고대 아시리아, 고대 인도, 고대 페르시아 사람들의 언어였던 산스크리트(Chaldiand Sanscrit)어로 쓰여진 작품들도 아랍어로 번역되었다. 그 대표적 작품으로는 이븐 무까파가 아랍어로 번역한 칼릴라와 딤나(Kalila and Dimna)가 있는데, 이 작품은 가장 오래된 아랍 산문(散文)으로 공상적이면서도 간단명료함이 특징이다. 이 시대의 인물로는 자유사상가로 잘 알려진 자히즈가 있는데 그는 무으타질라파 사상의 경향을 띠고 있었다. 그 밖에도 페르시아 작품을 아랍어로 번역한 누바크트 가문의 하산(Hasan bin Sahl), 국가들의 정복(Futuh Al-Buldan)이란 책을 저술한 발라주리가 있다.

국가번역위원회 외에도 일부 부유층들이 외국저서 번역을 후원하였다. 이러한 국가적 또는 민간후원으로 연구하는 학자, 비평학자 및 번역된 작품을 수정하는 학자들이 많이 배출되기도 하였는데 이 시대의 가장 훌륭한 번역가들로는 킨디 부족 출신의 후나인(Hunain bin Ishaq), 야굽(Yaqub bin Ishaq), 하르란 출신 싸비트(Thabit bin Qurra), 타바리스탄 출신 우마르(Umar bin Al-Farrakhan)가 있다.

역사기록

예언자 무함마드가 사망할 당시까지만 해도 대다수 아랍인들은 글을 모르는 문맹인들이었다. 그 결과 그들의 역사기록은 그 이후까지도 얼마 동안은 이루어지지 못했다. 꾸란 다음으로 중요시되었던 예언자의 말씀이나 전통마저도 이 사람의 입에서 저 사람의 입으로 전승되어 오면서 수정되고 변경되는 사건이 발생하는 등 구전(口傳)된 시기와 내용이 애매모호하게 되었다. A.H. 2세기 초(A.D 8세기)에 들어서면서 아랍 사학자들에 의한 조사와 기록이 시작되었으나 대부분이 단편적이고 애매모호했다. 뿐만 아니라 여러 종파의 입장에서 기록되었다는 것도 배제할 수 없다.

이슬람 역사의 문헌은 다양하다. 그 중에 가장 중요한 문헌들로는 꾸란, 예언자의 언행(Hadith)과 전통(Sunna), 하산(Hasan bin Thabit)이 예언자를 찬양한 시(詩)를 비롯하여 그 밖에 예언자 포교시절에 쓰여진 여러 편의 시가 있다.

다각적으로 역사를 기록해야 한다는 생각은 페르시아인들에 의해 제기되었다. 페르시아어어로 기록된 왕들의 책을 이븐 무까파가 '페르시아 왕들의 역사'란 제목으로 번역하였는데 이 책이 아랍역사 기록의 한 표본이 되었다. A.D. 819년대의 칼브 부족 출신의 히샴(Hisham)과 그의 아버지 무함마드(Muhammad)가 아랍 최초의 역사가였다.

최초 예언자의 전기(Sirat Rasulullah)로는 A.D. 786년 이븐 이스하끄(Ishaq)가 기록하였다. 이 기록은 그의 제자 이븐 히샴(834 A.D.)을 통하여 후세에 전해지게 되었는데 그는 주로 그의 스승이 남긴 역사적 자료를 이용하였다. 이 책은 예언자 생애의 생생한 모습, 종교적 임무, 이슬람 교리의 전파에 관한 기록 등을 상세히 담고 있다.

무슬림의 정복을 다룬 작품들 가운데는 와끼디가 쓴 전쟁(Maghazi)과 이븐 싸아드가 기록한 위대한 계급서(Kitab Al-Tabaqat Al-Kabir)가 있다. 후자는 저자가 예언자의 사촌이면서 사위인 알리 가문에 유리하도록 처신했음에도 불구하고 가장 정통성 있는 사료로 간주되고 있다.

지 리

압바스조 초기 지역 간의 무역거래가 활발해지고 바그다드가 멀리 떨어진 지역과 육로 및 해상을 통한 접촉이 잦아지면서 안전한 도로망은 여행자와 탐험가들에게 많은 편의를 제공해 주었다. 많은 여행가들이 여러 지역을 광범위하게 여행하면서 보고들은 것, 경험한 것들을 정확하게 기록하여 책으로 발간하였다. 이렇게 하여 무슬림 지리학자들은 여러 지역, 여러 나라, 여러 도시들을 드나들면서 체험한 것들을 기록으로 보존하게 된 것이다.

하룬 라시드 시대에는 무슬림 탐험가들이 인도, 실론, 말레이 반도, 중국까지 여행을 갔으며 극동에 있는 한국까지 여행을 했다고 역사학자 하산은 언급하고 있다. 이 시대의 한국은 고려시대로 이때 고려를 여행했던 아랍 무슬림들이 고려를 아랍어로 쿠리야(Kuriya)로 불렀던 것이 서구에 알려지면서 코레아(Korea)로 알려지게 되었다는 것이 학자들의 공통된 견해다.

동쪽으로는 중앙아시아와 인도, 서쪽으로는 아프리카와 유럽 일부지역이 정복되면서 이슬람은 그 지역의 경제, 사회, 정치 환경, 무역과 산업의 발달에까지 많은 영향을 미쳤다. 이렇듯 지리(地理)에 관한 소득은 압바스조 후기(847~1258 A.D) 때보다 훨씬 활발하였다. 압바스조 초기(9세기 초반) 이븐 쿠르다드비흐는 도로와 국가(Kitab Al-MasAl-ik wa Al-Mamalik)란 지리서를 남겼는데 이 책은 공식 안내서이면서 동시에 아랍어로 번역된 가장 오래된 지리서이다.

천문학 · 수학 · 화학 · 의학

아랍인들은 페르시아인, 그리스인 등 타민족과 접촉을 통하여 천문학, 화학, 수학, 의학 등 과학 발전에 큰 영향을 끼치게 되었다. 압바스조 초기까지만 해도 아랍인들은 주로 순수 아랍 학문만을 다루었을 뿐이다. 이러한 외래학문은 후기에 들어와 발전하기 시작했는데 초기에는 주로 저서 번역에만 관심을 두고 있었기 때문이다. 외래학문을 연구한 당시의 대표적 인물로는 유럽사회에 지베르로 알려진 타르수스 출신 자베르(Jabir bin Hayyan)가 있는데 그는 화학에 뛰어난 아랍인이었다.

피타고라스는 아랍인들을 위한 수학 선생님으로 간주되었다. 수학을 공부하지 않고서는 훌륭한 철학자나 의사가 될 수 없다는 말이 있다.

우마위야조 시대에 아랍인들이 실습한 수학과 우주학 사이에는 큰 관련이 있었는데 이 두 분야는 압바스조 초기까지 발전을 계속해 갔다. 압바스조 2대 칼리프 만수르는 A.D. 8세기에 바그다드 도시를 건설하려 하였을 때 천문학자들의 견해에 따라 길조(吉兆)를 결정하기 위해 주춧돌과 최초의 벽돌을 그의 손으로 직접 놓는 행운을 갖기도 했다.

천문학에 뛰어난 인물로는 발크 지방의 아부 마으샤르가 있었는데 그는 천문학을 공부하기 시작한 후 47세에 두각을 나타내면서 많은 작품을 남기고 100세로 세상을 떠났다.

무슬림들은 의학에도 관심을 가졌다. 만수르 칼리프는 이라크의 의사들에게 자문을 구하고 그들의 충고에 따랐으며 인도에서 가장 이름난 의사를 궁궐 의사로 두기도 했다. 그리스 의학에도 관심을 두었다. 와씨끄 칼리프 시절 이븐 바크티쉬, 이븐 마사와이, 미첼, 후나인(Hunain bin Ishaq)과 같은 훌륭한 의사들이 있었는데 이들은 그리스 의학서에서 얻은 지식과 이론에 근거하여 병을 진단하고 실습과 경험에 의존해서 환자들을 치료했다.

와씨끄는 그의 주치의인 후나인에게 음식, 영양가의 차이, 약품, 대변을 잘 보게 하는 완화제, 기관지에 관한 의학서를 저술하도록 하였다. 이때 기독교인이었던 후나인은 '신체에 따른 병'이란 제목으로 책을 저술하였다. 이 시대의 의사들은 구강, 치아, 치아의 형태, 종류, 숫자, 각 치아의 기능에 관해서도 다루고 있었다.

꾸란과 학문의 근원

이때까지의 무슬림들은 그들의 다양한 학문을 꾸란에서 유출해 냄으로써 꾸란은 학문연구에 가장 중요한 원서(原書)가 되었다. 꾸란 원전 연구와 낭송(Qiraat)은 꾸란해설(Tafsir Al-Quran)을 위한 밑바탕이 된 것이다. 꾸란을 암기하고 낭송하는 방법은 여러 가지가 있는데 예언자 무함마드가 사망한 후 20년이 지난 A.D. 651년 정통 3대 칼리프 우스만 시절에 통일된 교본의 규범에 따라 오늘날까지 꾸란 전 분량이 암기되고 있다. 역사학자로서 그리고 꾸란 해설가로서 유명한 따바리(310 A.H./922 A.D. 사망)는 꾸란의 정통성을 다룬 18권으로 된 꾸란 원전 연구서를 저술하였다.

꾸란해설은 무슬림들이 꾸란의 의미를 이해하기 위해 특별히 관심을 가졌던 분야다. 예언자도 꾸란의 몇 구절에 대한 해설이 있었다고 전해지고 있다. 특히 비아랍인들이 이슬람을 받아들이면서 꾸란 내용에 관한 이해가 크게 필요하게 된 것이다. 예언자와 가까이 지냈던 일부 교우들은 예언자로부터 직접 들은 것을 원칙으로 하여 개인의 이성과 견해에 따라 꾸란의 의미를 해석했다. 그래서 이들 교우들은 꾸란해설 학파의 창시자로 간주되고 있다. 한편 신앙생활에 충실했던 일부 무슬림들은 꾸란 해설을 이단(異端)으로 까지 취급하였다. 정통 2대 칼리프 우마르도 꾸란 해설을 좋아하지 않았다. 우마위야조 시대의 일부 저명인사들도 같은 견해였으며 유명한 언어학자 아스마(216 A.H./831 A.D. 사망)도 역시 꾸란 해설을 자제하였다. 자구(字句)와 의미(意味) 모두가 알라로부터 온 꾸란을 인간이 해석한다는 것을 모순으로 보았기 때문이다.

한발리 학파의 창시자인 아흐마드(Ahmad bin HanbAl-)는 꾸란 해설에 대한 그의 견해를 다음과 같이 피력하고 있다.

> "기본이 없는 3가지가 있는데, 그것은 바로 꾸란해설, 이슬람 이전의 아랍시, 예언자의 원정이라."

이러한 분위기에도 불구하고 예언자의 많은 교우들과 무슬림 학자들은 꾸란 해설을 하기 시작하였다.

무슬림들은 서로 다른 두 가지 방법에 따라 꾸란을 해설하였다.

첫 번째 방법은 전승에 의한 전통적 해설(Al-Tafsir bil Mauthur)이 있다. 개인의 이성과 견해가 완전히 배제되고 예언자의 주석과 교우들의 해석에만 의존하여 꾸란의 의미를 해설하는 방법이다. 이 방법을 준수한 대표적 인물로는 타바리스탄 출신의 따바리(Tabari), 이븐 아띠야(bin Atiya: 546 A.H/1151 A.D. 사망), 스페인 출신의 꾸르뚜비(Qurtubi: 671 A.H./1272 A.D. 사망)가 있다.

두 번째 방법은 인간의 이성과 견해에 의한 해설(Al-Tafsir fi Ray)이다. 이 방법을 따른 부류는 자유사상가들로 구성된 무으타질라파와 쉬아파가 있다.

시간이 흐르면서 전통적 해설이 보편화되기 시작했다. 이슬람으로 귀화한 기독교와 유대교 학자들이 성경에서 도출한 견해를 주장했기 때문이다. 유대교 출신 카압 아흐바르, 기독교 출신 압둘라(Abdullah bin Salam) 및 이븐 주라이가 그 대표적 인물이다.

따바리의 꾸란 해설이 가장 중요한 위치를 차지하고 있다. 이 책은 30

권으로 되어 있는데 정확성과 충실성으로 잘 알려져 있다. 그는 위에서 언급한 카압 아흐바르(Ka'ab Ahbar)와 와흡(Wahb bin Munabbin)이 저술한 정통성 있는 유대자료에 크게 의존했다.

무으타질라파의 자유사상가들과 쉬아 계열의 바티니파에서는 이성과 견해에 의한 꾸란 해설에 특별한 관심을 두었다. 무으타질라파는 전승에 의한 전통적 방법을 무시하고 그들의 이성에 따라 교리와 교파에 유리하도록 꾸란을 해설하였다.

압바스조(132~656 A.H./750~1258 A.D.) 시대에는 꾸란이 학문의 근본이었다. 문법 학자들은 아랍어 문법을 꾸란에서 유출했을 뿐만 아니라 언어학자들도 꾸란 해설과 그 의미를 설명하는 책들을 집필하였다. 법학자들은 꾸란의 규범(Ahkan Al-Quran)이란 책을 저술할 때 꾸란을 기본서로 삼았으며 대표적 인물로는 아부 바크르 라지, 알카이지, 야히야(Yahiya bin Akthan)가 있다.

꾸란은 가장 중요한 역사적 사료(使料)이기도 하다. 가장 오래되었고 정통성과 신뢰성이 있으며 무함마드의 생애를 상세히 다루고 있기 때문이다. 꾸란은 무함마드를 예언자, 정치가, 법률가, 사회개혁자 및 한 인간으로 묘사하고 있다. 또한 다른 국가의 중요한 사건들을 언급하고 있다. 꾸란 27장과 34장에서는 고대문명을 꽃피웠던 예멘의 시바 여왕에 관한 역사, 2장에서는 유대인의 역사, 33장에서는 예언자와 유대인 사이에 벌어졌던 전투에 관한 전쟁사, 27장과 28장에서는 모세에 관한 이야기가 언급되고 있다.

예언자의 언행과 전통(Hadith & Sunna)

예언자 무함마드 생애 말기 몇 년 전부터 두 무슬림이 만나면 한 사람이 새로운 소식(Hadith)을 묻고 다른 무슬림은 예언자의 말씀이나 예언자에 관한 일화(逸話)를 이야기하는 경건한 전통이 확립되어 있었다. 이러한 전통과 관습은 예언자가 사망한 후에도 계속되었다. 그리고 이제 예언자의 말씀과 일화는 더 이상 새로운 소식이 아닌 예언자의 언행(言行)과 관행(Hadith & Sunna)이라고 부르게 되었다. 이때까지는 꾸란이 무슬림들을 위한 유일한 안내자요 지침서였다. 그러나 팽창하여 가는 이슬람 제국의 복잡한 시대적 요구와 새로운 사건들을 꾸란만으로 해결할 수 없게 되었다. 그 보완으로서 하디스와 순나제도가 도입되면서 이 두 가지는 법률과 시행력의 효력을 갖게 되었다.

하디스는 꾸란의 어떤 특정한 부분과 내용을 보완 설명해 주고 있다. 꾸란이 이슬람법(Sharia)의 모체라면 하디스는 두 번째 법원(法源)이고, 추리(推理:Qiyas)는 세 번째 법원, 합의(合意: Ijimaa)는 네 번째 이슬람법의 근원이 되고 있다. 하디스와 순나는 종교생활의 실천방법과 의식에 관하여 상세히 설명해 주고 있으면서 동시에 정치이론과 법률의 원리를 제공하고 있다.

하디스는 무슬림의 생활규범이면서 인생교본이다. 초기에는 예언자의 말씀과 관행이 교우들의 입을 통해서 전해 내려오다가 이슬람력 2세기 초부터 수집 · 기록되기 시작하여 A.H. 3세기(9세기 A.D.)에 들어와 완성되었다.

모든 하디스는 본문(Matn)과 계보(Isnad)로 구성되어 있다. 하디스를 전하는 화자(話者)가, '나는 A로부터 전해 들었고, A는 B로부터, B는 C로부터 … Z는 정통 2대 칼리프 우마르로부터 전해 들었고, 우마르는 예언자 무함마드로부터 다음과 같은 내용의 말씀을 전해 들었다.'

> "모든 것은 마음에서부터 비롯된다. 그러므로 마음속에 뜻을 세운 대로 거두어들인다. 알라와 그분의 예언자를 찾고자 하는 마음이 있었다면 그는 알라의 예언자를 찾을 것이며, 이 세상 든 것을 다 얻고 또 결혼할 여성을 찾고자 하는 마음이 있었다면 그는 그가 뜻을 둔 대로 얻느니라."

하디스는 예언자의 말씀을 전한 사람(Musnad)이 확실한 것이 있고 그렇지 못한 것이 있다. 화자 A로부터 시작하여 도중에 단절되지 않고 B, C,

D, … Z의 계보가 예언자까지 연쇄증인으로 계속될 때 '정확한 하디스'라고 말하고 그렇지 못할 경우에는 '위조된 하디스'라 한다. 각 교파가 예언자의 권위를 이용하여 각 교파와 정당의 이익을 대변하고 변호하려 했다는 점에서 일부 하디스가 위조되었다는 의심을 받고 있다. 알리 추종자들에 의해 창설된 쉬아파는 이슬람 공동체의 지도자(Imam)는 예언자의 혈통을 이어받은 알리 후손들만이 합법적 권리를 갖고 있다고 주장하였다. 쉬아파 역사학자들은 이 이론을 옹호하는 책들을 저술하고 알리 가문을 신성시하여 무함마드 사후 합법적 후계자가 될 수 있도록 이와 관련된 하디스를 보급하게 되었다는 것이 순니파에서 보는 견해다.

토마스 아놀드는 예언자의 하디스 일부가 정당이나 교파의 이익을 위해 많이 변조되었다고 하였다. 뿐만 아니라 일부 이슬람 신학자들 스스로도 하디스의 일부가 조작되었다는 것을 인식하고 있다. 알리의 후손 아부하심은 A.H. 426년(1035 A.D.) 예멘의 수도 사나아를 점령한 후 그곳 국민들에게 행한 한 연설에서 알리 가문을 옹호하는 하디스를 이용하였다.

> "내 가문의 구성원들은 노아의 방주에 오른 신앙인들과 같은 것이라. 거기에 승선한 사람은 구제될 것이요 그렇지 못한 사람은 멸망할 것이라."
> "마음속에 무함마드의 가문을 사랑하다가 임종한 자는 믿음을 갖고 순교한 무슬림과 같은 것이나 알리 가문을 미워하다가 죽는 자는 불신자의 죽음과 같은 것이어서 천국의 향수를 결코 맡을 수 없을 것이라."
> "나와 알리와의 관계는 모세와 아론과의 관계와 같은 것이며 나 이후에는 어떤 예언자도 오지 않을 것이라."

위에 언급한 하디스들은 쉬아파와 알리 추종자들이 알리를 옹호하고 그의 후손들이 예언자 사망 후 이슬람 제국의 통치권을 장악할 수 있도록 만들어 낸 것이라고 순니파 학자들은 주장하고 있다. 후계자 선정이 되기 전에 예언자가 임종한 것도 사실이며 예언자가 그의 마지막 병중에 있을 때 아부 바크르로 하여금 예배를 집전하게 했다는 것은 의심할 여지가 없다.

공인된 6권의 하디스

하디스의 기록과 편찬은 이슬람에서 큰 의미를 갖는다. A.H. 2세기(8세기 A.D)에 무슬림들이 하디스를 기록하기 시작함으로써 저명한 하디스 학자들의 배출을 가능케 했다.

우마위야조(41~132 A.H./661~750 A.D) 시대의 저명한 하디스 학자들로는 주흐리(Juhri bin Shihab Al-Zuhuri: 123 A.H./740~1 A.D. 사망), 이븐 이스하끄(150 A.H./780 A.D. 사망)가 있다. 후기 주흐리의 추종자들은 이스하끄에 의존하면서 어떤 하디스들에 대해서는 그의 조언을 들을 정도로 이스하끄는 정통성 있는 하디스 학자로 추앙을 받았다. 그는 가장 오래된 예언자의 전기를 썼는데 이븐 히샴(218 A.H./833 A.D. 사망)이 쓴 예언자의 전기 안에 기록으로 남아 있을 뿐이다.

같은 부류의 작품으로는 와끼디(207 A.H./822 A.D. 사망)가 쓴 전쟁시(Kitab Al-Maghazi), 이븐 싸이드(230 A.H./844 A.D. 사망)가 집필한 계급들에 관한 위대한 서적(Kitab Al-Tabaqat Al-Kabir)이 있다.

일련의 신학자들은 이븐 한발 밑에서 하디스 학문을 공부하였다. 이들 중에는 부카리(256 A.H./869 - 870 A.D. 사망)가 있는데 그의 시대에 하디스 편찬과 분류방법이 가장 정확하고 가장 높은 수준까지 올라갔다. 이 점에서 부카리는 가장 훌륭한 하디스 학자로 인정받고 있다. 그는 그가 태어나 성장한 지역에서만 하디스 수집을 하는 데 만족하지 않고 여러 다른 나라를 여행하였는데 그 기간은 16년이 걸렸다.

부카리는 순수 하디스와 위조된 하디스를 구별하는 남다른 능력을 갖고 있었다. 그의 강한 암기력과 식별 능력이 하디스 편찬에 크게 기여한 것이다. 그가 편찬한 순수 하디스의 총서(Al-Jami Al-Sahih)는 가장 순수한 것으로 추앙받고 있다. 이 책은 79장으로 구성되어 있다.

무슬림(261 A.H./874 A.D. 사망) 하디스 학자도 그의 스승 부카리와 마찬가지로 하디스를 수집하기 위해 오랫동안 여행을 하였다. 그는 아라비아 반도의 헤자즈, 시리아, 이집트에서 체류하였고 특히 수차례 방문했던 이라크에서의 체류기간은 더 길었다. 그는 니사푸르 지역 토박이로 그곳에서 부카리와 접촉하게 되는데 이 만남은 그에게 큰 도움이 되었다. 그가 수집한 하디스도 정통성 있는 순수 하디스로 인정받고 있다. 그도 부카리와 마찬가지로 중복된 것은 삭제하고 주제에 따라 장(章)을 분류하였으나 부카리처럼 각 장마다 제목을 붙이지 않은 점이 다르다.

이 두 사람이 수집 · 편찬한 하디스는 순수하고 정확한 두 권의 하디스(Sahihaini)라는 명예를 받게 되었다. 그 결과 부카리가 수집 · 편찬한 하디스는 부카리의 순수 하디스(Sahih Al-Bukhari), 무슬림이 수집 · 편찬한 하디스를 두고서는 무슬림의 순수 하디스(Sahih Muslim)라는 이름으로 부르고 있다. 그 밖의 다른 하디스로는 시지스타니(Sijistani)가 편찬한 수난(Sunan), 티르미지(Tirmizi)의 자미의(Jamii), 니싸이(Nisai)의 수난(Sunan), 이븐 마자(283 A.H./896 A.D. 사망)의 수난(Sunan)이 있다. 이 6권의 책이 예언자 무함마드의 언행과 관습을 가장 세밀하고 정확하게 전하고 있는데 이 책들을 6권의 정전(正典, Al-Kutub Al-Sitta)이라고 부른다.

법률학의 발전

말리크 법학파

일부 하디스 본문의 내용을 이해하는 과정에서 이슬람 신학자들 간의 견해 차이로 4개의 이슬람 법학파가 생겨나게 되었다. 각 법학파의 명칭은 창설자의 이름이 그대로 차용되고 있다. 말리크(Malik bin Anas: 179 A.H./795 A.D. 사망)에 의해 창설된 말리크 법학파, 아부 하니파(Abu Hanifa)에 의해 창설된 하나피 법학파, 아흐마드(Ahmad bin Hanabal)에 의해 세워진 한발리 법학파, 샤피(Shafi)에 의해 세워진 샤피 법학파가 있다. 압바스조는 법학파의 창설시대라고 불리고 있는데 이 시대에 무슬림들을 위한 기본 법률이 제정되었기 때문이다.

말리크는 헤자즈 지역에서 두각을 나타낸 이슬람 신학자로 성지 메디나에서 주흐리와 같은 여러 법학자와 신학자의 가르침을 받으면서 생을 보냈다. 그는 하디스 학문에 열중했는데 헤자즈 지역에서 예언자의 교유 및 그 후계자들 밑에서 수학했던 신학자들과 법학자들이 많이 있었기 때문이다. 그는 압바스조 초기(132~232 A.H./750~847 A.D.) 종교학에 관하여 글을 쓴 최초의 이슬람 신학자였다. 그가 저술한 책 무와타(Al-Muwattaa)는 최초의 이슬람법 전집으로 간주되고 있다.

말리크의 제자들로는 이집트의 압둘라 이븐 하캄, 튀니지의 아싸드(Asad bin Al-Furat), 스페인의 야히야(Yahiya bin Yahya Al-Laithy) 등이 있다. 야히야는 마그립 지역의 베르베르 출신이다. 말리크는 그의 제자 야히야로 하여금 무와타를 받아쓰도록 하였고, 야히야 덕분으로 말리크 학설이 북아프리카와 스페인에 보편화되었다. 야히야는 국가행정에도 지대한 영향을 미친 것으로 알려져 있다. 저명한 스페인 출신 마까리 역사가는 야히야의 조언이 없이 대법원에 임명된 사람이 아무도 없었다고 전하고 있다.

하캄 1세(180~206 A.H./796~821 A.D.) 집권 기간 중에 말리크 법학설이 스페인에 소개되면서 아우자이 체제가 사라지게 되었다. 아우자이는 성지 메디나에서 체류해 오다가 A.H. 181(797 A.D) 다마스쿠스에서 사망한 학자이다. 스페인의 우마위야 왕자가 말리크 학설과 그 체제를 받아들인 것은 바그다드 압바스조 칼리프들의 영향권에서 벗어나려고 했기 때문이다. 동시에 북아프리카에 이 학설이 전파되고 점차 체계화되면서 이 지역의 법이 되었다. 말리크 법학설은 주로 예언자의 언행과 전통에 기반을 두고 있었다. 말리크 학설은 이라크에 널리 보급된 합리적(合理的) 하나피 법학설과는 달랐다.

말리크는 알리 가문의 명분을 옹호하는 쪽으로 기울었다. 그 결과 순수 혈통의 무함마드가 칼리파직을 기대하고 있었던 알리 계열의 최초인물이다. 그는 압바스조의 초대 칼리프 사파에게 충성하려 하지 않았고 그의 형제 이브라힘은 이라크에서 무함마드의 명분을 홍보하고 있었다. 무함마드는 그가 국민 앞에 나설 필요가 있다는 것을 알게 되었고 두 성지 메카와 메디나 백성들은 그의 통치권을 인정하면서 그에게 신앙인들의 통치자(Amir Al-Muuminin)란 칭호를 부여하였다.

말리크와 하나피 법학파의 창시자 아부 하니파 두 법학자의 법적 견해는 순수 혈통주의를 주장한 알리 계열의 지도자들을 부추겨 만수르 칼리프의 통치에 반대하도록 하였다. 말리크는 메디나 주민들에게 다음과 같은 말을 했던 것으로 전해지고 있다.

> "여러분은 지금 강요에 의한 충성을 하고 있습니다. 강제 행위는 어떤 구속력도 갖지 못합니다."

그 결과 만수르 칼리프는 압바스조 칼리파 통치체제를 부정한 죄목으로 말리크에게 벌을 내렸다.

그럼에도 불구하고 저명한 대다수 이슬람 신학자들은 하룬 라시드 압바스조 칼리프 편에 섰고, 칼리프는 이들에게 가능한 모든 혜택을 베풀었다. 최고의 명예까지 베풀었다고 니콜슨은 전하고 있다.

> "이 시대의 신학자들은 여러 경우에 특혜를 누릴 수 있었다. 칼리프와 대신들은 이들과 신학적 주제를 가지고 흥미진진하게 토론을 벌였다. 칼리프들이 차츰차츰 그들의 일시적인 권위를 잃어가자 율법학자들의 영향력이 커졌다. 얼마 되지 않아 이들은 중세 때 기독교 사제들이 차지했던 지위와는 전혀 다른 사회적 특권계급을 형성하였다."

하나피 법학파

두 번째 정통 법률학파로는 아부 하니파(150 A.H./767 A.D. 사망)가 세운 하나피 법학파가 있다. 그는 탁월한 이슬람 신학자이자 예언자의 언행 및 전통과 인간의 이성에 기반을 둔 합리주의의 선두자였다. 그는 이라크의 쿠파에서 태어나 바그다드에서 사망한 전형적인 이라크 사람이다. 그는 무역에도 열중하였는데 주로 비단을 취급하였다. 그는 오랜 시장생활로 상거래 전문가가 되기도 하였다.

아부 하니파는 각 하디스를 전하고 있는 연쇄중인 검증과정에서 매우 엄격하였다. 각 지역 이슬람 신학자들에 의해 만장일치로 채택된 것에 한해서만 정통성 있는 하디스로 인정하였다. 그가 저술한 책은 현존하고 있지 않지만 이븐 나딤은 위대한 법률서(Kitab Al-Fikh Al-Akbar), 학자와 학생의 서(Kitab Al-Al-im wa Mutaalim) 두 권을 그가 저술한 책으로 언급하고 있다.

그의 제자로는 이집트 대법관으로 근무한 라이스(Laith bin Saad)가 있다. 그는 예루살렘에서 만수르 칼리프와 면담을 할 정도로 칼리프로부터 존경과 칭찬을 받았다.

만수르 칼리프는 대법원장 직책에 아부 하니파를 등용시키려 했으나 그가 사양했던 것으로 전해지고 있다. 그 후 칼리프는 아부 하니파가 알리 가문의 순수 혈통인 무함마드 쪽으로 기울고 있다는 것을 이유로 하급직에 임명했다는 설도 있다. 바그다드 도시를 건설하기 시작했을 때 칼리프는 아부 하니파에게 이집트 척도(尺度) 까사바(Qasaba: 75c/m)를 사용하여 벽돌의 수를 헤아리도록 하였다. 그 결과 그는 벽돌의 정확한 숫자를 쉽게 파악하였다.

샤피 법학파

세 번째 정통 법률학파로는 샤피(Muhammad bin Idris Al-Shafi)에 의해 창설된 샤피 법학파가 있다. 그는 초기에 예언자의 언행과 전통을 고수하는 헤자즈 지역의 말리크 법학파에 속해 있다가 후기에 들어와 말리크의 전통주의(傳統主義)와 아부 하니파의 합리주의(合理主義)를 절충한 법학설을 펼쳤다.

샤피는 이슬람 신학의 기원을 다룬 최초의 이슬람 신학자이자 이슬람 신학의 원리를 상세히 다룬 최초의 인물이다. 그는 알리 가문을 지지한 쪽으로 기울었다. 하디스 강의에 들어가기 전에 항상 몸을 깨끗이 하고 수염을 손질한 후 맨 앞에 앉았다. 그는 A.H. 200년(815 A.D.) 이라크를 떠나 이집트로 넘어가 그곳에서 4년을 지낸 뒤 일생을 마쳤다.

그는 하디스학, 사전 편찬법 및 시에 뛰어났다. 그의 제자로는 유명한 언어학자 아스마가 있다. 네 번째 이슬람 법학파의 창시자 이븐 한발은 샤피를 다음과 같이 칭찬하고 있다.

"샤피의 강의를 들어보기 전까지 나는 순수한 하디스와 위조된 하디스를 구별할 수 없었다. 샤피는 세상을 밝게 비추어 주는 태양과 같았고 건강하게 사는 방법을 제시하여 주었다."

샤피는 이슬람 신학에 관한 많은 저서를 남겼다. 신학에 관한 상설서(Kitab Al-Masbut fi Al-Fiqh), 어머니의 서(Kitab Al-Umm)와 같은 대표작이 있는데 후자는 이집트에서 그의 제자에게 받아쓰도록 한 책이다. 많은 이슬람 신학자들이 그의 영향을 받았다.

한발리 법학파

아흐마드(Ahmad bin HanbAl-: 241 A.H./855 A.D. 사망)는 하디스 학자들에 의해 만장일치로 인정받은 하디스 학자였다. 그러나 그가 이슬람 신학자였는가에 대한 의견은 다양하다. 역사가이자 꾸란 해설가인 따바리는 이븐 한발을 법학자보다는 하디스 학자로 취급함으로써 한발리 법학파 추종자들을 화나게 만들었다. 바그다드에서 따바리가 사망했을 때 이븐 한발의 추종자들이 폭동을 일으키면서 그의 장례식을 방해하였다. 그래서 그의 시체는 한밤중에 몰래 그의 집안에 매장되었다.

이븐 한발은 일부 압바스 칼리프들이 내세웠던 꾸란의 창조설을 완강히 거부하고 저항하였다. 꾸란 창조설은 자유사상파(Al-Muutazila)의 견해와 일치하고 있었고 마으문 칼리프와 그의 후계자들의 지지를 받고 있었다.

니콜슨은 정통파(Sunni) 이슬람 신학자인 아부 마하신의 말을 인용하여 이븐 한발이 가장 독실한 신자였다는 것을 말하고 있다.

"그를 제외하고는 대다수 사람들의 신앙은 부패되어 있었다."

어떤 위협도 그리고 간청도 그의 결심을 변화시킬 수 없었다. 무으타심 칼리프가 불복종 죄로 그에게 형을 내렸을 때 그에 대한 재판 결과를 듣기 위해 모여든 성난 군중들에 의해 궁궐은 파괴될 위험에 놓여 있었고, 꾸란의 창조설을 부인한 그는 채찍을 맞고 고문을 당할 위험에 직면하여 있었다.

이븐 한발은 알리 가문을 찬양하는 10만 편의 하디스를 남겼다. 그의 학설은 예언자의 언행과 전통에 의존하고 있다는 점에서는 말리크 학설과 일치하고 있다. 아부 하니파와 샤피가 이슬람 신학에 관한 총서를 남긴 데 반하여 그는 이슬람 신학에 관한 저서를 남기지 않고 신학적 문제들을 다루었다는 것이 다르다. 질문에 대한 그의 답변들을 기록한 것은 있지만 기록과 내용에 따른 장의 분류는 그의 제자들이 만들어 놓은 것이다.

이븐 한발의 제도는 인간의 이성에 의존한 해석(Ijtihad)과는 크게 달랐다. 이 점이 다른 법학파만큼 추종자들을 두지 못한 이유가 되었다. 이들 소수 추종자들 대부분은 시리아, 아라비아 반도 내륙지방, 바레인, 바그다드에 퍼져 있었다. 이븐 칼둔이 주장했듯이 이들은 예언자의 언행과 전통에 절대적으로 충실했다. 이븐 한발의 추종자들은 술을 파는 유흥업소들을 습격하고 악사의 악기들을 모조리 부수어 버리고 악사들과 비행 청소년들을 구타하였다고 이븐 칼리칸은 전하고 있다.

이븐 한발은 샤피 밑에서 공부하였다. 그 결과 많은 샤피 추종자들이 그를 샤피 법학파의 일원으로 간주하게 되었다. 샤피는 이집트를 향해 바그다드를 떠나면서 그의 제자 이븐 한발을 극찬하였다.

> "나는 이곳에 이슬람 신학과 법률학에 있어 이븐 한발보다 더 순수하고 학식이 풍부한 인물을 남겨두지 아니했다."

그 당시 자이드(Zaid bin Ali bin Husain bin Ali)에 의해 예멘에 소개된 자이드 이슬람 학파, 무사 까심의 가르침을 따랐던 열두 학파(Ithna Ashriyya) 그리고 이스마엘리아 파는 쉬아파에 그 뿌리를 두고 있다. 그 밖의 다른 계파로는 소멸한 공화주의파(Khawarij), 무르지파(Al-Murji), 자유사상파(Al-Muutazila)가 있었다.

아랍 시

한 아랍 가정에서 시인이 나오면 이웃 사람들이 몰려와 그 가정의 행운을 빌어 주었다. 여인들은 음악에 맞추어 결혼식 잔칫집에서처럼 축하를 하고 유희를 즐긴다. 시인은 가문의 명예를 지켜주는 수호자요 수치를 퇴치하는 무기이며 영광스러운 행위를 지속시키고 위신을 지켜주는 수단이었기 때문이다.

이슬람 이전의 아랍 시인은 초자연적인 능력을 가진 유령(Jinn)이나 마귀(Shaytan)와 결탁한 마법사 같은 초월적 인간으로 생각되었다.

메카 꾸라이쉬 부족은 카으바 신전을 지키는 수호자의 영광을 누리고 있었으므로 다른 부족들이 인정한 종교적 권한을 행사하였다. 전쟁이 금지된 성스러운 달에는 아랍인들이 떼를 지어 모여 들었다. 메카 근처 우카즈(Ukaz)에서는 시장이 열리고 시 낭송대회를 겸한 바자회가 개최되었다. 이때 낭송되었던 대표작으로는 장편의 7시(Al-Sabaat Al-tiwal), 걸려진 시(Al-MuaAl-laqt)가 있었다. 시 경연대회에서 당선된 작품은 섬세한 이집트 아마포 조각에 금박이가 되어 카으바 신전에 걸리는 명예와 영광을 갖게 되었다.

당시 가장 많이 알려진 시인들로는 킨다 부족 왕의 아들 이므리우 까이스(Imriu Al-Qais) 왕자, 바레인 바크르 부족 출신의 타라파(Tarafa bin Al-Abd), 아므르(Amr bin Kulthum)가 있다. 아므르는 타글립 부족 출신이며 그의 어머니 라일라(Laila)는 유명한 시인이요 장군 무할힐의 딸이었다. 그 밖에도 바크르 부족 출신의 하르리(Harrih bin Hillisa), 무자이나 부족 출신의 지하이르(Zihair bin Abi Sulma), 바누 아미르 부족 출신의 라비드(Labid bin Abi Rabia), 지야드(Ziyad bin Muawiya)가 있다.

이들 7인은 불멸(不滅)의 시인이 되었다. 이슬람 세계에는 물론 서구의 동양학 연구원에서도 많이 다루어지고 있는 인물들이기 때문이다.

이슬람이 출현하자 일부 아랍 시인들은 꾸란을 한 시인의 작품으로 공격하면서 무함마드를 시인이라 불렀다. 왜냐하면 꾸란 26장이 시인들의 장(Surat Shuaraa)으로 언급되어 있고 224절과 226절 사이의 절들이 시 운율을 담고 있다는 것을 그 예로 들고 있다.

> "시인들은 방황하여 사탄을 따르는 이들이라. 모든 계곡에서 이성을 잃고 방황하는 그들을 너희는 보지 않았느뇨. 그들은 실천하지도 않고서 말들을 하고 있지 않은가."

아랍인들은 꾸란의 힘과 화려한 문체에 감동하였다. 그래서 그들은 서둘러 꾸란의 문체를 모방하기 시작하였다. 꾸란 문체에 심취한 일부 아랍 시인들은 이슬람을 받아들이면서 그들의 시 창작활동을 중단하여 버렸다. 걸려진 시(Muaallaqat) 시인으로 잘 알려진 라비드(Labid) 시인이 가장 좋은 본보기가 되었다. 그는 이슬람에 귀의한 후 시 낭송과 창작활동을 포기하고서 이렇게 말했다.

> "알라 하나님께서 나에게 시(詩) 대신 꾸란을 선물로 주셨느니라."

전환기 시대에 살았던 시인들로는 하산(Hasan binn Thabit)이 있다. 그는 무함마드의 생애에 관한 생생한 자료가 될 수 있는 시를 썼다. 카압(Ka'ab bin Zuhayr)은 무함마드를 찬양한 시 바나트 수아드(Banat Suad)를 썼고, 후타이드(Al-Hutaid)는 어느 누구도 경쟁할 수 없는 풍자시를 썼는데 이들 시인들은 존경받은 인물(Mukarramun)로 추앙을 받게 되었다. 그리고 이들 모두는 문맹의 시대(Jahilliya)에 태어나 문명의 시대로 일컫고 있는 이슬람 시대에 사망하였다.

저명한 시인들의 시, 부족 또는 어떤 직급에 있는 시인들의 시가 총서로 모아졌는데 이 시집을 디완(Diwan)이라고 불렀다. 이 시집 외에도 6권의 시집이 있었는데 1870년 아흘와르트(Ahlwardt)가 발행한 나비가(Nabigha), 안타라(Antara), 타라파(Tarafa), 주하이르(Zuhair), 알까마('Al-qama), 이므리으 까이스가 있다. 이 시들은 걸려진 시(Al-Muallaqat)였으며 그 후에는 사랑을 받은 시(Mufaddaliyyat)로 불러지게 되었는데, 이 명칭은 압바스조 2대 칼리프 만수르가 그의 아들이며 후계자였던 마흐디 교육을 위해 무파달이 수집한 시들로 그의 이름에서 비롯되었다.

우마위야조 시대

이 시대의 시(詩) 내용과 형태는 이슬람 이전 시대의 시와 다를 바 없었다. 이 시대의 정복사업, 내란, 절대 군주세습을 유지하기 위한 통치방법이 시를 즐길 수 있는 국민의 정력을 빼앗아 버렸기 때문이라고 니콜슨은 그 이유를 설명하고 있다. 우상숭배 사상도 그 이유 중에 하나였다. 우마위야조를 건국한 무야위야의 아들 야지드는 시 창작에 뛰어났다. 사람들이 그를 두고 말하기를, 시는 한 통치자에서 시작되어 다른 한 통치자에서 종료되었다고 하였다. 즉, 이므리으 까이스에서 시작하여 야지드에서 끝났다는 말이다. 우마위야조의 압둘 말리크(65~86 A.H.)도 탁월한 시인이었다. 그 시대의 저명한 시인들로는 이라크의 가리르, 파르즈다끄, 아크탈이 있었다.

아크탈은 기독교인 계관시인으로 압둘 말리크 궁전에서 총애를 받고 있었을 뿐만 아니라 고위직에 재직하고 있으면서 무슬림과 기독교인들 사이에 의견이 자유롭게 교환될 수 있도록 중재자 역할도 맡고 있었다. 아크탈에게는 꾸란에서 금기되고 있는 술도 허용되었다. 그는 이따금 화려한 비단 옷에다 금으로 장식된 사슬을 목에 걸고 칼리프에게 나타나 시를 읊었다. 그로부터 우마위야조를 찬양하는 송시를 감상하고 난 압둘 말리크 칼리프는 다마스쿠스 거리를 돌면서 그 송시를 낭송하였다. 아크탈은 거리로 나가 이렇게 외쳤다.

> "통치자의 시인이요 모든 아랍 사람 중에서 가장 뛰어난 시인이 여기에 있습니다."

그는 모든 이슬람 시인들 중에서 으뜸을 차지했을 뿐만 아니라 송시, 풍자시에서 당대의 모든 시인들을 앞질렀다.

압바스조 시대

압바스조 초기에 시의 형태, 내용, 주제가 새로운 형태로 나오는 경향을 보였다. 전환기 시대와 우마위야조 시대의 시들에 비하여 창작성과 우수성이 돋보였다. 시인들은 전원생활을 배경으로 한 시와 낡은 문체의 찬양시를 냉소하면서 사막 야영생활을 무대로 한 시 창작에 관심을 보였다. 아부 누아스(Abu Nuwas)의 시는 좋은 예가 되고 있다.

> "남풍아 비를 몰고 와 황량한 사막을 축축하게 적셔주렴. 세월이 그렇게도 신선하고 푸르렀던 것들을 앗아가 버렸구나. 우유 한 사발을 마시게 하고서 홀로 떠나 버렸네!"

싸알라비(1038 A.D.)는 시대의 고독(Yatimat Al-Dahr)이란 그의 저서에서 이 시대의 아랍 시는 옛 시들보다 부드럽고 고상하다고 하면서 새로운 시풍이 일어난 배경을 다음과 같이 설명하였다.

1. 우상숭배 시대와 압바스조 시대의 생활양상과 사물의 가치 차이에서 찾아볼 수 있다. 우상숭배 시대에 미덕으로 묘사되었던 것들이 압바스조 시대에 와서는 더 이상 찬양받을 아무런 가치가 없어졌다.
2. 전 시대의 단순한 물질생활로부터 보다 수준 높은 문화생활을 기대하게 되었다.
3. 아랍인들의 미덕을 극소화하면서 제국을 중심으로 한 시가 우세하였다.
4. 외래문화의 영향, 특히 압바스조 시대의 시와 문학에 페르시아 문화의 영향이 컸다.
5. 출판 및 서적 상품화의 부재로 칼리프, 왕자, 고관들의 후원에 의존해야만 하는 시인들이 지나치게 압바스조를 찬양한 시를 쓰게 되었다.
6. 이븐 칼둔(1405 A.D.)은 이븐 라쉬끄(1070 A.D.)의 말을 인용하여 옛

시와 새로운 아랍시의 차이점을 생생하게 묘사하였다. 즉 이븐 라쉬끄는 시인들에게, 소유하고 있지도 않은 낙타를 타고 한 번도 사막을 가로질러 가본 적도 없는 환상적 여행에 관한 시 창작을 배제하고 자연과 진리 속에서 시를 써야 한다고 촉구하였다.

7. 쉬아파와 자유사상파(Al-Muutazila)에 속한 시인들은 그들의 교리와 정당에 유리하도록 시를 썼다.
8. 일부 시인들은 전쟁터에서 얻은 업적을 찬양하는 시들을 많이 썼는데 특히 비잔틴 제국과의 전쟁에서 획득한 업적을 찬양하는 시들이 대부분이다.
9. 순수문학에 대한 후원으로 많은 탁월한 시인들을 궁전으로 유도하였다.

음 악

계속된 아랍정복의 승리는 지적 활동에 많은 영향을 미치게 되었다. 그리스, 페르시아 가수들이 그들의 언어로 불렀던 노래가 아랍 시, 음악, 가창을 세련시키는 데 기여하였다. 무함마드가 도읍을 메카에서 메디나로 옮긴 지 채 1세기도 안 되어 아랍 음악과 가창을 가르치는 학교가 생겨났다. 아랍 가수들은 풍자와 애정을 내용으로 한 시를 창작하는 데 뛰어났다.

최초의 아랍 가수와 투와이스

투와이스(Tuwais)는 메카에서 가장 유명한 가수였다. 그는 반주에 맞추어 노래를 부른 최초의 아랍 가수로 알려지고 있다. 애정시로 유명한 시인들 중에는 자밀이 있는데 그는 부싸이나 여인을 사랑한 시를 썼다. 사람들이 이러한 애정시에 관심을 갖게 되면서 그 시를 노래로 불렀다.

일부 아랍인들은 애정시가 일부 시인들의 산물에 불과하다고 주장하고 있다. 애정시는 라일라(Laila) 여인을 너무나 사랑했던 한 아랍 남자가 쓴 애정시에서 유래한 것이라고 보고 있다. 이 남자는 제정신이 나갈 정도로 그녀를 사랑했다고 하여 라일라 여인에 미친 사람, 즉 마즈눈 라일라(Majnun Laila)라는 이름을 갖게 되었는데 일부 아랍인들은 이러한 이름을 가진 남자가 존재하였는가를 의심하고 있다.

부유한 가문에서 태어난 이븐 아비 라비아(bin Abi Rabi'a)도 애정시를 열렬하게 좋아했던 인물이다.

한편 메카 사람들, 그 중에서도 이슬람 신학자들은 그의 시가 무슬림들의 신앙생활에 역행하는 가장 무서운 죄를 유발시키는 것으로 간주하였다.

투와이스는 메카에서 가장 유명한 가수였다. 플루트를 잘 불지는 못했지만 드럼은 잘 두드렸다. 그는 단조로운 음을 보컬음악으로 조화시킨 최초의 아랍 음악가이다. 투와이스를 중심으로 한 보컬그룹이 노래를 너무나 잘 부른 나머지 관객들은 그들이 유령에 홀린 가수들이라고 생각했다.

페르시아 왕들이 그랬던 것처럼 우마위야 및 압바스조 양 시대의 칼리프들도 가수들의 향연을 즐겼는데 이 향연에 초청된 인사들은 직급과 사회적 지위에 따라 다음과 같이 세 등급으로 분류되었다.

1. 왕자들과 기사들.
2. 왕의 수행원, 왕의 친구, 학자들.
3. 광대들.

가리개와 칼리프의 음악 감상

이 세 계급 반대편 앞줄에는 유명한 가수들이, 그 뒤에는 플루트나 드럼 등 악기를 다루는 악사들 순으로 좌석이 배정되었다.

초기 칼리프들은 그들의 여가 시간에 시 낭송 감상을 즐겼는데 음악이 소개되면서 칼리프들의 여가 시간도 음악 감상으로 대체되었다. 우마위야조 칼리프들은 가수들의 향연을 감상할 때 가리개를 쳐서 왕의 동료들이 칼리프를 보지 못하도록 했다. 황홀경에 빠진 칼리프의 흔들리는 모습이 노출되는 것을 예방하기 위해서였다.

여성 노예들은 우마위야조 시대의 음악 발전에 특별한 역할을 하였다. 이 시대에 사용되었던 악기들로는 심벌즈, 캐스터네츠, 하프, 탬버린, 하프처럼 줄이 달린 다리스(Daris), 우드(Ud), 드럼 종류인 다프(Daff), 플루트 종류인 미즈다르(Mizdar)가 있었다. 플루트는 나이(Nay), 또는 야라(Yara)라고도 불리었다. 압바스조 칼리프들도 가리개를 친 상태에서 시 낭송과 가수들의 향연을 즐겼다. 향연이 끝나고 나면 선물과 팁도 주었다. 하룬 라시드는 어느 칼리프보다 노래와 음악을 좋아하고 가수와 악사들에게 풍성한 팁을 주었다고 전해지고 있다.

모슬 지역의 이브라힘과 그의 아들 이스하끄도 예술 분야에 뛰어났다. 이들도 당대 문학의 한 영역을 차지했다. 신들린 작곡가라 할 정도로 존경을 받았다. 당시 여성 노예들이 노래에 뛰어났다는 것은 이들 작곡가들 덕분이었다.

아민 칼리프도 어느 칼리프 못지않게 가수들을 좋아했고 팁도 넉넉하게 주었다. 그는 각 지방으로부터 광대들과 가수들을 불러 모아 향연을 베풀게 하고 그들에게 많은 팁을 준 것으로 소문이 나있다. 모슬에서 온 이브라힘에게는 20만 디나르, 그리고 그의 아들 이스하끄에게는 4만 디나르의 하사금을 베풀 정도였다. 이스하끄는 작사와 작곡에 관한 상세한 논문을 썼다. 그가 공부했던 음악학교는 그의 아버지가 다녔던 낭만적인 학교와는 달랐다. 노래와 형식과 방법을 수정함으로써 그는 예술의 대가로 인정받게 된 것이다.

와씨끄 칼리프는 그의 또래 어떤 왕자나 어떤 칼리프보다 노래에 소질이 있는 노련한 가수였다. 그는 100편이나 편곡을 할 정도로 음악에 뛰어난 칼리프였다. 스페인의 우마위야조 칼리프들도 음악을 좋아하기는 마찬가지였는데 유대인 출신 만수르는 가창에 뛰어난 인물이다.

아름다운 목소리로 널리 알려진 이븐 나피스는 그의 스승 이스하끄를 능가하였다. 그 때문에 스승의 질투와 시기의 대상이 되었다. 그래서 그는 바그다드를 떠나 스페인의 코르도바로 떠나야만 했다. 스페인의 왕자들이 그를 무척 좋아하게 되었는데 그의 뛰어난 노래 솜씨 덕분이었다. 그는 지르야브(Ziryab)란 별명을 갖게 되었는데 이 별명은 그의 검은 피부색깔과 아름다운 목소리가 아름다운 목소리를 가진 검은 새(Ziryab)와 같다고 하여 나온 말이다. 그는 페르시아 태생으로 뛰어난 시인이며 문학가였으며, 점성술, 군주들의 전기, 각 지역의 예절과 관습에도 깊은 조예가 있었다. 그는 매달 200디나르 외에도 네 아들에 대한 수당으로 한 아들당 20디나르씩 더 받았다. 압둘라흐만 왕자는 그에게 매년 3만 1,000디나르의 풍성한 상여금과 함께 A.H. 9월 라마단 달의 단식을 마치면서 맞이하는 명절 이둘피트르(Eidulfitr) 때 1,000디나르, 12월 하지 달 순례기간 중에 맞이하는 명절 이둘아드하(Eiduladha) 행사 때 1,000디나르, 페르시아 축제인 나우루즈(Nawruz)와 미히리잔(Mihirijan) 때는 각각 500디나르, 약 4만 디나르에 해당하는 밀, 보리, 가옥, 농장 들을 하사하였다.

음악 지원생을 시험하고 실습시키는 지르야브의 방법은 스페인 음악 예술의 유산이 되었다. 그 시대에 여성 노예들이 그로부터 노래연습을 받은 데서 비롯되고 있다. 8명의 아들과 2명의 딸도 아버지의 음악적 재능을 이어받았다.

지르야브만큼 세련되고 재치 있으며 유쾌한 인물은 아무도 없었다. 그는 곧 스페인의 무슬림 사회에서 가장 인기 있는 인물이 되었고 로마 황제 네로가 칭찬하고 항상 황제를 수행했던 로마 소설가 페트로니우스가 만들어 낸 유행의 자리를 차지하였다. 그는 또 의상 패션으로 잘 알려진 부르멜(A.D. 1840년 사망)이 차지한 인기도 얻었다. 이러한 명성을 떨쳤으니 그가 외출을 할 때면 100명 이상의 들러리가 그를 에워쌌다.

제6장

종교적 경향

- ㅁ 무함마드의 사망과 신흥종교 출현
- ㅁ 신흥정당의 출현과 쉬아파
- ㅁ 탈당파와 보편적 정치사상
- ㅁ 무르지아파
- ㅁ 라완디야파와 영혼의 전이(轉移)
- ㅁ 무깐이야파와 알라 하나님의 화신
- ㅁ 진디끄파와 알라 하나님의 이중성
- ㅁ 무으타질라파와 자유의지론
- ㅁ 꾸란 창조설
- ㅁ 쿠르라미야파와 신의 화신

무함마드의 사망과 신흥종교 출현

아부 바크르 칼리프는 2년도 채 안 된 그의 통치기간에 충성의 맹세를 깨트린 아랍 이교도 부족들을 진압하는 데 성공하였다. 아랍 이교도들은 그러한 동맹관계가 아부 바크르가 소속되어 있는 꾸라이쉬 부족에게 우월권을 인정하는 뇌물로 생각했기 때문이다.

예언자의 형제애 사상과 평등정책 덕분으로 계속되어 오던 여러 부족 간의 해묵은 불화와 갈등이 해소되면서 이슬람을 중심으로 한 국민적 화합이 이루어지기 시작하였다. 이에 고무된 각 부족의 아랍인들이 예언자의 지도력을 인정하면서 그의 신성권리를 믿었다. 그 중 일부는 예언자가 죽는다는 것까지도 부정할 정도로 예언자의 신성권리에 심취되어 있었다.

과오가 전혀 없는 불멸(不滅)의 인간으로 생각되었던 무함마드가 사망하자 일부 아랍인들은 신앙에 대한 회의심을 갖게 되었고 일부 부족 간에는 예전과 다름없는 불화와 분쟁이 재연되었다. 그 결과 어떤 부족들은 충성의 맹세를 파기해 버리는가 하면 이슬람세(Zakat) 지불을 거절하기도 했다.

종교는 자유를 훔쳐가는 도적

일부는 꾸라이쉬 부족이 죽은 무함마드를 결코 살려낼 수 없다고 믿고 믿음(Iman)이라는 것을 핑계로 그들의 자유를 훔쳐갔다고 분개하면서 꾸라이쉬 부족의 지도력을 부정하였다. 이러한 소요와 반란이 확대되어 가면서 이슬람을 위협하였다. 싸끼프 부족을 위시한 메카 사람들은 이슬람 신앙을 포기하고 그들의 옛 신앙생활로 돌아가려는 운동을 전개하였다. 가장 위험스러웠던 사건은 자칭 예언자라고 선언한 무싸일라마(Musailima)의 요구였다. 그는 신의 계시가 무함마드와 그에게 동시에 내려진 것이므로 아랍반도에 대한 통치권을 분할하고 다른 부족에 대한 우월권을 인정해야 한다는 주장을 해 왔다. 이러한 요구에 여러 부족들이 지지하고 나서자 사태는 더욱 어렵게 되었다. 아부 바크르가 무함마드를 계승하여 칼리프가 되었을 때 양쪽 군대가 충돌하였다. 무싸일라마는 칼리드(Khald)가 이끈 무슬림 군대에 대항하지 못하고 그의 추종자들과 함께 피살되고 말았다.

안스 부족 출신의 아스와드(Al-Aswad)라는 또 다른 자칭 예언자가 예멘에 나타나 그곳 백성들의 지지를 받으면서 나즈란 지역을 침략한 후 예멘의 수도 사나아의 통치자 샤흐르(Shahr bin Badhan)를 살해하고 그의 아내와 결혼하였다. 위협을 받은 예멘의 무슬림 지도자들이 예언자에게 지원 요청을 하였다. 그들은 예언자의 명령에 따라 전략을 세워 예언자가 사망하기 전날 밤 그를 살해하였다.

바니 아싸드 부족 출신인 기독교의 성직자 툴라이하(Tulaihah bin Khuwailid)가 자칭 예언자로 나타났다. 그의 부족들이 그를 따르고 일부 부족들이 그와 동맹을 체결하자 아부 바크르 칼리프는 칼리드 장군을 파견하여 진압하도록 하였다. 그는 그의 아내와 함께 시리아로 도주했다. 무슬림 연대기를 편찬한 따바리에 의하면 툴라이하는 칼브 지역에 도착할 때까지 자칭 예언자로서 도전을 계속하여 오다가 이슬람으로 귀화하였다. 아부 바크르가 사망할 때까지 시리아에 있다가 우마르가 칼리파직을 계승하자 메디나로 돌아와 그에게 충성할 것을 선서하고 아랍정복에 동참하였다.

자칭 예언자들을 지지했던 아랍인들과 부족들 중에는 자칭 예언자들을 믿지 않고 오히려 배교(背敎) 행위라고 하였다. 그들이 자칭 예언자들을 따랐던 것은 꾸라이쉬 부족의 절대적 통치권에 대한 불만과 정권탈취를 위한 수단이었을 뿐이다.

아부 바크르는 강한 의지와 예리한 판단력으로 어려운 난국(難局)을 대처해 나갔다. 그는 속전속결로 배교자들과 이슬람세 납부 거부자들의 반란을 진압한 후 이슬람으로의 재귀화를 촉구했다.

아부 바크르 정권에 도전했던 단체로는 단지 이름만 무슬림들로 이슬람을 거절한 배교자 단체와 이슬람세는 예언자 무함마드에게 내는 일종의 구빈세이므로 그가 죽은 이후에는 이슬람세를 납부할 필요성이 없다고 주장했던 단체가 있었다.

신흥정당의 출현과 쉬아파

쉬아 열두 이맘과 파티미조의 계보

압둘무딸립

압둘라

무함마드

파티마

아부딸립

=== 1.알리(661 A.D.사.)

2.하산(669 A.D.사.)

3.후세인

4.알리 제인 아비딘(710 A.D.사망)

5.무함마드 바끼르(731 A.D.사망)

6.자으파르 사디끄(756.A.D.사망)

이스마엘(760 A.D.사망)

무함마드

아흐마드 후세인

알리 무일

Ⅰ.우베이둘라 마흐디(297/909)

Ⅱ.까임(322/934)

Ⅲ.만수르(334/945)

Ⅳ.무잇즈(341/952)

Ⅴ.아지즈(365/975)

Ⅵ.하킴(386/996)

Ⅶ.자히르(411/1021)

Ⅷ.무스탄시르(427/1035)

니자르

무함마드

Ⅸ.무스타을리(487/1094)

Ⅹ.아미르(495/1101)

Ⅺ.하피즈(525/1131)

Ⅻ.자피르(544/1149)

XIII.파이즈(549/1154)

XV.아디드(555~567/1160~1171)

7.무함마드 카짐(799 A.D.사망)

8.알리 리다(818 A.D.사망)

9.무함마드 자와드(835 A.D.사망)

10.알리 하디(868 A.D.사망)

11.하산 아스카리(874 A.D.사망)

12.무함마드 문타자르

(A.H. 260년에 자취를 감춤)

알리를 열성적으로 지지했던 추종자들에 의해 생겨난 쉬아파는 처음에는 하나의 정당(政黨)으로 출발하였으나 오래 지속되지는 못했다. 이슬람에서는 정치가 종교적 경향을 띠게 되었으므로 성공적인 종교개혁자가 변함없이 통치차가 되었다.

불만으로 가득 찬 아랍인들이 이븐 사바(bin Siba)의 추종자들을 신랄하게 비난했던 것이 쉬아운동에 신학적 기반을 제공하게 되었다. 이븐 사바는 바스라, 쿠파, 헤자즈, 이집트 사람들과 예언자의 교우인 아부 다르르를 흥분시켰다. 그 후 그는 가난한 사람들에게 온정을 베풀어야 한다고 부유층에게 촉구하면서 우스만의 정책을 신랄하게 공격하였다. 아랍인들은 종교적 사고를 갖고 있으면서도 정치에 더 관심을 두고 있었다.

이븐 사바가 쉬아사상을 고무하고 아부 다르르가 우스만 칼리프에 대한 적개심을 조성함으로써 종국에 가서 우스만이 피살되고 알리가 칼리프로 당선되고 알리 정당이 출현했다. 이븐 사바는 알리가 칼리프로 등용되면서부터 시작하여 사망한 후에도 계속 쉬아사상을 발전시켜 나갔다. 이븐 사바의 일부 추종자들이 알리 칼리프에게 와서,

"당신이 바로 그분이신가요?"

라고 묻자,

"그분이 누구입니까?"

라고 알리가 물었다.

"당신이 바로 알라(Allah)이십니다."

라고 그들이 대답하자 화가 난 알리는 불을 피우고 그들을 불속에 던져 태워버리라고 하였다. 불속으로 끌려가면서 말하기를,

"이제 우리는 당신이 알라(Allah)라는 것을 확실히 알게 되었습니다. 왜냐하면 알라 외에는 어떤 신(神)도 불지옥의 벌을 내릴 수 없기 때문입니다."

라고 외쳤다.

알리의 재림

이와 같은 과장된 교리(敎理)로 말미암아 이븐 사바는 페르시아의 옛 수도(Tcesiphion)로 추방되었다. 그러나 알리는 그에 대한 이븐 사바의 종교적 믿음을 제거하는 조치는 취하지 않았다. 비록 정통 이슬람에서는 허용되지 않지만 이븐 사바에 의해 제창된 교리의 명칭은 그의 이름을 따 사바이야(Sabaiyya)라 불리어졌다. 이 교리의 핵심은 알리가 죽은 것이 아니라 잠시 모습을 감추었을 뿐으로 신성한 속성을 갖고 있는 알리의 재림(Rajaa)을 기다려야 한다는 것이다. 알리의 재림을 믿는 교인들은 알리가 지금 구름 속에 있으며, 그의 음성이 들려오고 그의 채찍은 빛 속에 있는데 그가 다시 출현하여 부정으로 가득한 세상을 정의로 가득 채운다는 믿음을 갖고 있었다. 알리의 사망 소식을 들은 이븐 사바가 말했다.

> "너희가 그의 죽은 머리를 70 차례 이상 가져온다 하더라도 우리는 그의 죽음을 믿지 않을 것이라. 세상이 부정으로 포화상태가 될 때 그가 다시 나타나 이 세상을 정의로 가득 채우기 전까지는 죽지 아니할 것이라."

이븐 사바의 이러한 주장이 쉬아운동에 종교적 기반을 제공하게 된 것이다. 알리의 차남 후세인의 피살은 무크타르의 반란을 유발시키면서 불가사의(不可思議)할 정도로 백성들을 흥분과 열광의 도가니 속으로 몰아넣었다. 그가 피살된 후 몇 년이 채 지나기도 전에 그의 시체가 묻힌 카르발라(Karbala) 지역은 쉬아 추종자들을 위한 성지(城地)가 되어 버렸다. 쉬아인들은 그곳으로 몰려가 예언자의 손자를 배반한 그들에게 관용과 용서를 베풀어 달라고 알라에게 강구하였다. 그 이후로 이들은 회개하는 사람들(Tawabun)이라 불리어졌다. 쿠파 지역의 자유사상가 아랍인들도 그들의 영혼과 재산을 바쳐 후세인을 피살한 그들에게 복수하겠다고 약속하면서 살인자를 처형할 것과 예언자 가문 중에서 칼리프를 임명하여 정의를 실현할 것을 주장하였다. 이들은 술레이만(Sulaima bin Surad)을 지도자로 수락하고 후세인의 죽음을 애도하는 애도문을 작성하여 복수를 해야 한다고 백성들에게 촉구하였다. 대중 집회를 연 후 아인 와르다로 행진하여 갔으며 바스라와 페르시아로부터 많은 사람들이 몰려들었다. 이곳에서 쿠파 지역을 다스리고 있던 우마위야조의 우바이둘라(Ubaidullah bin Ziyadi) 총독에 대항하여 싸움을 벌였으나 쉬아인들은 패하고 지도자를 잃는 패잔병들은 후퇴했어야 했다.

A.H. 66년 야망에 찬 무크타르는 정치일선으로 나섰다. 그는 오랫동안 정당 활동에 참여해 오면서 우마위야인들과 연합하여 왔으며 후에는 장관 임명에 기대를 걸고 이븐 주베이르와 연합하였다. 그러나 그는 주베이르의 신임은 커녕 격려도 받지 못하자 쿠파로 돌아와 쉬아 정당과 결탁한 후 그들에 대한 쉬아인들의 적개심을 이용하여 이븐 주베이르와 우마위야 가문에 대항한 자신의 목적을 수행해 나갔다. 그는 카이사니야 당을 조직하고 알리의 후처(後妻)에서 태어나 무함마드(Muhammad bin Al-Hanafiya)가 피살된 후세인 다음으로 칼리프가 되어야 한다고 선포하였다. 이로써 칼리파직 계승을 염두에 두고 있던 이븐 주베이르의 명분을 약화시켜 버린 것이다. 여기에 아랍인의 민족차별 정책에 불만을 품은 비아랍계 무슬림(Mawali)들이 대거 동참하였다.

그러나 이븐 주베이르나 무크타르의 노력은 무함마드로부터 인정을 받지 못했다. 카이사니야파는 무함마드에게 지위권(Imama)을 부여하고 그가 모든 지식을 소유한 초자연적인 인물이라고 과장하였다. 사바이야파와 카이사니야파가 도입한 지위권에 대해 반블로트튼은 이렇게 묘사하고 있다.

> "사바이야파는 지도자(Imma)가 태어날 때 신성을 지니고 탄생하는 것으로 생각했고 카사니야파는 지도자가 초자연적인 지식을 소유하고 있는 우월한 존재이므로 그에게 순종해야 한다고 생각했다."

카사니야파는 신성의지의 변성(Bad'), 영혼들의 윤회(Tanasukh Al-Arwah), 후세인의 이복동생 무함마드의 재림(Raj'a), 알리의 자손 하산, 후세인, 무함마드(Muhammad bin Hanafiya) 모두를 예언자로 믿었다.

그러나 무함마드는 이러한 교리를 부인하였다. 예언자 가문이 신비적 지식을 소유하고 있다고 주장한 카사니야파의 교리를 들은 그는 이렇게 말했다.

"오 ! 알라 하나님이여!, 저희는 꾸란 두 표지 사이에 있는 것 외에는 예언자로부터 아무 것도 물려받은 것이 없습니다."

그래도 일부 카니쉬아파는 지금도 그의 죽음을 부정하면서 라드와(Radwa) 산 속으로 자취를 감춘 그가 어느 날 다시 돌아올 것이라고 믿었다. 이 교리는 쿠싸이르 앗자(Kuthair 'Azza), 싸이드(Sayid Al-Said Al-Himyari) 같은 쉬아 시인들이 쓴 시에 잘 나타나 있다.

"완벽한 네 성인이 있나니 꾸라이쉬 부족의 이맘들이라. 그들은 정의의 주인들이라! 알리와 그의 세 아들은 세상을 환하게 밝혀주는 빛이라. 한분은 신앙에 충실하고 경건하여 카르발라가 그분을 잠시 숨겨 놓았고, 다른 한분은 그가 탄 말에 국기를 휘날리면서 성전을 지휘할 것이라. 그분은 라드와 산 속으로 자취를 감춘 후 그곳에서 꿀과 빛나는 물을 마시고 계시니라."

회개(悔改)파(Tawabun)의 잔유병사들, 아랍인과 비아랍인 사이에서 태어난 비아랍계 무슬림(Mawali)의 잔유병사들이 쿠파 주민의 절대다수를 차지하고 있었는데 이들은 주로 페르시아인들로 무크타르에게 입적하였다. 무크타르는 쿠파의 총독 이븐 주베이르를 축출하고 이브라힘(Ibrahim bin Al-Ashtar)을 군 지휘자로 파견하여 이븐 지야드와 그 밖에 많은 시리아 지도자들을 살해하였다.

칼리프직에 대한 그들의 권리를 잊지 않고 있던 알리 당원들은 A.H. 61년 알리의 차남 후세인이 카르발라에서 피살되면서 칼리프직의 회복을 그들의 주요 관심사로 삼았다. 이 목적을 달성하기 위해 가능한 모든 수단을 동원하였다. 이전에라도 기회가 있었다면 그들은 틀림없이 목적을 달성했을 것이며, 그들이 허약하여 적에게 대항할 힘이 없다는 것을 알았다면 힘이 있을 때까지 기다렸을 것이다. 그러나 그들은 시간을 벌면서 무슬림 공동체의 지도자 이맘(Imam) 칭호와 그들이 예언자의 후손이라는 계보에 만족해하면서, 정치나 전쟁보다는 무역과 종교에 종사하면서 평화롭게 살기를 원했다. 쉬아파는 아주 드물게 알리의 아들 자이드를 주축으로 등장할 수 있었는데 이것이 계기가 되어 쉬아파 계보의 자이드파(Zaydiyya)가 생겨나게 되었다. 이들은 자신들을 가리켜 정의롭고 신성한 통일당원들(Ahl Al-Adl wa Tawhid)이라 불렀다.

A.H. 122년(740 A.D.) 자이드가 우마위야 칼리프에 대항한 반란을 일으키고 칼리프직에 대한 그의 권리를 주장하다가 군중 밖으로 축출된 것으로 전해지고 있다. 그러자 그의 추종자들이 우마위야 칼리프에 대항하여 싸울 준비가 되어 있다고 하면서 자이드에게 충성의 맹세를 하였다.

> "우리는 당신의 할아버지 알리(Ali bin Abi Talib)에게 불공평한 대우를 했던 아부 바크르, 우마르에 대해 당신의 견해를 피력할 수 있도록 당신의 적에 대항하여 당신을 지원하겠소."

이에 대한 자이드의 답변은 추종자들을 만족시켜 주지 못했다.

> "나는 이들 칼리프들에 대항하여 아무런 할 말이 없습니다. 나는 나의 할아버지 알리가 그들에 대하여 칭찬하는 말을 들었습니다. 할아버지는 우마위야인들에 대항한 투쟁을 했을 뿐입니다. 왜냐하면 그들이 할아버지와 후세인을 살해하고 메디나를 공격하였으며 성지 메카를 불살랐기 때문입니다."

그러자 많은 자이드 추종자들은 그를 떠나 자으파르 사디끄를 합법적인 그들의 지도자(Imam)로 선언하였다. 그러나 자이드를 떠난 이탈자들의 우두머리는 A.H. 122년(740 A.D.)에 피살되고 말았다.

알리의 정치노선에서 탈당한 후 결성한 당원들을 탈당자들, 즉 카와리즈(Khawariz)라 불렀던 것처럼 자이드를 떠난 당원들은 배반자, 즉 라피다(Rafida)로 불리어졌다. 이러한 용어 사용은 쉬아에 대항한 적개심에서 나온 결과로 볼 수 있다. 이 용어는 일부 집필가들에 의하여 모든 쉬아 계파에 적용되어 왔다.

자이드 사망과 더불어 자이드파는 여러 파로 분열되었으며 그 중 한 계파만 자이드를 추모하면서 충성하였고 A.H. 125년(743 A.D.)에는 자이드의 아들 야히야를 중심으로 쿠라산 지역에서 싸웠으나 그도 그 해에 피살되었다.

쉬아파는 그들의 교리에 따라 3개 단체로 분열되었다.

1. 극좌파(Ghaliya): 사바이아(Sabaiya) 단체와 같이 알리의 미덕을 과장한 과격파.
2. 배반자파(Rafida): 자이드를 배반하고 이탈한 파.
3. 자이드파(Zaydites): 자이드를 추모하는 파.

자이드파는 다시 8개 파로 분열되었는데 모두가 쉬아교리를 과장하고 있다.

A.H. 98년(716 A.D.) 쉬아파 역사에 중요한 사건이 일어났다. 이슬람 공동체의 통솔권(Imama)이 알리 가문의 아부 하쉼(Abu Hashim bin Muhammad bin Ali)으로부터 압바스 가문으로 넘어간 사건이었다. 아부 하쉼은 카이사니가 만든 알리 계보의 지도자였다. 이 사건을 두고서 카이사니파의 유산(遺産)이라 부르고 있다.

우마위야조의 술레이만 칼리프는 아부 하쉼을 불러 크게 환대하고 사랑을 베풀었다. 그러면서도 칼리프는 아부 하쉼이 그의 명분을 선전하지 않을까 하는 두려움으로 그를 살해할 음모를 꾸몄던 것이다. 사해 남부 사라트 지역의 후마아마 시골로 가는 길목에서 그를 독살시키도록 한 것이다. 이 사실을 알고 그의 죽음이 임박했다는 것을 깨달은 아부 하쉼이 서둘러 무슬림의 통솔권을 그 시골에 살던 압바스조의 무함마드(Muhammad bin Ali)에게 이양했다고 전해지고 있다.

이렇게 해서 무슬림 공동체의 통솔권은 압바스 가문으로 넘어가고 말았다. 아부 하쉼이 알리 가문의 구성원들을 무시하고 압바스 가문의 조카들에게 통솔권을 넘겨 준 이유는 무엇인가? 이 질문에 대한 해답을 찾기 위해서는 역사를 조금 거슬러 올라가야 한다. 예언자 무함마드가 사망한 이래로 알리와 그의 두 아들 하산과 후세인을 제외하고는 알리 계열과 압바스 계열의 하쉼 가문에서 어느 누구도 칼리프로 임명된 적이 없었다. 무슬림들은 예언자의 삼촌 압바스에게 관심을 두지 않았었다. 왜냐하면 그는 이슬람에 귀화한 최초의 구성원 중에 들지 못했기 때문이다. 이러한 이유로 압바스 자신은 물론 그의 자손 가운데 어느 한 사람도 칼리프로 임명된 적이 없었다. 무아위야의 아버지이며 우마위야조를 건국한 아부 수피얀이 아부 바크르 초대 칼리프에게 충성의 맹세를 한 후 압바스에게 찾아와 이렇게 말했다.

> "그대의 손을 내미시오. 제가 당신께 통치권을 확보하기 위한 노력으로 당신에게 충성의 맹세를 하려 합니다."

그러나 압바스는 그의 제안에 동의하지 않았다.

하쉼 가문의 알리 계보와 압바스 계보 사이의 관계는 우호적이었으며 아부 하쉼의 미덕에 의해 무슬림의 통치권이 알리 계보에서 압바스 계보로 이양될 때까지는 우마위야 가문에 대항하기 위해 두 계보가 단합되어 있었다.

보아 왔던 것처럼, A.H. 1세기 말까지는 무함마드 가문의 구성원 이름으로만 선전이 되어 왔다. 알리 추종자들이 개입을 하지 않고 근친결혼을 통하여 강한 당을 구성할 때까지 모든 일이 그저 순조롭게 되어가도록 두었다. 이들은 메디나 주민들의 호응도 얻었다. 그 곳 주민들이 그들을 존경하기 시작했다. 그리고 그들의 명분을 지지하고 따르겠다는 뜻을 보였다.

그 후부터는 예언자 무함마드 후손 중에서 선택받은 인물의 이름으로 선전이 되어 갔다. 압바스 가문이 배후에 있다는 것을 극비로 하였기 때문에 메디나 주민들은 압바스의 후손과 알리의 후손 중에서 어느 가문의 후손이 통치자가 될 것인지는 전혀 알지 못했다. 압바스의 후손이 칼리프가 되어 우마위야조를 전복시킬 수 있는 통치권이 확립되었을 때 모두가 하쉼가의 후손들이면서도 알리의 후손들은 압바스가의 통치권을 인정하지 않았다. 알리의 후손들은 자기들이 칼리파직에 대한 우선권을 갖고 있다고 믿었기 때문에 압바스 후손들이 그들을 배반했다고 생각했다. 그 이후부터 알리 가문 출신들은 압바스 가문의 구성원들을 적으로 간주하면서 비밀리에 칼리파직에 대한 권리 주장을 지속적으로 펼쳐나갔다.

예언자의 순수 혈통인 무함마드는 칼리파직을 기대했던 알리 후손의 최초 인물이다. 그는 압바스조의 초대 칼리프 사파에게 충성의 맹세를 거부하였고 자으파르 형제가 헤자즈 지역에서 무함마드의 명분을 선전하고 있었다. A.H. 145년(762 A.D.) 순수 혈통의 무함마드는 그가 등장할 필요가 있다는 것을 알게 되었다. 그의 친인척과 그 밖의 추종자들이 그의 명분을 선전한 덕분에 메카와 메디나의 주민들이 그의 통솔권을 인정하고 신앙인들의 통치자(Amir Al-Muuminin)란 칭호를 부여하였다.

무함마드는 백성 모두가 그를 지지하면서 미덕과 기풍, 통솔력을 겸비한 그에게로 기울고 있다고 생각했다. 하나피 법학파의 창시자 아부 하니파와 말리키 법학파의 창시자 말리크 법학자의 견해도 압바스조의 만수르 칼리프에 대한 충성을 거절하도록 부추겼다. 말리크는 메디나 주민들에게 다음과 같이 그의 법적 견해를 피력하였다.

> "여러분들은 충성의 맹세를 강요당하였으니 강요에 의한 충성의 맹세는 책임이 없는 것이라."

무함마드는 이브라힘 형제를 바스라로 보내 그곳에서 그의 명분을 옹호하고 전파하도록 하였다. 이브라힘은 정부청사를 점령하고 압바스조의 군대를 패배시켰다. 그리고 그 지역 법학자들과 고위관리들의 후원을 받았다. 무으타질라파도 그에게 입적하였다.

만수르 칼리프는 무함마드와 이브라힘을 제압하는 임무를 그의 삼촌 이사(Isa bin Musa)에게 위임하였다. 이사는 메디나로 진격하여 갔다. 메디나와 메카 두 성지가 그의 수중에 들어가자 무함마드는 그의 군대가 그를 배반한 것으로 생각하고 당황해 하였다. 그는 다음과 같은 말로 교우들에게 자문을 구했다.

> "예언자께서 아흐잡 당의 억압에 대항하여 싸웠던 것처럼 그들에 대항하여 싸워야 하는지 아니면 다른 아랍 국가로 가서 보다 나은 성공의 기회가 올 때까지 기다리는 것이 낫습니까?"

일부 교우들은 이집트로 떠나야 한다고 조언을 하였다. 왜냐하면 메디나보다는 그곳에서 더욱 강력한 지원을 받을 수 있다고 생각했기 때문이다. 또 일부는 이 제안에 강력히 반대하면서 메디나에 남아 있어야 한다고 주장하였다. 메디나에 남아 있어야 한다는 조언이 설득력이 있어 보였다. 그러나 그는 실망할 수밖에 없었다. 이집트로 떠나는 것이 유리할 것이라고 조언했던 군대의 열정이 사라져 버렸기 때문이다. 그들에게 의존하는 것은 아무런 의미가 없다는 것을 실감하고 소수의 병력을 지휘 진두하면서 이사의 군대와 싸웠으나 살해되고 말았다. 잘린 그의 목은 A.H. 145(762 A.D.) 9월 14일 압바스조 총독에게로 보내졌다.

이 일화의 첫 장면은 막을 내렸다. 압바스조 만수르 칼리프는 두려워할 것이 아무것도 없다고 생각하면서도 이라크에 있는 무함마드의 형제 이브라힘(Ibrahim bin Abdullah)을 제거하지 않으면 안 된다는 생각도 했다. 오히려 그가 더 두려운 경쟁의 대상으로 부각되어 갔다. 이브라힘의 폭동을 진압하는 일이 칼리프의 주요 관심사였다. 헤자즈 지역과 이라크에서 알리 계보를 진압할 때까지 칼리프는 옷 벗기를 거절하였다고 전해오고 있다. A.H. 145년(762 A.D.) 이브라힘도 역시 이사(Isa bin Musa)가 이끈 군대가 쏜 화살에 맞고 피살되었으며 그의 목은 잘려져 이사 장군에게로 보내졌다.

이러한 재앙들은 순수 혈통인 무함마드와 그의 형제 이브라힘에게만 해당된 것은 아니었다. 무함마드는 가문의 일부 지도자들을 다른 무슬림 지역으로 파견하여 무슬림 국가의 통치권 쟁탈을 위한 선전을 해왔다. 그의 아들 압둘라를 쿠라산과 신드 지역으로 파견하였으나 그곳에서 피살되었고 예멘으로 파견된 다른 아들은 투옥되어 감옥에서 운명을 맞이하였다. 무사 형제는 메소포타미아로, 야히야 형제는 타바리스탄으로, 이드리스 형제는 북아프리카로, 그의 아들 무함마드는 이집트로 파견되었다. 아버지 무함마드가 사망하자 얼마 가지 못하고 알리 가문의 운동은 크게 위축되고 말았다.

그때부터 압바스조 칼리프는 알리 가문의 어느 누구도 두려워하지 않았다. 알리 가문이 너무나 허약해져 있었기 때문이다. 그러나 알리 계보는 칼리파직에 대한 기대를 절대 포기하지 않았다. 칼리프는 제국의 수도 바그다드에 남아 있는 알리 계보의 주요 인물들을 주시하면서 메디나 총독에게도 그곳의 알리 계보 주요 인사들을 철저히 감독하도록 지시하였기 때문에 알리 계보는 정권을 잡을 수 있는 기회가 올 때까지 침묵을 지킬 수밖에 없었다.

제4대 하디 칼리프 시절(169 A.H/785 A.D.) 메디나에서 알리 계보의 후세인(Husain bin Ali)이 폭동을 일으키고 칼리파직을 요구했다. 후세인의 군대는 형무소를 부수어 버렸고 형무소에서 탈출한 죄수들은 후세인에게 충성의 맹세를 하였다. 이번에도 알리 계보의 군대는 패하고 후세인도 피살되었다. 이 전투는 너무나 치열했다. 이 전투보다 치열하고 슬픈 재앙은 없었다. 이 전투에서 살해된 알리 계보의 순교자들을 위한 추도문이 시로 묘사되었다.

> "나는 후세인을 통곡으로 애도하네. 하산도 그러하다네. 수의(壽衣)도 입지 못하고 매장된 이븐 아티카에게도 눈물을 쏟네. 파크흐 전투에서 그들은 아침 일찍 버려졌으나 그곳은 사람이 사는 주거지가 아니라네. 그들은 명예스러운 사람들로 흥분되었을 뿐 경솔하거나 비겁하지는 않았다네. 사람들이 옷의 때를 씻어 버리는 것처럼 그들은 스스로 굴욕을 씻어 버렸다네. 사람들이 그들 할아버지의 안내를 받았던 것처럼 백성들은 그들에게 은혜를 빚지고 있다네."

이 전투에서 두 명의 알리 계보가 도주함으로써 초기 압바스조 역사에 중대한 영향을 미쳤다. 야히야(Yahiya bin Abdullah)는 카스피아 해협 남부에 위치한 다일람 지역으로, 그의 형제 이드리스는 북아프리카로 도주하였다.

제5대 하룬 라시드 칼리프는 바그다드에 있는 많은 알리 계보들을 석방하여 측근으로 끌어들이려고 노력하였지만 알리 계보는 칼리프직에 대한 권리를 포기하기는커녕 오히려 싸워서 그들의 권리를 쟁취해야 한다는 신념을 굽히지 않았다. 순수 혈통 무함마드의 형제 야히야와 이브라힘이 다일람 지역에서 무섭게 부각되면서 압바스조 제국의 안전이 크게 위협받았다. 야히야의 폭동을 진압하기 위해 하룬 라시드는 바르마크 가문 출신인 파들(Fadl bin Yahiya)을 군대와 함께 파견하였다. 그는 현명한 방안을 고안해 냈다. 야히야에게 경고를 하면서도 한편으로는 칼리프의 선의(善意)와 진실한 의도를 전하는 등 그를 설득시켜 그의 요구를 포기하도록 하였다. 그러자 야히야는 칼리프가 직접 작성하고 법학자들과 고관들이 증인으로 서명한 안전조약을 요구하였다. 이 요구에 칼리프가 기꺼이 응하였다. 칼리프는 선물과 함께 그가 요구한 안전조약을 보내니 야히야는 파들과 함께 바그다드로 돌아왔으며 그곳에서 칼리파의 극진한 예우와 환대를 받았다. 이런 일이 있은 후 얼마 되지 않아 하룬 라시드는 알리 가문이 비밀리에 활동을 계속하여 왔다는 것을 발견하고 법률고문들에게 이에 대한 법적 해석을 요구하였다. 일부 법률고문은 이 안전조약이 합법적이어서 취소될 수 없었다고 하였고 일부는 그 반대로 해석을 하였으나 칼리프는 안전조약을 취소하고 야히야를 살해하라는 명령을 내렸다.

야히야의 형제 이드리스는 파크흐 전투 이후 이집트로 도주하였다가 A.H 172년(788 A.D.) 다시 북아프리카로 가서 그곳 원주민인 베르베르(Berber)인들을 그의 편으로 끌어들였다. 힘만 가지고 그의 정치운동을 제압하려 하였으나 여의치 않다는 것을 깨닫고 칼리프는 음모와 비밀공작으로 목적을 달성하기로 하였다. 칼리프는 A.H. 177년(793 A.D.) 한 영특한 정보원을 보내 하룬 라시드의 정책을 신랄하게 비난하도록 하여 이드리스의 친구가 되도록 한 다음 이드리스에게 독약을 넣은 음료수를 마시게 하여 살해하였다. 이드리스는 본처에서 대를 이을 자손을 두지 못했다. 그러자 추종자들은 하녀의 몸에서 태어난 아들을 이드리스 II세라 이름 짓고 그를 그들의 칼리프로 받들었다. 이렇게 하여 이드리스 II세가 마그리브(Magrib) 지역에서 이드리스조의 시조가 된 것이다.

마그리브 지역이 압바스조에 넘어 갔을 때 하룬 라시드는 알리 당을 두려워하게 되었다. 그래서 그는 알리 가문을 지지한 것으로 밝혀진 인물에게는 누구를 막론하고 엄한 벌을 내렸다. 이 기회를 이용하여 중상모략자들은 물론 알리 가문의 일부까지도 칼리프 참모들을 중상모략하였다. 하룬 라시드를 자극하는 방법으로, '사람들이 그들 재산의 5분의 1을 무사(Musa bin Jaafar)에게 바치면서 그를 가장 진실한 무슬림 지도자(Imam)로 믿고 있다. 또는 무사가 압바스조에 대항하여 반란을 계획하고 있다' 라고 말을 만들어 냈다. 무사(Musa bin Jaafar)는 중상모략에 의하여 희생된 대표적 인물이다. 칼리프는 메디나로 성지순례를 떠나면서 무사를 체포하여 바그다드에 투옥시킨 후 비밀리에 처형하도록 하였다. 그리고 증인들을 들여보내 그의 시체를 확인시킨 다음 그가 자연사로 임종했다는 것을 증언하도록 음모를 꾸몄다.

일부이기는 하지만 알리 계보의 출신들 사이에 중상모략이 있었다는 것은 알리 계보에 불화가 있었다는 것을 암시하여 주고 있다. 이 불화의 요인은 무엇이었는가? 무슬림 공동체의 지도자(Imam)는 장자상속의 규정에 따라 결정되어야 한다고 주장한 이맘제도(Imamiya)가 A.H 148년(765 A.D.) 6대 이맘 자으파르 사디끄 사망 후 이 규정이 준수되지 않음으로써 두 개의 이맘파로 분열되는 계기가 되었다.

열두 이맘제도

처음에는 이맘제도(Imamiya)였다가 후기에 열두 이맘제도(Ithna Ashriya)로 불리어졌다. 자으파르를 7대 이맘으로 인정하고 그를 계승한 이맘에서부터 12대 이맘 무함마드까지 열두 이맘을 인정하는 제도이다. 마지막 열두 번째 이맘 무함마드는 A.H. 260년(873~874 A.D.) 이라크의 사마라 지역 대사원에서 자취를 감추었는데 부정으로 가득 차 있는 세상을 정의로 가득 채우기 위해 그가 다시 출현할 것이라고 믿게 되었다. 그 이후로 그는 시대를 관장(Sahib Al-Zaman)하는 예정된 이맘(Al-Imam Al-Muntazar)으로 불리어지게 되었다. A.D. 1502년 이란의 사파위조가 이 열두 이맘교리를 국교로 인정하면서 국왕(Shah)은 숨은 이맘의 대리인이 되었고 신학자들은 그의 대변인들이 되었다.

일곱 이맘제도

이스마엘(Ismail bin Jaafar)파로도 알려져 있는데 이것은 그를 일곱 번째 이맘으로 믿는 데서 비롯되었다. 6대 이맘 자으파르가 이스마엘을 후계자로 선정했으나 그가 폭음(暴飮)을 한다는 이유로 둘째아들 무사로 변경하였다. 다수는 이 결정을 따랐으나 일부는 이스마엘이 장남이라는 이유를 들어 그를 7대 이맘으로 믿고 따랐다. 그 이후로 일곱 이맘제도(Sabiyya)라 불리어지게 되었다. 이 파는 시리아에서 자신들의 칼리파제도를 확립하려고 노력했으나 실패하게 되었다. 그 결과 이 파의 주동자들은 압바스조 칼리프들의 탄압을 피하기 위해 숨지 않으면 안 됐다. 북아프리카를 그들의 활동무대로 선택했다. 바그다드로부터 멀리 떨어져 있어 압바스조의 통치권이 미치지 못할 것이라고 생각했기 때문이다. 이곳 베르베르 원주민들의 후진성, 이슬람 문화를 소화할 수 있는 능력의 부재, 과중한 세금에 시달려 왔던 이곳 사람들이 이곳으로 피신해 온 일곱 이맘파를 지원하고 나섰다. 이러한 배경이 이곳 이스마엘파의 출현을 가능케 하면서 A.H. 296년(909 A.D.) 우베이둘라(Ubaidullah)가 안내자, 마흐디(Al-Mahdi)라는 슬로건으로 파티미조를 건국하였다.

알리 계보의 여러 당파와 압바스 가문과의 불화는 열두 이맘파와 일곱 이맘파 사이의 불화와 유사했다. 이것은 무사 까짐을 질투한 이들이 왜 알리 계보에 있었는가를 설명하여 주면서 그가 54세의 나이로 운명하였는가를 예의하여 주고 있다. 바그다드 서쪽 카르크 지역에 묻힌 그의 무덤은 오늘날까지도 많은 사람들의 방문지가 되었고 무사를 추종하는 쉬아인들의 중심지가 되었다.

A.H. 201년(816 A.D.) 알리 리다가 무사를 계승함으로서 열두 이맘파의 8대 이맘이 되었다. 압바스조의 상징 색깔인 검정색 대신 알리 가문의 색깔인 초록색을 채택했던 일, 그 다음해 알리 리다의 딸과 결혼한 사건 등 일련의 사건들이 압바스 가문이 마으문에게 분노를 자아내게 만들었다. 마으문 칼리프는 쉬아교리 쪽으로 기울어져 있는 쿠라산 지역의 주민들로부터 그에 대한 지지를 확보하기 위해 정치적 계획을 하고 있었다. 그리고 알리 리다는 마으문 칼리프의 이러한 마음을 읽고 있었다. 마으문은 어머니와 아내가 페르시아 여인이었다. 그 결과 그는 어려서부터 쉬아교리의 영향을 많이 받았다. 그의 대신도 역시 페르시아 출신이었다. 압바스조의 마으문 칼리프는 그의 대신 파들(Fadl bin Sahl)의 조언에 따라 칼리파 계승권을 압바스 가문에서 알리 가문에게 양도하려는 쪽으로 기울었다.

마으문의 이러한 정책은 압바스 가문의 분노를 야기시켰다. 이로 인해 압바스 가문은 마으문의 칼리파직 해임을 요구하면서 이브라힘(Ibrahim bin Al-Mahdi)을 칼리프로 내세웠다. 이라크의 총독 하산(Hasan bin Sahl)이 이브라힘의 폭동을 제압하지 못하자 마으문은 그의 결심을 취소하기로 하고 8대 이맘 알리 리다를 비밀리에 독살시킴으로써 어려운 정치적 위기를 극복하게 되었다. 알리 가문에게 통치권을 넘겨주도록 조언했던 그의 대신 파들도 독살시켜 버렸다.

A.H. 204년(819 A.D.) 마으문이 바그다드에 도착했을 때 그곳 백성들이 길거리로 나와 대환영을 하였다. 이브라힘은 도주하여 숨어 살다가 A.H. 210년 관용이 베풀어지자 궁궐에서 칼리프를 칭송하는 찬양시를 낭송하면서 살았다. 그는 당시 가장 훌륭했던 한 궁정시인으로 알려져 있었다.

마으문은 알리 가문을 친절하고 관대하게 대접하였다. 그러나 무함마드(Muhammad bin Jaafar Al-Sadiq)를 포함한 일부 알리 계열이 메카에서 폭동을 일으키고 그를 신앙인들의 통치자(Amir Al-Muuminin)로 받들 것을 호소하면서 마으문 칼리프에게 도전하였다. 마으문은 군대를 파견하여 반란을 진압하고 주동자들을 생포하였으나 또 다른 알리 계보가 반란을 일으켰다. 알까심(Alqasim bin Ibrhim)이 그의 형제 이브라힘이 사망하였다는 소식을 접하고 이집트로 가서 폭동을 일으켰다. 메카, 메디나, 쿠파 등 여러 지방의 주민들이 그에게 충성의 맹세를 하고 바스라 주민들이 그를 지지하는 서한을 보내왔다. 이집트 총독에게 알까심을 철저히 감시하라는 명령이 떨어지자 그는 헤자즈 지역으로 갔다가 다시 티하마 지역으로 피신하여 원주민들 사이에 끼어 숨어 살았다. 그는 A.H. 220년(835 A.D.) 알무으타심이 계승할 때까지 계속 반정부 운동을 벌렸다.

압바스조의 마으문 칼리프가 알리 가문에 대해 큰 호의를 베풀었다는 것에 대해서는 쉬아파와 수니파 모두가 동의하고 있다. 이것은 마으문이 임종하기 전 다음 후계자 알무으타심에게 쓴 그의 유서에서도 잘 나타나고 있다.

> "이들은 아부 딸립의 후손으로 당신의 조카들이며 신앙인들의 지도자 알리의 후손들이니 그들에게 친절을 베풀고 고관들로 하여금 그들을 보살피도록 하시오. 그리고 그들의 과오를 용서하고 매년 상여금을 주는 데 소홀하지 마시오. 그들은 여러 가지 이유로 받을 권리가 있습니다."

마으문은 압둘라흐만이 A.H. 207년(822 A.D.) 예멘에서 그에 반대하는 반란을 일으켰을 때까지 알리 가문에 대한 호의정책을 계속하여 왔다. 패배한 그에게도 관용이 베풀어졌다. 그러나 알리 가문 출신이 궁궐에 들어오는 것은 허용하지 아니하고 그들에게는 검정색 옷을 입혔다.

탈당파와 보편적 정치사상

이슬람 정치학에서 쉬아파 못지않게 중요한 영향을 미친 이슬람 정파 중에는 알리 계열에서 탈당한 자유당(Khawarij)이 있었다. 이 정파의 역사는 A.H. 37년(657A.D.)에 일어났던 시핀 전쟁으로 거슬러 올라간다.

이 전투 이후 무아위야와 그를 지지하는 구성원들은 굳게 단합하여 시리아로 귀환하고 알리와 그의 추종자들은 단합하지 못하고 분열되어 쿠파로 돌아갔다. 알리를 지지했던 가장 큰 주류가 알리를 비난하고 나섰다. 이슬람 공동체의 최고 통치자가 그 휘하의 지방 총독 무아위야의 중재를 수락한 것은 칼리프로서의 신성한 임무를 모독하고 그를 칼리프로 추대한 백성들을 배반한 것이라고 생각했다. 이탈자들과의 중재에 동의할 이유가 없다고 덧붙이면서 싸워야 한다고 주장했다. 또 한편으로는 알리를 비난하면서 그는 그의 큰 죄를 회개해야 한다고 하였다.

중재 제안이 들어왔을 때 알리는 이 방법이 그에게 해가 된다는 것을 알고 있었지만 알리 진영의 불화로 다른 방도를 취할 수가 없었다. 꾸란의 가르침에 따라 두 명의 중재인을 임명하였다. 이에 불만을 품은 알리 계보의 다수가 탈당하여 쿠파 외곽에 있는 하루라 마을에 진지를 구축하였다. 그 이후로 그들은 알리 노선에서 이탈하였다 하여 탈당파(Khawarij)[11] 또는 하루라 지역에서 거주하였다 하여 하루리야(Haruiyya)[12]파라 불리어졌다.

그러면서도 이들 반대 주류파는 알리가 그의 과오(過誤)만 시인한다면 다시 알리 정당에 합류할 준비가 되어 있다고 하였다. 이들이 합류할 때 그의 통치권이 더욱 강화될 수 있다는 것을 알고 있으면서도 그들의 요구대로 했을 경우 알리는 그의 대죄(大罪; Kabira)를 실질적으로 인정하게 되어 그보다 더 큰 불신자 취급을 받을 수 있다는 것을 알고 있었다. 그래서 알리는 그들의 요구에 응하지 않고 알라(Allah)와 공익을 위해 처신하였다는 것으로 대답하였다.

보편적 정치사상

탈당파는 하나의 정당을 만들어 주로 통치권(Khalifa)에 관심을 두고

11_ 나가다, 이탈하다, 빠져나가다, 탈당하다 라는 아랍어 말에서 파생된 단어.
12_ '자유로운'이란 단어는 아랍어에서 파생된 단어.

있었다. 이들의 견해에 따르면 아부 바크르와 우마르의 칼리파직 그리고 우스만 집권 초기와 알리가 중재에 동의하기 직전까지의 통치권만 합법적인 것으로 보았다.

이들은 극단적인 정치논리를 대변하였다. 모든 자유 아랍인들은 누구를 막론하고 무슬림 공동체의 통솔권(Imama)을 가질 권리가 있다고 피력하였다. 합법적 절차에 의해 당선된 칼리프는 어떠한 압력이나 환경에서도 그의 권리를 양도하거나 포기해서는 안 된다고 하였다. 그러나 불법에 의해 당선된 칼리프는 해임되어야 하며 그렇지 않을 경우에는 살인도 허용된다는 쪽으로 해석하였다. 이들 탈당파는 아랍주의와 자유주의 대신에 이슬람과 정의실현 구현에 목적을 두었다. 많은 비아랍인들이 이들 노선에 동참하게 되었다. 이로써 자유인이나 노예를 막론하고 무슬림이면 누구나 할 것 없이 통치자가 될 수 있다는 보편적 생각을 갖도록 했다.

이 보편적 정치사상은 예언자 가문의 혈통만이 무슬림 공동체의 지도자가 될 수 있다고 주장했던 쉬아파의 선민적 정치사상과 크게 대치되었다. 무슬림 공동체의 지도자(Imama)는 알라(Allah)만이 결정할 수 있다(La Hukuma illa lil Lahi)는 데에 근거하여 알라의 예언자 가문만이 임명권을 갖고 있다고 하였다. 한편 탈당파는, 알라만이 결정할 수 있다는 것은 무정부 상태를 의미하는 것이므로 무슬림 공동체의 이맘제도는 불필요하다고 하였다. 이 견해는 알리를 비평했던 이들에 의해 지지를 받게 되면서 샤흐라스타니는, 좋든 나쁘든 어떤 형태이건 정부는 반드시 있어야 한다고 말했다.

그러나 탈당파는 그들의 주장을 합리화하는 데 성공을 거두지 못했다. 무아위야와의 중재를 수락한 것은 그들 자신들이었기 때문이다. 알리는 단지 그들의 압력에 못 이겨 동의했을 뿐 알리 스스로가 결정한 것은 아니었기 때문이다. 그 결과 이들 탈당파는 그들의 견해를 수락하지 않은 자는 누구를 막론하고 살해하였다. 그리고 우스만과 알리를 저주하면서 새로운 인물을 칼리프로 내세웠다.

페르시아 국경 나흐라완에서 벌어진 전투에서 탈당파는 패배하고 말았다. 그렇다고 알리의 정치노선이 좋아진 것은 아니었다. 이 전투에서 승리했음에도 불구하고 일부 병사들이 알리의 노선에서 또 이탈하였기 때문이다. 남은 소수의 병력으로 무아위야를 중심으로 한 시리아 군대에 대항하여 싸워야 했다. 이제 이슬람 제국은 탈당파 출현과 더불어 4당시대가 열렸다.

1. 보수당: 꾸란과 예언자 무함마드의 전통에 입각한 정당으로서 정통파 또는 순니파라로 불리어지고 있다.
2. 쉬아당: 예언자의 혈통을 이어받은 알리와 그의 가문만이 무슬림 공동체의 지도자가 될 수 있다고주장한 혈통주의 파.
3. 탈당파: 알리의 정치노선에서 이탈하여 창설된 당으로 이들은 신권분리 정책을 주장하였다. 학자에 따라서는 이들을 공화주의자, 청교도, 또는 극좌파인들로 부르고 있다.
4. 비아랍당: 비아랍 무슬림들(Mawali)로 구성된 당을 말한다.

탈당파의 구성원들은 순수 아랍 유목민 출신들이었다. 바누 타밈 같은 이름 있는 부족과 바스라와 쿠파에 거주하고 있던 전쟁 용사들이 입당하였다. 중재를 통한 단합이 실패로 끝났다. 알리 병사들 중에서 꾸란 암송가들이 일부 입당함으로써 이 당의 위치와 세력이 강화되었다.

탈당파가 제시한 것들을 보면 초기에는 완전히 정치적이었다. 이러한 정치적 성향은 우마위야조 5대 압둘말리크 집권 때까지 계속되어 오다가 종교와 혼합되었다. 알라 하나님과 예언자 무함마드의 전통만을 믿는 것만으로는 진정한 믿음이 될 수 없다고 하면서 예배, 단식, 진실, 정의를 실천(實踐)하는 것이 믿음의 본질이라고 주장하기 시작하였다. 즉 알라 하나님 외에는 어떠한 신도 존재하지 않으며 무함마드는 알라 하나님이 보낸 대승이다(La ilaha illa Allah wa Muhammad Raasullah)라는 것만 믿고 꾸란 법대로 행동하지 않는 것은 불신자라고 하였다. 이렇게 하여 탈당파의 종교적 광신은 정치적 열정 못지않게 열렬했다. 그들은 더 깊숙이 빠져 들어갔다. 큰 죄를 저지른 무슬림은 불신자로 취급하였다. 그래서 그들은 칼리프가 저지른 잘못에 대해, 비록 그것이 사소한 것이라 할지라도, 반란을 일으켰다. 동시에 그들의 교리에 반대한 종파에 대해서는, 비록 그들이 무슬림이라 할지라도, 불신자들에게 대했던 것보다 더 심하게 학대하였다. 무으타질라파의 교주 와실(Wasil bin Ata)이 그들의 수중에 빠져 들어갔다고 기록되어 있다. 와실의 교리는 그들과 달랐다. 그래서 그는 그들의 학대를 모면하기 위해 무신론자처럼 행동했는데 이런 방법이 오히려 무슬림으로서 권리를 요구하는 것보다 더 안전할 것이라고 생각했기 때문이다.

탈당파의 구성원들은 적대자들의 의해 원외자, 분개자, 이탈자, 탈퇴자로 간주되었다. 그러나 자신들을 꾸란 4장 100절에 근거하여 스스로를 이주한 사람 또는 떠난 사람들(Muhajirin)이라고 부르고 있다. 알라 하나님과 그분의 사도를 위해 메카의 사람들이 자신들의 재산을 버리고 예언자 무함마드를 따라 메디나로 떠났던 메카 이주민들(Muhajirin)에게 비유하였던 것이다.

> "알라 하나님을 위해 이주 하는 자는 지상에서 넓은 은신처를 많이 발견할 것이며 알라 하나님과 사도를 위해 그의 집을 떠나 죽은 자에 대한 보상은 알라 하나님께 있느니라…."

꾸란 9장 111절에 근거해서는 그들의 생명을 팔아 천국을 사는 사람(Shurat)이라고 불렀다.

> "알라 하나님께서는 믿는 자들로부터 그들의 영혼과 그들의 재산을 사시고 그들에게 천국을 주시노라. 알라 하나님을 위해 성전하고 투쟁하며 순교하였기 때문이라. 그것은 구약과 신약과 꾸란에 약속된 것이라…."

탈당파는 후에 20여 개 단체로 분열되었다. 이 단체들 중에서 저명한 법률학자 나피(Nafi bin Al-Azraq)가 주축이 된 아즈라끼야가 있었는데 이 단체는 알리와 그 밖의 모든 무슬림들을 불신자 또는 우상 숭배자로 간주하고 그들과의 예배나 결혼도 금지하였다.

그 밖의 주요 종파를 보면 압둘라(Abdullah bin Ibad)의 추종자들로 구성된 이바디야가 있다. 이 단체는 상대방 단체를 신랄하게 비난하지 아니한 점이 다르다. 이바드의 아들 압둘라는 우마위야조 마지막 칼리프 마르완 II세 집권기간 중에 반란을 일으켰으나 진압되어 전멸되다시피 하였다. 칼리파직에 대한 그들의 논쟁은 거의 순수한 학문적 성격을 띤 사상 내지는 교리에 불과했다. 다른 교파의 교주와 결혼하는 것도 허용하는 등 대단히 우호적인 성격을 띠고 있었기 때문에 비탈당 무슬림(Non-Khararij)을 살해하는 것은 불법이라고 주장하였다. 하물며 대죄를 저질렀던 무슬림도 충실한 일신교 신자라고까지 하였다.

탈당파 단체가 이슬람 교파 중에서 가장 무서운 단체로서 우마위야조에 심각한 고민거리였다. 1대 무아위야와 5대 압둘말리크 칼리프는 이들과의 싸움에서 난관에 부딪치기도 하였다. 숫적으로 극히 열세인 그들이 여러 전투에서 우마위야 군대를 패배시켰기 때문이다. 까타리(Qatari bin Al-Fujaa)는 허약한 말을 타고 나무 막대기 하나를 들고 나와, '덤벼라. 싸우자'라고 외쳤다. 그러자 우마위야 군대의 한 병사가 앞으로 나왔다. 까타리가 그의 가면을 벗자 까타리라는 것을 알고 그 병사는 도주하였다. 까타리가, '당신은 어디로 가고 있습니까?'라고 말하자, '당신 앞에서 도망가는 것은 어느 누구도 부끄럽게 생각하지 않습니다'라고 그는 대답하였다. 카타리는 노래를 불러가면서 우마위야 군인들을 차례차례 무찔렀다. 그의 시는 세상에서 가장 겁이 많은 사람을 가장 용맹한 사람으로 만들었다.

> "나는 방황하는 나의 영혼에게 용기를 말해준다. 그대는 제한된 시간을 초월하여 단 한 시간의 생명도 연장시킬 수 없다. 그러므로 죽음의 어두운 전선에서 용기를 내라. 용감해야 한다. 영원히 사는 것은 불가능하다. 그렇다. 생명은 영웅이 입는 예복이 아니다."

A.H. 77년(696 A.D.) 까타리의 군대가 패함으로써 아자리까 단체의 세력도 크게 감소되고 말았다.

바자즈는 증원된 군사력으로 30회 이상 전투를 벌인 끝에 탈당파 계열들을 진압하는 데 성공하였다. 마르완 II세 때 쿠라산에서 아부 무슬림 군대가 우마위야조를 위협하고 있을 무렵 다시 탈당파 계열의 위협이 재개되었으나 A.H. 130년(747~748 A.D.) 아부 함자가 이끈 군대에 의해 진압됨으로써 이따금 우마위야조를 괴롭혔던 탈당파의 반란은 막을 내리게 되었다.

무르지아파

A.H. 1세기 후반에 기독교 영향권에 있던 시리아의 다마스쿠스에서 출현한 세 번째 이슬람 단체이다. 이 단체는 우스만, 알리, 무아위야 칼리프들과 추종자들을 불신자들이라고 선언했던 탈당파와는 그 성격이 달랐다.

이들은 쉬아파와 탈당파의 노선을 따르지 않으려는 쪽으로 기울었다. 알라 하나님만을 유일신으로 믿겠다고 선언한 사람이면 그가 어떠한 죄를 저질렀다 하더라도 신이 심판할 때까지는 그를 이단자로 보거나 비무슬림으로 파문할 수 없다는 주장이었다. 가장 중요한 것은 믿음이므로 행위의 과오(過誤)는 본질적인 죄가 될 수 없다고 하면서 비록 간통을 한 사람이라 할지라도 그가 유일신을 믿고 있는 한 그에게 천국의 문이 닫혀 있다고 말할 수 없다는 것이다.

이 단체의 명칭은 최후의 심판의 날 알라 하나님의 명령을 기다리는 사람들(Murun)이라는 꾸란 9장 106절과 기만하는 것과 마음속에 숨기고 있는 것은 신만이 알 수 있다는 4장 17절에 근거를 두고 있다.

> "거기에는 아직 알라 하나님의 명령을 기다리고 있는 자들(Murjaun)이 있노라. 알라 하나님께서는 이들을 벌하실 수도 있고 용서하실 수도 있으시니라…."

> "알라 하나님을 알지 못하여 악을 저지른 죄인들이 회개하고 반성할 때 이들을 받아 주시나니 알라 하나님은 그들에게 관용을 베푸시노라."

이 교파의 구성원들은 아랍인과 비아랍인 사이에 상반되는 분쟁이 일어났을 때 탁월한 조정역할을 해냈다. 모든 무슬림이 공평하게 대접을 받지 못하고 과거의 신앙에 따라 불공평한 대접을 받는다면 그것은 불법이므로 정부에 대항하여 싸울 권리가 있다고 주장하였다. 신성한 목적 없이 피를 흘려서는 안된다는 것을 강조하면서 이슬람의 형제애(Al-Ikhwa)를 조성하였다.

무르지아 단체의 주장은 이슬람이 제창한 평등실현으로 귀의하자는 것이었다. 다시 말하여 아랍인이 비아랍인보다 우월할 수 없다는 것을 내포하고 있다. 하리스를 주축으로 한 절대 다수의 감정 표출이다. 하리스는 무르지아파에 가담하고 주민들에게 과중한 세금을 부과해 온 우마위야조에 대항하여 싸웠다. 그는 억압받는 자를 해방시키고 부정한 대우를 받고 있는 무슬림들을 지원하기 위해 알라 하나님이 그를 마흐디(Al-Mahdi), 즉 안내자로 보냈다고 믿었다. 하리스가 주도한 이 폭동은 무르지아파의 후원 아래 벌어진 비아랍인(Mawali)의 불만이 표출된 사건이었다.

우마위야조가 멸망하자 무르지아파의 활동도 종료되었다. 하나의 독립된 정당으로서의 기능이 없어졌기 때문이다. 압바스조 초기에 번창했던 하나피 법학파의 창시자 아부 하니파가 무르지아파의 유일한 생존자로 남아 있었다. 무르지아파의 견해를 지지했던 우마위야조 시대의 시인들 중에는 쿠라산에 살았던 싸비트 꾸트나가 있는데 그의 시 작품은 무르지아파의 교리를 대변해 주는 귀중한 사료이다.

라완디야파와 영혼의 전이(轉移)

가장 위험스러웠던 폭동을 일으키고 정통 이슬람에 역행하는 교리를 내세워 꾸란에서 금기된 행위를 허락하였던 단체이다. 사회적 윤리를 무시하고 정치와 종교를 위협하였다. 이 단체는 이슬람 이전부터 이라크에서 시발되었던 라완디 운동에서 비롯된 것이다. 따바리가 묘사한 이 단체의 교리는 영혼이 이 몸에서 옮겨간다(Hulul)는 것이다. 아블라끄는 예수(Isa)의 영혼이 알리(Ali bin Abi Talib)에게 전이된 후 알리를 계승한 이맘의 몸을 통하여 예언자의 삼촌 압바스의 손자인 이브라힘(Ibrahim bin Muhammad)에게 전이되었으므로 그들 모두가 신들이라는 다신론 교리를 설파하였다. 여성들도 공유해야 한다고 주장하고 재산의 사유권을 인정하지 않았다. 또 그들은 압바스조의 2대 칼리프 만수르를 신으로 숭배하였다. 그들은 칼리프가 바그다드에 세운 기념 돔에 올라가 그들의 신들이 지금 하늘로 날아가고 있다고 외쳤다. 그런 후 서로 팔짱을 끼고 만수르 성으로 행진하여 가면서, '당신은 아부 자으파르 만수르입니다'라고 고함을 외쳤다. 이 말은 만수르 칼리프의 화신(化神)을 의미한 것이었다. 만수르는 이것을 이단자들의 반란으로 간주하고 200명 이상을 투옥시켰다. 그러자 라완디야파의 추종자들이 대거 몰려와 감옥을 부수고 복역자들을 탈옥시킨 다음 칼리프에 대항하였다.

만수르는 라완디야파가 자신을 하나의 화신(化神)으로 받들고 있었지만 그들이 칼리프의 정적이었던 아부 무슬림의 추종자들로서 통치권을 페르시아 가문으로 옮기려하고 있었기 때문에 그들 모두를 적으로 간주하였다. 뿐만 아니라 그들을 배화교 같은 사교(邪敎)로 회복하려는 이단자로 취급해 버렸다. 그러나 만수르는 라완디야파를 완전히 제거하지 못하였다.

무깐이야파와 알라 하나님의 화신

무깐나는 아직도 흥미진진한 이야깃거리가 되고 있다. 그는 그의 못생긴 얼굴을 숨기려고 금으로 만든 베일로 얼굴을 가리고 다녔다. 알라 하나님이 자기 몸으로 화신(化身)을 했다고 말했다. 처음에는 아담으로 화신을 한 다음 노아, 아브라함, 예언자들, 현자들, 무함마드, 알리, 아부 무슬림을 거쳐 최후에 와서 자기 몸으로 화신했다는 것이다. 인간이 신을 볼 수 없는 것처럼 그를 숭배하는 신도들은 그의 신성한 얼굴을 쳐다볼 수 없다고 하였다. 그래서 그는 항상 얼굴을 가리고 다녔으며 그의 얼굴을 쳐다본 사람은 그의 두 눈에서 발산하는 섬광으로 인하여 불타게 될 것이라고 하였다. 그는 이슬람의 5대 의무를 폐지시켜 버렸다. 재산과 여성의 공동소유를 설파했던 마즈다크 교리를 따랐다. 그리고 그는 숭배의 대상이 되었다.

수은(水銀)을 연못에 뿌려 달빛에 반사되도록 한 다음 먼 곳에 있는 사람들의 눈에 비추도록 하였다. 그는 그가 창조한 달을 볼 수 있는 영광을 주겠다면서 몇 명의 추종자들을 선발한 후 그들로 하여금 사람들에게 그가 또 다른 달을 만들 수 있는 신기한 초능력을 갖고 있다고 전하도록 했다. 그가 달을 창조했다는 거짓에 대하여 아불 알라 마아리는 이렇게 묘사하였다.

"깨어나시오. 그리고 무깐나의 머리통을 보시오. 그러면 수은으로 만든 달이 그가 꾸며낸 거짓이라는 것을 알게 될 것입니다."

무깐나는 모든 사람들을 기만할 수 없었다. 결국 압바스 가문에 의해 발각되었다. 부카라, 사마르깐드, 카스피아 해안 지역에 많은 추종자들이 있었지만 그의 은신처가 드러나면서 압바스조의 공격을 받게 되었다. 압바스조 군대에 대항할 수 없다는 것을 알아차린 그는 기발한 생각을 해냈다. 큰 화로를 만들어 동과 설탕으로 가득 채운 뒤 추종자들로 하여금 화염 속으로 뛰어들게 하였다. 그의 아내와 자식들은 독약을 먹여 살해하고 살아 있는 시체나 죽은 시구도 적들의 수중에 넘어가지 못하도록 하였다. 자신도 아내와 자식들을 따라 독이 든 당근에서 짜낸 한 컵의 독약을 마시고 자살하였다.

A.H 169년(785 A.D.) 그의 일생은 끝나고 말았지만 무깐나의 영혼은 트란속시아나 지방과 투르키스탄 지역 종교에 널리 퍼졌다. 이 지역 사람들은 무깐나를 신(神)으로 믿으면서 시대가 지나면 그가 베일을 쓰고 출현한다고 믿고 있었다. 그를 숭배할 사원을 건립하였고 여성들은 공동소유물로 간주되었다. 이 교리를 따르지 않은 무슬림은 본보기로 살해되었다. 이 점에서 이들은 셀주크 통치 시절 유명한 암살단의 선임자들로 간주되

었다.

진디끄파와 알라 하나님의 이중성

이 단체는 지금까지의 어떤 교파보다 국가와 종교에 위험한 존재였다. 이 단체의 교리는 추종자들에 의해 시시각각으로 변했다. 처음에는 페르시아어(語)로 된 젠드라는 책을 믿고 따르는 추종자들을 일컬어 부르는 말이었다. 그 후에는 알라 하나님의 유일성을 부정하고 이중성을 믿었던 추종자들과 빛과 암흑의 이중성을 믿었던 사람들을 진디끄라 부르게 되었다.

이 단체는 온건하였고 나름대로의 문화를 갖고 있었다. 이들 가운데 일부는 우마위야 가문에서 개인교사도 하였다. 압드 사마드(Abd Samad bin Abd Alala)는 야지드의 아들 왈리드의 가정교사였다. 압바스조가 건국되면서 이 단체는 두각을 나타내기 시작했다. 이 단체의 교리는 페르시아에서 성행했던 조르아스트교와 그 당시 보편화되었던 기독교와의 중간노선을 걷고 있었다. 마흐디가 3대 칼리프로 등장하면서 이들 단체는 위험스러운 이단자로 간주되었다. 후에는 알라 하나님의 적으로 취급되면서 인간과 문명의 적, 종국에는 국가의 적으로 낙인이 찍히고 말았다. 마흐디는 진디끄만을 관리하는 특별 부서를 설치하고 진디끄를 발견하면 누구를 막론하고 처형하라는 명령을 내렸다. 그리고 그의 아들에게는 다음과 같은 내용으로 진디끄 교리를 설명하면서 그들에 대한 박해정책을 지시하였다.

> "이들 진디끄들은 알라 하나님의 유일성을 믿지 않고 선과 악, 빛과 암흑 등 신의 이중성을 믿고 따르는 추종자들로 이들은 아버지와 딸, 자매간에 결혼을 하고 그들의 소변으로 목욕을 하는 자들이라."

칼리프 마흐디는 그의 재상 무아위야에게 진디끄 혐의를 받고 있는 그의 아들을 살해하라고 하였다. 가련한 아버지가 자식의 가슴에 칼을 대지 못하고 주저하자 마흐디는 다른 사람으로 하여금 아버지가 보는 앞에서 그의 아들을 처형하였다. 저명한 시인 바샤르(Bashar bin Burd)도 진디끄 출신이었다.

4대 칼리프 하디도 그의 아버지 못지않게 진디끄들을 가혹하게 다루었다. 어떤 특정한 달에 진디끄를 처형하기 위해 100개의 몽둥이를 준비시켜 두었는데 불행히도 그 달은 결코 오지 않았다고 전해지고 있다. 페르시아인들만 진디끄 교리를 믿었던 것이 아니라 만수르와 하디 통치시절의 살레(Salih bin Abd Qaddus), 무티(Muti bin Iyas) 같은 훌륭한 아랍인들도 있었다. 무티의 딸은 하룬 라시드 앞에서 진디끄 교리를 믿는다고 고백하였다. 아버지의 영향을 받아 진디끄 추종자가 된 것이다. 이븐 나딤은 바르마크 가문이 진디끄 사상에 물들어 있었다고 비난하였다. 압바스조 초기에는 진디끄 사상과 문화가 당시의 문화를 대변할 정도였다. 노년층의 대다수 문화인들이 진디끄 출신이었기 때문이다. 아반(Aban bin Abd Al-Hamid), 함마드 아그라드, 함마드 라위야, 아부 누아스, 이븐 이야스 등이 그 대표적 인물이다.

진디끄 사상과 문화는 하룬 라시드 통치 후반기까지 이어져 오다가 8대 무으타심 칼리프 시절에는 진디끄 출신이 왕궁에까지 들어가게 되었다. 아프쉰(Afshin) 장군도 진디끄 출신이며 이들은 과학, 문학, 및 정치학에 많은 기여를 하였다.

무으타질라파와 자유의지론

이 단체는 쉬아파, 탈당파, 무르지아파와 더불어 가장 오래된 이슬람 정당 또는 교파 가운데 하나이다. 이 단체는 한 종교단체에서 출발하였다가 정치에 가담한 단체이다. 이 교파는 그리스 신학자, 특히 시리아 다마스쿠스에 있던 존과 그의 제자들의 영향을 받아 생겨났다. 하르란 지역의 주교 테오도레 아부카라는 우마위야조 궁궐을 드나들었는가 하면 고위직에까지 올랐다. 그는 무슬림과 기독교인들이 다정한 토론과 반론을 통하여 각자의 생각들을 교환하도록 하였는가 하면 비잔틴 신학이론으로 무장하여 이슬람 교리를 이론화하려고 노력하였다.

이 교파의 근원지 및 본산지는 시리아가 아니라 이라크로 이 교리의 핵심내용은 다음과 같다.

1. 신의 유일성
2. 신의 정의
3. 약속과 경고: 신은 그가 약속한 것을 반드시 실행하며 대죄를 저지른 사람을 용서하지 않는다는 약속과 경고를 의미한다.
4. 큰 죄를 저지른 인간은 믿는 자도 아니고 불신자도 아닌 중간자로 남아 있게 된다.
5. 우호적인 태도로 다른 사람을 대한다.
6. 선(善)은 알라 하나님으로부터 오며 악(惡)은 인간으로부터 비롯된다는 결정론에 대조되는 자유의지론을 주장하고 있다. 그 이후로 이 단체는 자브리야파와 대조되는 까다리야파로 불리어지게 되었다.
7. 꾸란은 창조되었으며 그것은 알라 하나님과 영원히 존재할 것이다.
8. 필멸하는 인간의 눈으로는 부활의 날 신을 볼 수 없다.

이 교파는 우마위야조 후기 시대로 거슬러 올라간다. 그 당시 바스라 지역에 있던 저명한 염세주의자 하산은 탈당파와 무르지아파가 상반된 견해를 주장했을 때 그에 대한 질문을 받게 되었다. 논쟁의 핵심은 믿는 사람과 불신자가 저지른 죄 중에서 어느 쪽의 죄가 더 큰가라는 것이었다. 페르시아인으로 하산의 한 제자인 와실(Wasil bin Ata Al-ghazal)은, 그러한 사람은 믿는 자도 아니요 그렇다고 불신자도 아니므로 그는 중간자 상태에 있다고 대답하였다. 그는 사원 내 한 구석으로 가서 자기 주변에 모인 무슬림들에게 이러한 그의 교리를 가르치기 시작했다. 그의 설교를 듣고 난 그의 스승이 말하기를, 와실은 우리에게서 분리하여 떨어져 나갔다(Itazala)고

하였다. 그 이후로 와실의 추종자들은 분리하여 나간 자(Muutazila)들이라 불리지게 된 것이다. 자유의지론을 설파한 까다리아 교파와 분리주의 교파(Muutazila)의 주요 종교사상에 대하여 브라운은 다음과 같이 비평하고 있다.

> "그것은 정통교리의 가르침이 강요하고 있는 전제적(專制的) 믿음에 대항하여 건전한 인간 이해에 바탕을 둔 항의라고 말할 수 있다."

이들은 스스로를 신의 정의와 유일성의 구성원(Ahl Al-Adl wa Tawhid)이라고 하였다. 이 교리의 추종자들은 운명 예정론을 주장한 정통파 교리가 알라 하나님을 무자비한 폭군으로 만들어 버렸다고 주장하였다. 또 꾸란을 만들어 놓고 그것이 신과 영원히 공존할 것이라며 신의 속성들을 신의 본질에서 분리시킨 무슬림은 유일신을 부정하는 다신론자(Mushrik)로 보았다. 무으타질라파의 교리도 초기에는 운명 예정론과 연계되어 있었다. 그러다가 그중 일부는 알라 하나님이 악의 장본인이 아니므로 인간이 자제할 수 있는 죄 외에는 인간의 죄에 대하여 벌을 내리지 않는다고 주장하였다. 이 주장은 꾸란 74장 38절, 41장 46절에 근거를 두고 있다.

> "모든 인간은 그가 행한 것으로 보상을 받느니라."

> "선을 행하는 자는 자신의 영혼을 위해서 하는 것이요 악을 행하는 자는 자신의 영혼을 위해 역행하는 것이니라…."

이 두 절은 모든 인간이 그의 책임을 대리인이나 성인 또는 구세주에게 떠맡길 수 없다는 것을 의미한다. 그가 구원을 받을 수 있는 매개체는 그의 업적과 신의 은총이므로 바른 방법으로 최선을 다할 때 천국의 동료들과 합류할 수 있다고 보는 것이다. 또 인간이 행한 모든 것은 인간의 자유의지가 만들어 낸 것이어서 그에 대한 책임은 전적으로 인간이 져야 한다는 뜻이다.

와실은 권능, 지혜, 생명 등이 신의 속성으로 존재한다는 것을 부정하고 있다. 그러한 속성들이 영원한 것이라고 생각한다면 알라 하나님의 유일성을 파괴한다고 생각했기 때문이다. 그 이래로 무으타질라파는 자신들을 신의 정의와 유일성의 구성원들(Ahl Al-Adl wa Tawhid)이라고 불렀다.

이 단체는 쉬아파, 탈당파, 무르지아파와는 달리 초기에는 정치에 개입을 하지 않았던 신학파의 일종이었다. 그러다가 정치에 몰두하기 시작했다. 모든 무슬림은 신 앞에서 평등하다는 꾸란 49장 13절에 근거하여 무슬림 공동체의 통솔권(Imama)과 통솔권자가 될 수 있는 조건에 대한 논쟁을 하였다.

쉬아파 여러 단체의 교리가 다양하고 함축성이 있었는데도 불구하고 무으타질라 교리가 여러 면에서 지배적이었다. 특히 이맘제도가 받아들이지 않았던 교리를 수용하고 있었기 때문이다. 쉬아의 법학자들과 신의 유일성을 주장했던 신학자들이 무으타질라 교리를 이용하면서 그들의 견해와 믿음을 보강하였다. 이것은 쉬아파와 특히 자이드(Zaid bin Ali bin Husain)를 주축으로 하여 생겨난 자이드파 추종자들이 자신들을 부를 때 무으타질라파가 설파한 신의 정의와 유일성의 구성원(Ahl Al-Adl wa Tawhid)이라는 동일한 용어를 선호하였다는 것을 가리키고 있다.

무으타질라와 쉬아 교리의 유사성은 쉬아파의 주장에서 명백하게 나타나고 있다. 알리와 그의 가문의 이맘들이 최초로 인간의 자유의지를 고백하였고 무으타질라파는 단지 자유의지의 교리를 설명했을 뿐이라는 쉬아의 주장에서 양 교리의 유사성이 발견되었다. 그 결과 쉬아에서 신성시되고 있는 이맘 칭호가 법학자들에게 주어질 수 있었다는 것이 그들의 신학서에서 발견되고 있다. 더욱이 쉬아파는 신의 정의와 유일성을 전파하기 위해 기다리고 있는 이맘(Al-Mahdi)이 출현할 것이라고 주장한 무으타질라파의 교리에 영향을 받았다. 자이드파는 이맘파보다 더 무으타질라파에 근접하고 있다. 이렇듯 쉬아파와 무으타질라파는 서로에게 큰 영향을 끼쳤다.

무으타질라파가 알리를 주축으로 한 교리에서 비롯되었다는 것은 의심할 여지가 없다. 무으타질라 교리와 신학의 창시자는 바로 이맘 알리로서 그는 그들의 선생님이요 지도자였다. 이것은 무으타질라파가 와실과 연계되어 있고 와실은 아부 하쉼(Abu Hashi bin Muhammad)의 제자요 아부 하쉼은 그의 아버지 무함마드의 제자이며 무함마드는 그의 아버지 알리의 제자라는 것이 분명하기 때문이다.

그러나 무으타질라파가 알리 계보의 여러 계열과 일치하지 않고 있다는 것도 염두에 두어야 한다. 그들은 그들의 다양한 믿음에 따라 서로 상반되는 부분도 있었고 서로 다른 입장과 견해를 취하기도 하였다.

무으타질라파는 자이드(Zaid bin Ali bin Husain)파에 보다 가깝다. 이러한 관계는 자이드 시대로 거슬러 올라간다. 그는 와실의 제자요 와실은 무으타질라파의 대표자인 가잘의 아들이다. 자이드는 무으타질라 교리에서 원리를 유출하였다. 자이드 추종자들이 무으타질라파가 되었다. 무으타질라 추종자들은 예언자 무함마드의 순수 계열인 알리 계보와 우마위야조 말기 메카에 있었던 이브라힘 형제에게 충성할 것을 맹세하였다. 그 후 이들은 압바스조 칼리파 직위에 불만을 품고 있던 쉬아파와 함께 하였다. 무으타질라파와 이사(Isa bin Aayid) 통솔하의 자이드파는 이라크에 있던 알리 계열의 이브라힘(Ibrahim bin Abdullah)과 합세하여 압바스조 2대 칼리프 만수르에 대항하여 싸우면서 무으타질라파의 군대와 함께 그가 피살되는 그때까지 이브라힘에게 충성하였다. 무으타질라 사상은 오늘날까지 쉬아 문학에서 뚜렷하게 나타나 있다. 이 두 교파간의 많은 유사성으로 말미암아 역사가들은 신의 유일성에 관한 양 교파의 서적에 대해서는 혼돈을 하면서 식별을 못하게 되었다.

쉬아파 서적들은 이맘의 과오(過誤)가 전혀 있을 수 없다는 이맘의 완전성에 관한 내용을 주로 담고 있다는 것이 무으타질라파 서적들과 다른 점이다. 저명한 무으타질라파의 한 지도자였던 낫잠도 이맘과 그의 완전성에 대한 이론에서는 쉬아교리와 견해를 같이하고 있다. 쉬아파가 주장한 이맘교리는 급진파 무으타질라파의 밑바탕이 되었다. 이맘은 어느 시대에도 존재해야 하고 과오가 전혀 없어야 한다는 쉬아의 교리는 무으타질라파의 견해와 정확히 일치하고 있었다. 신은 각 시대의 모든 인간들에게 과오가 전혀 없는 한 지도자(Imam)를 보낸다는 것이 쉬아교리의 핵심이다. 이렇게 하여 쉬아파는 무으타질라파의 교리를 바탕으로 하여 그들의 교리를 확립하였다.

무으타질라파는 무슬림 공동체의 통솔권은 메카 꾸라이쉬 부족에게만 있는 것이 아니라 무슬림이면 누구를 막론하고 지도자가 될 수 있다고 주장한 탈당파(Khawarij)와 의견을 같이하고 있다. 무슬림들을 위한 지도자는 임명될 수 없다고 한 것도 일치하고 있다. 이 견해는 꾸란에 근거하여 모든 권한은 오직 신에게 있다고 주장한 탈당파의 주장에서 이해할 수 있다. 그러나 무으타질라파는 한 가지 경우를 제외하고는 이 원칙을 허용하지 않고 있다. 즉, 무슬림은 절대적으로 정직해야 하고 순수해야 하며 죄를 지은 무슬림은 누구를 막론하고 그들과 함께 공동생활을 할 수 없다고 하였다.

꾸란 창조설

7대 마으문 시절에 종교의 기원과 교리를 다룬 많은 저명한 이슬람 신학자들이 나왔다. 이들은 그리스 철학의 영향을 받아 논리적 방법으로 이슬람 신학을 연구하고 자유스럽게 토론하였다. 마으문 칼리프 자신도 자유스럽고 합리적인 견해를 표방한 무으타질라 교리를 채택하려는 쪽으로 기울었다. 그래서 칼리프는 무으타질라 신학자들을 끌어 들였다. 그 결과 이들은 바그다드 궁궐에서 대접을 받고 상당한 지위도 누리게 되었다. A.H. 201년(815 A.D.) 마으문은 쉬아파 쪽으로 기울면서 쉬아파의 8대 이맘 알리다를 그의 후계자로 임명함으로써 내란을 야기시킬 뻔 했었다.

칼리프는 궁궐에서 자주 모임을 갖고 다양한 주제를 놓고 토론을 벌였다. 그리고 그는 꾸란이 하나의 불가사의한 진리로서 창조되었다는 교리를 선포하였다. 바그다드 부총독에게 법관회의를 소집하게 한 후 그의 꾸란 창조설을 낭독하도록 하였다. 동시에 그에 대한 반응을 조사하도록 명령을 내렸다. 또 신앙인들의 지도자(Amir Al-Muuminin)는 믿을 가치가 없는 교리를 따르지 않을 것이라는 것도 통보하도록 지시하였다. 꾸란의 창조설을 부인한 무슬림이나 혐의가 있는 신학자들을 심문하여 사실이 드러나면 벌을 내리도록 하였다. 협박과 감금으로 일부 이슬람 신학자들은 꾸란의 창조설을 선언하게 되었다. 그러나 저명한 이슬람 신학자이자 법률학자인 아흐마드(Ahmad bin Hanbal)는 꾸란 창조설을 완강히 반대하였다. 칼리프가 갑자기 사망하지 않았다면 그의 생명은 위험에 봉착했을 것이다.

꾸란 창조설은 마으문 칼리프의 주요 관심사였다. 그래서 그는 8대 칼리프 무으타심 형제에게 그의 교리를 더욱 발전시켜 나갈 것을 유언으로 남겼다. 무으타심은 전임자의 유언을 실천하는 과정에서 너무 깊이 빠져들었다. 이 새로운 교리를 수락하지 않은 학자나 법관은 누구를 막론하고 벌을 받게 되었는데 채찍을 맞고 고문을 당하기도 하였다.

9대 와씨끄(842~847 A.D.) 칼리프도 그의 부친 마으문의 전례에 따라 무으타질라 교리를 지지하면서 그의 종교관을 강요하였다. 이러한 그의 종교 정책은 바그다드의 백성들을 분노하게 만들었다. 아흐마드(Ahmad bin Nasr)가 분노한 군중의 힘을 등에 업고 칼리프 면직을 요구하자 칼리프는 그를 처형하였다. 칼리프는 비잔틴 제국과 포로교환을 하면서 돌아오는 무슬림 병사들 중에서 꾸란의 창조설을 부인한 병사들에게는 보상금 지불을 금지시키는 등 그들을 이단자로 간주하였다. 그래서 이들은 포로상태로 이슬람 영역 밖에서 생활을 해야만 했다.

쿠르라미야파와 신의 화신

쿠르라미야파의 이야기는 더욱 흥미롭다. 이슬람 이전 A.D. 527년 꾸바드 시절 마즈다크의 아내 쿠르라마 여인이 이 교파의 주인공이었다. 그녀는 자신이 인간으로 화신(化身)한 신(神)이라고 선언하였다. 그녀는 재물과 여성의 공동소유를 교리로 채택했다.

쿠르라미야의 어원은 쿠르람(Khurram)이란 고을 이름에서 유래하였다는 설과 여성과 재물의 공동소유라는 유혹적인 교리의 내용으로 보아 달콤하다는 뜻의 코르람(Khorram)이란 단어에서 비롯되었을 것이라고 보는 두 가지 설이 있다. 재물과 여성의 공동소유를 교리로 채택하고 있다는 점에서는 라완디야 및 무깐이야파와 매우 유사한 성격을 띠고 있다.

마으문과 무으타심 칼리프 시대에 들어서는 바바키야파로 불리어졌다. 바바크(Babak)가 이 교리를 이어받았기 때문이다. 바바크파는 아르메니아 왕과 비잔틴 황제의 지원을 받아 아제르바이잔과 페르시아 국경 사이를 점령하고 있었다. 무으타심 칼리프는 아프신 장군을 파견하여 바바크 단체를 진압하도록 하였다. 그와의 오랜 전투 끝에 패한 바바크는 여행자로, 때로는 상인으로 위장하여 아르메니아로 도주하였다. 그곳에 체류하고 있는 동안 양치는 목동이 그를 알아보고 그 지역 총독 사할(Sahal bin Sunbat)에게 신고함으로써 체포되었다. 당시 압바스조의 수도였던 사마라로 후송되어 A.H. 223년(838 A.D.)에 단두대에서 처형되고 말았다.

쉬아파 중에서도 급진파가 그랬듯이 이들도 영혼의 전생(轉生)을 믿었다. 그는 신의 빛으로 숭배되었다. 예언자의 후손들을 완전히 무시하면서 이슬람과 교리에 대해서는 일 푼의 관심도 갖지 않았다. 이 교파는 정치적 성격을 띠면서 아랍인 수중에 있던 통치권을 페르시아인에게로 이전하기를 꾀하였다.

아프신 장군은 태생이 페르시아 사람으로 반아랍감정이 바바크보다 더욱 심했다. 그의 경배지로 삼았던 그의 집에서 진디끄 교리와 그의 관한 법률학자들의 서적들이 발견되었다는 것으로 보아 그의 반아랍감정의 정도를 이해할 수 있다. 그는 무슬림이 지켜야 할 모든 것을 그대로 따르면서 무슬림이란 가면만 쓰고 있었다는 것을 그의 말에서 발견할 수 있다.

> "나는 그들의 석유를 사용하였고 그들의 낙타를 타고 다녔다. 그리고 그들의 신발도 신고 다녔다. 그러나 나 자신은 할례를 하지 않았다."

무슬림들이 칼을 사용하여 짐승을 도살한 데 반하여 그는 동물을 질식시켜 도살하였다. 칼을 사용하여 피를 쏟아 버린 고기보다는 죽은 고기가 더 부드럽다고 주장했다. 그는 마치 신들린 사람처럼 사람들 앞에서 그의 교리를 연설하였다. 그의 교리는 이슬람에서 완전히 부정되고 있는 이중성과 조르아스트교와 혼합된 종교였다.

무으타심 칼리프 법정에서 아프신에 대한 재판이 벌어졌을 때 그가 주장했던 이설(異說)의 정도와 무시무시한 반국가적 음모, 이슬람과 아랍인에 대한 반감(反感) 등이 어느 정도였는가를 이해할 수 있었다고 전해오고 있다.

제7장

후기 압바스조 I

(232 ~ 447 A.H. / 847 ~ 1055 A.D.)

- □ 와씨끄 사망과 이슬람 문화 황금기의 종말
- □ 이슬람 독립국가의 탄생
- □ 우베이둘라 마흐디
- □ 제3대 만수르(334 A.H./945 A.D.)
- □ 제4대 무잇즈(341 A.H./952 A.D.)
- □ 제5대 아지즈(365 A.H./975 A.D.)
- □ 제6대 하킴(386 A.H./996 A.D.)과 야경
- □ 제7대 자히르(411 A.H./1020 A.D.)
- □ 제8대 무스탄시르(427 A.H./1035 A.D.)와 최장수 칼리프

후기 압바스조의 계보

무으타심

10. 무으와킬(232/847)
무와파끄
11. 문타시르(247/861)
16. 무으타디드(279/892)

3. 와씨끄(227/847)
14. 무쓰타디(255/869)
13. 무으타즈(252)

무함마드
12. 무스타인(248/862)
15. 무으타미드(256/870)

까히르(320/932)
18. 무끄타디르(295/908)
17. 무크타피(289/902)

22. 무스타크피(333/944)

20. 라디(322/934)
21. 무탁끼(329/946)

23. 무티(334/946)
24. 타이(363/974)
25. 까디르(381/991)
26. 까임(422/1031)
27. 무끄타디(467/1075)
28. 무스타지히르(487/1094)
29. 무스타르쉬드(512/1118)
30. 라쉬드(529/1135)
31. 무끄타피(530/1136)
32. 무스탄지드(555/1160)
33. 무스타디(566/1170)
34. 나시르(575/1180)
35. 자히르(622/1225)
36. 무스탄시르(623/1226)
37. 무스타임(640~656/1242~1258)

와씨끄 사망과 이슬람 문화 황금기의 종말

A.H. 232년(847 A.D.) 9대 와씨끄 칼리프 사망으로 이슬람의 황금시대는 끝난 것이나 다름이 없었다. 압바스조의 세력이 점점 약화되면서 각 지역에서 독립 이슬람 국가들이 생겨나고 외세의 영향을 받게 되었다. 이러한 상황은 A.H. 656년(1258 A.D.) 몽고에 의해 바그다드가 멸망될 때까지 계속되어 갔다.

노예 상태에 있었던 터키인(Mawali)들이 자유의 몸이 되면서 그들 멋대로 칼리프를 갖고 놀았다. 무질서와 폭동이 그칠 날이 없었고 권력투쟁으로 바그다드의 정권이 흔들리면서 14년(255~270 A.H./869~883 A.D.) 동안 계속되어 온 노예들의 공격을 방어할 수 없을 정도로 압바스조의 세력은 무기력해져 버렸다. 무자비한 약탈자들은 유프라테스 강 삼각지대와 바스라 같은 대도시를 점령하고 그 지역 주민들에게 공포정치를 하였다. 무으타미드(256~279 A.H./870~892 A.D.) 15대 칼리프 시절에는 노예들의 폭동이 극에 달했으며 칼리프는 터키계 이븐 부가와 그의 형제 무와파끄의 통제를 받게 되었다. 칼리프는 오락과 사치로 세월을 보내면서 제국의 질서와 안녕에는 관심을 두지 않으니 칼리프의 위신은 크게 손상되고 따라서 각 지방 총독들은 절대적 권리를 행사하면서 독립을 위한 투쟁을 전개하였다.

칼리프는 정치 분야에서뿐만 아니라 종교에서도 아무런 역할을 할 수 없을 만큼 허약해지고 말았다. 시간이 흐르면서 알리와 그의 후손들에게 기원을 두고 있는 쉬아파가 여러 당파로 분열되었다. 그 중 가장 많이 알려진 당파로는 레바논의 파티미와 두르즈 그리고 페르시아의 바비파가 있다.

바그다드에서는 종교적 불화가 심했다. 경건한 신앙이란 가면을 쓰고 아흐마드 이븐 한발의 추종자들이 유흥업소에 들어가 술을 엎질러 버리고 악사들을 구타하며 악기들을 부수어 버렸다. 군 병력이 아니고서는 이들을 진압할 수 없었다. 그러나 이들을 진압한 용병들의 정치적 탐욕은 누가 충족시켜 줄 것인가. 아프리카 출신의 용병들과 터키계 용병들은 그들의 정치적 목적을 달성하기 위해 서로 칼을 뽑아들었다. 총사령관(Amir Al-

Umara)은 칼리프를 구금시키고 칼리파 직위를 박탈하며 처형을 하는 등 칼리프의 신성한 종교적 권위를 짓밟아 버렸다. 칼리프가 이웃 지역으로 피신을 하면 그 지역의 총독은 그를 다시 인도함으로써 꼭두각시로 전락하였다. 총사령관의 공식 명칭은 A.D. 316년(928 A.D.) 하룬(Harun bin Gharib)과 관련되어 최초로 언급되고 있는데 이 직위의 자구적 의미는 '왕자 중의 왕자' 또는 '통치자 중의 통치자'란 뜻을 갖고 있다. 이 공직을 부여 받은 자들은 무기력할 뿐이었다. 그 밖의 다른 지역의 사정을 보면 바스라 지역은 이븐 라이끄 수중에 있었고 이집트와 시리아는 이크쉬드 가문이 점령하고 있었다. 오늘날 튀니지 지역을 포함한 북아프리카는 제2의 파티미조 칼리프 까임의 영향권 안에 들어갔으며 스페인(Andalus)은 우마위야조 계열의 압두 라흐만 II세의 수중에 들어가는 등 거의 모든 지역이 제각기 다른 지역 통치자의 수중에 넘어가 있었다.

카스피아 해 남부에 위치한 다일람 지역을 장악하고 있던 부와히 가문이 A.H. 334년(945 A.D.) 바그다드를 함락하였다. 무잇즈 다울라는 다른 부와히 추종자들과 마찬가지로 알리 가문의 하산(Hasan bin Zayd)에 의해 소개된 쉬아교리를 고수하였다. 그 결과 부와히 가문은 압바스 가문이 알리 가문으로부터 칼리파 직위를 빼앗아 갔다고 믿고 통치권을 알리 가문으로 옮기려는 계획을 세웠다. 이에 한 보좌관이 다음과 같은 조언으로 그 계획을 취소하도록 하였다.

> "귀하의 추종자들은 지금 압바스 가문이 칼리파 칭호를 소유할 권리가 없다고 생각하고 있습니다. 만일 귀하께서 압바스 가문의 칼리프를 살해하라는 명령을 내리신다면 폐하의 추종자들은 즉시 그렇게 수행할 것입니다. 왜냐하면 그를 살해하는 것은 죄가 되지 않는다고 믿고 있기 때문입니다. 그러나 귀하께서 알리 계보에서 칼리프를 임명한다면 당신의 모든 추종자들은 그를 합법적이고 결함이 전혀 없는 칼리프로 믿을 것입니다. 그 후 그가 당신을 살해하라는 명령을 내리면 당신의 추종자들은 주저하지 않고 그 명령을 수행할 것입니다."

부와히 가문은 이 조언의 내용이 현실로 변할 수 있다는 것을 깨닫고 압바스 가문에서 알리 가문쪽으로 칼리파 직위를 이양하려는 모든 계획을 취소하였다.

A.H. 369년에 있었던 사건들을 다루면서 이븐 아씨르 학자는 말하기를, 그해 파티미 가문의 칼리프 아지즈가 파견한 대사가 부와히 가문의 압두 다울라와 면담을 갖고 칼리프의 서한을 전달하였다. 그러나 파티미 가문과 압바스 가문의 칼리프들과의 관계가 (특히 북아프리카 전 지역을 비롯하여 이집트, 시리아, 팔레스타인, 헤자즈 및 바그다드가 압바스 가문에게 넘어간 이후부터) 비우호적이었다는 것은 확실하나 그 서한의 자세한 내용은 전혀 알 수가 없다.

꾸트브 딘의 말을 인용하여 토마스 아놀드 교수는 바그다드에 파견된 파티미 가문의 대사는 크게 환영을 받았다고 언급하고 있다.

> "바그다드 주재 파티미 가문의 대사는 인상적인 환영을 받았다. 군인들이 줄 서 있었고 국가 고위공무원들이 그를 환영하였다. 그러나 칼리프는 베일에 가리어져 보이지 않았다. 압두 다울라가 가까이 다가서자 베일이 걷히면서 칼리프가 보였다. 장엄한 예복차림을 한 호위병들이 칼을 빼어 들고 칼리프를 호위하고 있었고 관중들이 장엄한 광경을 지켜보고 있었다. 칼리프 앞에는 제3대 정통칼리프 우스만의 꾸란 정본이 놓여 있었고 그의 어깨 위로는 예언자 무함마드가 입었던 망토가 걸쳐져 있었으며 그의 손에는 예언자의 지팡이와 검이 있었다. 압바스 가문의 칼리프가 신하로 하여금 부와히 가문의 술탄을 칼리프 권좌 아래까지 안내하라고 하였다. 술탄이 다가오자 칼리프는 그에게 오른손을 내밀며 의자로 안내하고 나서 말했다: 나는 나 개인의 사유재산을 제외하고는 알라 하나님께서 나에게 위탁한 동서의 모든 백성과 그 밖의 모든 행정권을 당신에게 일임합니다. 이때 술탄이 말했다: 알라 하나님이시여! 저로 하여금 신앙인들의 사령관이신 우리의 주님께 복종하고 봉사할 수 있도록 도와주소서."

이슬람 독립국가의 탄생

스페인의 우마위야조

A.H. 138년(756 A.D.) 스페인은 이미 압바스조 칼리파 통치에서 벗어나 있었다. 북아프리카, 이집트, 페르시아에 독립 국가들이 생겨나면서 압바스조의 칼리프들은 이들 준독립 국가들의 내정을 간섭할 수 없을 정도로 무기력해져 버렸다.

한편 이들 독립 국가들의 통치자들은 통치권의 합법성을 인정받기 위해 칼리프로부터 서임장을 받아 내려고 노력하였다. 그 이후부터 각 지역 독립 국가들의 통치자는 인준을 받기 위해 칼리프에게 특사를 보내게 되었다. 칼리프는 승인을 하여 주는 한 방법으로서 신하들이 보는 앞에서 서임장과 더불어 명예의 예복을 수여함으로써 입지를 강화시켜 주었다. 이렇게 하여 스페인의 우마위야조와 이집트에 칼리파 제도를 확립한 파티미조를 제외하고는 모든 지역이 명목상으로만 압바스조의 정신적 권위를 인정하였을 뿐 일반적인 모든 정무와 공무는 완전히 독립된 행정체제로 운영되었다. 칼리프가 존재하고 있다는 외형적 상징으로 금요 합동예배 때 칼리프의 이름을 언급하고 동전에 칼리프의 이름을 새겨 넣는 것뿐이었다. A.H. 4세기(10세기 A.D.) 첫 10년 동안의 이슬람 제국은 세 칼리프에 의해 통치되고 있었다. 바그다드의 압바스조 칼리프, 북아프리카의 파티미조의 칼리프 그리고 스페인의 우마위야조의 칼리프가 있었다.

동쪽의 정세는 더 불안했다. 페르시아와 트란속시아나에서는 압바스조 7대 마으문(198~218 A.H./813~833 A.D.) 칼리프 시절에 일어났던 사건들로 말미암아 사파리(Saffari), 사마니(Samani), 가즈나비(Ghaznavi) 같은 여러 준봉건국가가 탄생하였다.

후기 압바스조 칼리파 시대는 정치적 측면에서 볼 때 분열과 쇠퇴기였으나 이슬람 역사에 화려한 문화의 한 장을 남겨 놓았다. 이들 독립 국가들은 이슬람 문화와 문명의 발전에 크게 기여하였고 통치자들은 학문을 장려하는 위대한 후원자로서 명성을 얻었다.

이드리스 가문이 알리 계열로서는 처음으로 A.H. 172년(785 A.D.)에 지금의 모로코 지역에 통치권을 확립하였고 예멘에서는 자이드 가문이 계속 선조들의 뒤를 이었다. 북아프리카는 다시 이브라힘(Ibrahi bin Al-Aghlab) 통치하에서 이름을 제외한 모든 것이 독립된 상태였다. 이브라힘이 세운 왕조는 한 세기(184~296 A.H./800~909 A.D.) 이상 지속되어 왔다. 후계자들이 왕자(Amir) 칭호를 놓고 분쟁을 일삼고 있었으나 바그다드의 칼리프는 그곳의 행정에 개입할 수 있는 아무런 힘이 없었다. 칼리프는 단지 금요예배 설교(Khutba) 때 그의 이름이 언급되는 명예밖엔 갖지 못했다. 스페인에서는 우마위야 가문이, 이집트에서는 툴루니 가문(Tuluni)과 이크쉬(Ikhshidi) 가문이 칼리파 체제에 큰 타격을 줌으로써 서쪽 지역에 대한 영향력을 상실했다. 페르시아와 트란속시아나 지역의 민중봉기도 여러 독립 국가를 탄생시키는 원인을 제공하였다.

다마스쿠스에서 우마위야조가 멸망한 후 스페인에서 압바스조의 영향력이 점점 허약해져 갔다. 우마위야 가문의 압두 라흐만은 스페인으로 도주하여 A.H. 138(756 A.D.) 그곳에 우마위야조를 설립하고 이슬람 문화를 꽃피웠다. 이것이 유럽문명의 한 원천이 된 것이다.

바그다드의 압바스조와 비잔틴 국가의 프랑크가 꾸민 공작을 압두 라흐만 1세가 좌절시키는 데 성공하였다. 또한 그의 신중한 정책은 스페인을 부강한 나라로 만드는 데 기여하게 되었다. 그의 뒤를 계승한 히샴 1세(172 A.H./788 A.D.), 하캄 1세(180 A.H./796 A.D.), 압두 라흐만II세(206 A.H./822 A.D.) 같은 칼리프들도 스페인을 부강한 나라로 만드는 데 크게 기여하였다. 그러나 이들을 계승한 세 왕자들은 72년간을 통치하면서 하루도 편할 날이 없었다. 이 기간은 재난의 시대였다. 각 지방의 총독들이 폭동을 일으킨 것이다. 북쪽 지방에서는 기독교인들이 반란을 일으켰다. 하극상 운동이 전국적으로 확산되었다. A.H. 300년(912 A.D.) 압두 라흐만 III세 때 와서야 비로소 안정을 찾을 수 있었다. 마까리 학자는 당시의 상황을 이렇게 묘사하고 있다.

"압둘 라흐만 통치 초기부터 스페인은 불만에 찬 정적들로 인하여 흔들리고 있었다. 폭도들의 분노가 극에 달했다. 그는 폭동의 불길을 끄고 폭도들을 진압하여 스페인 전체가 20년 이상 그에게 충성하도록 만들었다."

이렇게 하여 그는 선임자들이 잃어버린 것들을 다시 찾게 되었고 아랍인, 베르베르 원주민 그리고 기독교인들 사이에서 위신과 명예를 얻었다. 그는 도덕적으로 깨끗하고 물질적으로는 풍요로운 스페인을 만들려고 애썼다. 200척으로 구성된 함대를 구축하여 북쪽지역에서 봉기하고 있던 기독교 세력을 진압하기도 하였다. 그는 스페인을 위대한 복지 국가로 만들었다. 코르도바가 그의 통치하에 있을 때처럼 번성한 때가 없었다고 전해지고 있다. 아름답고 풍부한 자연의 혜택을 받은 스페인은 이 지도자의 영도 아래 질서가 회복되고 법이 존중되었다. 비잔틴 제국의 수도 콘스탄티노플, 프랑스, 독일, 이탈리아에서 대사들을 파견하였다. 그의 지혜와 국가를 다스리는 힘, 설득력 있는 웅변이 유럽과 아프리카 그리고 아시아 지역 이슬람 제국 변방까지 알려졌다. 불가능할 것으로 보였던 것들을 그는 가능한 것으로 변화시킨 것이다. 최악의 상태에 있던 스페인이 압두 라흐만 Ⅲ세의 지혜와 의지에 의하여 가장 부강한 나라가 되었다.

스페인의 우마위야조 초기 통치자들은 왕자(Amir)와 칼리프들의 자손(bin Al-Khalaif)이란 칭호에 만족하고 이슬람 세계의 통솔권을 요구하지 않았었다. 압두 라흐만 Ⅲ세는 스페인을 이전에 누려보지 못했던 높은 위치로 끌어올렸다. 압바스조 칼리프들의 권위가 상실되고 그들의 통치권이 바그다드로 국한되었다. 칼리프의 영향력이 전혀 미치지 않게 되자 칼리파 체제를 더 이상 유지할 가치가 없었다. 압두 라흐만은 압바스조 18대 무끄타디르 칼리프를 경멸하였다. 그의 집권기간 중에 궁녀들, 노예들, 터키인들이 절대적 권리를 행사하고 있었고 칼리프는 사치와 오락으로 시간을 낭비하고 있었기 때문이다. 그래서 압두 라흐만은 A.H.317년(929 A.D.) 금요예배 때의 설교와 공식서한에 칼리프 칭호 대신에 나스르 리 딘 알라(Al-Nasir Li Din Allah) 칭호를 사용하라는 칙령을 내렸다. 이 칭호의 자구적 의미는 '알라 종교의 승리자'라는 뜻으로 신앙인들의 통치자요 믿음의 수호자라는 의미를 함축하고 있다.

이로써 A.H. 4세기(10세기 A.D.) 초반 10년 동안은 세 가문의 칼리프들이 이슬람 제국을 다스리고 있었다. 압바스 가문의 칼리프들은 바그다드, 파티미 가문의 칼리프들은 북아프리카, 우마위야 가문의 칼리프들은 스페인을 중심으로 각각 통치를 하고 있었다. 우마위야조가 파티미조에 대항하기 위해 군사기지로 사용했던 꾸에타와 현재 아프리카 북서부에 위치하고 있는 모로코의 항구도시 탄지에르 두 지역을 제외하고는 마그립 지역에서 우마위조의 세력이 사라지고 말았다.

시실리 섬 근처에서 파티미조 무잇즈 다울라에게 패배한 적이 있는 비잔틴 제국이 우마위야조를 후원하고 나섰다. 비잔틴 제국의 지원을 받은 압두 라흐만 Ⅲ세가 파티미조 공격에 나섰다. 우마위야조 대형 함대가 이 섬의 파티미조의 총독이 그의 칼리프에게 파견한 사신(使臣)이 타고 있는 배를 만났다.

우마위야조 칼리프는 파티미조 사신이 휴대한 서신 속에 스페인 정복 음모와 계획이 들어 있을 것이라고 생각하고 그 서한을 가로채기 위해 파티미조 선박을 공격하였다. 이에 파티미조 칼리프가 보복에 나섰다. 시실리 섬의 총독에게 스페인의 알마리아 항구를 공격할 함대를 출동시키도록 명령을 내렸다. 출동한 파티미조 함대가 항구를 점령하고 정박 중이던 모든 선박들을 불태워 버렸다. 시실리 총독이 인솔한 군대가 하선(下船)하여 항구 주변을 약탈하여 버렸다. 이에 대항하여 우마위야조는 제일 먼저 매일 예배에서 파티미조를 험담 공격하였다. 그리고 그의 제독에게 명령하여 아프리카 해안지역을 강탈하도록 하였다. 이 원정에서 별다른 성공을 거두지 못하자 우마위야조 칼리프는 비잔틴 제국의 레온왕의 군대와 물자를 이용하여 파티미조가 장악하고 있는 아프리카 원정계획을 생각하고 레온 왕과 회담에 들어갔다. 그와의 평화회담이 체결되자마자 압둘 라흐만 Ⅲ세는 북아프리카로 그의 모든 관심을 돌렸다. 아프리카 원정이 대대적으로 시작되었다. 대형 함대를 건조하느라 조선소가 분주했고 사방에서 군인들이 항구로 행진하여 오고 수천의 선박들이 동참하였다. 그때 A.H. 346년(957 A.D.) 오르도노가 사망하였다. 그래서 압두 라흐만 III세의 계획이 갑자기 제지를 받게 되었다. 오히려 북아프리카 원정을 위해 준비한 그의 병력과 장비를 레온에 대항하여 사용하지 않으면 안 될 정세가 되었다.

그래서 그는 레온 왕국에 대항하여 전력을 다할 수 있도록 파티미조 칼리프에게 동맹을 촉구하였다. 아랍 법률가 이스마엘(Ismail Abu Hanifa Al-Nuuman Al-Maghribi)에 따르면, 스페인의 압둘 라흐만 III세는 파티미조 무잇즈 다울라 칼리프에게 평화를 촉구하는 서한을 휴대한 사절단을 파견하였다. 그러나 압둘 라흐만 III세의 호의적 의도를 의심한 파티미조 칼리프는 이 제안을 거절하고 오히려 그를 공격하겠다는 서한을 보냈다. 뿐만 아니라 그의 칼리파 직위까지 인정하지 않고 이 거룩한 칭호를 횡령해간 장본인이라고 몰아붙이면서 칼리파 직위에 대한 합법적 권리는 자기에게 있다고 하였다. 거기에다 콘스탄티노플의 기독교 황제로부터 지원을 받아 그를 공격하려 했다는 이유를 들어 그를 신랄하게 모욕하였다. 이로써 두 가문, 즉 알리 가문과 우마위야 가문 사이의 반목과 갈등은 더욱 심화되었다.

압두 라흐만 III세의 위치는 실로 무서울 정도였다. 화려한 해군력은 지중해 쟁탈권을 놓고 파티미조와 충분히 경쟁할 수 있었고 그 힘으로 모리타니의 관문인 꾸에타 섬을 장악할 수 있었다. 또 잘 훈련된 정예부대 덕분에 북부 기독교 지역을 제압할 수 있었다.

A.H. 350년(961 A.D.) 압둘 라흐만 II세는 사망하고 하캄 II세(Hakam II Al-Muntasir; 350~366 A.H./961~976 A.D.)가 그의 뒤를 이었다. 그는 평화주의자이면서 학문을 애호하였다.

카이로 파티미조 칼리프 이름으로 북아프리카를 통치하고 있던 자이드 가문의 세력은 A.H. 373년(984 A.D.) 불루킨(Bulukkin bin Ziri)이 사망하면서 약화되었다. 그 결과 북부 마그립 지역이 스페인의 우마위야조에 넘어가고 말았다. 히샴 II세(366~399 A.H./976~1009 A.D.) 시절의 이븐 아비 아미르가 인솔한 군대가 북부 마그립 전역을 장악하였다. 자이드 가문이 내부 반란을 진압하느라 여념이 없었고 또 튀니지 지역과 중앙 마그립 지역에 만족하고 있을 때 우마위야조 칼리프의 이름이 금요예배에서 언급되었다.

이븐 아비 아미르가 사망하자 스페인 전역에 혼란이 오기 시작했다. A.H. 399년 그의 아들 압두 말리크가 사망한 이후의 혼란은 더욱 심했다. 이러한 혼란이 계속되면서 스페인의 우마위야조 세력이 북부 아프리카에서 곧 사라지게 되었다. 자니타 부족이 모로코의 페즈 지역에 한 왕조를 세우고 얼마 동안 독립 국가를 유지하였다. 스페인은 사실상 무정부 상태가 되어버렸다. 베르베르 군대는 남부를, 노예들은 동부를 장악하고 나머지 영토는 벼락부자들의 수중에 들어갔거나 압두 라흐만 III세와 하캄 II세의 탄압에서 살아남은 소수 귀족들에게 떨어졌다. 코르도바와 세빌레드 도시의 시장들은 하나의 공화정부를 수립하였다.

이집트의 툴리니조(254~292 A.H./868~905 A.D.)

이집트는 A.H. 20년(641 A.D.) 아랍으로부터 정복당한 후 정통 4대 칼리프 시절에는 메디나의 지배를, 우마위야조 시절에는 다마스쿠스, 압바스조 시절에는 바그다드와 사마라(Samarra)의 지배를 약 60년 동안 받아왔다. 그러다가 A.H. 242년(856 A.D.)부터 터키의 지배를 받기 시작했다. 아흐메드(Ahmed bin Tulun)가 이집트에 툴루니조를 건국한 최초의 터키인이다. 그의 아버지 툴룬은 트란속시아나 부카라 지역 총독이 압바스조 칼리프 마으문에게 다른 청년들과 함께 보낸 선물이었는데 툴룬은 궁궐에서 고위직까지 승진하는 영광을 누렸다. 그의 아들 아흐메드는 높은 수준의 아랍어 교육을 받았고 꾸란 및 이슬람법 공부를 하였다. 뿐만 아니라 타르수수 지역 변방을 수차례 드나들면서 개인 교수 밑에서 수학을 하여 이슬람학 분야의 권위자가 되기도 하였으며 군사학에도 뛰어난 재능이 있어 당시 터키 청년 군사 교육에도 공헌하였다.

바이바크가 이집트를 장악하자 툴룬은 그의 의붓아들 아흐메드를 파견하였다. 바이바크의 사망으로 이집트는 툴룬의 아들에게 넘어갔다. 그리고 A.H. 254년(868 A.D.) 아흐메드는 그곳 총독으로 임명되었다. 그는 총독으로서 권위를 확보하고 얼마동안 독립정치도 할 수 있었다. 그는 칼리프에게 복종하는 한 방법으로서 다음과 같은 조취를 취했다.

첫째 : 금요 합동예배 설교 때마다 칼리프의 이름을 언급하도록 하였고,
둘째 : 경화에 칼리프의 이름을 새겨 넣고,
셋째 : 30만 디나르에 해당하는 금액을 매년 곡물로 칼리프에게 바쳤다.

툴루니조가 반대세력에 부딪쳐 38년(254~292 A.H./868~905 A.D.) 이상은 집권하지 못했지만 이 기간 동안 이집트는 급속도로 발전하였다. 이븐 툴룬은 이집트인, 그리스인, 터키인, 수단인들로 구성된 10만 대군을 징집하여 훈련을 시켰고 100척의 함대로 구성된 해군을 창설하는 등 대형 선박들을 건조하였다. 이러한 육 · 해군력을 앞세워 칼리프의 후계자 무와파끄에 대항하면서 시리아, 팔레스타인, 시레나이카(Barqah), 모슬, 예멘 및 아라비아 반도 헤자즈까지 그의 세력을 확장하였다.

이븐 툴룬은 이집트와 시리아 국경 사이의 일부 지역을 속국으로 만들어 버렸다. A.H. 256년에는 라믈레, 다마스쿠스, 홈즈, 안티온 및 그 밖의 시리아 주요 도시들을 점령하면서 라까(Raqqah)까지 세력을 확장하였다. 그의 이름이 금요예배에서 언급되기 시작하였다. 한 폭동을 진압하기 위해 귀환했다. 그러나 라까 지역 총독이 주도한 반란을 진압하기 위해 또 다시 시리아로 진격해 갔다. 도중에 타르수수에서 반란이 일어났다는 정보와 그가 임명한 그곳 부총독이 해고되었다는 소식을 접했다. 다마스쿠스에 도착했을 때 15대 무으타미드 칼리프로부터 그에게 합세할 테니 그를 보호하여 달라는 서한이 왔다. 칼리프의 형제 무와파끄가 제국의 정사(政事)에 지나치게 개입하여 왔으므로 칼리프는 무기력한 상태가 되어 있었다. 어느 날 칼리프가 300디나르의 돈이 필요했을 때 그것마저도 얻을 수 없었다고 전해오고 있다. 이븐 아씨르는 칼리프가 쓴 시 한편을 인용하고 있다.

"몇 푼의 금전마저 박탈당해 버린 나 같은 사람이 있다는 것이 이상스럽지 않은가!
이 세상 모두를 정복한 그가 아무것도 얻지 못했다는 것은 이상스럽지 않은가!
그의 이름으로 거두어 들인 모든 돈이건만 아무 것도 얻지 못했다는 것은 이상스럽지 않은가!"

이븐 툴룬은 타르수수로 가는 것을 단념하였다. 칼리프를 이집트로 오도록 하여 그곳에서 칼리파 직위를 이양하게 함으로써 그의 세력이 크게 강화되면 칼리프의 형제 무와파끄에 대항하여 절대적인 권력을 행사할 수 있을 것이라고 생각했다. 레인 폴은 이렇게 묘사하고 있다.

"이집트에서 그의 날개 밑에 있는 칼리프의 존재는 틀림없이 야망에 찬 통치자의 위신을 높여주고 칼리프 직위와 이집트 장래를 어느 정도 변화시킬 수 있었을 것이라."

이븐 다야는 이븐 툴룬이 칼리프에게 보낸 서한 내용을 전하고 있다.

"신앙인들의 통치자에게 재앙이 있지 않을까 염려와 걱정이 되어 저는 음식을 제대로 먹을 수도 없고 잠도 이룰 수가 없습니다. 저는 10만 대군을 징집하였습니다. 그들 모두의 마음은 하나가 되어 굳게 단결되어 있으며 힘은 넘쳐흐르고 있습니다. 귀하께서 이집트로 오시면 한때 멸시 받았던 귀하의 직위가 절정에 이를 것이며 어떤 공격의 위험으로부터 안전한 보호를 받게 될 것입니다."

무와파끄는 칼리프를 사마라로 오도록 하는 데 성공하였다. 그러나 이집트를 공격할 수는 없었다. 이븐 툴룬이 어떠한 공격에도 대항할 수 있는 강한 수비대와 군대를 두고 있었기 때문이다.

이븐 툴룬의 세력이 크게 된 것은 근본적으로 압바스조의 칼리파 체제 불안과 무와파끄의 무례한 자세 때문이었다. 무와파끄는 터키인들과 함께 제국의 모든 권력을 장악하고 칼리프의 신성한 권리를 무시하여 왔다.

일련의 사건들이 터지면서 칼리프를 옹호해 왔던 이븐 툴룬에 대한 무슬림들의 경의와 존경심이 변하였다. 무와파끄는 이븐 툴룬이 그를 칼리프 후계자 자리에서 제거시키려 한다는 정보와 금요 합동예배 설교에서 그의 이름을 빠뜨리도록 했다는 소식을 접하고 이븐 툴룬을 설교에서 공격하도록 칙령을 내려야 한다고 칼리프에게 요청하였다. 칼리프는 마지못하여 이 요구를 들어주었다.

그 결과 이븐 툴룬의 정치적 영향력은 현저하게 감소되었다. 메디나에서 처음으로 패배한 그는 타르수수에서 일어난 폭동과 설교단으로부터 받았던 공격을 막을 수가 없었다. 그 후 얼마 되지 않아 병에 걸리면서 이집트로 후송된 후 A.H. 270년(883 A.D.) 11월 10일 그곳에서 사망하였다고 따바리는 전하고 있다.

이븐 툴룬은 의심할 바 없는 위대한 통치자였다. 장군으로서, 행정수반가로서 그의 수완과 미덕은 한권의 책을 채울 수 있을 정도였다. 학자들을 존경하였고 친구들과 백성들을 위해 항상 그의 사무실을 개방해 놓았다. 매달 받는 1,000디나르의 봉급은 자선을 베풀도록 하였는데, 화려한 베일을 입고 금반지를 낀 여성에게도 자선을 베풀어야 하느냐는 한 공무원이 질문에, 손을 내미는 모든 사람들에게는 누구를 막론하고 자선금을 주어야 한다고 그는 대답했다.

이븐 툴룬이 사망하자 군 장성들은 당시의 관습에 따라 그의 아들 쿠마라와이(Khumarawih)를 후계자로 선포했다. 압바스조의 칼리프는 총독을 임명할 수 있는 실질적 권한을 행사하지 못하고 그저 묵인하는 일밖에 하지 못했다. 그는 그의 아버지에 이어 이집트의 통치자로 확고한 위치를 잡았다.

그의 집권 기간 중에도 그의 아버지 통치시절과 마찬가지로 그는 무와파끄와 그 밖의 정적들의 경쟁자가 되어 있었다. 금요 합동예배 설교단을 통해 지속적으로 무와파끄를 공격하면서 시리아에 대군을 보내기도 하였다.

무와파끄의 군대와 싸움에서 승리했다는 소식을 들은 쿠마라와이는 A.H. 273년 다마스쿠스에 입성한 후 다시 모슬로 진격하여 갔다. 거기에서 칼리프와 평화조약이 체결되고 협정문서에는 칼리프의 아들과 칼리프의 형제 무와파끄가 서명을 하였다. 이 협정문에는 쿠마라와이와 그의 자손들이 이집트와 시리아를 30년 동안 통치한다는 조항이 들어 있었다. 그 후로 금요 합동예배 설교에서 무와파끄에 대한 인신공격을 중단하고 칼리프와 그의 이름이 동시에 언급되도록 하였다.

이러한 그의 승리 덕분에 쿠마라와이는 라까, 모슬, 메소포타미아, 카스피해안 남부에 위치한 다일람, 아르메니아 및 타르수수까지 다스리게 되었다. 칼리프 무와파끄와 이븐 쿤다즈의 사망은 쿠마라와이의 세력을 부각시키는 데 크게 기여하였다. 풍성한 선물로 새로운 칼리프의 마음을 사로잡을 수가 있었기 때문이다. A.H. 279년 옛 협정이 재조인되면서 그는 시레나이카와 유프라테스 강 사이의 모든 영토까지 지배하게 되었다. 새로운 칼리프가 요구한 것은 고작 소액의 공물을 바치는 것뿐이었다. 칼리프는 사신을 통하여 명예의 예복과 한 자루의 칼, 왕관 및 망토를 이집트로 보내왔다. 상호관의 선린우호 관계를 유지하기 위해 쿠마라와이는 그의 딸과 칼리프가 결혼을 하여 동맹관계를 맺기도 하였다.

툴룬조의 30년 통치기간이 끝나면서 이집트의 정세는 불안하였다. 이집트는 거의 독립행정을 해가고 있었고 압바스조 칼리프들은 권위를 상실하여 더 이상 제국의 체제를 유지해 갈 수 없게 되면서 이집트는 터키인들의 수중에 들어가 있었다.

이집트의 이크쉬드조(323~358 A.H./934~969 A.D.)

이집트에 이크쉬드조(Ikhshid)를 건설한 무함마드(Muhammad bin Tuqi) 혈통은 트란속시아나 지역의 파르나가의 왕들에게서 유래하고 있다. 이 왕들은 왕이란 의미의 이크쉬드(Ikshid) 칭호를 갖고 있었는데 이것은 페르시아 군주들이 키스라, 타바스리스탄 군주들이 이스비흐비드(Isbihbidh)란 칭호를 가졌던 것과 같은 방법을 따랐다.

투그즈는 A.H. 306년(918 A.D.) 압바스 제국에서 명성을 쌓았다. 그때 그는 이집트와 시리아의 통치자 티킨을 대표하여 팔레스타인 지역의 사라트 산악 지역의 총독이 되었다. 그 후 그는 이집트를 침공한 파티미조 군대를 격퇴하는 데 동참하였으며 알렉산드리아 총독으로 임명된 후 A.H. 323년(934 A.D.)에는 북아프리카 파티미조와의 전쟁에서 승리한 대가로 이집트 총독으로 임명받았다. A.H. 324년에는 압바스조가 그에게 이크쉬드(Al-Ikhshid)란 칭호를 수여하였다. 그리고 금요 설교에서 이름이 언급되고 동전에는 이름이 새겨졌다.

A.H. 321~324년(933~935 A.D.) 사이에 파티미조는 이집트를 여러 차례 공격해 왔다. 상당수의 이집트인들이 알렉산드리아에 입성한 파티미조 군대에 합세하였으나 이크쉬드는 그의 10년 집권기간 동안(323~333 A.H.) 대군을 동원하여 파티미조 군대를 공격하여 북아프리카로 후퇴하게 만들었다.

이븐 싸이드에 따르면 제2의 파티미조 까이드 칼리프는 그의 사신(使臣)을 통하여 이크쉬드에게 서한을 보냈다. 칼리프는 그 서한에서 관용과 재치가 적대행위나 전쟁보다 더 좋은 결과를 창출할 것이라고 하였다. 그러나 이크쉬드는 아무런 반응을 보이지 않았다. 회신을 받지 못한 사신이 하루하루를 초조하게 기다리고 있었다.

이런 일이 있은 후 얼마 되지 않아 이븐 라이끄가 시리아와 이집트 총독으로 임명되어 이집트로 오고 있다는 정보를 입수한 이크쉬드는 크게 분노하였다. 그래서 그는 당시 이집트에서 상당한 추종세력을 갖고 있는 파티미조를 인정하는 사전 조치로서 압바스조 칼리프 이름 대신 파티미조 칼리프의 이름이 금요설교에서 언급되도록 명령을 내렸다.

이븐 라이끄는 시리아의 홈즈를 빼앗고 다마스쿠스를 점령하였다. 이집트 국경 아리쉬 지역에서 이크쉬드 군대를 제패한 후 매년 14만 디나르에 해당하는 곡물을 받는다는 조건으로 이크쉬드와 평화조약을 체결하였다. 이러한 평화협정에 대하여 레인 폴은 이렇게 묘사하고 있다.

"아미르 이븐 라이끄의 기사도 정신에서 나온 호의는 세인들의 칭찬을 받고 있다. 라군 전투에서 피살된 이크쉬드 형제들의 한 시체를 발견하고 너무나 마음이 아픈 이븐 라이끄는 이크쉬드를 위로하기 위한 한 방안으로서 자신의 아들을 이크쉬드에게 보내면서 그의 뜻대로 하라고 하였다. 이에 이크쉬드는 이븐 라이끄의 지나친 관대로 희생물이 된 이븐 라이끄의 아들에게 명예의 예복을 입혀 다시 그의 아버지에게로 돌려보냈다. 그리고 이 젊은이는 관대한 주인의 딸과 결혼하였다. 이로써 쌍방 간에 우호적인 동맹관계가 이루어졌다. 2년 후 이븐 라이끄는 사망하고 이크쉬드는 시리아를 되찾았고 다마스쿠스로 재입성하였다."

이크쉬드의 충성을 인정한 압바스조 칼리프는 시리아와 이집트 외에도 메카와 메디나 두 성지에 대한 통치권을 이크쉬드에게 주었다. 그리고 이크쉬드는 군 장병들과 고관들을 방문하고 후계자로서 그의 장남에게 경의를 표시하도록 촉구하니 세습제가 확립되었다.

이크쉬드 집권기간 동안 이집트는 부강한 나라가 되었다. 40만 대군에다 8,000명의 경호원을 두고 있었다. 나라는 평온하고 봉급과 상여금은 풍부한 재원에서 정규적으로 지불되었다. 이 기간 동안에 이집트를 방문한 마스우드 역사가는 그 당시의 건물이나 사람들보다는 피라미드의 불가사의한 것들에 더 혼이 빠져 있었다. 그는 궁궐이나 법정, 지역사정이나 그곳 주민들이 사는 환경에 대해서는 묘사를 하지 않고 다만 관개수로, 9월 14일 나일 강의 범람과 1월에 있는 나일 강 델타의 향연에 관해서 묘사를 하고 있었을 뿐이다. 이크쉬드는 고전 기록에 나와 있는 보물들을 찾아내기 위해 국민들에게 유적지 채굴을 허용했다. 그러나 발견된 것은 뼈와 미라들로 가득 찬 동굴과 지하실뿐이었다.

A.H. 334년(946 A.D.) 다마스쿠스에서 이크쉬드가 사망하자 그의 장남 아누주르(Anujur)가 그의 아버지를 계승하였다. 압바스조 칼리프는 그를 이집트와 시리아 총독으로 인준하였다. 당시 15세였던 그는 아부 미스크(Abu Al-Misk)라는 별명을 가진 내시의 흑인 카푸르 밑에서 자랐다. 미스크(Misk)의 아버지란 농담으로 주어진 이름이다. 즉 왕자들은 백인이고 그는 흑인이라는 뉘앙스를 담고 있다. 카푸르는 보기에 흉할 정도로 몸이 육중

했고 다리를 절었다. 처음에는 고대 카이로에서 한 원주민의 노예로 있었는데 A.H. 312년(924~925 A.D.)에 이크쉬드 가문으로 팔려왔다. 그 후 그는 이크쉬드의 두 아들 아누주르와 알리를 양육하는 임무를 맡게 되면서 그에게 왕자의 양육자라는 뜻의 아타베크(Atabek) 칭호를 얻게 되었다. 이 어휘는 터키어로 아타(Ata)는 아버지를, 베크(Bek)는 왕자를 의미한다.

카푸르는 한 폭동을 진압함으로써 모든 공직자들로부터 칭찬을 받았다. 또 함단 가문의 세이프 다울라가 다마스쿠스를 점령하고 라믈레를 향하여 진격해 가고 있다는 소식을 접한 카푸르는 세이프 다울라의 진격을 성공리에 차단하였다. 비록 그가 합법적인 통치권은 갖지 못했지만 모든 국무를 그의 수중에 두고 있었다. 그는 사회 대다수 저명인사들로부터 우스타즈(Ustadh)라는 칭호를 부여받았는데 그 뜻은 스승 또는 교수라는 의미다. 이 칭호로 그의 이름이 금요예배 설교(Khtuba)에서 언급되었다.

이크쉬드의 아들 아누주르가 성장하면서 카푸르와 보이지 않는 적의(敵意)가 일게 되었다. 각자는 자신들을 지지하는 후원자들을 두고 상대편을 감시하였다. 이러한 적대감정이 심화되어 가면서 군대도 카푸르를 지지하는 카푸르 군대(Kafur's Mamluks)와 이크쉬드 가문을 지지하는 이크쉬드 군대로 분열되었다. A.H. 349년(960 A.D.) 아누주르가 사망했을 때 그의 시체는 예루살렘으로 옮겨져 그의 아버지 묘 옆에 매장되었다. 이제 카푸르는 후계자 임명에 막대한 영향력을 미칠 수 있는 힘을 갖게 되었다. 이크쉬드의 둘째 아들 알리가 형의 뒤를 이어 받았으나 이집트와 시리아에 대한 행정권은 카푸르의 수중에 있게 되었다.

23세의 새 총독은 아무런 힘이 없었다. 궁궐에 억류되었을 뿐만 아니라 어느 누구와의 면담도 허용되지 않았다. 이러한 적대감정은 A.H. 355년(966 A.D.) 새 총독이 사망할 때까지 계속되었다. 얼마동안 이집트는 무정부 상태가 되면서 카푸르가 모든 권력을 장악했다. 알리의 아들을 후계자로 선포해야 한다는 조언과 충고가 있었지만 총독이 되기에는 나이가 너무 어리다는 이유로 거절하였다.

A.H. 355년 1월(Muharam) 4일 바그다드에서 그에게 보내온 명예의 예

복과 우스타즈(Ustadh) 칭호로 그를 총독으로 임명한 임명장을 전시하였다. 알리가 사망한 지 한 달 후의 일이었다. 그리고 그는 같은 해 2월(Safar) 10일(966년 2월 A.D.) 대중 앞에서 명예의 관복을 입기 시작하였다.

이 기간 동안 이집트는 가혹한 불행과 시련을 겪어야 했다. 가장 심각했던 불행은 나일 강의 수위가 낮아지고 기아로 인하여 수천 명이 사망하면서 전염병이 번져나간 것이었다. 죽은 시체들이 너무나 많아 매장을 할 수 없었기에 나일 강에 버렸다. 생활필수품은 찾아보기가 힘들었고 옥수수도 발견할 수 없을 정도로 농장들이 약탈을 당했다.

엎친데 덮친격으로 A.H. 352년(963 A.D.) 시리아를 침략하고 A.H. 355년(965~6 A.D.) 메카로 성지순례를 가고 있던 이집트 순례자들을 약탈한 까르마티안 사람들을 진압하지 못했을 뿐만 아니라 남부 지역에 대한 누비안족의 공격과 약탈도 막지 못했다. 설상가상으로 정상적인 급여를 받지 못한 경호원들이 폭동을 일으켰다.

A.H. 358년(968 A.D.) 그가 사망할 때까지 이집트의 상황은 전혀 호전될 기미가 보이지 않았다. 다시 이크쉬드 형제가 권력을 장악하여 5개월 동안 통치를 하였지만 북아프리카 파티미조의 침략과 공격에 효과적으로 대항할 수가 없었다.

초기 파티미조(358~567 A.H./969~1171 A.D.)

A.H. 132년(750 A.D.) 압바스 가문이 정권을 장악한 후에도 알리 가문은 정권탈환을 포기하지 않고 정치적 투쟁을 계속하여 갔다. 알리의 차남 후세인이 피살된 후부터는 정신적 · 종교적 최고 지도자 위치를 확보하려고 노력하는 과정에서 쉬아 정당의 역사는 종교 활동에 의한 음모의 일화가 되었다. 쉬아파의 정치활동이 극히 제한되자 그들은 칼에 호소하였다.

그 결과 상당수 알리 계보의 당원들이 체포 구금되고 처형되기 시작했다. 그래서 파티미 가문은 압바스조의 체포와 형벌을 피해 은신처와 피신처를 찾아다니면서 극비로 정치활동을 해야만 했다.

파티미조의 칼리프 계보

1.우베이둘라 마흐디(294/909)
2.까임(322/934)
3.만수르(334/945)
4.무잇즈(341/952)
5.아지즈(365/975)
6.하킴(386/996)
7.자히르(411/1020)
8.무스탄시르(427/1035)

니자르
9.무스타을리(487/1094)
10.아미르(495/1101)
유스프

11.하피즈(524/1131)
12.자피르(544/1149)
13.파이즈(549/1154)
14.아디드(555~567/1160~1171)

A.H. 260년(873 A.D.) 쉬아파 지도자 11대 이맘 하산 아스카리가 사망하자 이스마엘파가 활동을 개시하였다. 7대 이맘 이스마엘(Ismail bin Jaafar)을 추종한 알리 계열의 단체이다. 압바스조 칼리프들은 이스마엘파의 활동을 주의 깊게 감시하고 있었다. 시리아에서 정권을 장악하려고 했던 노력도 실패로 끝났다. 이로 말미암아 그들의 지도자(Imam)들은 압바스조의 탄압을 피해야만 했다. 그래서 이들은 그들의 활동 무대였던 쌀라미아 지역을 떠나 바그다드의 중앙 통치권으로부터 멀리 떨어진 북아프리카로 정치활동 무대를 옮겼다.

그곳의 정치와 종교적 상황이 파티미 가문에게 유리하게 작용하였다. 압바스조의 무거운 세금 부과에 불만을 품고 있었던 그곳 베르베르 원주민이 파티미 가문의 정치활동에 가담하였다. 그곳의 키트마(Kitma) 부족이 쉬아파 홍보원(Dai)들에 의해 알리의 후손 마흐디가 재림 이맘으로 온다는 쉬아교리에 크게 영향을 받아 왔던 것이 북아프리카에서 압바스조의 세력을 붕괴시키는 데 결정적인 역할을 하게 되었다. 이와 같이 유리한 정치적 · 종교적 환경과 더불어 A.H. 296년(909 A.D.) 마그립 지역의 세력을 누르고 북아프리카의 거의 모든 전역을 장악한 후 우베이둘라 마흐디의 출현이 임박했다고 선언한 쉬아파의 알라 압두(Allah Abdu)의 지원을 받아 그곳에 파티미조를 건설할 수가 있었다.

우베이둘라 마흐디

아부 압둘라가 쌀라미아에 있는 마흐디에게 사절을 보내 그를 아프리카로 초대하자 마흐디는 상당량의 재산을 가지고 그곳으로 갔다. 아부 압둘라는 A.H. 296년(909 A.D.) 라까에 입성한 후 그곳에서 자리를 굳히고 있었다. 금요일 합동예배 설교에서 압바스조 칼리프 이름을 언급하지 말라는 명령과 주화에도 압바스조 칼리프의 이름을 새겨 넣지 말라는 지시에 따라 그때부터 압바스조 어느 칼리프 이름도 금요예배나 언급되거나 주화에 새겨지지 않았다. 새로운 동전이 제조되었으나 칼리프의 이름 대신, '알라 하나님의 증거가 도래했다' 그리고 다른 한 면에는, '알라 하나님의 적들이 뿔뿔이 흩어져 버렸다'라는 문구가 새겨졌다. 또 무기에는, '무기들은 알라 하나님의 사업을 위해 있는 것이라'는 내용을 그리고, 말의 허벅지에는 '왕국은 알라 하나님의 것이라'는 문구를 새겨 넣었다.

A.H. 297년 3월 1일 키타마 마그리비 부족 수장들의 안내와 경호를 받으면서 우베이둘라 마흐디(Ubaidullah Al-Mahdi)가 라까에 도착하자 까이라완 지역 부총독과 그곳 주민들이 그에게 경의를 표시하면서 영접하였다. 그 날로 그곳 관저를 차지하고 그 주 금요일 합동예배 설교 때부터 마흐디(Al-Mahdi) 이름을 언급하도록 명령을 하달하였다. 마흐디 이름이 갖는 종교적 그리고 정치적 의미는 신앙인들의 인도자이며 통치자라는 뜻이다. 이 명령이 전국적으로 하달되자 샤리프(Al-Sharif)라고 하는 한 남자가 국민들에게 파티미 교리를 준수해야 한다고 촉구하고 나섰다.

파티미조 칼리프들의 계보는 많은 논란의 대상이 되어 왔다. 압바스조 또는 파티미조의 영향력하에서 역사를 기록했던 여러 아랍 사학가들의 다양한 견해 때문에 파티미조의 계보는 논란의 대상이 되면서 애매모호한 문제들을 야기시켜 놓았다.

압바스인들은 파티미 계보가 예언자의 딸 파티마(Fatimah)의 후손이 아니라는 것을 주장하려고 애썼다. A.H. 403년(1012 A.D.)에 사망한 까디 아부 바크르는 내부의 비밀(Asrar Al-Batiniya)이란 그의 저서에서 파티미조의 계보를 공격하고 신랄하게 비난하였다.

A.H. 402년(1011 A.D.)에는 알리 가문의 법학자들과 저명한 인사들이 참석한 회의에서 파티미조의 계보가 비난을 받았다. 또 파티미조 계보의 역사적 중요성이 첨가되어 있는 A.H. 406년에 쓰여진 압두 샤리프의 시(詩)가 압바스조 22대 칼리프 까디르(381~422 A.H./991~1031 A.D.)를 몹시 화나게 만들었다. 그 결과 A.H. 444년(1052 A.D.)에 또 다시 파티미조의 계보에 대한 압바스인들의 공격이 있었다.

파티미조의 정치적 입지는 아시아보다 북아프리카 지역이 훨씬 좋았다. 그러나 까이라완이나 마흐디아, 만수리아 도시가 파티미조 제국을 건설하는 중추적 도시의 수도로서는 적합하지 못했다. 왜냐하면 지리상으로 그곳들이 이슬람 제국의 중앙이 아니었기 때문이다. 그래서 마흐디는 이집트를 침략하기로 계획을 세웠다. A.H. 358년(969 A.D.) 이전까지는 파티미조가 압바스 제국의 주요 지역에서 세력을 굳히지 못했지만 이집트 침공에 대한 생각은 칼리프 대대로 이어져 내려왔다.

A.H. 301년(913 A.D.) 마흐디는 그의 아들 지휘 아래 아프리카 군인들로 구성된 군대를 이끌고 이집트를 침략하여 알렉산드리아를 점령하였다. 공격을 계속하여 갔지만 파티미 군대는 패하고 결국 다시 마그립 지역으로 후퇴하였다. 그 후 칼리프의 아들 아부 까심이 A.H. 309년(919 A.D.) 다시 대군을 인솔하고 이집트를 침략하여 알렉산드리아를 점령하고 기자 쪽으로 계속 진격해 나갔다. 무니스가 이집트로 파견되어 파티미조의 군대와 싸웠다. 이 전투에서 파티미 선박들이 불타고 대다수 병사들이 피살되거나 포로가 되었다. 이 전투의 승리로 압바스조 칼리프는 무니스에게 무

자파르(Al-Muzaffar), 즉 승리자라는 칭호를 수여하였다. A.H. 321년과 324년 사이에 파티미조는 세 번째로 이집트 침공에 나섰다. 당시 이집트는 이크쉬드 가문출신의 까임이 총독으로 재직하고 있던 기간이었다.

파티미조의 제2대 칼리는 까임(322~334 A.H./933~946 A.D.)과 그의 아들 만수르(334~341 A.H./945~952 A.D.) 통치기간에는 이집트를 정복할 엄두를 못냈다. 탈당자(Khawarij)들이 일으킨 반란들을 진압하고 북아프리카 내부의 정치상황에 전력을 다하여 대처해야 했기 때문이다. 아부 야지드 휘하의 군대가 파티미조 통치하에 있던 거의 모든 지역에 퍼져 있으면서 마흐디아 지역을 위협하자 수도를 다른 곳으로 옮겨야 할 위험에까지 달하였다. 까임 칼리프는 파티마조를 후원해 왔던 산하자 부족 수장들에게 도움을 청하는 서한을 보냈다.

스페인의 우마위야조 압둘라흐만 II세는 아부 야지드를 지원하였다. 이들 반란자들은 코르도바에 있는 우마위야 궁궐에 승리의 소식을 전하는 일과 금요 합동예배 설교에서 우마위야 칼리프 이름을 언급하는 일에 주의를 기울였다.

이 목적을 달성하기 위해 우마위야 칼리프는 이탈리아 왕과 동맹관계를 맺고 타티미조 까임 칼리프로부터 시실리 섬을 빼앗으려 갈망하고 있던 비잔틴 제국의 황제와도 동맹관계를 맺었다.

그러나 정세는 파티미조에 유리한 듯 보였다. 아부 야지드를 추종했던 많은 군인들이 그를 떠났고 일부는 까임 군대에 합류하였으며 일부는 까이라완으로 떠나갔다. A.H. 334년 9월 라마단 달에 칼리프 까임이 사망하였다. 그의 뒤를 계승한 아들 만수르는 칼리프의 사망을 기밀로 하였다. 군의 기강과 충성에 영향을 미치지 않고 반군에게는 공격할 기회를 주지 않도록 하기 위해서였다.

제3대 만수르(334 A.H./945 A.D.)

산하자 부족의 강력한 지원을 받은 3대 칼리프 만수르는 A.H. 336년에 반군들을 완전히 물리쳤다. 반군 지도자 아부 아지드는 사막으로 도주하였지만 결국 체포되어 마흐디아로 후송된 후 전투에서 입은 상처로 그곳에서 사망하고 말았다.

아부 야지드가 일으켰던 폭동은 북아프리카를 처참한 상태로 만들어 놓았다. 만수르의 탁월한 능력과 수완이 없었다면 파티미조는 재생할 수가 없었을 것이다. A.H. 341년(952 A.D.) 사망할 때까지 그는 황폐화된 국가를 재건하는 데 전력을 다하였고 이로써 칼리파 체제의 옛 영광이 다시 회복되었다.

파티미조는 북아프리카에 발판을 굳힌 다음 지중해 해상권 장악에 온갖 정력을 쏟았다. 이를 위해 해군력을 강화하고 항구들을 요새화하였다. 초대 파티미조 칼리프 마흐디 이름을 본떠 마흐디아(Al-Mahdiya)란 해안 도시를 건설한 후 이곳을 지중해의 해군기지로 사용하였다. 해상권 장악을 위한 또 다른 전략으로서 해안에 위치한 섬들을 점령하기도 했다. 압바스조 7대 칼리프 마으문이 점령했던 시실리 섬을 빼앗아 그곳을 기점으로 다른 항구들을 침략하기도 하였다.

파티미조는 군사적 목적 외에도 정치와 경제적 안목에서 시실리 섬을 장악하려고 했다. 지중해 대제국을 창설하기 위해 이곳을 해군기지로 만들어야 아프리카 해안지역의 비잔틴 제국의 공격을 제지할 수 있고 북아프리카와 이집트를 장악할 수 있다고 생각했기 때문이다. 경제적 측면에서 본 시실리 섬은 밤, 아몬드, 사과 등 과일이 잘 자라는 옥토인데다 금, 은, 연, 수은과 같은 광산물이 풍부한 곳이었다. 파티미조 3대 칼리프 만수르는 아부 야지드가 주도한 반란을 진압한 후 하산 칼비를 이 섬의 총독으로 임명하였다. 하산 칼비는 이곳에서 칼라브리아의 남부 이탈리아를 침략하였다. 시실시 섬은 A.H. 483년(1090 A.D.) 노르만의 로저에게 빼앗길 때까지 파티미조의 수중에 있었다.

제4대 무잇즈(341 A.H./952 A.D.)

4대 칼리프 무잇즈는 유능하고 수완이 좋은 통치자라는 것 외에도 선임 칼리프들과 마찬가지로 교양이 풍부하고 문학적 소질과 능력이 있는 인물로 칭찬받고 있다. 그는 이탈리아어 외에도 슬라브어 등 여러 외국어에 능숙했다. 선임 칼리프들의 정책에 반대해 왔던 베르베르 원주민 부족들이 그에게 경의를 표하며 그를 지지했다. 그의 예의 바른 태도가 원주민들의 호감을 얻게 되는 동기가 되었고 그에 대한 이들 원주민들의 후원이 그의 통치권을 강화하여 주었다. 그 결과 스페인의 우마위야 칼리프 이름을 금요예배 설교에서 언급해 왔던 아프리카 서북단 지역의 이드리스 가문도 끝나고 말았다. A.D. 785년 하산(Hasan bin Ali)의 증손자인 이드리스(Idris bin Abdullah)가 메디나에서 알리파의 반란을 주도하다가 실패하자 이곳으로 도주하여 세운 왕국으로 200년(788~974 A.D.) 가까이 지속되었으며 역사상 최초의 쉬아 왕국이었다. 이드리스 가문이 우마위야조 칼리프 이름을 금요예배 설교에서 언급해 왔던 것은 우마위야 칼리프의 분노를 피하기 위해서였다.

파티미조의 세력은 동쪽의 트리폴리 서부 국경에서부터 서쪽의 대서양 해안까지 북아프리카 전 지역과 시실리 섬까지 확대되었다. 서쪽까지 그의 세력이 확장되었다는 증거로는 산하자 부족장 지리(Ziri bin Manad)가 대서양에서 고기를 잡아 항아리에 넣어 칼리프에게 보내도록 조치를 취함으로써 무잇즈는 북아프리카 전 지역에서 도전을 받지 않은 칼리프가 되었다.

이제 파티미조는 이집트 정복으로 관심을 돌렸다. 푸스타트(Fustat)와 바그다드의 통제를 받고 있던 그곳의 지역 상황이 파티미조로 하여금 시리아와 이집트 두 지역에서 압바스조의 권위를 소멸시키는 데 유리하게 작용했다. 이집트에서 세력을 굳힌 파티미조는 시리아와 아라비아 반도 헤자즈 지역까지 세력을 확장해 나갔다. 무잇즈는 이집트 침공준비를 시작하였다. 도로를 건설하고 도로를 따라 우물을 팠으며 일정한 간격을 두고 휴식처도 만들었다. 군비를 확보하여 키타마(Kitamah) 부족을 무장시켰다.

북아프리카 전역은 평온한 반면에 이집트는 카푸르가 사망한 후부터 정치상황이 무질서하였다. 또 많은 파티미 추종자들이 정부 고위직을 차지하고 있었던 것이 아프리카의 파티미조가 이집트 정복에 유리한 상황을 만들어 주게 된 것이다. 이집트를 정복하려는 무잇즈의 생각은 단순한 정치적 목적에만 두지 않고 동쪽으로 종교적 권위와 영향력을 확대하려는 데 있었다.

파티미조의 이집트 정복과 카이로

A.H. 358년(969 A.D.) 파티미조의 장군 시실리 출신 자우하르(Jawhar)가 10만 대군을 인솔하고 이집트를 침략하여 알렉산드리아를 점령하였다. 충분한 보상과 대접으로 잘 훈련된 파티미조 군대는 이집트 군을 견제하였으며 아무런 저항도 받지 않고 이집트의 수도 푸스타트의 항복을 받아냈다. 이집트인들은 압바스조 칼리프에게 바쳤던 충성을 아무런 반대 없이 알리 가문에게로 돌렸다. 정권이양이 그들의 정치상황에 아무런 변화를 가져오리라고 생각지 않았기 때문이다. 또 어느 계보가 통치를 하든 이집트는 외국 통치자의 지배하에 들어갈 수밖에 없는 상황이었기 때문이다. 그러면서도 정권의 교체를 통해서 이집트 내부 사정이 개선되기를 기대하고 있었다.

마끄리지 학자는 파티미조 장군이 이집트인들에게 제의한 평화협정 내용을 자세히 전하고 있다. 생명과 재산의 보장, 전임 통치자들과 이집트 순례자들을 약탈한 까르마티안 사람들의 공격을 막아주는 일, 시실리 지역을 장악하고 있으면서 시리아 공격 준비를 하고 있는 그리스에 대한 원정 등이 파티미조 장군에 의해 강조되었다. 사원들을 보수하고 화폐를 재발행하는 일, 강요된 노동폐지, 이슬람 국가의 기독교인과 유대인(Ahl Al-Dhimma)들이 그들의 신앙과 의식에 따라 생활할 수 있는 자유와 그에 대한 보장 등은 이집트인들의 환영을 받았다.

칼리프가 한 나라를 정복한 후 가장 역점을 두었던 것은 군인들과 후원자들, 정부 관료들이 기거할 군사기지를 만드는 일이었으며 그 다음으로는 종교의식에 따라 신앙생활을 하고 정치와 사회문제를 협의하고 토론할 사원(Masjid) 건립이었다. 그래서 아므르(Amr) 아랍 장군이 이집트를 정복한 후 그곳에 최초의 기지를 세우고 그 이름을 푸스타트(Fustat)라고 불렀다. 이 말은 천막 또는 야영지라는 의미를 담고 있는데 오늘날 이집트의 올드 카이로(Old Cairo)가 바로 이곳이다. A.H. 132년(750 A.D.) 우마위야조가 끝났을 때 압바스조의 이집트 총독은 새로운 수도를 건립한 후 그 이름을 아스카르(Askar)라고 불렀다. 숙영지 또는 병영지라는 뜻이다. A.H. 254년(868 A.D.) 이븐 툴룬이 툴루니 조를 세웠을 때 정권이 자연스럽게 이양되었다. A.H. 256년(870 A.D.) 이븐 툴룬은 구(區)에 해당하는 도시 행정구역 제도를 두고 이를 까따이(Qatai)라 불렀다. 이와 유사한 제도로 파티미조의 자우아르 장군이 A.H. 358년 이집트를 정복한 후 이곳에 파티미조의 수도를 건립하고 이를 카이로(Al-Qahira)라고 하였다. 강한 자라는 뜻이다. 이것이 오늘날 이집트의 수도가 된 것이다.

자우와르와 아즈하르 사원

자우와르가 세운 카이로 역시 처음에는 군사기지로 높은 담벽으로 요새화되어 있었다. 자우와르는 수도로 카이로 시를 건립한 후 곧 바로 칼리프 궁전 북쪽으로 아즈하르(Azhar) 대사원을 세웠는데 A.H. 361년(972 A.D.) 9월 라마단 달 17일 최초의 금요예배가 이곳에서 집전되었다. 그 후 이 사원은 이슬람 대학으로 변경된 후 지금은 아즈하르 종합대학으로 발전하였다.

자우와르 장군이 직면했던 가장 어려운 문제는 기근이었다. 다행히 무잇즈 칼리프가 일시적이나마 기근을 해결할 수 있는 식량을 선박에 실어 보냈고 동시에 공식 곡물교환소가 설치되었다. 압바스조 칼리프의 이름이 금요예배 설교에서 언급되지 않도록 조치가 취해지고 압바스조의 색깔인 검정색 예복을 입지 못하도록 하는 명령이 이집트 전역에 하달되었다. 그리고 주화에는 파티미조 칼리프 이름을 새겨 넣었다. 이렇게 하여 각 사원마다 순니파 예배의식이 사라지고 파티미 예배의식으로 대체되었다.

파티미조는 모든 이집트인들을 순수한 파티미 공동체 구성원으로 만들기 위해 노력을 했지만 큰 성과는 거두지 못했다. 당시 이집트인 대다수가 순니 의식을 따르고 있었기 때문이다. 물론 대다수 행정업무는 파티미 당원들이 장악하고 있었다.

정복된 새로운 지역의 총독이 된 자우와르는 신중하게 정책을 펼쳐 나갔다. 우선 파티미조의 근거지인 마그립 지역 사람들이 이집트 행정에 능숙해 질 수 있도록 하는 데 뜻을 두고 있었다. 마그리브 지역 사람들과 이집트인들 사이가 항상 좋은 관계만은 아니었기 때문에 단계적인 절차를 밟은 것으로 볼 수 있다.

자우와르는 시리아 정책에도 개입하게 되었다. 당시 독립한 쉬아파 왕자들이 알레포를 다스리고 있었고 아크쉬 가문의 후세인은 라믈레를 점령하고 있었기 때문이다.

A.H. 358년(969 A.D.) 파티미조의 공격이 시작되면서 A.H. 359년 1월(Muharrarn) 1일 시리아가 정복되었다. 압바스조의 칼리프 이름 대신에 파티미조의 무잇즈 칼리프 이름이 시리아의 각 사원에서 언급되었다. 다마스쿠스를 정복하여 당분간 카르마치안 부족장 하산으로부터 공물을 받았지만 그들과의 갈등 속에서 파티미조의 장군이 피살되고 공물헌납도 중단되는 결과가 되고 말았다.

카르마치안 부족장은 서둘러 이집트 깊숙이 진격해 들어가 카이로를 위협하였다. 그러나 그는 큰 손실을 보고 후퇴하게 되었는데 아주 놀라운 일은 이집트인들이 자원하여 자우와르 군대에 입적한 후 상상하기 어려울 정도의 용기를 보여준 일이었다. 당시 시리아의 알레포와 힘스에서는 파티미조의 칼리프 이름이 언급되고, 메디나 지역에서는 압바스조 23대 무티 칼리프 이름이 그리고 메카에서는 파티미조의 무잇즈 칼리프 이름이 금요예배 설교에서 각각 언급되고 있었다. A.H. 366년(976 A.D.) 5대 칼리프 아지즈(Aziz) 시대에 들어와 파티미조 칼리프 이름이 메카와 메디나 두 성지에서 동시에 언급되었다.

자우와르 이집트 총독은 무잇즈 칼리프가 통치권을 장악할 때가 왔다고 믿고 무잇즈에게 특사를 파견하여 이집트, 시리아 그리고 헤자즈 지역에서 그의 이름으로 금요예배가 집전되고 있다는 것을 전하였다.

무잇즈 칼리프는 신중했을 뿐만 아니라 멀리 내다보는 안목을 갖고 있었다. 이집트 정복에 정신이 없을 때 꾸에타와 탄지에르에 있는 우마위야조가 그를 공격할 것이라고 생각하고 세력이 막강한 산하자 부족장 지리(Ziri bin Manad)를 그의 편으로 끌어들인 다음 그를 티하르트, 마그립 중부 지역의 총독으로 임명하여 있을지도 모를 우마위야조 공격에 대비하였다. 이러한 조치는 북아프리카 내에서 우마위야조 지지 세력을 위협하는 정책이 되기도 하였다. 그 결과 지리(Ziri)를 중심으로 한 산하자 부족의 세력이 북아프리카 전역에 확산되면서 세금도 그의 이름으로 징수되었다.

마침내 무잇즈는 거액의 돈과 3명의 선임 칼리프 시체가 든 관을 가지고 A.H. 362년 8월(Shawal) 26일(972. 8. 5 A.D.) 제국의 수도 만수리아를 떠나 이집트로 향하였다. 카이로 궁궐 앞에 있는 광장에 엎드려 위대한 알라 하나님께 기도를 올렸다. 그 이후로 카이로는 그의 이름을 따서 무잇지아(Mu'izziya)라고 불려졌다. 또한 이 도시는 자우와르 장군이 무잇즈 칼리프를 위해 세운 도시이기도 했다. 이로서 카이로는 방대한 파티미조 제국의 수도가 된 것이다.

무잇즈가 이집트에 도착했을 때 압바스조와 이크쉬드 가문 시대에 대신직책을 맡았던 이븐 푸라트에게 각료직이 제의되었으나 그는 수락하지 않았다. 군행정과 일반 행정업무는 이전에 유대인이었던 이븐 킬리스와 전 정권하에서 봉사하였던 순니파 대법관 우슬루즈(Usluj)에게 위임되어 A.H. 366년(976 A.D.)까지 임무를 수행하여 왔다. 그러나 무잇즈가 이곳에 도착한 후부터는 법관들의 세력이 현저하게 약화되었다.

카이로에서 세력을 굳힌 파티미조는 교리 전파에 활발한 활동을 보였다. 예배시간을 알리는 아잔(Azan)에서 아잔을 부르는 사람 무앗진

(Muazzin)이 순니파 아잔에 없는 문구를 추가하였다. 즉 가장 좋은 일을 위하여 오시오(Haiya ala khairul amal)라는 문구를 두 번 추가한 파티미조의 독특한 의식으로 예배시간을 알렸던 것이다.

제5대 아지즈(365 A.H./975 A.D.)

무잇즈는 이집트에서 오랫동안 살지 못하고 A.H. 365년(975 A.D.)에 사망하였다. 그 뒤를 이어 아들 아지즈(365~386 A.H.)가 5대 칼리프로 계승하였다. 아지즈는 문학에 남다른 재능을 보였고 그의 부친을 닮아 행정가다운 기질도 갖고 있었다. 그는 그의 부와 교양을 생생하게 보여줄 수 있는 건물들을 세웠다. 그의 아들 하킴(Hakim)의 이름을 새겨 넣은 이슬람 사원을 비롯하여 황금 궁전(Qasr Al-Dhahab), 까파라(Qafara), 즉 공동묘지의 대사원, 태양의 눈이라는 의미를 지닌 아이샴스 궁전 같은 건물 등을 건립하였는데 그 당시로서는 동서양을 막론하고 이렇듯 화려하고 웅장한 건물들이 건립된 적이 없었다고 이븐 칼리칸 학자는 말하였다.

이집트, 시리아 및 아라비아 반도 헤자즈 지역 모든 사원에서 금요 합동예배 설교 때 아지즈의 이름이 언급되었다. 국가의 검(Husam Al-Dawla)이라는 칭호를 가진 아부 두아드(Abu Du'ad bin Al-Musaib)가 관장하고 있던 모술 지역에서도 그의 이름이 언급되었다. 이 칼리프의 이름은 예멘에서도 언급되었다.

관용과 이교도에 대한 배려

아지지는 죄수들에게까지 관용을 베풀 정도로 인자한 인물이었다. 시리아 전투에서 패배한 터키계 알프타킨에 대한 그의 관용과 대우는 그의 성품을 잘 보여준 본보기였다. 그가 노예의 몸으로 카이로에 왔을 때 아지즈는 그에게 명예의 예복과 선물을 주고 그가 기거할 숙소를 마련하여 주는 등 세심한 관심으로 그를 대우하였다. 그 후에는 명예로운 손님으로 파티미조의 궁궐을 드나들 수 있는 특혜까지 베풀었다. 이러한 친절과 대접에 대하여 알프타킨은 이렇게 말했다.

"나는 우리의 주인 앞에서 승마할 때마다 부끄러워 어쩔 줄을 몰랐다. 그래서 나는 그분의 얼굴을 감히 쳐다보지 못했다. 왜냐하면 그분께서 나에게 베푼 선물이며 그분이 나에게 베푼 은혜가 나를 압도해 버렸기 때문이다."

삼촌 하이다타를 통해 이 말을 전해들은 아지즈는 이렇게 말했다.

"삼촌, 제가 알라 하나님께 맹세하건대 저는 은혜로 뒤덮인 사람들을 보고 싶습니다."

아지즈는 그의 부친과 마찬가지로 기독교인과 유대인들에게도 호의와 친절을 베풀었다. 그의 아내도 기독교인이었기에 기독교인에 대한 칼리프의 배려는 더욱 컸을 것이라고 보고 있다. 아내의 두 동생도 칼리프의 은혜를 받았다. 한 처남은 알렉산드리아, 그리고 다른 처남은 예루살렘의 교구장으로 각각 임명을 받았다. 콥트 교회와 그의 아내가 소속되어 있는 멜키트 교단에도 호의를 베풀었다. 수도 푸스타트 외곽에 파괴된 채로 방치되어 있던 아부 사이파인 콥트 교회 재건축 허락도 떨어졌다. 기독교인 이사(Isa bin Nestorius)를 고위직으로 승격시키고 유대인 메낫세는 시리아 총독으로 임명하였다.

아즈하르 대학교

아지즈 집권 기간 중 아즈하르 성원에 근본적인 변화가 일어났다. 알라 하나님을 경배하는 사원으로 세워졌던 것이 고등교육기관으로 발전하게 된 계기가 마련된 것이다. 유대교에서 이슬람으로 귀화한 빈틈없는 야곱(Ya'qub bin Killis)이 수상이 되었을 때 그는 학문의 후견인이 되었다. 그는 파티미조 칼리프에게 이집트 정복에 가장 좋은 시기라는 것을 제의했던 인물이었다. A.H. 378년(988 A.D.) 아지즈가 아즈하르 사원을 학문의 전당으로 봉헌한 후 점차 훌륭한 이슬람 대학교로 발전해 갔다.

아지즈 통치시절 튀니지 지역 총독으로 있던 불루킨이 스페인의 우마위야조 군대의 세력을 저지하기 위해 마그립 북단 깊숙이 들어갔다. 당시 이 지역은 우마위야조의 이븐 아비 아미르 장군 통제하에 있었다. 우마위야조에 충성을 해 오고 있던 이곳 부족들이 파티미조 장군에게 합류하였다. 불루킨은 페즈와 시질마사 두 지역을 점령한 후 꾸에타에 근접하였다. 꾸에타는 마그립 북단 지역에서 우마위야조 세력의 심장부 역할을 했던 곳이다. 우마위야조 장군은 적대행위를 중단하겠다고 하였다. 왜냐하면 스페인 북부 지역에서 공격해 오는 기독교인들과 전쟁을 재개해야만 했었기 때문이다.

이러한 소식을 접한 아지즈는 대단히 만족해하고 불루킨의 노력과 성공을 극찬한 후 그를 세레나이카(Barqa)와 트리폴리 두 지역의 총독으로 임명했다. 불루킨의 성공이 아즈지에게 큰 기쁨을 주었던 것은 당시 아지즈 통치하의 파티미조와 하캄II세 통치하의 우마위야조 사이에 적대감정이 가장 컸을 시기였기 때문이다. 파티미조가 이집트를 장악한 이후 양 세력 간의 직접적인 충돌은 없었지만 대립과 적대심은 서한(書翰) 공격을 통해서 표출되었다. 아지즈로부터 조소와 모욕적인 내용이 담긴 서한을 받은 스페인의 하캄 II세가 그에게 보낸 서한에서 두 세력 간의 적대관계를 이해할 수 있다.

> "우리의 소식을 듣고 당신은 우리를 비웃었소. 우리가 당신의 서한을 받았다면 우리도 당신을 비웃었을 것이요."

하캄 II세의 조카가 파티미조를 비웃는 시 한편을 써서 보냈다.

> "상황이 변하여 우리에게 재앙이 있었던 것은 사실이지만 우리가 마르완의 자손들이 아니더뇨. 우리 가문에서 한 사람이 탄생하면 세상이 기뻐하고 모든 설교단이 그를 칭송하지 않더뇨."

A.H. 373년(984 A.D.) 불루킨의 사망과 더불어 지리 부족의 세력이 약화되었다. 마그립 북단이 우마위야조의 이븐 아비 아미르 군대에 넘어가고 히샴 II세(366~399 A.H./979~1009 A.D.)가 이곳 전 지역을 장악하니 금요 예배 설교에서 다시 우마위야조 칼리프의 이름이 언급되었다. 한편 지리 세력은 내부 반란을 진압하는 데 여념이 없었으므로 튀니지와 마그립 중부지역에 확산되고 있는 우마위야조의 영향력을 제지할 수 없었다.

제6대 하킴(386 A.H./996 A.D.)과 야경

A.H. 386년(996 A.D.) 하킴(Al-Hakim)이 6대 칼리프가 되었을 때 그의 나이는 고작 11살이었다. 그의 집권기간은 4단계로 나누어 볼 수 있다.

첫 단계(386~390 A.H./996~1000 A.D.)에서 그는 방대한 제국을 통치하고 제반 업무를 수행하기에 나이가 너무 어렸으므로 국무수행은 전적으로 키타마 부족 출신의 이븐 암마르(Ibn Ammar)에게 의존하였다. 당시 그는 주로 중재(Wasatah) 업무를 관할하는 부처에서 근무하고 있었는데 국무수행의 임무를 맡으면서 중재업무는 그의 개인교수이면서 자문을 해 주던 바르자완(Barjawan)이 맡게 되었다. 이븐 암마르는 터키계 출신들을 분노하게 할 정도로 마그립 지역 출신들을 편애하였다. 그 결과 두 지역 출신들 사이에 싸움이 벌어졌는데 이 싸움은 바르자완이 장관직(Wazir)을 장악하는 결과로 끝나고 말았다.

제2단계(390~395 A.H./1000~1004 A.D.)에서는 바르자완이 처형된 기간이었다. 나이가 어렸음에도 불구하고 하킴은 절대적 권리를 행사한 것이다. 그러나 그의 마음은 혼란스러웠고 정책은 흔들리고 있었다. 그는 파티미조의 견해를 편애했다. A.H. 393년(1002~3 A.D.) 하킴은 광신적으로 사원을 건립하고 기존 사원들을 지원하는 후원자가 되었다. 광신적으로 파티미 교리를 지지하면서 기독교인들과 유대인들에 대해서는 전임 칼리프들과는 달리 극히 엄하게 대하기 시작했다. 이러한 그의 처신은 대중의 견해와 압력에서 나온 것으로 보인다. 대중의 이러한 입장은 다시 파티미조 칼리프들이 비무슬림들을 지나치게 편애한 데서 나온 것으로 볼 수 있다. 그러나 하킴의 이러한 엄격한 처신은 비무슬림들에게만 해당된 것이 아니라 파티미조 정부 고위층 나아가서는 모든 주민들에게까지 영향을 미쳤다.

하킴이 첫 번째로 보인 특이한 조치는 A.H. 390년에 있었던 일로 자기를 부를 때 '우리의 군주' 또는 '우리의 주인'이란 칭호 대신에 '신앙인들의 통치자(Amir Al-Muumin)'란 칭호로 부를 것을 하달하였다. 그의 또 다른 특징으로는 낮보다 밤을 좋아하는 괴벽이 있었다. A.H. 392년(1001~2 A.D.) 그가 카이로 밤거리를 산책한 후부터 카이로 거리는 조명등 아래서 국정에 관한 업무를 집행하기도 하였다. 시민들은 야간 전등불 달기에 경쟁을 하고 자기 집안을 다른 집보다 밝게 하여 칼리프의 호감을 사려고 애썼다.

3단계(396~401 A.H./1005~1010 A.D.)에서는 정책의 어려움을 겪는 기간이었다. 기근이 심했고 내부 폭동과 서쪽 지역의 침략에 대처해야 하는 어려운 시기였다. A.H. 396년과 397년에는 아부 라쿠와(Abu Rakwa)가 일으킨 반란 진압에 여념이 없었다. 아부 라크와는 그가 스페인 우마위야조의 혈통이라고 주장하면서 파티미조의 퇴진을 요구하고 나섰다.

4단계(401~411 A.H./1005~1020 A.D.)는 좌절의 기간이었다. 마음은 어수선하고 정치는 불안하였다. 그의 신하들에게 가장 엄격했던 시기이기도 했다. A.H. 408년(1017 A.D.) 페르시아 사람 다라지(Darazi)가 하킴의 신성(神聖)을 주장하고 나섰다. 대다수 국민과 고위관료들이 다라지의 주장에 반대하자 다라지의 추종자들(Druzes)은 시리아로 피신해야 했다. 하킴의 엉뚱한 생각과 행동들이 그의 누이 공주(Sitt Al-Mulk)로 하여금 그를 살해하는 음모를 꾸미게 되었다. 결국 그는 A.H. 411년(1020 A.D.) 사망하고 말았다.

그러나 하킴의 이러한 괴벽에도 불구하고 그는 안정과 질서를 유지하였다. 스페인의 코르도바, 바그다드 및 그 밖의 지역에 연구원과 학원들을 설립하고 그 이름을 지혜의 집(Dar Al-Hikmah)이라고 불렀다. 도서관을 세우고는 과학의 집(Dar Al-Uluum)이라 이름을 짓고 궁궐의 도서들을 이곳으로 가져오는 등 그 곳에 다양한 많은 장서들을 비치하였다.

제7대 자히르(411 A.H./1020 A.D.)

하킴에 이어 그의 아들 자히르(Zahir)가 7대 칼리프가 되었다. 집권 초기에는 하킴의 누이가 보기 드문 능력으로 국무를 수행하다가 A.H. 415년(1024 A.D.) 사망하였다. 자히르는 젊은 칼리프였지만 겸손하고 예의 바른 현명한 지도자였다. 부친이 제정한 법률을 폐기하는 등 신하들의 복지에 관심을 갖고 또 편애 없는 공평한 대우를 하였다. 그는 A.H. 417년(1026 A.D.)에는 경작지에 적합한 소를 도살하는 것을 금지시켰다. 그러나 아브라함의 전통에 따라 12월 성지 순례달(Dhul Hijja) 10일, 허용된 짐승을 도살하여 신단에 바치는 명절인 이둘아드하(Eid Al-Adha) 날에는 소를 도살하는 것을 예외로 하였다.

제8대 무스탄시르(427 A.H./1035 A.D.)와 최장수 칼리프

자히르 사망으로 그의 아들 무스탄시르(Mustansir)가 A.H. 427년(1035 A.D.) 8대 칼리프로 선포되었다. 그때 그의 나이는 겨우 7세였다. 그는 60년 4개월을 통치하였는데 모든 무슬림 칼리프들 중에서 최장수 통치자였다. 그의 장기 집권 동안(427~487 A.H./1035~1094 A.D.)에 비해 평온하고 번영을 누렸던 기간은 대조적으로 극히 짧았다.

그는 부친의 대신이었던 자르자이(Jarja'ai)가 그의 대신으로 재임용된 후 A.H. 436년(1044 A.D.)까지 재직하다가 팔라히(Fallahi)가 그의 뒤를 계승하였다. 본 칼리프의 모친은 전에 유대인 투스타리 가문에서 하녀로 일해 왔었다. 이 유대인 가문은 칼리프 어머니의 궁궐을 책임지고 있으면서 절대적 권리를 행사하였다. 투스타리의 세력이 커져갔다. 팔라히 대신은 이를 시기한 나머지 그를 음모하여 살해하였다. 이 사실을 알아차린 칼리프 어머니가 그를 해고하고 투옥시킨 다음 A.H. 440년(1048 A.D.) 살해하였다.

무스탄시르의 세력은 초기에 북아프리카와 시리아 전역으로 확산되어갔다. 그의 이름이 대서양에서부터 홍해 사이에 있는 예멘, 헤자즈, 모슬, 그리고 바그다드에 있는 모든 사원 금요설교에서 언급되었다. 그럼에도 불구하고 파티미조의 세력은 이미 저물어 가고 있었으니 황홀했던 시대를 보내버린 것이나 다름이 없었다.

제8장

후기 압바스조 II
–셀주크의 등장과 바그다드의 몰락
(447 ~ 656 A.H. / 1055 ~ 1258 A.D.)

이라크의 셀주크 계보(447~552 A.H./1055~1157 A.D.)

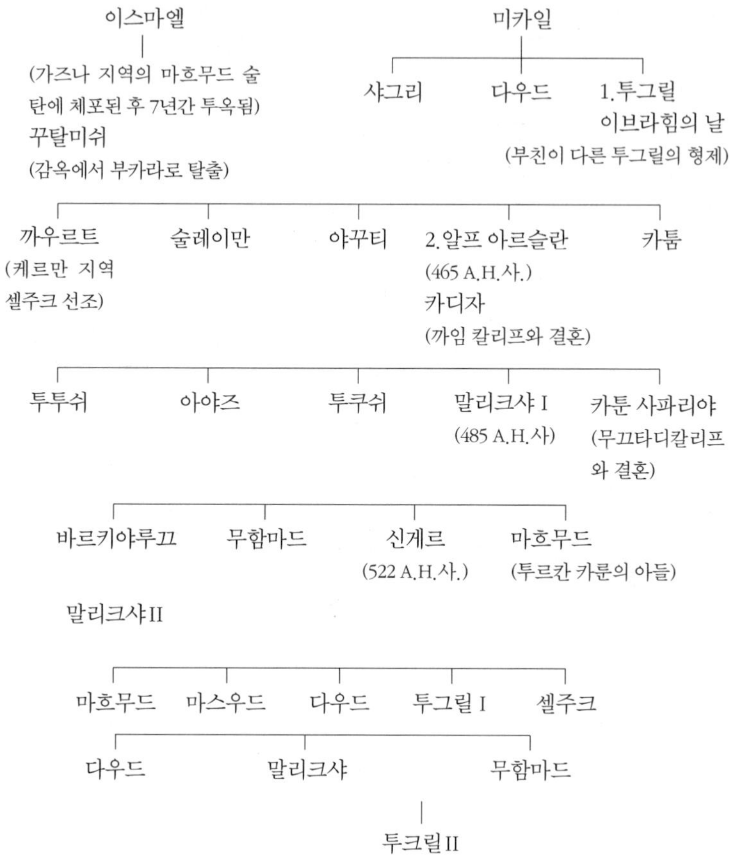

몽고의 침략과 셀주크의 이동

셀주크는 투르키스탄 지역의 왕(Khan)에게 시중을 들러 왔던 터키계 구즈 투르크(Ghuzz Turks)인들의 족장으로 그는 그의 일가(一家)와 함께 키르기스 지역에서 부카라 지방으로 이주해 온 후 그곳에서 이슬람으로 귀화한 인물이다. 이들 셀주크인들이 우스만 터키의 조상으로서 이들은 소아시아를 기점으로 시리아, 이집트, 지중해, 유럽, 북아프리카에까지 그들의 세력을 확장해 나갔다. 그런 후 로마제국과 결정적으로는 몽고의 침략을 받으면서 서쪽으로 밀려나가기 시작했다.

A.H. 420년(1029 A.D.) 셀주크인들은 페르시아 북부와 동부 지역을 장악하면서 가즈나 지역의 마흐무드에게 심각한 불안을 안겨다 주었다. 그 후 페르시아로 대거 이동하면서 메소포타미아, 시리아, 소아시아를 점령한 후 아프가니스탄 서부 국경에서부터 지중해에 이르는 아시아 지역을 이슬람 정치체제로 다시 회복하였다.

셀주크 술탄과 이슬람의 수호자

셀주크인들의 통치기간은 특별한 역사적 의미를 갖고 있다. 대 셀주크 술탄들이 이슬람 신앙의 수호자가 되면서 십자군 전쟁에서 뛰어난 역할을 발휘한 역사적 의의와 더불어 이슬람 문화를 장려하였다. 셀주크 말기에 가서 몽고인들이 동부 이슬람 국가들을 위협했다. 쿠와라즘 지역이 그들 수중에 들어가면서 서쪽 지역 무슬림 국가들에 대한 침략도 시작되었다. A.D. 1258년 이들에 의해 바그다드가 점령되니 이라크의 압바스조는 막을 내리고 말았다.

부와히 가문(Buwayhi)의 마지막 왕자가 통치하던 기간은 정세가 불안하고 허약하여 불화와 분쟁이 만연했다. 이라크와 페르시아에서는 이스마엘파의 홍보원(Dai) 활동이 활발했다. 이러한 상황들은 날로 커가고 있던 셀주크인들에게 바그다드에서 그들의 세력을 굳힐 수 있는 환경을 만들어 주었다.

이스마엘파의 선교와 홍보가 능력 있는 다수의 법학자들을 배출함으로써 파티미 계열의 고위관리를 장악하는 데 크게 기여하였다. 아부 하팀 라지(Abu Hatim Al-Razi)는 라이 지역의 순니파 총독과 카스피해 남부에 위치한 다일람 지방의 마르다위즈를 이스마엘파로 전환시킨 인물이기도 하다.

쉬라즈 지역의 무아야드 피딘은 파티미조 8대 칼리프 무스탄시르

(427~487 A.H./1035~1094 A.D.) 시절에 이스마엘파의 명분을 발전시킨 인물이다. 선교와 홍보를 맡은 이들의 세력이 이라크와 페르시아에 상당히 형성되어 있었으므로 파티미인들과 부와히 가문의 아부 칼리자르(435~440 A.H.) 왕자 사이의 우호관계가 압바스조 제국에서 많은 추종자들을 확보하는 데 기여하게 되었다.

이러한 이스마엘파의 선교와 홍보에 위험을 느낀 압바스조 26대 칼리프 까임(422~467 A.H./1031~1075 A.D.)은 이스마엘파의 교리를 추종하면서 칼리파 직위를 파티미 가문에게 이양하려 계획했던 부와히 왕자를 비난하고 이스마엘파의 교리 전파와 정치홍보를 중단하도록 촉구하면서 그를 면직시켜 버렸다. 셀주크인들을 바그다드에 불러들이겠다는 위협도 하였다.

가즈나 가문내의 불화와 갈등에 뒤이어 A.H. 432년(1040 A.D.) 마스우드의 면직과 피살은 타바리스탄에만 한정되어 있었던 셀주크인들의 세력을 더욱 확고히 해주는 계기가 되었다. 3년 후 셀주크인들은 쿠라산 지역에서 마스우드의 아들 마으두드를 제압한 후 칼리프 까임에게 사절을 보내 그에게 충성할 테니 이를 수락하여 달라고 하였다.

투그릴의 메시지를 받은 칼리프는 마으무니를 라이로 파견하였다. 그리고 투그릴은 방대한 영토를 장악하였다. 얼마 되지 않아 금요예배 설교에서 그의 이름이 언급되고 주화에 그의 이름이 새겨지도록 하였다. A.H. 447년(1055 A.D.) 드디어 투그릴이 바그다드에 입성하니 그에게 명예의 예복이 수여되었다.

압바스조 칼리프는 다른 무슬림 지도자들로부터 지원을 요청하는 일련의 정책을 계속했다. 세력을 확장해 가는 아랍 우마위야조에 대항하기 위해 페르시아에게 지원을 요청했었고 8대 무으타심 칼리프 때부터는 페르시아에 대항하기 위해 터키인들에게 지지를 촉구해 왔다. 그 후 터키인들의 독재를 종결하기 위해서는 부와히 가문과 접촉하였다. 26대 까임 칼리프는 셀주크 투그릴에게 사절을 보내 바그다드에 입성하여 바수시리 추종자들의 포악한 통치로부터 자기를 구원해 달라고 구걸하였다. 이때 바수시리는 칼리파직을 이집트에 있는 파티미조에게 이양하려는 계획을 갖고 있었다. 그 후에는 셀주크인들의 해악을 저지하기 위해 키바에 있는 크와라즘샤에게 지원을 요청하였다. 외부세력에 의존한 이러한 압바스조 칼리프의 정책은 후에 몽고인들에게 지원을 요청하는 유사한 전례를 남기게 되었다.

파티미조 8대 무스탄시르 칼리프는 압바스조 군대에 대항할 수 있도록 바수시리에게 군대를 파견하고 군수물자를 아낌없이 지원했다. 무스탄시르는 압바스조의 체제를 부정하고 카이로에 자리 잡고 있는 파티미조의 통치권을 인정하면서 금요예배 설교에서 그의 이름이 언급되도록 지시를 내렸다. 그의 이름은 약 1년 동안 언급되었다.

파티미조와 압바스조의 경쟁

권력 장악을 위해 파티미조와 압바스조는 공개적으로 치열한 경쟁을 벌였다. 이때의 상황을 버나드 루이스는 이렇게 묘사했다.

> "파티미조의 첩보원들은 키르만과 발루치스탄 해변 지역의 지지를 얻는데 성공하고 꾸프스, 지루프트, 이라크에서 인도에 이르는 해상로를 따라 기지들을 설치하였다."

육로들까지도 무방비상태였다. 인도 물탄지역에서 이스마엘파의 교리 전파와 정책홍보가 성공을 거두면서 인도로 가는 대단히 중요한 이 지역에 이스마엘 왕국이 당분간 세워지기도 했다. 한편 동방무역을 장악하여 치명적으로 압바스조의 영토와 셀주크 경쟁자들의 영토를 봉쇄한 파티미조의 청사진에 대한 기록은 없다. 북아프리카와 시리아에서 방대한 기름진 영토를 포기해야만 했지만 파티미조는 홍해와 그 출구를 장악하고 인도에 이르는 육로, 해상로, 인도에서 선교와 홍보에 전력을 다하는 지구력과 강인함을 보여주었다. 일명 아랍만이라고도 불리는 페르시아만 동쪽 해안을 따라 거대한 상권도 장악하였다. 이러한 배경들이 그들을 이슬람의 유일한 군주들로 만들었다.

압바스조 지역상황이 파티미조의 계획을 유리하게 해주었다. A.D. 10세기와 11세기 이라크 내부의 정치적 상황은 무질서한 상태였다. 힌두쿠쉬 지역의 은광산을 잃음으로써 주화생산이 어렵게 되었고 그러자 무역거래가 쇠퇴하기 시작했다. 거기에다 터키의 침략과 군사제국이 들어서면서 무역거래의 퇴보를 더욱 가속화시켰다. 이집트와 이라크를 중심으로 하여 중동이 완전히 두 지역으로 분할되면서 동부지역과 지중해 지역의 여러 나라들과의 관계를 단절시켜 버린 것이다. 이로써 이라크의 통치자들은 아나톨리와 흑해를 통해 지중해 여러 나라와 교역할 길을 찾아야만 했다. 비록 파티미조의 정복계획이 실패로 돌아갔지만 그들의 무역정책은 아이유비조와 마믈루크조의 계승자들에 의해서 계속 이어져 갔다. 이집트는 홍해에 우스만 제국이 건국될 때까지 동서간의 주요 무역통로 역할을 하였다. 그러다가 아프리카 대륙의 주요 항구가 발견되면서 동방무역의 통로가 몇 세기 동안 변경되기도 하였다.

투그릴은 모슬과 디야르 지역을 정복하기 위해 바그다드를 떠났고 칼리프는 A.H. 451년(1059 A.D.) 이에 감사하는 마음으로 그에게 동방과 서방의 왕이라는 칭호를 부여하였다.

부와히 가문이 그랬던 것처럼 셀주크인들도 압바스조의 정신적 권위를 인정하였다. 그들의 통치권에 대한 합법성을 받아 내기 위해서였다. 쉬아교리를 따랐던 부와히 구성원들과는 달리 셀주크인들은 압바스조를 좋아하였다. 그래서 압바스조의 후예들은 셀주크 통치하에서도 그들의 권위를 인정받고 명예를 간직할 수 있었다. 셀주크인들과 결혼도 하고 선물도 교환하는 등 우호관계가 유지되었다. 투그릴의 질녀이자 2대 셀주크 술탄 알프 아르슬란의 여동생 아르슬란 카툰은 칼리프와 화려한 결혼을 하였다. 아내가 사망하자 투그릴은 칼리프의 딸이나 여동생과 결혼을 하고 싶다는 청혼을 하였다. 칼리프는 마지못하여 청혼을 받아들였다. 신부는 타브리즈로 떠났다. 신부가 라이 지역에 도착하기도 전에 결혼향연이 벌어지고 있었다. 투그릴은 병에 걸린 지 얼마 되지 않아 A.H. 455년(1063 A.D.) 73세로 세상을 떠났다. 이븐 아씨르는 투그릴을 다음과 같이 묘사하고 있다.

> "그는 남다른 자제력을 갖고 있었고 신앙생활에서 지켜야 할 종교적 의무사항을 엄격하게 지켰다. 어떤 사건이 발생하면 엄격한 기밀로 하면서 때로는 거칠고 엄격했으나 때로는 비잔틴 사람들에게까지 은혜를 베풀 정도로 너그러운 성품이었다."

알프 아르슬란과 프랑크 왕의 최후 운명(455~465A.H./1063~1072 A.D.)

투그릴이 사망하자 조카 알프 아르슬란이 그를 계승하였다. 그는 그의 형제 술레이만에 대항하여 반란을 일으켰다. 고인이 된 술탄 시절 대신직을 맡고 있던 쿤두리의 주도로 술레이만이 권좌에 앉아 있었기 때문이다. 알프 아르슬란은 그의 대신(大臣) 니잠물크의 도움으로 통치권을 장악하게 되었다. 이 결과 쿤두리는 죄인이 되어 쿠라산의 수도 네르브로 유배되어 그곳에서 술탄이 보낸 두 하인에 의해 피살되었다. 쿤두리는 가족에게 마지막 이별 인사를 한 다음 알프 아르슬란과 니잠물크에게 다음 내용이 담긴 서한을 보내왔다.

> "왕이여, 들으시오! 귀하의 삼촌이 나에게 이 세상을 다스릴 권한을 주었소. 그런데 귀하께서는 나에게 순교(殉敎)의 운명을 주어 저 세상을 통치할 권한을 주었소."

그리고 니잠물크에게는 이렇게 말했다.

> "사악한 혁명과 추악한 당신의 행위가 사악한 방법으로 국가의 충실한 대신들을 해고하고 살해하는 전통이 생기게 되었소. 당신도 당신의 사람들 앞에서 당신의 후손들의 손에 의해 그와 똑같은 경험을 하도록 기원하겠소."

브라운이 전하고 있는 또 다른 내용은 다음과 같다.

"아부 알리 하산 이스하끄 이름보다는 그의 칭호인 니잠물크로 더 잘 알려진 위대한 대신이 저지른 사악한 폭력과 연관된 사건이 역사에 최초로 부각되었다는 것은 너무나 슬픈 일이요, 쿤두리의 저주가 사실의 효과를 거두어 피의 폭력으로 종말을 맞이한 것은 더욱 더 슬픈 일이다."

쿤두리의 기도는 성취되었다. 왜냐하면 니잠물크도 페르시아 출신에 의해 전임자와 똑같은 운명을 맞이했고 알프 아르슬란도 트란속시아나에서 피살되었기 때문이다. 그의 집권기간이 짧기는 했지만 훌륭한 업적들이 있었다. 카틀란, 헤라트, 동북쪽에 위치한 시가니안 지역을 정복하고 비잔틴 제국의 세력을 소아시아로 몰아냈다. 곧이어 그의 증조 할아버지 무덤이 있는 잔드 지역도 이 기간에 정복되었다. 파르스와 키르만 지역에서 발생한 반란을 진압하고 파티미조 통치하에 있던 메카와 메디나 두 성지도 장악하였다. A.H. 463년에는 소아시아 말라즈기르드 지역에서 그리스인, 러시아인, 터키인, 그레고리안인, 코카스인, 프랑크인 및 아르메니아인들로 구성된 비잔틴 제국의 대군을 물리치고 디오게네스 로마누스 황제를 생포하였다.

비잔틴 제국의 황제가 생포되어 왔을 때 알프 아르슬란은 그에게,

"내가 귀하에게 평화를 제의했을 때 귀하께서 거절했었지요?"

라고 말하자,

"꾸짖되 목숨만은 살려주십시오. 그러면 당신이 시키는 대로 따르겠습니다."

라고 대답하였다. 그러자 알프 아르슬란이,

"나를 제거하려는 귀하의 음모가 귀하를 포로로 만들었으니 내가 귀하를 엄하게 다스릴 것입니다."

라고 말하자,

"어떻게 말입니까?"라고 생포된 황제가 물었다.

"내가 귀하를 제거하리라고 생각합니까?"라고 말하자,

"그렇다면 저를 사형에 처할 예정입니까 아니면 전 무슬림 제국 안에

서 저를 구경거리로 만들기 위해 행진을 시키실 계획입니까? 세 번째 대안으로 저를 용서하여 주신다면 그 대가로 배상금을 받으시고 저를 노예로 삼는 것은 기대할 수 없는지요?"

라고 황제가 말했다. 이에 술탄이,

"내가 결심한 것은 제일 마지막 것이오."

라고 대답하였다. 이리하여 비잔틴 제국의 황제는 이슬람 제국의 술탄에게 150만 디나르의 배상금을 지불하고 50년 동안 평화를 준수하며 비잔틴 제국은 술탄이 요구하는 병력을 지원하되 술탄이 지휘권을 갖기로 하였다. 그 외에도 비잔틴 제국은 모든 무슬림 포로들을 석방하였다. 그에 대한 예우로 비잔틴 제국의 황제에게 한 벌의 예복과 그가 기거할 천막을 마련해주고 1만 5,000디나르의 생계비를 지불하였으며 그의 대신들과 관리들도 풀어주었다. 술탄은 또 그들이 안전하게 돌아가도록 경호원을 딸려 보냈다. 술탄 자신도 3.5마일 정도까지 황제를 배웅하였다. 황제의 이러한 치욕적인 패배는 비잔틴 제국의 명예에 오점을 남겼을 뿐만 아니라 비잔틴 제국의 역사에서 그의 업적이 지워져 버린 불명예를 가져다주었다.

A.H. 465년(1072 A.D.) 알프 아르슬란은 그가 20만 대군을 지휘하고 옥스스에 도착했을 때 그곳 성을 지키던 나르자미라는 한 병사가 찌른 단검에 부상을 입었다. 임종이 다가오자 알프 아르슬란은 니잠물크에게 지시하여 그의 아들 말리크샤에게 통치권이 이양되도록 하였다.

말리크샤(465~485 A.H./1072~1092 A.D.)

부친의 통치권을 계승할 당시 그의 나이는 17세였다. 그는 부친 시절의 대신 니잠물크를 그가 집권한 후에도 그 직책에 그대로 두었다. 그의 제국은 아프가니스탄에서 지중해까지, 소아시아에서 남부지역의 예멘까지 이르렀다. 그의 방대한 제국에 있는 모든 사원에서 금요예배 설교 때마다 그의 이름이 언급되었다.

그는 부친과 마찬가지로 군사원정에도 관심을 두었지만 이슬람 문화 발전에 크게 기여하였다. 운하를 파고 다리를 건설하였으며 성곽을 강화하였다. 점성학에 특별한 관심을 가지면서 종교학과 현대과학을 후원하였다. 니자미야 대학으로 알려진 유명한 두 대학을 바그다드와 니샤푸르에 설립하고 하나피 법학파의 창설자 아부 하니파의 이름을 따서 바그다드에 하나피 학교도 설립하였다. A.H. 467년(1075 A.D.)에는 천문대를 설치하고 우마르 카이얌 등 저명한 천문학자들을 고용하기도 했다.

그해에 압바스조 26대 칼리프 까임이 사망하고 그의 아들 무끄타디(467~487 A.H./1075~1094 A.D.)가 27대 칼리프로 계승하였다.

셀주크 술탄은 그 당시 이스파한 지역을 본거지로 삼고 있었다. 이 기간에 말리크샤가 두 차례나 바그다드를 방문한 것으로 기록되어 있다. A.H. 474년(1087 A.D.) 그의 첫 방문 때는 니잠물크가 술탄을 수행하였다. 이 방문에서 술탄은 쉬아파 열두 이맘 가운데 7대 이맘인 무사(Musa)의 무덤과 신비주의자(Sufi) 마으루프 카르크, 아흐마드(Ahmad bin Hanbal), 아부 하니파 무덤들, 나자프 지역에 있는 예언자의 사위 알리와 카르발라에 묻혀 있는 알리의 차남 후세인의 무덤을 방문하였다. 칼리프 무끄타디와 값진 선물을 교환하고 그의 딸을 칼리프의 아내로 바쳤다. 술탄을 수행했던 니잠물크는 바그다드 소재 니자미야 대학과 도서관을 방문하고 학생들에게 예언자 무함마드의 말씀에 관한 특별강연을 하였다.

그의 두 번째 바그다드 방문은 A.H. 484년(1091 A.D.) 그가 사망하기 1년 전이었다. 첫 바그다드 방문 이래 그는 부카라, 사마르칸드, 트란속시아나 지역의 도시들을 정복하고 비잔틴 제국의 황제로부터 공물을 받았다. 셀주크 제국이 이처럼 번성한 때는 결코 없었다고 브라운 학자는 언급하고 있다. 말리크샤와 그의 군대를 배에 태워 옥스스 강을 건네준 대가로 니잠물크가 안티오크에서 발행한 수표를 주었는데 이것은 이들로 하여금 술탄의 제국이 얼마나 방대한가를 깨닫도록 하기 위해서였다. 술탄은 시리아 국경 라타키아에서 말을 타고 지중해 지평선으로 질주하면서 광대한 제국을 만들어 준 알라 하나님께 영광을 돌렸다(Alhamd lilah). 시리아와 소아시아에서 그의 가신들에게 봉토를 선사하고 그는 4만 6,000의 병력을 앞세워 중국 변방까지 영토를 확장하며 홍해에 있는 아덴을 점령하였다.

그는 대단한 인기를 누렸다. 정의로운 왕(Al-Malik Al-Adil)이란 칭호를 부여 받았다. 법무행정을 직접 감독하면서 항상 친근감을 주었다. 우물을 파서 순례자(Haji)들에게 하사하는 등 자선을 베푸는 성품이었다.

산자르와 형제들

산자르(Sanjar)와 그의 형제들이 집권한 기간은 대략 65년이다. 말리크샤가 사망하자 그의 아들 산자르가 부친을 계승하였다. 그는 41년 동안 셀주크 제국을 다스렸다. 그는 쿠라산과 트란속시아나 지역을 남다른 지혜와 결단력을 가지고 통치하였기 때문에 형제들 간에 혈전은 거의 없었다. 그러나 그가 사망하기 전 가즈나위(Ghaznawi) 계보의 터키인들이 약탈행위를 일삼으면서 많은 피해를 입기도 하였다. 말리크샤는 7명의 아들을 두었는데 그 중에서 11세의 바르키야루끄, 6개월 어린 무함마드, 8세의 산자르, 4세의 마흐무드가 많이 알려져 있다.

A.H. 490년 바르키야루끄가 산자르를 쿠라산의 통치자로 추대한 후 산자르는 그의 40년 집권기간에 19번의 원정에 나섰다. 가즈나 지역을 점령한 후 매일 1,000디나르의 배상금을 받아 냈으며 A.H. 498년(1104 A.D.)에는 반란을 일으켜 바르키야루끄를 사망케 한 사마르칸드의 왕 아흐마드 칸을 투옥시키고 사가스탄과 쿠와리즘 두 지역을 점령하였다.

그럼에도 불구하고 셀주크인들은 정치적으로 알프 아르슬란과 말리크샤 두 통치자 시절에 누릴 수 있었던 영광은 더 이상 기대할 수가 없었다. 집권 초기에는 말리크샤의 자식들 간에 벌어진 유혈전쟁과 왕자들 간의 끊임없는 반목, 다른 왕국들의 도전 등이 대 셀주크인들을 어렵게 만들었기 때문이다. 가장 위험했던 사건으로는 북동쪽에 위치한 구르 지역의 왕들이 치명적인 타격을 준 일이 있었다. 키르만 지역의 셀주크인들도

A.H. 521년(1127 A.D.) 이후부터 적이 되었다. 이들이 페르시아 남서부 지역을 장악하였다. 또 이스마엘파의 추종자들이 페르시아와 시리아에서 테러를 일삼고 잔인한 행동을 하였다.

A.H. 548년(1153 A.D.) 산자르는 가즈나 지역 터키인들에게 패하였다. 이로써 투스와 니사푸르 두 지역이 그들 수중으로 넘어갔으며 그곳 주민들이 대거 살상되었다. 산자르는 A.H. 551년(1157 A.D.) 가을에 그의 일부 측근들의 도움을 받아 쿠라산 지역으로 도주하였다. 그는 그곳에서 흩어진 병력을 집결시켰으나 그의 국가가 입은 피해에 대한 슬픔과 그의 많은 나이가 죽음을 재촉하여 A.H. 552년(1156~1157 A.D.) 3월(Rabi Al-awwal) 14일 세상을 떠났다.

왕자의 아버지 아타베크

셀주크 통치기간 중 터키계 백인 노예출신(Mamluks)들이 군을 장악하게 되었다. 이들 마믈루크인들은 흑해 북쪽에 위치한 여러 나라에서 팔려온 노예들로 칼리프 또는 술탄 궁궐에서 이슬람 교육을 받아 성장한 터키계 사람들이다. 이들은 왕자들 경호원 내지는 개인교수로 봉사하였다. 이들 중에 뛰어난 재능을 보인다거나 군대에서 충성을 다하는 모습이 발견된 자는 고위직에 등용이 되었으며 때로는 멀리 떨어진 일부 지방의 총독으로까지 영전되는 영광을 누리기도 하였다.

그런데 이 제도의 역효과가 심각하게 나타났다. 술탄에 충성을 다해오던 이들이 반란을 일으켜 권력을 장악해 버린 것이다. 마믈루크인들의 세력 증대가 결국 셀주크 제국을 붕괴하게 만든 근본 원인이 되었다. 한때 술탄 자녀들의 가정교사 및 경호원(Atabecs)으로, 때로는 용병으로 전쟁에 참가했던 이들에게 권력을 빼앗기고 만 것이다.

A.H. 547년(1152 A.D.) 마스우드 술탄이 사망하면서 이라크의 셀주크 세력이 크게 흔들리고 그들의 제국은 여러 주로 분할되었다. 분할된 여러

주들은 아타벡스로 알려져 있다.

아타베크는 '왕자의 아버지'라는 의미의 터키어로 아타(Ata)는 아버지, 베크(Bec)는 왕자라는 뜻이다. 이 칭호를 제일 먼저 부여받은 인물은 말리크샤 술탄시절 재상으로 일했던 니잠물크(Nizam Al-Mulk)이다. 이들이 권력을 장악한 후 세운 나라들을 왕자 아버지 나라(Atabec Dawla)라고 하였는데 키바, 다마스쿠스, 모술, 시리아, 아제르바이잔 등도 한때 이들 왕자 아버지들의 나라였다.

몽고의 침략

13세기 초 이슬람 세계

A.D. 13세기 초 서쪽 아시아와 아프리카에는 서로 반목하는 여러 이슬람 국가들이 있었다. 각 국가의 통치자들은 이웃 국가를 희생시켜 영토 확장에만 관심을 두고 있었지 거대한 몽고군의 위협에 대비한 지도자는 아무도 없었다. 몽고군이 곧 쿠와라즘을 공격해 올 것이라는 것을 전혀 깨닫지 못했다. 얼마 되지 않아 몽고군은 중국, 투르키스탄, 인도 일부지역, 페르시아, 소아시아, 동유럽까지 정복을 확대하여 갔다. 더욱이 무슬림 통치자들은 이슬람 국가 간의 동맹을 통하여 몽고침략을 제지할 생각도 못했다. 바그다드에서는 봉급인상을 요구하는 군 지휘관들의 소란이 일고 있었고 쉬아파 계열과 순니파 간의 적대감정은 더해가고 있었다. 거기에다 티그리스강의 홍수와 관개제도에 대한 무관심, 무질서한 사회분위기가 국가경제에 심각한 타격을 주었다. 이라크 전 영토의 절반 이상이 황폐화되고 남부의 방대한 지역이 늪지로 변하여 버렸다. 이집트, 메소포타미아, 팔레스타인, 시리아 영토 대부분은 험악하기가 이루 말할 수 없는 살라하딘의 후예들이 다스리고 있었다. 아이유비 왕국도 분열되어 있었고 시리아와 팔레스타인에 있는 십자군 군대가 시리아와 이집트를 위협하고 있었다. 이러한 상황이

몽고군의 침략을 제지할 수 있는 범이슬람연맹의 구성을 방해하였다.

더 나아가 아타베크 출신들이 소아시아, 키르만, 메소포타미아, 모슬, 시리아, 에르빌, 디야르, 바크르, 아르메니아, 아제르바이잔, 소아시아 쿠와리즘 지역에 그들의 세력을 구축하였고 바그다드와 그 밖의 여타 지역에서는 압바스조의 세력이 흔들리고 있었다. 동쪽으로는 쿠와라즘샤의 제국이 있었는데 그는 셀주크 제국이 무너지는 기회를 포착, 갠지스강과 티그리스강 사이에 세력을 확립한 후 대군과 물자를 동원하여 압바스조 칼리파체제를 보호하고 있었다. 인도 북부지역도 공격을 받았다. 처음에는 이들 영토들이 쿠와라즘샤 영토의 일부분이었다. 그런 후 이들도 흑인 노예출신의 쿠트브딘(Qutb Al-Din)에 의해 정복을 당했다. 쿠트브딘은 인도 총독이 된 후 그곳에 이슬람 독립 국가를 세웠다. 그러나 이곳 힌두교 국가의 인도 무슬림 숫자는 소수에 불과했다.

이것이 13세기 초 이슬람 세계의 정치적 상황이었다. 그때 그 시절 발카쉬와 바이칼 호수 사이에 정착해 살고 있던 칭기즈칸이 그 지역 부족들 사이에 세력을 확대하여 가고 있었다.

위대한 칭기즈칸

중국으로부터 독립을 주장해 온 이수가이가 A.D. 1175년 사망할 당시 그의 아들 테무준은 고작 열세 살을 갓 넘었다. 태어났을 때 부모가 지은 이름이 테무준(Temujun)이라면 대주교 회의에서 받은 이름은 칭기즈칸(Chingiz Khan)이고 그가 사망한 후 백성들이 부른 이름은 보고타이이다. 당시 부친 슬하의 추종자들은 겨우 4만에 불과했다. 이러한 기반 위에서 칭기즈칸은 20대 나이에 세계가 지켜본 가장 방대한 제국을 건설하였다.

간헐적으로 적들과 충돌을 벌여오면서 힘을 키운 그는 나이 30세가 되면서 이웃 부족들에게 그의 종주권을 강요할 수 있는 세력을 구축하였다. 그는 이웃 이슬람 국가의 영토에 대해서도 그의 통치권을 주장할 수 있는 구실을 발견하였다. 고비사막 북쪽에 있는 모든 부족들을 장악하고 1206

년 부족장 회의를 소집하였다. 이 회의 이름을 모든 부족장들의 정식회의(Kuriltay)라 한다. 이 회의에서 대주교(Shamam)가 귀족들이 지켜보는 앞에서 하늘이 테무준에게 전임들보다 높은 위대한 칭호(Chinqiz Khan)를 수여하였다고 선언하였다. 칭기즈칸 칭호가 갖는 의미는 대단히 위대한 왕이라는 뜻으로 어느 선임자에게도 주어진 일이 없는 칭호였다고 전해오고 있다. 이로써 그는 40세에 하늘이 내린 절대적인 힘을 가지고 그의 제국을 다스려갔다.

3년 후 칭기즈칸은 중국의 위구르족으로부터 항복을 받아내면서 중국을 침략하기 시작했다. 점령한 중국 영토의 일부는 몽고의 봉토가 되었다. 동부 투르키스탄 국경지역에 위치하고 있던 카라키타이 옛 터키 왕국도 몽고 지배하에 들어갔다.

칭기즈칸의 사회법 야샤끄

칭기즈칸은 국가를 다스릴 사회법을 개발하기 시작했다. 한 종교서에 기반을 두고 법률을 제정하여 국민들로 하여금 준수하도록 한 것이다. 이 법을 야샤(Yasa) 또는 야사끄(Yasaq)라고 하며 무슬림들은 이 통치법을 정치학, 즉 시야사(Siyasa)라고 부르고 있다. 이집트의 저명한 마끄리지 역사 학자는 아흐마드(Ahmad bin Al-Burham)가 바그다드 소재 무스탄시리아 대학 도서관에 소장된 책에서 읽은 야샤끄에 대한 개요를 자세히 전하고 있다.

이 법에서 칭기즈칸은 간음한 자, 고의적으로 거짓말을 한 자, 요술 및 마술사, 간첩, 첩보원, 분쟁에 있는 두 당사자 사이에 한쪽을 지원하는 자 등에 대해서는 사형을 언도하고 있다. 허락 없이 이방인 죄수에게 음식이나 옷을 제공하는 자, 도주하는 노예를 신고하지 않고 방치하는 자에게도 사형을 선고하고 있다. 칭기즈칸은 이 법을 누구에게나 공평하게 적용하여 국민들의 신임을 받았다. 예언자 무함마드의 가문과 그 친인척, 꾸란 암송 또는 암기자, 이슬람 법학자, 의사, 문학자, 경건한 신앙인, 예배시간을 알리는 사람 등에 대해서는 세금을 면제시켜 주었다. 더욱 특이한 것은 다른 사람이 보고 있을 때 혼자서 식사하는 사람이 없었다. 반드시 다른 사람을 초대하여 함께 식사하도록 하였다. 다른 사람보다 많이 먹어서도 안 되고 나그네가 음식을 먹고 있는 사람을 보았을 때 그도 함께 먹을 권리가 있다고 하였다.

물에 손을 넣는 것도 금지되어 있었다. 반드시 물그릇을 이용하여 물을 가져가야 한다. 몽고인과 비몽고인을 구별하는 것을 금지했고 군주의 이름은 호칭이 아닌 실명으로 부르도록 했다. 무기를 소유한 군인은 바늘 하나 실 한 오라기라도 그가 소유하고 있는 모든 물품에 대한 엄격한 군장검열을 받아야 했다. 남자가 없는 가정에서는 여자가 남자 대신 국세를 내야했다. 정보를 수집하기 위한 방안으로 우편제도를 두었다. 그의 아들 자가타이가 야사끄법의 집행과 감독업무를 맡고 있었다. 칭기즈칸이 사망하자 예언자 무함마드가 죽은 후 무슬림들이 꾸란에 근거해서 법을 집행하였듯이 그의 후예들도 칭기즈칸이 만든 법에 근거하여 법을 집행하였다.

이 법은 몽고인들의 사회영역과 군사발전에 기여하였다. 종교와 종파간에 공격을 금지시킴으로써 종교적 갈등을 예방하였다. 충성밖에 모르는 군대와 나라밖에 모르는 공무원들을 배출하는 데 최선을 다하였고 사회가 필요로 하는 여성교육에도 관심을 갖는 등 사회적 계층이나 계급의 차별을 느끼지 않는 민주사회를 건설하였다. 예언자 가문이나 이슬람 신학자 등 무슬림들을 존경했던 것은 이슬람 제국의 정복을 꿈꾸고 있던 칭기즈칸의 정책적 배려에 불과했을 뿐이다. 예언자 가문과 이슬람을 존경하는 것처럼 보이게 하여 무슬림들의 마음을 사로잡고 정보를 수집하기 위한 전략적 목적이 있었다. 야사끄법은 의심할 바 없이 몽고인들을 다스리기에 적합한 행정 및 사회법을 담고 있었다. 이러한 사회법을 기반으로 하여 하나가 된 힘을 바탕으로 칭기즈칸은 중국과 대이슬람 제국에 대하여 그의 영향력을 확대해 갈 수 있었다.

칭기즈칸의 정복사업과 잔인성

13세기 초반에 시작된 몽고의 정복사업은 세계사에 가장 큰 영향을 끼친 사건이었다. 뿐만 아니라 가장 방대한 영토를 점령한, 전례 없는 정복의 역사를 남겼다. 쿠와라즘 샤(Khwarazm Shah)가 통치하고 있던 이슬람 국가에서 몇 명의 몽고 상인들이 살해된 일이 있었다. 이 사건이 몽고에게 이슬람 제국을 침략해 오는 빌미와 계기를 만들어 주게 된 것이다. 몽고군은 트란속시아나를 점령한 후 서쪽으로 정복을 계속하여 갔다. 그들의 발길이 닿는 곳이면 도시와 시골을 막론하고 파괴하였다. 토마스 아놀드 교수는 몽고의 침략을 다음과 같이 기술하고 있다.

> "몽고인들의 정벌처럼 잔인하고 무자비했던 침략행위는 이슬람 역사와 세계사에서 전혀 찾아볼 수가 없다. 칭기즈칸의 군대는 마치 눈사태가 도시를 뒤덮어 버린 것처럼 이슬람 문화와 문명의 중심지들을 파괴해 버렸다. 웅장한 궁전들, 과실수로 가득 찬 공원들이 즐비한 아름다운 도시에 남은 것이란 벌거벗은 황무지와 형체가 없는 폐허뿐이었다. 몽고군이 헤라트 도시를 공격하고 다른 지역으로 빠져 나갔을 때 그곳 10만 인구 중에서 살아남은 가련한 40여 명의 생존자들은 공포에 질린 눈으로 폐허가 되어버린 주변을 바라보고 있었다. 종교생활에 충실한 신앙인과 저명한 신학자들로 유명했던 부카라 지역을 정복한 후 성스러운 이슬람 사원들을 말들의 마구간으로 사용했고 신성한 꾸란은 마구간의 두엄으로 사용하기 위해 갈기갈기 찢어버렸다.
> 학살되지 않고 살아남은 주민들은 포로가 되어 멀리 끌려갔다. 그리고 그 도시는 완전히 폐허가 되고 말았다. 이슬람 문화의 꽃을 피운 곳이요 성인들과 학자들이 모여 들었던 사마르칸드, 발크, 그 밖의 많은 도시와 그곳 주민들도 같은 운명에 처했다."

사학자인 이븐 아씨르는 몽고가 수년 동안 이슬람 국가들을 침략한 사실을 다음과 같이 기술하고 있다.

> "비참한 참상들을 상술하기에는 몸이 오싹해진다. 지금도 그 임무에 대한 저항감을 느낀다. 왜냐하면 누가 이슬람과 무슬림들의 장송곡 노래를 부르

고 싶다고 하겠으며 이런 이야기를 쉽게 말할 수 있겠는가! 차라리 나의 어머니가 나를 낳지 아니했으면 좋았을 텐데! 내가 이미 이 세상 사람이 아니었으면 좋으련만! 이 모든 것을 완전히 잊어버리고 생각해 낼 수 없다면 좋으련만!

나의 친구들이 권고했지만 나는 아직도 결심이 서지 않는다. 그러나 내가 기술하지 않는다면 모든 것이 무의미하게 된다는 것을 알았기에 나는 다시 몽고인의 잔인성을 기술한다. 밤에는 말할 것도 없지만 낮에도 소름이 끼친 무서운 재앙들을 기술해야만 했다. 영토를 짓밟고 무슬림들에 대해서는 잔인하기가 그지없었다. 알라 하나님께서 아담을 창조한 이래 세상이 그렇게도 잔인했던 사건을 목격한 적이 없었을 것이다. 세계사에서 가장 큰 재앙이 있었다면 네브챠드네자르가 이스라엘 자손들을 학살하고 교회들을 파괴한 사건이 있었다.그러나 몽고인들이 한 도시를 점령한 후 그곳 주민들을 학살한 숫자는 이스라엘 자손 모두를 합친 숫자보다 훨씬 많지 않는가! 이 세상이 다시는 그와 같은 참상을 보지 않도록 모두가 기도해야 할 것이다."

무서운 파괴, 끔찍한 만행, 무자비한 잔학성, 잠시 동안의 폭력이었지만 저항할 수 없는 야만적인 유목민의 폭발은 인류 역사의 현상이라기보다 자연의 힘에 의한 어떤 잔인한 재앙이었다. 당시 저명한 무슬림 사학자 이븐 아씨르는 A.H. 617년(1220~1221 A.D.)에 있었던 사건들을 다룬 연대기에서 몽고인들이 저지른 잔학성을 묘사하고 있다. 몽고인들이 이슬람 영토를 공격하여 저지른 잔인성, 도시를 무자비하게 파괴하여 버린 잔학성의 정도, 그토록 짧은 기간에 그렇게 많은 영토를 점령한 사실들을 상세히 묘사하고 있다.

중국 변방에서 출현한 이들 몽고인들은 투르키스탄의 도시들을 공격한 후 트란속시아나 지역의 사마르칸드와 부카라 도시들을 차례로 삼켜 버렸다. 일부는 쿠라산을 지나 라이, 함단, 산악 고원지대, 이라크 국경에 이른 후 그곳에서 아제르바이잔까지 점령하여 버렸다. 다른 부대는 가즈나, 인도 일부지역, 시스탄, 키르만 쪽으로 진격해 갔다.

쿠와라즘 지역 왕의 욕심과 몽고의 침략

비록 몽고의 침략과 그 재앙을 피할 수 없었겠지만 쿠와라즘의 왕 알라아 딘 무함마드(Ala Al-Din Muhammad)의 욕심과 반역행위가 몽고의 이슬람 영토 침략을 촉진시켰다는 것은 의심할 여지가 없다. 그의 지나친 욕심이 이슬람 국가들을 약화시켰다. 그 결과 어느 무슬림 왕자도 이슬람의 세력을 재결합할 수가 없게 되었다. 그 다음은 그의 반역행위 때문이었다. 몽고 상인과 사절단을 살해한 것은 시시탐탐 이슬람 영토 정복기회를 노리고 있던 칭기즈칸에게 공격할 가장 좋은 구실을 만들어 준 것이다. 그 다음은 그의 우유부단한 성격 탓이다. 상황이 역전되고 있는데도 그는 오만하고 거만할 뿐이었다. 상황에 직면해서는 당황해 할 뿐 대처할 수 있는 결단을 내리지 못했다. 그는 몽고 대사가 살해되고 2년이 지난 뒤 카스피해 연안의 한 섬에서 사망했다.

그는 압바스조 34대 칼리프 나세르에게 사절을 보내 금요 합동예배 설교에서 셀주크 이름 대신 그의 이름이 언급되게 하여 달라고 요구하였다. 그러나 칼리프는 승인하지 않았다. 이 거절이 그로 하여금 바그다드 수도를 탐내게 한 동기를 부여하게 되었다. 쿠와라즘샤는 쉬아파 교리를 채택했다. 바그다드에서 압바스 정권을 무너뜨리기 위해 그 예비단계로 금요예배 설교에서 압바스조 칼리프의 이름 언급을 금지시키고 반 압바스조 운동을 전개해 나갔다. 압바스조가 금요예배 설교에서 쿠와라즘샤의 이름 언급을 승인하지 않았던 이유는 그가 쉬아교리를 채택한 이유였다. 쿠와라즘샤와 나세르 사이에 야기된 분쟁이 결국 이슬람 제국을 허약하게 만든 계기가 되었다. 나세르가 몽고를 지원하는 쪽으로 돌아섰기 때문이다.

점점 더해가고 있는 몽고의 위협을 피할 수 있는 예비조치도 전혀 취하지 못하고 새 쿠와라즘샤 갈랄 딘 만코부르니(617~628 A.H./1220~1231 A.D.)는 몇 차례의 전투만 치러야 했다. 이 용감한 왕자의 비서였던 나사위는 그의 비망록에다 이러한 상황들을 상세히 기록하였다. 왕자는 몽고군에 대항하여 싸웠다. A.H. 627년(1229 A.D) 몽고에 대항하기 위해 무슬림 연합을 결성하려 했으나 엄청난 몽고군에 놀라고 말았다. 그의 운명은 실패한 듯싶었다. 걸을 수 있는 힘을 다하여 도주하였으나 A.H. 628년(1231 A.D.) 쿠르드 족 마을에서 한 쿠르드인의 손에 피살되고 말았다.

이렇듯 방대한 정복사업에 성공한 칭기즈칸은 A.H. 624년(1227 A.D.) 64세의 나이로 세상을 떠났다. 그를 시발점으로 해서 그의 자식들과 후손들이 정복한 영토는 황해에서 흑해까지 이르렀다.

칭기즈칸 이후의 몽고제국

위대한 칸 가문(Great Khans)

칭기즈 (603 A.H./1206 A.D.)
오고타이 (624 A.H./1227 A.D.)
투라키나 (639 A.H./1241 A.D.)
쿠그크 (644 A.H./1246 A.D.)
만구 (646 A.H./1248 A.D.)

연(Yuen)왕조

쿠빌라이 (655 A.H./1257 A.D.)
믈르자이루 (693 A.H./1294 A.D.)
칼루크 (706 A.H./1307 A.D.)
부얀투 (711 A.H./1311 A.D.)
게겐 투크함 티무르 (720~732 A.H./1320~1332 A.D.)

권위를 잃은 제국

발리크투 (711 A.H./1370 A.D.)
우스크탈 디안 (780~875 A.H./1378~1470 A.D.)

분열된 부족들

보디 (951 A.H./1544 A.D.)

쿠당 링그단 (955-1043 A.H./1548-1634 A.D.)

오코타이와 툴로이 가문의 계보

절대자 칸(Supreme Khans)

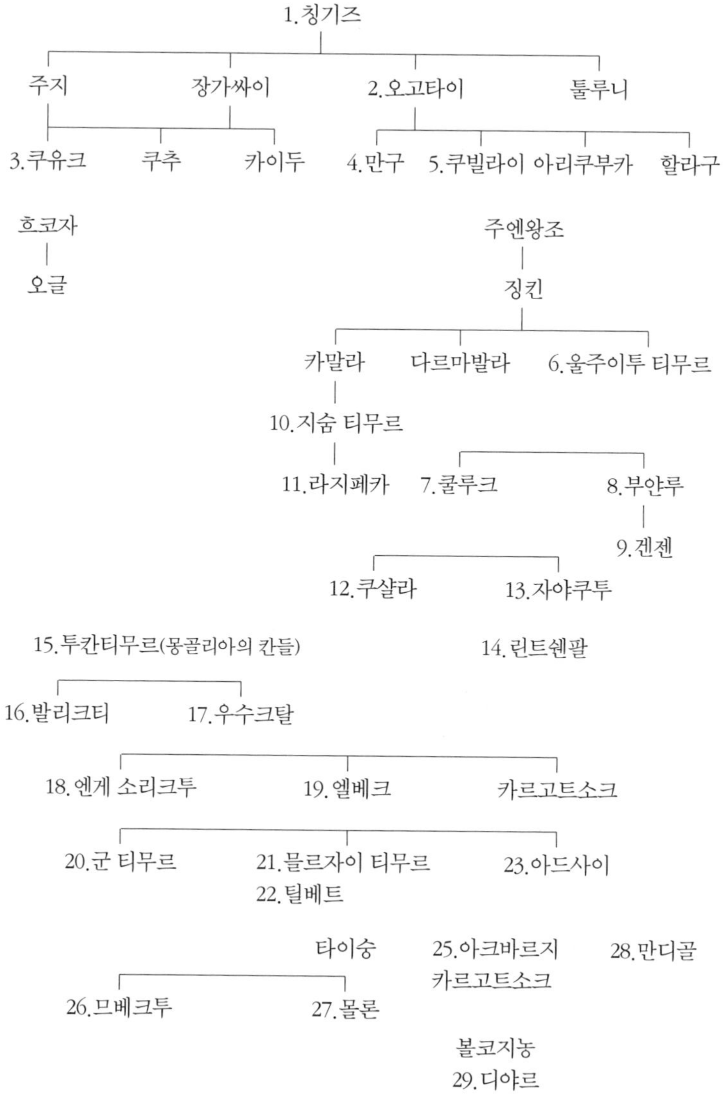

A.H. 624년(1227 A.D.) 칭기즈칸이 사망하고 그의 아들 오고타이가 몽고 각 지역 모든 왕자들 위에 군림하는 최고 통치권자로 계승한 후 쿠릴타이 회의에서 충성의 맹세를 받았다. 그의 집권기간은 길지 않았지만 몽고의 수도 까라코름을 세우고 A.D. 1236년에는 페르시아와 러시아 원정에 나섰다. 4년 뒤 키예프가 파괴되고 러시아 전역이 몽고의 속국이 되었다. 뒤이어 폴란드와 헝가리도 몽고에 정복되었다.

오고타이가 사망한 후 수년 동안 후계자가 선정되지 못하여 공백이 생겼다. 이 기간에 투라키나 미망인이 섭정통치를 하여 오다가 유럽에서 돌아온 장남 쿠유크가 통치권을 계승하였다. 그는 당시 유럽에서 그의 조카 바투 지휘 하에 헝가리를 침공하여 명성을 떨치고 있었다. A.D. 1246년 수도 까라코룸에 돌아온 그는 대다수 가족장들이 참석한 쿠릴타이 총회에서 위대한 왕(Great Khan)으로 선출되었다. 쿠유크는 모친의 통치기간 중 불안했던 치안을 회복하고 중국과 페르시아에서 세력을 계속 확대해 나갔다.

제9장

이슬람 독립국가 시대
–셀주크 통치

- 파티미조
- 아이유비조(567~648 A.H./1171~1250 A.D.)
- 모로코의 알모라비조
- 알모하, 알하프사, 알마르니조

파티미조

무스탄시르

북아프리카는 파티미 교리를 명백하게 거절하였다. 이드리스 시절부터 장악해 왔던 마그립 지역의 파티미조 권위가 A.H. 475년(1082 A.D.)에 종료되었다. A.H. 462년(1069 A.D.)에는 노르만 장군 로저가 A.H. 3세기 후반부터 파티미조가 점령하고 있던 시실리 섬을 정복하였다. 같은 해 메카와 메디나 두 지역의 통치자가 파티미조의 정권을 거절하였다. A.H. 473년(1080 A.D.) 예멘에서 파티미조 계열의 술라히도 사망하였다. 이로서 파티미조는 아랍사회에서 사라지게 되었다.

이러한 정치적 상황에도 불구하고 이집트는 대단한 번영을 누렸다. 무스탄시르 통치기간 중 A.H. 439년(1047 A.D.) 이집트를 방문했던 페르시아의 시인 나시리 쿠스라우는 파티미조 궁궐의 화려함과 카이로의 번영을 생생하게 묘사하고 있다.

이 시인은 쿠라산 지역의 한 공직자였다. 그는 공직을 사임하고 종교생활로 전향한 후 제일 먼저 순례를 하였다. 그리고 파티미 교리를 전파하는 선교사가 되었다. 그는 그의 작품 사파르 나마(Safar Nama)에서 메카 여행의 생생한 경험을 설명하고 있다. 그곳에서 다마스쿠스로 갔다가 예루살렘으로 간 후 다시 카이로에 가서 2년 반 동안 체류한 경험담을 전하고 있다.

그는 이미 페르시아와 이라크의 화려한 도시 문화에 익숙해져 있었다. 그러나 그는 파티미조 시절의 카이로가 이슬람 세계의 어느 도시보다 화려하고 장엄했다고 그의 경험을 말하고 있다. 그는 파티미 교리에 충실했던 인물로 카이로를 신앙의 중심지로 묘사하였다. 그리고 파티미조의 칼리프가 이슬람 세계(Umma Islamiya)의 지도자(Imam)가 되어야 한다고 주장하였다.

왕궁은 12개 별관과 10개의 문이 있었으며 3만 명의 하녀가 시중을 들고 있었다. 카이로는 10개 지역으로 분할되어 있었는데 왕궁은 중심부에 자리 잡고 있었다.

왕실 경호원은 1,000명 이상으로 500명의 기마병과 500명의 일반 군인들로 구성되어 있었다. 이들은 저녁 예배가 근행될 때 트럼펫, 드럼, 심벌을 울리면서 새벽녘까지 원을 만들었다.

올드 카이로에서 열린 운하공사 기공식 행사에서 무스탄시르 칼리프가 손수 착굴했다고 이 시인은 전하고 있다. 칼리프는 1,000명의 기마병들을 앞세우고 행사장으로 떠났다. 칼리프가 탄 말은 화려하게 치장되어 있었다. 기마병들은 장식품을 가득 실은 낙타와 금박이 갑옷을 입은 노새들을 인도하며 칼리프를 동행하였다. 칼리프는 우아한 모습으로 깨끗하게 수염을 다듬고 하얀 색깔의 긴 예복을 입고 있었다. 신발을 신지 않은 300명의 페르시아인들이 그리스에서 들여온 화려한 비단옷을 입고 칼리프를 호위하고 있었다. 대 고관들은 칼리프 옆에서 양산을 받치고 서 있었고 내시들은 양손에 향을 피우고 있었다. 칼리프가 운하 입구에 세워진 천막에 들어서자 모든 사람들이 고개를 숙였고 칼리프가 댐에 창을 던지자 모두가 곡괭이와 삽을 들고 달려갔다. 그리고 나일 강 물이 흘러 들어왔다. 얼마 후 행운을 보장하는 귀머거리와 벙어리를 태운 배 한척이 강을 항해하였다.

이집트는 풍요로웠다. 폭력이나 착취도 없었으며 정부를 두려워하는 백성도 찾아 볼 수 없었다. 상점마다 희귀한 상품들로 가득 차 있었고 보석상이나 환전상이 도둑 때문에 가게의 문을 닫아야 할 필요성도 없었다.

그러나 이러한 안정과 풍요로움도 오래가지는 못했다. 나시르 쿠스라우가 이집트를 방문한 지 얼마 되지 아니하여 불행의 날들이 계속되었다. 카이로가 세워진 이래 1세기가 지나서 첫 번째 재앙을 겪게 되었다. 난폭하고 호전적인 당파 간의 싸움이 시작되고 양곡의 부족으로 국민이 기아상태에 빠지게 되었다. 이따금 찾아오는 흑사병에다 무질서와 범죄에 대처해야 했다. 거기에다 수단인들은 백성들을 위협하면서 농경지 개발을 방해하였고 터키인들은 약탈을 일삼는 등 칼리프에 대항하여 폭력행위를 서슴지 않았다. 칼리프의 아름다운 왕궁을 약탈하고 귀중한 작품들이며 값비싼 조각, 보석들이 산산이 흩어져 버렸다. 비할 데 없이 값진 도서관들도 파괴되어 버렸다.

칼리프 무스탄시르의 귀중한 예술 소장품에 관하여 이븐 무야사르는 간단한 목록을 제시하고 있다. 골동품, 가구, 금실로 짠 의상 등이 기록되어 있다. 마끄리지 사학자는 긴 목록을 제시하고 있다. 이 두 학자가 제시하고 있는 왕궁의 예술작품 목록은 그 당시 이집트가 누렸던 부와 번영을 말해주는 증거가 되고 있다.

니자르와 무스타을리

파티미 계열의 무스탄시르 칼리프는 A.H. 487년(1094 A.D.) 사망하였다. 임종이 다가 왔음을 느낀 그는 그의 아들 니자르를 황태자로 선포할 계획을 세웠다. 그런데 재상 아프달(Afdal) bin Badr Al-Jamal)이 후계자 선포를 미루어 오다가 칼리프가 사망하자 무스타을리라는 다른 이름을 갖고 있는 아흐마드에게 서둘러 충성의 맹세를 하였다. 그는 칼리프의 조카이다. 대법관 및 그 밖의 고위관리, 파티미 가문의 일부 당원들도 아프달 재상의 조치를 따랐다.

이에 분개한 니자르는 일부 친지들과 지지자들을 대동하고 알렉산드리아로 갔다. 그곳 총독의 군사지원을 받아 정권탈환에 도전하였으나 패배하고 그는 살해되었다.

무스탄시르가 사망하고 무스타을리가 칼리프로 선포되자 파티미 계열의 페르시아인 하산 사바 선교 및 홍보원(Dai)이 니자르의 명분을 선전하고 나섰다. 그는 고인이 된 칼리프의 장남으로 이슬람 세계의 지도자가 될 수 있는 합법적 권리를 강탈당했다고 하였다. 하산 사바는 페르시아로 가서 숨어 있는 이맘(Al-Mahdi Al-Muntazar)에 관한 교리를 전파하기 시작했다. 이로서 파티미조는 무스타을리를 지지하는 파(Mustaaliya)와 니자르를 지지하는 새로운 파(Nizariya)로 분열되었다.

무스타을리 집권기간 동안에 십자군이 시리아 연안을 공격해 왔다. 니케아를 점령한 후 안티오크를 거쳐 예루살렘에 이르렀다. 아프달 재상이 2만 명의 병사를 앞세워 팔레스타인으로 진격해 갔으나 이곳 전투에서 많은 병사들만 잃고 귀환했다가 A.H. 493년(1099~1100 A.D.) 다시 대군을 소집하여 십자군에 대항하였으나 패배하고 그도 피살되고 말았다. 프랑크의 십자군은 정벌을 계속하면서 시리아 해변 도시들과 팔레스타인을 점령하였다.

아미르와 하피즈

무스타을리가 사망하자 그의 아들 아미르가 파티미조를 계승하였다. 아프달은 재상으로 연임되면서 절대적 권력을 행사하였다. 그는 순니쪽으로 기울었다. 그 결과 파티미 교리에서 지켜져 왔던 예언자의 탄생일 기념행사를 비롯하여 예언자의 딸 파티마의 생일, 알리의 탄생일, 집권하고 있는 칼리프의 생일을 기념하는 행사를 폐지하는 등 그들이 파티미조의 계보라는 것을 부정하는 쪽으로 정책을 펼쳐나갔다. 이렇듯 재상들이 절대적 권력을 행사하자 파티미조는 그들의 통치권과 안전에 불안을 느끼고 재상들을 살해할 책략을 세우게 되었다.

칼리프 아미르는 학문을 장려한 절대적 후원자였다. 그의 임기 중에 세운 관망대 내부는 그 시대의 시인 초상화와 이름들로 장식되었다. 둥그런 아치 한쪽에는 시인들의 헌정시가 새겨진 조각들이 있었고 다른 쪽에는 선반이 있었는데 칼리프가 이 관망대를 방문할 때 시를 읽고 그 시인의 몫으로 그곳에 50디나르가 든 주머니를 놓았다.

아미르는 종교적 관용으로도 잘 알려져 있다. 근교 사냥터에 사냥을 나갈 때 마다 기자 서쪽에 있는 나흐야 수도원에 들려 수사들에게 1만 디나르를 주곤 하였다.

니자리아 일파에 의해 아미르가 살해된 후 니자리를 추종해 왔던 하피즈가 고인이 된 칼리프의 아들을 제거하였다. 그러나 새로운 칼리프의 정권도 불안했다. 파티미 계열이 따이브 아이를 대변하여 홍보를 하고 있었기 때문이다. A.H. 525년(1130~1 A.D) 알렉산드리아에서 발행된 주화에는 따이브의 이름을 새겨 넣었다. 추종자들은 알렉산드리아를 운동본부로 삼고 유세와 홍보를 계속해 나갔다. 무스탄시르 칼리프가 사망하면서 무스타을리아와 니자리아 두 당파로 분열되었던 파티미조는 이제 아미르의 아들 따이브를 추종하는 따이비아당과 더불어 3당 시대가 되고 말았다.

A.H. 524년(1130 A.D) 아크말(Akmal bin Afdal)이 부친의 뒤를 이어 재상이 된 후 새로운 칼리프를 체포하고 궁궐을 점령하는 등 국무를 장악한 후 그의 허락 없이는 어떤 방문객도 만나주지 않았다. 매주 금요 합동예배 설교에서 칼리프의 이름을 언급하라는 명령을 내렸다. 그는 열두 이맘의 교리를 따르는 열성자로서 열두 번째 재림 이맘의 이름으로 예배를 집전하라는 명령도 내렸다. 그는 또 이스마엘 파티미파의 이스마엘(Ismail bin Jaafar) 이름 언급을 중단시키고 그의 이름을 언급하되 그의 이름이 언급될 때마다 다음과 같은 호칭을 사용하도록 모든 선교 및 홍보원들에게 지시하였다.

> "정의의 사도요, 죄인들을 진리로 인도하는 분이시며, 국가들을 다스리는 통치자요, 검과 연필의 장점들을 소유하고 계시는 분이라."

이것이 전부는 아니었다. 그는 그 다음해 4명의 법관(Qadi)을 임용하면서 2명은 쉬아파에서 그리고 2명은 순니파에서 임명하였다. 쉬아파 법관 2명 중에서 1명은 열두 이맘파에서, 1명은 이스마엘파에서 임용하고 순니파 법관 2명은 사피 법학파에서 1명, 말리크 법학파에서 1명을 임명하는 등 법관 임용에 각 종파에서 골고루 임용하는 다양성을 보였다. 각 종파 및 교파에서 임명된 법관은 그가 소속된 법 계통에 따라 법을 적용하여 재판을 할 수 있도록 허락하였다. 이러한 아크말의 정책이 쉬아파 선교 및 홍보요원, 왕자들 그리고 저명한 파티미 출신들을 분노하게 만들었다. 화가 난 이들은 아크말을 살해하기로 음모를 꾸몄다. 그가 말을 타고 공놀이를 즐기러 나갈 때 칼리프의 한 하인으로 하여금 그를 살해하도록 하였다. 그 음모대로 그는 살해되고 말았다. 다시 이스마엘 계파의 세력이 회복된 것이다. 칼리프 하피즈의 석방을 축하하였다. 칼리프 하피즈가 석방된 이슬람달 1월(Muharram) 16일은 승리의 날로 경축되었다. 그 이후로 이 날은 승리의 축제(Eid Al-Nasr)라 불리어졌다.

살라하딘과 이슬람의 영웅

살라하딘(Salah Al-Din) 아랍장군은 이집트에서 아이유비조를 창설한 후 8년 이상을 시리아와 팔레스타인에서 십자군을 축출하는 데 전력을 다한 인물로 평가받고 있다. 그는 통치기간 동안 3단계 정책을 펼쳐나갔다.

이집트인 시대라고 말할 수 있는 첫 단계(1169~1174 A.D)에서는 방어임무에 역점을 두었다. 십자군뿐만 아니라 파티미조 지지자들과 시리아의 제후국으로 남아있던 순니파 계열의 쿠르드 출신 누르딘의 공격을 저지해야 했기 때문이다.

누르딘이 처음으로 이집트 군에 개입을 하게 된 동기는 해임된 한 재상의 호소 때문이었다고 레인폴은 말하고 있다. 재상직에서 면직된 루드완이 시리아로 도주하여 모슬 지역의 아타베크 출신 젠지에게 지원을 호소하였다. 파티미조 재상 이븐 살레가 누르딘과 살라하딘이 추종하여 온 순니파 교리를 따르겠다고 공개적으로 선언한 후 저명한 시인이요 역사가인 우사마 군인에게 임무를 주어 시리아에 호소하도록 하였다. 그는 누르딘에게 티레 도시를 공격해 달라고 요청하였다. 그래야만 이집트를 공격해 오고 있는 십자군을 저지할 수 있다고 했다. 재상은 기자와 아스칼론으로 진격해 가겠다고 약속하였다.

이러한 호소는 이집트에 대한 누르딘의 내정간섭과 더불어 이집트가 더 이상 십자군에 대항하여 지탱할 수 없다는 것을 의미하였다. 이러한 상황은 결국 살라하딘에게 이집트를 점령할 기회를 주게 되었다. 4개월 동안 아스칼론을 점령하고 있던 우사마도 패배하여 아무런 군사적 승리도 없이 카이로로 귀환하고 말았다.

그럼에도 불구하고 우사마가 누르딘에게 요청한 지원호소는 두 가지 결과를 가져왔다. 첫째, 이집트가 십자군의 공격을 저지하기에는 너무 허약했으므로 누르딘이 공격할 마음을 갖게 되었다. 그러나 시리아인들의 적대감 때문에 그가 시리아에서 어느 정도 세력을 강화할 때까지 그 계획을 연기시켜야 했다. 두 번째는 십자군도 이집트의 허약한 내부사정을 잘 알고 있었다. 그 결과 두 경쟁자는 서로 경계를 하면서 상대방의 동태를 주의 깊게 살피고 있었다.

파티미조의 재상 이븐 살레 피살에 이어 자히르 칼리프도 동일한 반역자에 의해 살해되고 말았다. 이 사건은 백성들의 분노를 유발했다. 이로 인해 파티미조의 최후 거점지역인 팔레스타인의 아스칼론 지역이 희생되었다. 경쟁 당사자 간의 불화 때문에 최후의 보류를 잃게 된 것이다.

십자군은 이집트로 진격해 가지 않았다. 예루살렘 이웃 지역의 세력이 만만치 않았기 때문이다. 누르딘은 스스로를 시리아의 이슬람 영웅이라고 하였다. 다마스쿠스를 합병하여 그의 세력을 강화하고 거기에다 콘트라드와 루이스 VII세 황제 통제하에 있던 제2의 십자군이 붕괴됨으로써 누르딘은 알레포와 다마스쿠스에서 세력을 장악하게 되었다. 이러한 상황은 프랑크인들을 실망시키고 예루살렘 왕국을 불안하게 만들었다.

파티미조 아디드 칼리프 음모에 의해 A.H. 556년(1161 A.D.) 이븐 쿠지크 재상이 피살되었다. 재상이 칼리프의 통치권 행사를 제약했던 것이 그 원인이었다. 이 사건으로 카이로에서 폭동이 일어났다. 고인의 아들 아딜이 재상직을 계승하였다.

신임 재상도 얼마 되지 않아 샤와르 이집트 총독에 의해 면직되고 말았다. 이 사건으로 총독은 인기를 얻지 못했다. 샤와르와 그의 아들이 국가 내정에 지나치게 개입함으로써 국민들의 반감을 유발시켰고 이로 인하여 폭동이 일어났다. A.H. 558년(1163 A.D.) 전 재상의 추종자들이 일으킨 폭동에서 샤와르와 그 일파가 패배하면서 누르딘이 이집트 내정에 깊이 간섭하기 시작했다.

샤와르는 다마스쿠스에 있는 누르딘에게 가서 지원을 요청하였다. 누르딘은 이집트가 정치의 중심지이자 풍요로운 세입원이라는 것을 알았다. 그래서 그는 다음과 같은 생각으로 이집트 원정을 결심하였다. 그는 샤와르를 기쁘게 하고자 했다. 그에게 가까이 하면서 지원을 간청해 왔기 때문이다. 그 다음으로는 이집트 내부 사정을 알고 싶어 했다. 이집트 내의 병력이 대단히 허약하고 극도의 혼란이 그곳에서 일고 있다는 소식을 접했기 때문이다.

이러한 사건들이 누르딘의 이집트 개입을 재촉했다. 샤와르를 계승한 디르감 재상이 연보조금 문제로 아말리크와 싸우고 있었고 예루살렘의 신임 왕은 공물을 받아내기 위해 A.H. 559년(1163 A.D.) 이집트를 침략하였다. 빌바이스에서 치열한 전쟁이 벌어졌다. 궁지에 몰린 디르감은 만수(滿水)에 찬 나일 강 댐을 열어 나라를 홍수의 바다로 만들어 교묘하게 전면패배를 모면했다. 아말리크는 팔레스타인으로 후퇴를 해야만 했다. 샤와르가 누르딘과 협상을 벌이고 있다는 소식을 접한 디르감은 아말리크와 화해를 할 수 없다는 그의 실수를 인식하고 동맹을 제안하면서 공물의 양을 추가하겠다는 제의를 하였다.

동맹 제안에 관한 소식을 듣고 누르딘은 즉시 현장에 나타났다. 아말리크가 이동하기 바로 전이었다. 샤와르는 다마스쿠스에서 온 강한 투르크만 군대를 앞세우고 이집트로 진격해 갔다. 쉬르쿠가 인솔하고 살라하딘이 통솔하고 있었다. 이집트 병사들은 빌바이스에서 벌어진 격전에서 패배하고 다시 카이로 성곽에서 재집결하였다.

여러 날 동안 계속된 싸움에서 샤와르는 이집트의 옛 수도 푸스타트를, 디르감은 카이로 성을 점령하였다. 기금마련을 위해 디르감은 자선 또는 종교적 성금을 위탁받는 기구(Waqaf)를 빼앗아 버렸다. 그러자 칼리프는 지원을 중단하고 백성들이 그를 저주하기 시작했으니 그의 운명은 그들의 손에서 끝나고 말았다.

샤와르는 다시 그의 위치를 확보하고 탄탄한 기반 위에 그의 세력을 구축해 나갔다. 그의 정치적 위치가 확고하다고 생각한 그는 쉬르쿠를 배반하였다. 약속들을 위반하고 배상금 지불도 거절하였다. 샤와르의 요구에 따라 프랑크인들이 A.H. 559년(1164 A.D.) 빌바이스에서 쉬르쿠를 포획하니 그는 시리아로 군대를 후퇴시켜야만 했다. 그러나 아말리크가 이집트에 도착하자 시리아의 누르딘이 팔레스타인에서 성공적인 캠페인을 벌이고 있었다. 그래서 그는 그의 왕국을 보호하기 위해 재촉하여 귀환하였다.

쉬르쿠의 이집트 원정에 있어 성공의 가능성이 전혀 없었던 것은 아니었다. 이집트 내부 상황이 무질서하다는 것을 그는 잘 알고 이집트 원정계획을 세웠기 때문이다. 그는 A.H. 562년(1166 A.D.)까지 시리아에 머물면서 누르딘과 협력방안을 모색하고 있었다.

샤와르의 제2 집권기간 중 불안과 불안정한 정치상황이 그들을 생생하게 묘사해 주고 있다. 불행이 누르딘을 괴롭히기 시작했다. 그가 카이로에 도착한 다음 날 쉬르쿠가 빌바이스로 진격하여 이집트 군을 무찔렀다. 그 후 빌바이스는 프랑크인들에게 다시 점령당하고 누르딘은 시리아로 철수하였으며 프랑크인들은 스스로 팔레스타인으로 철수하였다. 내부 상황은 불안정했다. 샤와르는 각료직을 얻을 희망으로 반란을 일으킨 이븐 카이야트의 폭동을 다루어야 했다. 다른 지역에서도 폭동이 일어났다. 가장 심각했던 사건은 누르딘의 침략계획이었다.

샤와르가 다시 프랑크인들에게 군사원조를 요청함으로써 십자군의 주둔을 허용하게 되고 시리아의 누르딘을 위협하게 되었다. 쉬르쿠 군대가 이집트로 파견되었다. A.H. 562년(1166~7 A.D.) 쉬르쿠 군대가 시리아를 떠나 이집트에 도착한 것은 십자군이 도착한 날과 일치하고 있다.

두 군대는 카이로에 이르기까지 각각 나일 강 반대편 제방을 경계로 하여 치열한 전투를 벌였다. 미니야 남부에서 10마일 떨어진 바바인 전투에서 쉬르쿠는 대승리를 거두고 이집트 상부 전역을 장악하였다. 그러나 그의 군대는 카이로로 진격하여 그곳을 장악할 만큼 강하지는 못했다. 그래서 그는 모험을 줄이기 위해 사막 길을 따라 북으로 올라가 알렉산드리아에 입성한 후 살라하딘을 통치자로 임명하고 군 병력의 절반을 그곳에 주둔시킨 다음 나머지 병력을 인솔하고 남쪽으로 향하였다.

프랑크와 이집트 연합군은 알렉산드리아를 포위 공격하고 십자군 함대가 해안을 장악하였다. 양 군대는 평화협상을 체결하고 이집트를 떠나기로 하였다. 쉬르쿠는 시리아로 돌아갔다. 이제 그는 이집트 내부 사정을 완전히 파악하였으므로 이집트가 십자군 수중에 떨어지기 전에 이곳을 점령해야 한다는 생각을 갖고 있었다.

그러나 상황이 샤와르의 이러한 생각을 단순한 환상으로 만들어 버렸다. 그의 방어능력을 과대평가했기 때문이다. 쉬르쿠에 의한 세 번째 이집트 침공은 프랑크의 군대를 재집결시켜 이집트를 다시 공격하는 명분을 만들어 주었다. 이집트가 그들의 수중으로 넘어갈 것을 크게 염려한 누르딘은 쉬르쿠 통솔하에 세 번째 원정대를 파견하면서 그의 형제들, 조카 살라하딘, 다른 친척들과 그의 직속 군부대로 하여금 쉬르쿠를 지원하도록 하였다.

아말리크가 인솔한 프랑크인들은 이집트를 향하여 진격에 나선 후 A.H. 564년(1168 A.D.) 빌바이스에 도착하여 그곳에서 대학살을 자행하였다. 자말리크의 이 같은 잔악한 행위는 쉬르쿠를 중심으로 하여 이집트인들을 단합하는 기회를 만들어 주었다. 이집트의 옛 수도 푸스타트는 샤와르의 명령에 따라 화염에 휩싸이게 되었는데 이는 적에게 은신처를 주지 않도록 하기 위해 취해진 조치였다. 화염은 54일 동안 솟아올랐다. 지금도 그 화염의 흔적들이 발견되고 있다.

누르딘은 이집트를 점령하는 쪽으로 마음을 먹고 있었다. 그는 쉬르쿠를 작전 사령관으로 임명하고 쿠르드 및 투르크만인들로 구성된 병력과 군 참모들을 지원하고 살라하딘으로 하여금 오른팔 역할을 하도록 하였다. 쉬르쿠는 그의 진격을 차단하려 했던 프랑크 군대를 피하였다. 아말리크는 팔레스타인으로 후퇴하고 쉬르쿠는 카이로에 입성하여 환영을 받고 칼리프로부터 명예의 예복을 받았다.

쉬르쿠의 세 번째 원정은 샤와르를 파멸하고 이집트를 정복하는 데 목적을 두었다. 이 두 사람은 서로를 제거하려고 음모를 꾸민 것이다. 마침내 쉬르쿠는 샤와르가 그를 방문할 때 체포하기로 음모를 꾸몄다. A.H. 564년(1169 A.D.) 살라하딘이 공작의 임무를 맡았다. 쉬르쿠는 재상직에 임명된 후 절대적 권력을 행사하다가 2개월 후에 사망하였다.

쉬르쿠가 사망하자 살라하딘의 위치가 강화되었다. 그는 거대한 제국을 건설하기로 결심하고 이 목적을 달성하기 위해 이집트에서 십자군을 축출하는 데 그의 모든 정력을 다 쏟았다. 그리고 그는 이렇게 말했다.

> "알라 하나님께서 나에게 이집트 영토를 주었을 때 나는 팔레스타인도 역시 나의 것이라는 것을 확신하였다."

그가 이슬람의 영웅으로 인정받게 된 것도 이러한 그의 결심이 성공을 거둔 데서 비롯되었다. 이집트인들의 불신이나 시리아 누르딘의 질투도 유발시키지 아니하고 그의 입지를 지속적으로 강화할 수 있었던 것은 살라하딘 자신이 추진하여 온 신중한 정책 덕분이었다. 그는 국민들의 신임을 얻어냄으로써 칼리프의 입지를 약화시켰다. 이븐 샤다드가 전하는 바에 따르면 살라하딘의 관대함이 국민들의 마음을 사로잡았다. 모든 지역 주민들이 서둘러 그에게 충성의 맹세를 하였고 그리고 그는 호소하는 모든 백성들의 소원을 실망시켜 본 적이 없었다. 한순간도 방문객이 없었던 날이 없었다. 이렇게 하여 그는 대중의 지지를 확보하는 데 성공한 것이다. 그는 측근 사람들을 이집트 고위직에 임명하여 가면서 칼리프의 영역을 조금씩 축소시켜 나갔다.

살라하딘이 그의 측근들을 각료직(Wizara)에 임명했다는 소식이 전해지자 칼리프는 신임 재상을 살해할 음모를 꾸미고 환관들의 대표인 나자흐 흑인이 그 임무를 주도했다. 프랑크와 공작을 하였다. 프랑크가 이집트를 공격하여 살라하딘을 카이로 외곽으로 유인하면 공모자들이 후방에서 살라하딘을 공격한다는 음모였다.

이 음모가 살라하딘에게 발각되었다. A.H. 564년(1169 A.D.) 그는 환관대표가 지켜보는 자리에서 음모자들을 포획하여 목을 자르도록 하였다. 이러한 처형이 주로 수단인들로 구성된 칼리프의 군대를 분노하게 만들었다. 5만 명의 병사들이 살라하딘에게 복수하기 위해 반란을 일으켰다. 바인 가스라인 광장에서 치열한 전투가 벌어져 수많은 가옥이 화염에 휩싸였다. 결국 칼리프의 군대는 패하고 군 막사들도 불타버렸다. 그들은 나일 강을 건너 기자쪽으로 추방된 후 다시 수단 국경쪽으로 밀려나 그곳에서 계속 반란을 일으켜 왔으나 A.H. 572년(1176 A.D.) 완전히 패하고 말았다. 같은 해 수단 지도자 칸즈가 나타나 파티미 칼리파 체제를 회복하기 위해 카이로로 진격하여 갔다. 수단인들과 이집트의 아이유비인들과의 전쟁은 후자의 승리로 끝나고 칸즈와 그의 군대는 전사하였다. 이렇게 하여 파티미 세력을 회복하려 했던 수단인들의 희망은 좌절되고 말았다.

살라하딘과 프랑크

이집트에서 살라하딘이 세력을 완전히 장악하면서 카라크, 슈바크 및 그 밖의 여타 지역에 원정을 내보내 프랑크에 대항하게 하니 십자군이 다시 두려워하게 되었다. 프랑크는 비잔틴인들과 합류한 후 이집트로 항해하여 갔다. 이들이 제일 먼저 상륙한 곳은 다미에타 근교였다. A.H. 565년(1169~1170 A.D.)에는 다른 십자군이 누르딘 총독이 점령해 왔던 아크레 섬을 점령하였다. 프랑크인들이 다미에타에 나타났다는 소식을 접한 누르딘은 곧 카라크를 점령하였다. 그리고 살라하딘 측에서는 군대를 무장시키고 다미에타를 전쟁 군수품으로 가득 채운 후 그 도시를 강화하기 위해 군대를 파견하겠다고 약속하였다.

팔레스타인에서 기독교 지역을 점령하는 데 성공한 누르딘은 살라하딘에게 강화된 군대를 파견하였다. 살라하딘은 파티미 칼리프로부터도 지원을 받고 있었다. 50일 동안에 살라하딘은 백만 디나르나 되는 거액을 지원받았다. 이러한 지원에 힘입어 그는 프랑크인들의 맹렬한 공격을 무력화시켰을 뿐만 아니라 그들의 공격에 쐐기를 박았다. 그들의 활 쏘는 사수들은 불에 타 숨지고 많은 무기들이 압수되었다.

다미에타에서 프랑크인들이 실패한 이유를 이븐 아씨르는 다음 속담에 비유하였다.

"타조가 잃어버린 뿔을 찾으러 갔다가 귀까지 잃어버리고 돌아왔다."

이러한 상황이 살라하딘에게 용기를 주었고 그들의 영토를 정복할 수 있는 경험을 더하여 주었다. 그로부터 20년 뒤 영국의 리차드와 협정을 체결할 때까지 살라하딘은 지속적으로 공격을 계속하였다.

파티미 계열의 칼리파 체제붕괴와 업적

이미 언급했듯이 파티미조의 세력은 무스탄시르(427~487 A.H./1035~1094 A.D.) 집권 말기부터 기울기 시작하였다. A.H. 450년(1058 A.D.) 야주리 재상이 사망한 후 9년 동안에 40명이나 되는 재상들이 임명되었다. 아크레 지역의 아르메니아 출신 총독 바드르 자말이 단기간이기는 했지만 군사 전체정치에 종지부를 찍었다. 그러나 터키 용병들과 수단 군대 간에 당파싸움이 더욱 빈번해지고 격렬해졌다.

관료정치가 빚어낸 음모와 분열은 침략자의 밥이 될 수밖에 없었다. 파티미조가 멸망한 주요 원인은 이집트 내정에 대한 누르딘과 십자군의 간섭이었다. 그들의 공격에다 샤와르 재상의 불안정한 정책, 디르감이 이집트 군 지도자들을 사형에 처한 사건 등 이러한 환경이 파티미조 제국의 몰락을 재촉하였다.

살라하딘의 세력이 이집트에서 뿌리를 내렸다. 순니파 교리를 따르는 누르딘이 금요예배 설교에서 파티미조의 칼리프 이름 대신 압바스조의 칼리프 이름이 언급되기를 원했다는 것은 당연한 일이다. 살라하딘은 누르딘의 이러한 요구가 파티미 교리를 지키고 있는 많은 이집트 국민들을 자극하여 폭동이 야기될 것을 염려한 나머지 누르딘의 요구를 지연시켰다. 그러나 누르딘은 그러한 이유에도 불문하고 살라하딘이 거절할 수 없는 명령을 그에게 하달하였다.

그 당시 파티미조의 아디드 칼리프는 병으로 누워 있었다. 살라하딘은 고관회의를 소집한 후 금요예배 설교 때 압바스조의 칼리프 이름으로 대체하는 정당성에 관해 자문을 구하였다. 일부는 이에 동의하고 일부는 그 제안이 위험스럽다고 충고하였다.

압바스조의 칼리프 이름으로 대체하는 결정이 지연되고 있다는 것을 알아차린 이집트에 거주하는 한 페르시아인이 설교 임무를 맡았다. 어느 금요일 사원 맨 앞줄에 있는 설교단(Minbar)에 올라가 압바스조의 무스타디 칼리프를 위한 기도를 하였다. 그러나 아무런 저항이 없었다. 이때부터 살라하딘은 그 이후 금요예배 설교에서 압바스조의 칼리프 이름이 언급되도록 각 지역 선교 및 홍보요원들에게 지시를 내렸다. 이러한 조치에 따른 변화는 경미한 반응도 유발하지 않고 자연스럽게 실행되어 갔다. 반대가 있었다면 그것은 두 마리의 염소가 서로 들이받는 것보다 더 경미했을 것이라고 이븐 아씨르는 말하였다.

파티미조의 어느 누구도 발생한 사건을 아디드에게 말해준 사람은 아무도 없었다. 병중에 있는 칼리프가 회복된다면 일어난 사건들을 알게 될 것이요 만일 그대로 사망한다면 그의 마지막 운명을 괴롭혀서는 안된다는 것이 칼리프를 위한 가문 구성원의 뜻이었기 때문이다. A.H. 567년(1171 A.D.) 1월(Muharram) 10일 파티미조의 칼리프 아디드는 일어난 큰 사건과 변화를 알지 못하고 세상을 떠났다. 그의 사망은 지금까지 이집트가 누려보지 못했던 번영과 풍요로움, 관용과 문화의 융성을 대표했던 파티미조의 몰락을 의미하였다. 파티미조의 업적은 동방세계가 거의 목격하여 보지 못했던 방대한 제국의 건설과 찬란한 문명을 꽃피운 것을 비롯하여 탁월한 행정수완, 육군과 해군의 육성, 법관들의 청렴결백, 종교적인 아량과 관용, 학문과 문화를 후원하고 발전시킨 점이다.

아이유비조(567~648 A.H./1171~1250 A.D.)

아이유비조의 계보

- 아이유브
  - 1.살라하딘(567/1169)
    - 아프달
    - 2.아지즈 (자히르 아마드딘)
    - 3.만수르 무함마드(595/1198)
  - 4.아딜 싸이프딘(597/1199)
    - 5.카멜 무함마드 무아잠 (다마스쿠스) (615/1218)
    - 6.살레+샤자르 알-두르
      - (나즘딘) (638/1240)
      - 8.무아잠(투란 샤) (648/1250)

살라하딘과 십자군

이집트에서 성공을 거둔 살라하딘은 이집트 국민들에게 더욱 유명해졌다. 이집트의 쉬아계보와 순니 계열의 투르크만인들이 살라하딘을 그들의 영웅으로 받들면서 공동의 적인 십자군에 대항하기 위해 연합하였다. 또 이들 모두는 살라하딘이 카이로에서 전시한 엄청난 전리품을 보고 고무되었다.

누르딘의 사망과 더불어 시리아인 시대라 불리는 제2단계(1174~1186 A.D.)가 시작되었다. 이 기간에 살라하딘은 탁월한 아랍 통치자가 되고 이슬람의 영웅이 되었다. 시리아, 메소포타미아, 예멘과 연합을 한 이집트는 십자군에 대항하기 위해 가능한 이슬람의 모든 힘을 한데 모았다. 여기에 투르크만인과 쿠르드인들이 살라하딘에게 합병하자 그의 세력은 서아시아까지 확대되었다.

살라하딘은 이집트 내부 파티미 추종자들의 반란에 대비하고 시리아와 팔레스타인에 있는 십자군의 위험을 제지하기 위해 무까탐 산 서쪽 돌출부에 카이로 성과 외부로부터 공격을 차단할 수 있는 군사기지를 세웠다.

팔레스타인 시대라 불리는 제3단계(1186~1193 A.D.)는 십자군에 대항하는 성전(Jihad)에 온 힘을 기울인 시기였다. 십자군을 축출할 수 있을 강력한 아랍국가 창설이 살라하딘의 가장 중요한 정책이었기 때문이다.

통합된 아랍국가와 십자군 사이에 갈등이 재개되었다. 헤자즈 해안에 위치한 철벽 같은 카라크 요새에 있던 레지날드 경이 메카에 성지순례 가는 순례자들이 탄 선박을 나포하고 아라비아를 침공하여 메카에 있는 신전(Masjid Al-Haram)을 파괴하려 했을 때 이집트 함대가 그를 추격하여 완전히 섬멸하였다. 그리고 양 당사자 간에 평화조약이 체결되었다.

그러나 레지날드는 평화조약을 깨뜨리고 그의 요새를 지나가던 대상(Karaban)을 공격하였다. 그러자 살라하딘이 십자군을 공격하여 A.D. 1187년 히틴에서 그들을 섬멸하고 계속하여 십자군의 수중에 있던 팔레스타인을 정복하였다. 일명 아카라고 하는 아크레, 나블루스, 라믈레, 캐사리아, 자파, 아스칼론, 베이루트가 살라하딘의 수중에 떨어졌다. 같은 해 10월 2일에는 예루살렘이 유리한 조건으로 항복하였다.

살라하딘의 이러한 승리는 교황과 유럽의 여러 왕 및 왕자들에게 불안감을 안겨다 주었다. 그러자 다시 제3회 십자군 문제가 제기되었다. 독일의 프레데릭 바르바로사가 10만 대군을 인솔하고 팔레스타인, 소아시아 지역으로 진격하여 갔으나 도중에 익사하고 말았다. 그의 군대도 시리아에 도착한 후 소수 잔유병력을 제외하고는 모두가 흩어져 버렸다. 아크레에 있던 십자군은 프랑스 왕 필립 II세와 사이프러스를 점령한 영국의 리차드의 군사지원을 받았다.

그러나 제3회 십자군도 그들 지도자들 간의 불협화로 실패하였다. 프랑스 왕 필립II세는 영국의 리차드에게 임무를 일임하고 프랑스로 귀환하여 버렸다. 리차드가 보여준 용감성과 기사도 정신은 무슬림군의 경탄을 자아내게 하였다. 이로 인해 그는 사자의 강심을 가진 남자라는 별명을 받게 되었다.

십자군은 A.D. 1192년 라믈레 평화조약을 맺게 되는데 그 조약의 내용은 다음과 같다.

1. 예루살렘은 무슬림 수중에 두되 기독교인들의 순례는 허용된다.
2. 십자군은 티레에서 자파까지 시리아 해안을 방어한다.
3. 무슬림은 기독교인들에게 그들의 유산을 돌려준다.

A.D. 1187년에 있었던 히틴 전투 이전까지는 요르단 서쪽에 있는 팔레스타인 땅이 십자군 수중에 있다가 A.D. 1192년 라믈레 평화조약에 따라 티레에서 자파까지에 이르는 좁은 해안 협곡을 제외한 팔레스타인 전 영토가 무슬림 수중으로 넘어오게 되었다.

살라하딘은 성품이 온화할 뿐만 아니라 인정이 많았다. 경건하면서도 금욕주의자인 그는 아랍 기사도 정신을 대변한 가장 모범된 인물이었다. 이븐 칼리칸이 묘사한 살라하딘은 겸손하고 온화하며 마음이 선량하였을 뿐만 아니라 학문을 애호하고 후원한 인물이었다. 학자, 신앙인, 금욕주의자 모두가 그를 좋아하고 존경하였다. 그는 모임에서 즉흥적으로 시를 써서 낭송할 정도로 시를 즐겼다고 전해지고 있다.

이븐 주베이르는 살라하딘이 십자군과 싸우고 있을 때 메카에 있는 신전(Kaaba) 주위를 에워싼 순례자들이 기도하는 모습을 묘사하고 있다. 이슬람의 영웅 살라하딘을 위해 그 엄청난 순례자들이 기도하는 모습과 움직임, 살라하딘의 이름으로 아멘 하고 소리치면서 모든 순례자들의 혀들은 전율을 느꼈다고 얘기하고 있다. 예루살렘을 정복하였다는 소식이 스페인에 전해지자 이븐 주베이르는 살라하딘의 위대함에 열광한 나머지 위험을 무릅쓰고 시리아까지 두 번째 여행길에 나섰다.

살라하딘은 쿠르디스탄 산맥에서부터 리비아 사막에 이르기까지 여러 나라를 다스린 지도자요 어느 누구도 그에게 도전할 수 없는 아랍 영웅이었다. 기오르기아, 아르메니아 왕, 코니아의 술탄, 콘스탄티노플의 황제까지도 그와의 동맹을 제휴해 왔다. 그의 장기간 원정생활이 신앙생활과 건강에 큰 영향을 미쳤다. 그 결과 그는 A.D. 1199년 라믈레 평화조약이 체결된 지 6개월이 지난 후 다마스쿠스에서 세상을 떠났다.

살라하딘의 후계자들과 십자군

살라하딘과 아딜

살라하딘이 사망하자 그의 형제 아딜이 그 뒤를 이었다. 십자군은 이집트가 아랍제국의 심장부라는 것을 깨닫고 이집트를 정복하는 것만이 팔레스타인을 재탈환할 수 있는 유일한 방법이라고 생각했다.

예루살렘의 왕 쟝 드 브리엔느가 독일군을 합류시키고 여기에 다른 십자군과 함대가 합류하여 세 겹으로 요새화된 다미에트로 진격하여 갔다. 당시 이곳은 나일 강 섬에 있는 큰 탑과 강을 가로질러 놓여있는 자연 장애물과 자연조건 등으로 요새화되어 있었다.

십자군은 강의 한 복판에 있는 탑을 점령하려고 시도하였다. 그들은 그들의 배 위에다 감시용 사다리를 세웠으나 수비대의 대응 및 아이유비군 지원으로 그들의 첫 번째 공격은 실패로 끝났다. 십자군은 다시 선박들을 재집결하여 두 번째 공격에 나섰다. 이 전투에서 수비대는 항복할 수밖에 없었다. 이때가 A.D. 1218년으로 이 해에 아딜도 사망하고 말았다. 그의 사망원인은 요새화된 다미에트 지역을 빼앗긴데다 군사령부까지 잃어버린 슬픔 때문이라고 전해지고 있다.

아딜은 살라하딘의 제국을 강화하는 데 기여하였다. 시리아 북부를 제외한 모든 지역을 장악하였다. 그는 다마스쿠스, 에데사, 하르란, 마이아파리낀, 예멘 각 지역 총독으로 자기 자식들을 임명하였다. 그는 각 지역을 자주 방문하였는데 이것이 제국을 강화하는 데 큰 역할을 하였다. 당대의 궁궐시인 바하딘 주하이르는 아딜의 업적을 다음과 같이 묘사하고 있다.

> "외모가 수려하게 뛰어난 한 군주는 보는 이들의 눈을 가득 채웠고 그의 보살핌은 방방곡곡 모든 지역을 가득 메웠으니 그러한 분이 누구더뇨! 적의 공격을 저지하기 위해 창을 준비하느라 꿰뚫을 듯한 그의 두 눈은 휴식도 취하지 못하고 잠도 이루지 못했네!"

카멜과 예루살렘의 양도

아딜은 그가 사망하기 전 그의 아들 카멜에게 다미에트를 점령하고 있는 십자군을 축출해야 한다는 유언을 남겼다. 아이유비 가문 출신 신임 술탄은 부친의 기질과 재질을 다분히 이어받았다. 용감성과 능통한 외교술의 자질을 이어받은 그는 십자군에 대항하여 지속적으로 투쟁하였다.

십자군 함대들의 공격을 저지하기 위해 나일 강의 교량 하나를 파괴하고 배들을 물속으로 잠수시켜 적들의 통로를 차단시켰다. 유럽으로부터 병력이 증강되고 있었지만 계속하여 그들의 공격을 교란하였으나 5만 명에 달하던 수비대 병력이 4,000명으로 줄어들었다. 전세가 불리해진 술탄은 평화조약을 제의할 수밖에 없었다. 십자군 병력이 다미에트 지역에서 완전 철수하는 조건으로 예루살렘 전체를 넘겨주겠다는 제의를 하였다.

그러나 십자군은 더 나은 조건을 요구하여 왔다. 총사령관으로 선임된 교황 사절의 의기양양한 자세, 그의 짧은 안목, 다미에트가 좋은 교역의 중심지가 될 수 있다고 생각한 나머지 더 좋은 조건을 제시한 것이다. 이러한 요구로 말미암아 술탄은 십자군과의 투쟁을 계속할 수밖에 없었다.

카멜은 다미에트에서 남쪽으로 약간 떨어진 나일 강변 한 촌락을 요새화하였다. 이곳은 후에 만수라 도시로 번성하였다. 카멜의 동족들이 십자군에 대항하기 위해 동참하고 다마스쿠스, 알레포, 에데사, 하마, 하르란 및 그 밖의 여러 지역에서 지원군이 속속 도착하였다. 나일 강이 범람하자 십자군은 좌절하기 시작했다. 설상가상으로 흑사병과 기근에 시달리고 있었다. 이때를 놓치지 않고 술탄의 군대가 이들을 포위하니 이번에는 십자군이 평화를 제의해 왔다.

술탄은 외교술에 능숙하고 앞을 내다보는 안목이 있었다. 평화의 제의를 거절했을 때 십자군이 다시 공격을 할 것이라는 생각에 술탄은 십자군의 평화제의를 받아들였다. 이렇게 하여 십자군은 다미에트 지역을 술탄에게 넘겨주고 8년간의 평화조약을 체결한 후 A.D. 1221년 이집트를 떠났다.

이 평화조약이 또 다른 십자군의 공격을 막아주지는 못했다. 프레데릭 II세 황제가 원정대를 인솔하고 팔레스타인에 입성한 후 예루살렘의 상속자 장 드 브리엔느 왕의 딸과 결혼하였다. 3년 후 부인이 사망하였다. 비록 짧은 결혼 생활이었지만 프레데릭 II세는 예루살렘 왕국에 대한 상속권을 주장하여 죽은 아내의 통치권을 넘겨받은 것이다.

카멜은 당시 다마스쿠스 총독으로 있던 말리크 무아잠 형제와 갈등관계로 인하여 1229년 프레데릭 II세와 평화조약을 체결해야만 했다. 술탄은 모든 기독교인들을 석방하고 예루살렘을 십자군에게 넘겨주되 우마르 사원과 그 주변은 무슬림 수중에 두며 십자군은 술탄을 공격하지 않고 보호한다는 조건으로 평화조약을 체결하였다.

프레데릭 II세의 이러한 개방적인 생각과 무슬림에 대한 호의가 양 당사자 간에 평화를 조성하는 데 크게 기여하였다. 그가 개신교에 충실하고 있다는 소문이 퍼졌다. 그러자 교황의 금지령이 내려졌다. 그럼에도 불구하고 그는 개신교 선교를 외치면서 새로운 십자군 운동을 시도하였다. 그는 600명의 병사만을 태우고 시리아로 항해하여 갔다. 그는 한 왕이나 예수의 병사라기보다는 마치 해적이나 무함마드의 추종자들과 다를 바가 없었다고 교황 그레고리 IX세는 말하였다.

프레데릭 II세의 세력이 무슬림 군대를 대항하기에는 너무나 허약했다. 그가 예루살렘의 왕을 푸대접하고 교황의 종교적 명령을 거절한 것 등 이러한 환경이 그가 주도한 십자군을 위험하게 만들었다. 한편 아이유비 출신의 카멜 술탄은 그의 형제 무아잠을 항상 경계하고 있었다. 그가 호시탐탐 통치권을 빼앗으려고 기회를 노리고 있었기 때문이다. 그래서 카멜은 프레데릭 II세에게 사절을 보내 예루살렘을 그에게 넘겨주겠다는 제의와 더불어 그를 지원하여 줄 것을 요구하였다. 이때 그의 형제이면서도 가장 무서운 경쟁자였던 무아잠이 사망하였다. 그리고 두 통치자 사이의 기존 상호 조약관계는 1229년의 조약으로 이어졌다.

1. 베들레헴, 나사렛 그리고 자파와 아크레에 이르는 순례 길을 포함한 예루살렘은 황제가 관리하며 우마르 사원을 포함한 이슬람의 성역은 무슬림들이 관리한다.

2. 기독교인 죄수 모두를 석방한다.

3. 황제는 공격해 오는 모든 적으로부터 술탄을 보호한다.

4. 이 조약은 2년간 유효하다.

이 조약은 무슬림들에게는 물론 기독교인들에게까지 극도의 분노를 유발시켰다. 성스러운 예루살렘의 도시를 잃었다는 것은 무슬림들에게 크나큰 타격이었다. 시리아 북부에 위치한 옛 라틴 왕국이 무슬림 수중에 남아있어 예루살렘에 대한 모든 유럽 국가들의 지원은 단절되어 있었다. 그럼에도 양측은 이 조약을 정직하게 준수하였다.

카멜은 프레데릭 II세와 조약을 체결한 후 9년을 더 살았다. 그의 형제 아쉬라프를 다마스쿠스의 총독으로 임명하고 그의 두 딸을 알레포와 하마지역 두 왕자에게 결혼시켜 세력을 강화하였다. 그리고 소아시아의 셀주크로부터 에데사를 되찾았다. 아쉬라프가 사망하자 카멜은 다마스쿠스에 대한 권리를 주장하고 부친이 다스렸던 전 지역에 대한 통치권을 행사하였다. 카멜 시절 이집트는 크게 발전하였다. 관개제도를 개선하고 운하를 연장하는가 하면 제방과 댐을 건설하였다. 여행자들의 안전에도 힘을 기울였으며 여러 연구소를 설립하였다. 그의 집권기간 중에 설립된 대표적 연구소로는 예언자 무함마드의 언행과 그의 전통을 연구하는 연구소(Dar Al-Hadith)와 그의 이름을 딴 카멜리야 대학이 있었다. 카멜은 학문과 학자들의 모임을 좋아하고 매사에 신중하였으며 경건한 무슬림으로서 학자들을 크게 후원했던 인물이었다고 이븐 칼리칸은 묘사하고 있다.

살레 아이유브와 최초의 여성 무슬림 통치자

A.H. 635년(1238 A.D.) 카멜이 사망하자 그의 아들 아부 바크르가 아이유비 가문의 왕자들로 구성된 회의에서 술탄으로 임명되고 아딜 II세라는 칭호를 부여받았다. 그러자 그의 형제 살레 아이유브가 이집트로 진격하여 갔다. 당시 그는 부친 생존시 티그리스강 서안에 위치한 키바의 성채에

파견근무를 하고 있었다. 카라크 지역의 총독 나세르가 그를 구금하였다가 곧 석방하면서 이집트는 살레가, 그리고 시리아는 나세르 자신이 통치한다는 동맹을 맺었다.

아딜의 통치기간은 2년을 넘지 못했다. 노예들이 그에 반대하는 음모를 꾸미고 A.H. 637년(1240 A.D.)에는 살레 아이유브를 이집트 술탄으로 선포하였다. 살레는 그의 재임 기간 중 그의 삼촌 이스마엘로 하여금 시리아를 점령하는 데 성공하였다. 프랑크의 지원을 받는 대가로 싸끼프 성을 비롯하여 티베리아스, 아스칼론의 요새들을 넘겨주었다. 이집트 술탄에 대항하여 힘을 강화하기 위한 수단이었다. 칭기즈칸의 침략으로 인해 서쪽으로 밀려난 쿠와리즈미 부족들이 살레 아이유브를 지원하였다. 살레는 이들의 지원을 받아 예루살렘을 탈환하고 가자 근교에 있던 십자군을 격퇴하였다. 그리고 1245년에는 다마스쿠스를, 2년 뒤인 1247년에는 아스칼론을 되찾아 그의 부친이 이룩해 놓았던 강력한 세력을 다시 회복하였다고 레인폴은 전하고 있다.

살레 아이유비 집권기간(1240~1249 A.D) 중에 프랑스의 왕 루이 IX세가 이집트에 십자군 원정대를 파견하여 다미에트 지역을 정복하고 만수라 지역에서 4마일 떨어진 곳에 주둔하면서 술탄의 군대를 제압하였다. 그리고 그 도시 후방 강변에 있는 술탄의 궁궐을 거의 함락할 단계에 있었다. 심한 중병을 앓고 있던 술탄은 온 힘을 다하여 이집트인들을 지휘하면서 후미에서 십자군을 공격하였다. 백인노예(Mamluk) 출신 베이바르스인들이 바리케이드가 설치되어 있는 만수라의 좁은 거리로 유도해 냈다. 창문 또는 지붕 위에 배치된 사수들이 루이 IX세의 형제를 비롯하여 성당의 기사, 영국인을 포함해 1,500명의 십자군을 사살함으로써 십자군에 큰 피해를 주었다.

백인노예 출신의 군인들이 만수라를 향하여 진격해 가고 있을 때 1249년 살레 아이유브 술탄은 사망하였다. 이 당시 장남이며 황태자인 투란샤는 디야르 지역에 있는 키바 성에 있었다. 술탄의 아내 샤자르 알-두르는 무슬림들이 용기를 잃지 않도록 하기 위해 남편의 사망소식을 숨기고 있었다. 술탄의 시신이 안장되어 있는 궁궐에서는 일상처럼 술탄의 밥상을 차려 보내고 모든 공문에도 술탄의 직인을 찍어 내려 보냈다. 믿을 만한 지휘관을 소집한 후 국무에 관한 자문을 받아가며 국가를 통치하고 국방업무를 처리해 나갔다. 술탄이 병중에 있을 때는 술탄을 대신하여 국무회의를 개최하고 장관 및 군 지휘관을 접견하면서 만수라 지역에서 벌어지고 있던 십자군과의 전쟁을 직접 지휘한 보기 드문 능력을 발휘한 무슬림 여성이었다.

아들 투란샤가 이집트로 돌아와 부친이 사용하던 만수라 성을 지휘본부로 삼았다. 그는 수많은 선박에 재생고무를 실어다 프랑스 함대가 미치지 못하는 곳에 두고 그곳에서 타이어를 수리하고 재생하도록 하였다. 프랑스 함대의 3분의 1을 나포하는 데 성공하고 만수라에 있는 십자군 무기와 탄약을 가로챘으니 프랑스 군은 무너질 수밖에 없었다.

루이스 IX세는 다미에트 지역에서 후퇴해야만 했다. 그는 견고하게 요새화된 이 지역을 넘겨주는 조건으로 예루살렘을 돌려달라고 제안하였다. 이것은 30년 전 카멜 술탄이 제의했던 동일한 조건이었다. 그러나 이번에는 무슬림들이 이 안을 거절하였다. 루이스 IX세는 다미에트로 후퇴했다. 1250년 이집트 무슬림 군은 파리스쿠르까지 계속 추격하여 그곳에서 십자군을 살상하거나 일부는 포로로 잡았다. 그리고 루이스 IX세는 열병에 걸리면서 그의 남은 부하들과 함께 투옥되었다. 그 후 루이스 IX세는 다미에트를 포기하고 천만 프랑에 해당하는 금을 지불한다는 서약으로 석방되었다.

루이스 IX세의 형제 조인빌은 십자군의 이집트 원정에서 그가 목격한 사건들을 생생하게 기억하고 있었다. 그는 투란샤의 살인행위와 살레 아이유브 군인의 대부분을 차지하고 있는 백인노예(Mamluk) 출신의 군인들 세력이 크게 증가했다는 것을 묘사하였다. 이들은 파리스쿠르에서 벌어진 십자군과의 전투를 승리로 장식하면서 큰 용기를 얻었다. 이들 백인노예 출신들은 투란샤를 제거하려는 쪽으로 기울었다. 투란샤가 그들을 학대하여 그들의 총사령관을 분노하게 만들었을 뿐만 아니라 계모 샤자르 알-두르를 욕되게 했기 때문이다.

어느 날 투란샤가 강에서 수영을 즐기고 있을 때 단검이 그의 늑골에 박혔다. 그가 사망하고 그의 계모 샤자르 알-두르가 이집트 술탄으로 선포되었다. A.H. 567년(1171 A.D.) 파티미조 칼리파 체제가 붕괴되었을 때 아이유브조 술탄들은 바그다드에 있는 압바스조의 칼리프로부터 그들의 정통성을 인정받으려고 항상 최선을 다하였다. 살레 아이유브는 병중에 있으면서도 바그다드의 압바스조의 승인을 얻기 위해 다음과 같은 충성의 맹세를 하였다.

"내가 사망할 경우 칼리프 무스타으심빌라 외에는 이 나라의 통치권을 어느 누구에게도 넘기지 말라. 그분이 최선의 방법으로 결정할 것이라."

이 표현은 아이유브조의 술탄들이 얼마나 바그다드의 칼리프를 존경했는가를 분명히 보여주고 있다. 술탄이 사망하고 미망인 샤자르 알-두르가 술탄이 되었을 때도 주화에 압바스조의 칼리프 이름을 새겨 넣도록 하였다. 주화의 앞면에는 바그다드의 압바스조 칼리프 무스타으심의 이름을, 그리고 뒷면에는 무슬림들의 여왕이며 술탄 살레의 아내 샤자르 알-두르 이름을 새겨 넣었다. 샤자르 알-두르는 신앙인들의 통치자(Amir Al-Muuminina)로 불리는 말리크 만수르 칼릴이라는 아들을 두었다.

아이유브조가 이집트를 집권하고 있을 때 바그다드의 압바스조 칼리프들은 아무런 힘이 없었다. 그저 명목상의 최고 지도자였을 뿐이다. 이집트 내정에 거의 개입이나 간섭을 할 형편도 못 되었다. 그럼에도 불구하고 마믈루크 출신 지도자들이 바그다드에 사절단을 보내 샤자르 알-두르를 이집트 술탄으로 승인하여 줄 것을 요구하였다. 이때 바그다드 압바스조 칼리프는 다음과 같은 내용으로 회신을 하였다.

"만일 여러분 중에 남성이 없다면 내가 한 사람을 보내도 되겠소?"

칼리프가 그의 회신에서 언급한 말에 따라 당시 이집트군 총사령관으로 있던 백인노예 출신의 아이바크가 지휘관들에 의해 술탄으로 선출되면서 동시에 미망인 샤자르 알-두르의 남편이 되었다. 투란샤가 사망하고 아이바크가 이집트 통치권을 계승함으로써 A.H. 648년(1250 A.D.) 이집트는 백인노예 출신이 통치하는 시대가 개막되었다.

모로코의 알모라비조

알모라비조의 계보

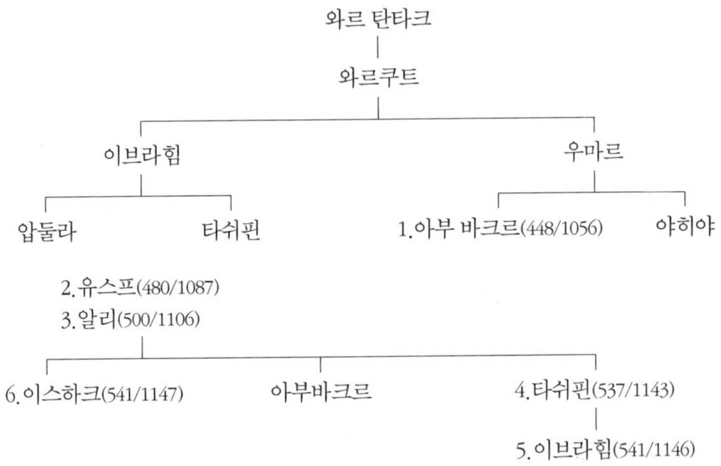

알모라비조는 중동과 모로코를 통일하고 아프리카 서안과 수단에 이슬람을 전파하는 데 탁월한 역할을 한 최초의 왕조로 간주되고 있다. 모로코의 알모라비 가문은 성전(Jihad)과 종교문화를 병행하였다. 그 증거로서 세빌레 지역에 있던 무으타미드(Mu'tmid bin Abbad)가 마라케쉬에서 카스틸레 지역의 알폰소 VI세와의 전쟁을 하면서 무슬림의 지도자 유스프(Yusuf bin Tashfin)에게 지원을 요청해 왔다. 유스프는 100척의 모로코 함대를 끌고 바다를 횡단하여 갔다. 꾸에타에서 출항하여 푸른 섬이라 불리는 알제리 카스 섬까지 가는 길목 잘라까 대전투에서 알폰소 군대에 심각한 피해를 입혔다. 그때가 A.H. 479년(1087 A.D.)이었다.

이슬람 수도원

이슬람이 사하라 지역과 세네갈 계곡까지 전파될 수 있었던 것은 신앙심이 두텁고 학식을 겸비한 압둘라(Abdull bin Yasin) 신학자 덕분이었다. 이슬람에 귀화한 현지 주민들이 종교생활에 태만할 뿐만 아니라 갖가지 사악한 관습에 젖어 있는 것을 발견하고서 압둘라는 그의 엄격한 선교방법을 자제하고 그들을 이해하고 동정하는 마음으로 수단인들 선교에 최선을 다하였다. 그는 제자들과 세네갈 강의 한 섬으로 은퇴하여 그곳에서 이슬람 수도원(Ribat)을 세우고 수도생활에 전념하였다.

압둘라는 두 가지 목표를 설정하고 성전운동을 시도했다. 첫째는 수단을 정복하여 그곳 주민들을 이슬람으로 귀화시키는 일이었고 두 번째는 정통 말리키 법학파의 창시자 말리크(Malik bin Anas)의 가르침을 북아프리카 전역에 전파하는 목표였다.

압둘라는 많은 추종자들을 이 섬으로 끌어들였다. 특히 1천 명에 달했던 산하자 부족 계열인 람타인들 중에서 많은 제자들을 모으는 데 성공하였다. 그는 그의 제자들에게 천국에 관한 기쁜 소식과 더불어 이슬람법을 지키지 않을 경우 알라 하나님이 내릴 무서운 벌에 관한 소식을 주민들에게 다음과 같은 내용으로 전하도록 하였다.

> "만일 그들이 회개하고 잘못된 관습을 버린다면 평화로운 삶을 누리도록 두되 거역하고 사악한 폐습에 따라 생활하겠다고 고집한다면 알라 하나님의 큰 벌이 있을 것이요 따라서 우리는 알라 하나님께서 결정하실 때까지 그들에 대항하여 성전할 것이라."

압둘라의 말은 곧 알모라비조의 선교 및 홍보요원들에 의해 실천으로 옮겨졌다. 그러나 성공은 거두지 못했다. 제자들이 자신들의 부족으로 돌아가 교리를 전파하면서 악습을 타파하고 진정한 구원의 길을 따라야 한다고 했지만 실패하였다. 압둘라의 노력이 성공을 거두지 못하자 결국 그도 이슬람 수도원을 떠났다. A.H. 434년(1042 A.D.) 압둘라는 그의 추종자들과 함께 이웃 부족들을 공격하여 이슬람을 전파하는 방법을 택했다. 그리고 그는 그의 추종자들을 무라비트(Murabitin)라 불렀는데 이슬람 종교를 위해 최선을 다하는 신앙인들을 의미하였다. 이 칭호에서 모라비(Al-moravi)가 유래되었다. 이 어휘는 리바트(Ribat)란 단어에서 비롯되고 있다. 리바트는 신앙인들과 학자들이 공동생활을 하면서 무슬림들과 비잔틴 제국 간의 경계지역을 지키는 무슬림 수비대를 지원하는 곳이었다. 꾸란 8장 60절에 언급되고 있다.

그는 A.H. 451년(1059 A.D.)에 사망하였다. 그의 운동은 그가 사망한 이후에 큰 성과를 거두었다. 알모라비인들이 아프리카 전역에 이슬람을 전파하는 데 탁월한 역할을 하게 된 것이다. A.H. 462년(1069 A.D.) 압둘라(Abdullah bin Umar)는 그의 조카 유스프(Yusuf bin Tashfin)에게 마그립 북단 지역을 통치하도록 하였다. 그가 A.H. 462년 모라비 왕국을 건국하는 데 큰 공헌을 하였기 때문이다. 그곳 베르베르 부족 원주민들이 북아프리카 사하라로 쏟아져 나왔고 그 후에는 스페인으로 들어가 이슬람을 전파하는 데 노력을 다하였다.

칼리파직은 한 사람 이상에게 주어져서는 안 된다는 것이 신학자들 사이의 보편적 믿음이었다. 즉 한 시대에 한 명 이상의 칼리프가 존립할 경우 한 칼리프의 권위는 불법이 되어 적대자가 될 수밖에 없고 그러한 이유로 국력이 낭비되고 통치력이 허약해진다는 견해였다. 바그다드의 압바스조 칼리파체제가 허약해지자 칼리프들의 권위가 무기력하게 되었고 각 지역에서 준 칼리프들이 쏟아져 나왔다. A.H. 297년(909 A.D.) 튀니지 지역에서 제일 먼저 파티미 칼리파 체제가 등장하였고 A.H. 362년(973 A.D.)에는 이집트에서 파티미 칼리파 체제가 세워졌다. A.H. 316년(929 A.D.)에는 압두라흐만 III세가 스페인에다 우마위야 칼리파 체제를 재건하고 아틀란트 산맥 남부 시질마사 지역의 총독은 신앙인들의 통치자(Amir Al-Muuminin)란 칭호를 사용하였다.

유스프와 검정 색깔

유스프는 A.H. 448년(1056 A.D.) 알모라비 왕조를 건국했을 때 신앙인들의 통치자란 칭호사용에 관심을 두지 않았다. 그는 무슬림들의 사령관이며 믿음의 수호자란 칭호에 만족하고 있었기 때문이다. 그는 권위의 상징으로 이 칭호를 고안하였다. 우마르 정통칼리프 시절부터 각 칼리프가 사용해 온 대단히 유사한 칭호를 채택하여 자신의 권위를 모든 순니파 왕자들 위에 군림하려고 하였다.

유스프는 매주 금요예배 설교에서 바그다드 압바스조의 칼리프 이름을 언급하도록 하고 압바스조의 상징 색깔인 검은 색을 채택하였다. 알모라비 통치의 합법성을 인정받기 위한 정책이었다.

유스프가 무슬림들의 사령관이며 믿음의 수호자란 칭호를 채택한 것은 유명한 잘라까에서 벌어진 알폰소 VI세와의 전투를 승리로 장식한 이후였다. 유스프가 그의 통치권에 합법성을 인정받기 위해 바그다드 압바스조 칼리프에게 사신을 보냈을 때 무기력해진 칼리프는 이슬람법 학자들과 의논한 뒤 그의 요구를 기꺼이 들어주었다. 칼리프가 자문을 받은 법학자들 중에는 저명한 가잘리도 들어 있었다. 칼리프는 유스프의 합법적 통치권을 인정하는 서임장과 예복을 사신 편으로 보냈다.

유스프는 세네갈, 니제르에 있는 수단 원주민들을 이슬람으로 귀화시키는 데 성공하였다. A.H. 469년 베르베르인들이 가나 왕국에 이슬람을 전파함으로써 13세기 초에는 이곳이 완전한 무슬림 왕국이 되어버렸다.

가나 왕국은 13세기 초에 들어와 그 세력이 절정에 이르렀다. 영토는 동쪽으로 팀부크투까지 확장되었다. 이곳은 남동쪽에 있는 니제르와 남서부에 위치한 세네갈의 수원지이다.

이들은 11세기에 니제르 상부에 젠네와 팀부크투 도시를 건설하고 그 다음 세기에는 서부 수단 이슬람 발전에 커다란 영향력을 발휘하였다. 젠네 도시는 중요한 무역 중심지가 되었고 팀부크투 도시는 대상무역의 중요한 상업 중심지가 되면서 북부와 카라반 무역이 성행하고 이슬람 문화가 발전하였다. 레오 아프리카누스는 팀부크투를 이슬람 문화와 무역 중심지로서 찬사를 하고 있다. 금과 타조, 깃털, 흑단, 노예 교역의 중심지로 이곳에는 법관, 의사, 왕명을 받은 선교 및 홍보요원들이 많이 있었다고 덧붙이고 있다.

모라비조는 초기에 바그다드 압바스조 칼리프의 정신적 통치권을 인정하다가 얼마 가지 않아 독립체제로 정책을 전환하였다. 바그다드 칼리프의 존재를 인정하는 상징적 의미로 금요예배 설교에서 그의 이름을 언급해주고 주화의 한 면에 이름을 새겨 주는 대접밖에는 아무것도 없었다.

A.H. 454년(1062 A.D.) 유스프가 세운 마라케쉬는 모라비조의 수도가 되면서 후대 모라비인들의 수도 역할을 해왔다. 이곳은 정치, 사회, 문화의 활동무대가 되었으며 유스프 집권당시 이곳의 발전은 초기 압바스조 시대의 바그다드보다 못한 것이 없었다고 이븐 아비자르는 묘사하였다.

16세기 그라나다의 멸망과 함께 스페인에서 무슬림들이 추방된 후 모로코에서는 활발한 이슬람 운동이 시작되었다. 이 운동은 이슬람 수도원 생활을 해오던 무슬림들(Murabitin)에게 커다란 촉진제가 되었다. 그 결과 모로코 남부에서 미온적으로 신앙생활을 해오던 수많은 사람들이 깨우치기 시작하면서 평화적인 선교방법을 통해 이웃 주민들을 이슬람으로 귀화시켜나갔다.

우스만 단포디오는 무슬림들의 사령관(Sarakin Muslimi)이란 칭호를 받았다. 이 호칭은 모라비 왕조가 채택한 것이다. 가나, 일명 풀베 왕국도 모라비조가 추종하고 있는 정통 말리키 법학을 따랐다. 이것은 니제르의 상당 수 인구가 어느 정도 모라비 왕조의 영향을 받았다는 것을 암시하고 있다. 이들이 니제르에서 이슬람 전파에 예민한 관심을 보여 왔기 때문이다.

풀베 왕국은 꾸란법에 따라 행정제도를 도입하기도 하였다. 이슬람세(Zakat), 10분의 1을 현물로 납품(Ushr)하는 일, 인두세(Jiziya) 등은 꾸란에 근거한 것이다. 술, 공예품, 생산제품에도 세금을 부과하였다.

이것은 이슬람이 서부 아프리카에 어느 정도 깊숙이 파고 들어갔다는 것을 보여주고 있는 증거이다. 개인의 지위, 정치 및 사회제도가 꾸란의 가르침과 일치하고 있다. 이슬람 교사, 선교사, 상인들이 이 지역 이슬람 발전에 큰 역할을 한 것이다.

이븐 투르마트는 베르베르 부족 언어로 쓴 그의 작품을 통하여 일위일체의 유일신 교리를 전파시켰다. 이와 같은 그의 유일신 사상도 이슬람의 근본원리에서 얻어낸 것이다. 특이한 점은 꾸란의 언어인 아랍어로 예배시간을 알려야 하는 아잔을 지역 언어로 낭송하게 한 것으로서 이슬람의 원칙에서는 벗어났지만 베르베르 부족민들의 정서에 크게 양보하였다는 것을 이해할 수 있다.

그러나 일부 베르베르 부족은 15세기가 다 될 때까지 그들의 토속신앙을 계속 유지하여 왔으나 점차적으로 다수의 종교에 흡수되어 가는 경향을 보였다.

알모하, 알하프사, 알마르니조

1. 알모하 가문(524~667 A.H./1130~1269 A.D.)

압둘 무으민(524/1130)
아부 야곱 유스프 I 세(558/1163)
야곱 만수르(580/1199)
무함마드 나세르(595/1215)
아부 야곱 유스프 II 세(611/1214)
압둘와히드 마클루(620/1223)
아부 무함마드 아딜(621/1224)
야히야 무으타심(624/1227)
아부 물라 마으문(626/1229)
압둘하산 싸이드(640/1242)
아부 하프스 우마르무르타다(646/1248)
아부 물라 와씨끄(666/1266)

2. 알모하조의 계보

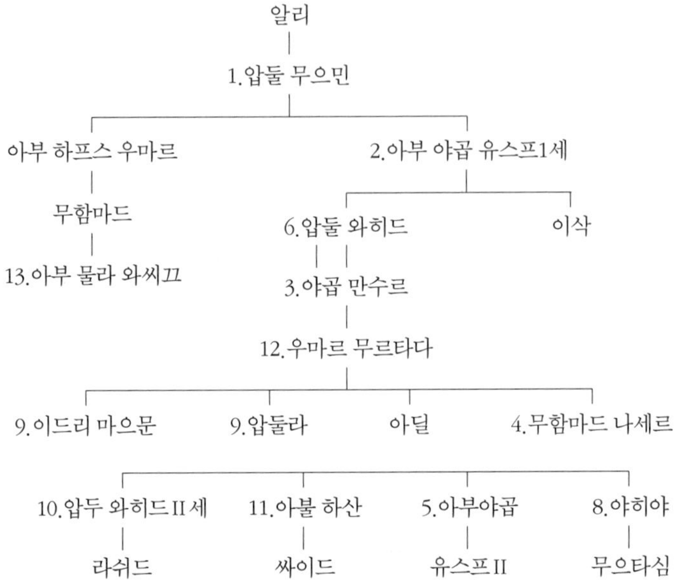

A.H. 6세기(12세기 A.D.) 마흐디(Mahdi bin Tumart)는 유일신 교리에 근거하여 그의 사상을 펼쳐나갔다. 그는 동쪽에 체류하고 있을 때 바그다드 압바스조와 이집트 파티미조의 칼리파 체제가 쇠퇴해 가고 있다는 것을 깨닫게 되었다. 그는 이곳 모로코로 들어와 A.H. 172년(788 A.D.)에 이곳에 온 예언자의 후손 이드리스 가문 출신이라고 선전하면서 이슬람 운동을 시작하였다. 그의 추종자들에게 유일신 사상을 가르치면서 그를 따르는 추종자들을 일컬어 일신교 신자들이라 불렀다. 그의 선교가 성공하자 그의 추종자들이 그를 기다리고 있는 인도자(Imam Al-Muntazar)로 불렀다. A.H. 3세기(9세기 A.D.) 북아프리카에 파티미조를 세운 우바이둘라 마흐디의 본을 딴 것이다.

모하조(524~667 A.H./1130~1269 A.D.)는 그들이 무슬림들 중에서 칼리프 칭호를 받을 가장 적임자로 간주했다. 신앙생활에 충실했고 대다수가 충실한 교육을 받았으며 가장 큰 세력을 형성하고 있다고 믿었기 때문이다. 사실상 이들이 스페인을 정복하여 영토는 동쪽으로는 트리폴리, 서쪽으로는 대서양까지 확장되었다. 이집트를 점령하여 동방으로 세력을 확장하려고까지 했다. 북아프리카와 스페인을 정복한 이들의 시대는 가장 화려했던 이슬람 역사의 한 장을 장식했다.

이븐 투마르트는 압둘무으민(Abdulmu'min bin Ali)을 군 총사령관으로 임명하고 추종자들에게 이렇게 말했다.

"여러분은 충실한 신앙인들이요 그는 여러분의 지도자입니다."

이븐 투마르트가 사망하자 압둘무으민이 그 뒤를 계승하고 추종자들이 그를 신앙인들의 통치자라고 불렀다. 이렇게 하여 모하조의 실질적 창설자가 된 압둘무으민은 그가 예언자 가문의 후손이라는 것을 내세우면서 칼리프 칭호를 채택하였다. A.H. 567년(1171 A.D.) 파티미조 칼리파 체제가 저물어가는 전야에 모로코에서 또 다른 칼리파 체제가 확립된 것이다.

3. 튀니지의 알하프사조 계보

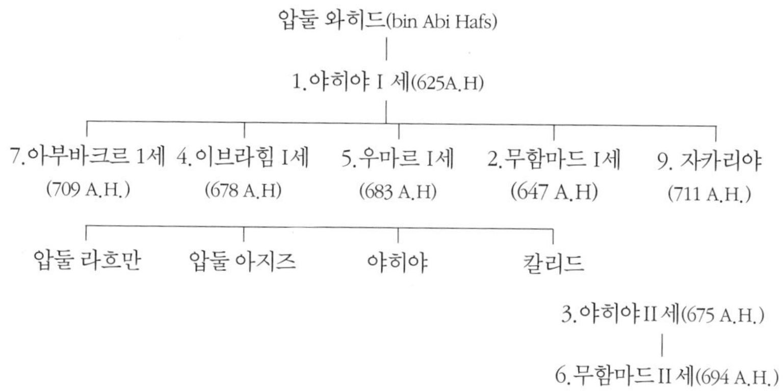

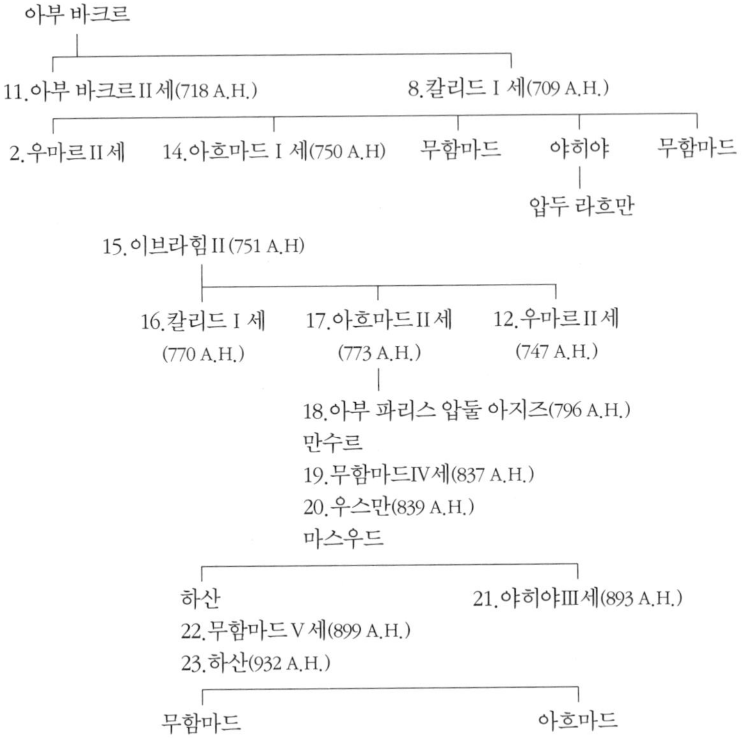

북아프리카와 스페인에서 모하조가 몰락하자 하프시 가문(625~941 A.H./1228~1534 A.D.)이 고귀한 예언자 가문의 출신이라고 주장하면서 등장하였다. 모하조와 친척이라고 했는데 통치권에 대한 합법성을 정당화하기 위한 선전이었다. 이들은 A.H. 626년 튀니지에 독립왕국을 세운 다음 세력을 확장해 갔다. 아부 자카리야 술탄 시절에는 동쪽의 트리폴리에서 서쪽의 꾸에타, 남쪽의 시질마사 지역까지 영역을 확장하였다. 그의 아들 압둘라는 스스로 자신을 칼리프로 선포하고 A.H. 657년(1259 A.D.) 신앙인들의 통치자(Amir Al-Muuminin)라는 칭호를 사용하였다. 이때가 몽고의 침략으로 1258년 바그다드가 몰락한 바로 일 년 후의 사건이었다. 결과적으로 메카의 샤리프와 헤자즈 지역의 백성들은 압바스조 칼리프 후계자로서 하프사 가문 출신을 칼리프로 인정할 수밖에 없었다.

바누 나스르와 스페인의 하므라 궁전

이것이 하프사 출신 칼리프에게 통치권의 합법성을 부여하게 되었다. 그 결과 모로코와 스페인 남부에서는 매주 금요예배 설교에서 그의 이름이 언급되었다. 그라나드의 바누 나스르도 기독교인들의 공격을 방어할 목적으로 하프사 계보의 칼리프를 지도자로 인정하였다. 모하 왕조가 몰락하면서 스페인 남동쪽 산악지역을 제외하고 영토를 잃었는데 하프사조가 들어서면서 스페인의 무슬림들이 하프사조의 정책을 따랐다. 바누 나스르가 그라나다에 왕국을 건설했는데 그때 세운 그 유명한 붉은 궁전인 하므라(Al-Hambra)가 지금도 현존하고 있다.

모로코의 마르니 가문(591~875 A.H./1195~1470 A.D.)과 바누 자이온 가문(633~796 A.H./1235~1393 A.D.)이 하프사 계보의 통치권을 합법적으로 인정하였다. 이러한 정치적 상황이 계속되어 오다가 마르니 계보 야곱 만수르에 와서 하프사 통치권에 종지부를 찍고 마르니 계열의 자신들이 무슬림들의 통치자라고 주장하였다.

A.H. 656년(1256 A.D.) 압바스조 칼리파 체제는 실질적으로 종결되고 말았다. 사실상 후기에 들어와 너무나 잦은 내부 혼란을 겪었다. 1258년 바그다드의 압바스조가 멸망한 이래 너무나 많은 왕자들이 자칭 칼리프로 등장했었다고 토마스 아놀드는 말하고 있다.

제10장

바그다드 몰락과 중동

- 페르시아의 일칸제국(1265~1502 A.D.)
- 이집트의 마믈루크조(648~923 A.H./1250~1517 A.D.)
- 우스만 터키 제국

페르시아의 일칸제국(1265~1502 A.D.)

훌라구는 몽고제국을 세운 후 페르시아, 이라크, 소아시아까지 그 세력을 확장해 갔다. 그는 건축에 남다른 관심을 가졌고 화학공부에 열중하면서 금과 은으로 직접 실험을 하기도 하였다. 철학자들을 후원하는 데도 인색하지 않은 인물이었다. 1259년에는 투스 지역의 천문학자이며 철학자 나스르딘의 권고에 따라 마르라가 도시에 관측소를 세웠다. 그 이후 이곳은 이슬람 신학자, 철학자, 의사들이 즐겨 찾는 고향이 되었으며 원래 바그다드 대도서관에 소장되어 있었던 귀중한 서적들이 많이 있었다.

훌라구를 계승한 그의 아들 아바까(1265~1282 A.D.)는 페르시아의 두 번째 왕이 되었다. 그는 기독교인들로부터 지지를 받았다. 그들에게 동정을 베풀었기 때문이다. 부친의 아내가 기독교 성직자인 왕칸의 장녀(중세 유럽사에는 프레스터 존으로 잘 알려져 있다)였기 때문에 부친이 기독교인들을 후원했던 것으로 전해지고 있다. 아바까는 교황을 비롯하여 유럽의 왕들, 시리아의 십자군과 우호적 관계를 맺고 있었다. 비잔틴 황제의 딸과 결혼한 것을 비롯하여 이집트의 마믈루크조에 대항하여 그들의 지원을 요구하고 있었기 때문이다.

타쿠다르(1282~1284 A.D.)가 페르시아의 세 번째 몽고계 왕이 되면서 최초로 이슬람에 귀의한 인물이다. 초년기까지는 기독교인으로 성장하여 니콜라라는 교명을 받았으나 성장한 후 무슬림들과 친교를 가지면서 이슬람으로 귀화하게 되었다. 그리고 아흐마드칸으로 불러주기를 바랐다. 그는 몽고인 모두를 이슬람으로 귀의시키려고 최선을 다한 덕분에 많은 몽고인들이 이슬람에 귀화하였다. 그는 이슬람에 충성하는 의미로 바그다드의 신학자들과 이집트 마믈루크조의 깔라운 술탄에게 이슬람을 보호하고 방어하며 이슬람의 명예를 유지하겠다는 메시지를 보냈다.

주하니 가문의 멸망과 유언

타쿠다르의 이러한 행위는 국민들의 분노를 유발시켰다. 귀족들이 그를 제거하기로 공모하였다. 1248년 8월 10일 타쿠다르는 체포되어 아르군(1284~1291 A.D.)에 의해 처형되었다. 아르군은 즉각 이슬람 국가에 대한 선임자의 우호정책을 인접 무슬림 국가들에게 선포하였다. 그러나 안으로는 국내 거주 무슬림들을 처형하고 법조계 및 재무관련 부서에 근무하는 무슬림들을 해고시키고 궁궐에도 나타나지 못하도록 금지령을 내렸다. 학살당한 무슬림 중에 유명한 주와니 가문의 저명한 행정수반 삼스딘과 행정관(Sahib Diwan)으로 근무했던 무함마드가 1284년 처형당했다. 그가 처형되기 전 형 집행을 잠시 유예하여 달라고 요청한 후 몸을 닦고 꾸란 41장 30절 사본을 가지고 의식을 가졌다. 그 내용은 다음과 같다.

> "실로 우리의 주님은 알라 하나님이시라. 바른 길로 가는 신앙인들에게 천사들이 하강하여 두려워하지도 슬퍼하지도 말라하며 약속된 천국의 소식을 전하여 주더라.

그런 후 그가 읽은 꾸란을 동봉한 서신을 타브리즈 지역의 성직자들에게 보내고 자식들에게는 영원한 고별서한을 보냈다. 그는 그 편지에서 자식들에게 국가의 녹을 먹기 위해서가 아니라 알라 하나님의 축복을 받기 위해 공부해야 한다고 충고하면서 자유인이나 노예를 막론하고 모두에게 친절해야 한다고 하였다. 다섯 명의 자녀까지 처형됨으로써 유명한 주와니 가문은 5~6년 사이에 완전히 멸망하고 말았다.

행정관을 승계한 쉬하브딘도 1289년 8월에 전임자와 똑같은 운명을 맞았다. 1291년 2월에는 아르군 치하의 마지막 장관이었던 유대인 싸이드 다울라가 처형되었는데 무슬림들이 그와 그의 추종자들을 격렬하게 비난한 데서 비롯된 것이다. 그가 무슬림들을 학대한 것은 그의 추종자들을 관직에 등용하여 그의 세력을 확대하려고 한 사실을 아르군이 알았기 때문이다.

1291년 아르군이 사망하고 그의 형제 자이카가 계승하였으나 전임자가 사망한 지 4개월이 지난 후였다. 타쿠다르 아흐마드를 계승한 모든 후계자들은 이슬람교인이 아니었다. 이들 집권 기간에 기독교인들이 페르시아 집권 가문을 기독교화하려고 노력하였다. 왜냐하면 집권 가문이 그들에게 호의를 베풀어 왔을 뿐만 아니라 여러 중요한 관직에도 그들을 대거 등용하였기 때문에 기독교 전파에 가장 좋은 기회로 생각했다. 바이두는 몽고인들에 대한 이슬람 선교를 금지시키기까지 하면서 기독교인들에 유리한 정책을 폈다.

불교인 가잔과 이슬람

몽고인으로 페르시아의 일곱 번째 왕이 된 가잔(1295~1304 A.D.)은 불교인으로 성장했다. 그래서 그는 페르시아에 여러 불당을 건립하였다. 그는 불교 외에도 여러 종교에 대한 교리를 공부하고 각 종교의 신학자들과 자주 토론을 했던 것으로 보인다. 그는 당시 장관을 지냈던 저명한 역사가 라쉬드딘과 페르시아 여러 지역을 관할하고 있던 나우루즈 총독의 영향을 받아 이슬람으로 귀화한 후 이슬람을 국교로 만들었다. 이로써 억압받아 오던 이슬람이 샤머니즘과 몽고인들의 지역 종교보다 우세한 입지를 차지하고 페르시아 독립을 회복하기 시작하였다.

가잔은 바그다드의 압바스조가 사용했던 검은 색깔의 국기를 제작하여 사용하고 기독교인 및 유대교인들에게는 인두세를 지불하도록 하였다. 이슬람의 의미가 담긴 문구를 넣은 새로운 주화를 만들어 사용하는 등 1299년에는 꾸란이 금기하고 있는 이자(Riba)와 고리대금업을 금지하는 실정법을 제정하였다. 그리고 몽고 왕자들은 국가행사 때 그들의 전통의상을 입고 머리에 터번을 썼다. 시리아에서 그를 퇴위시키려는 음모로 싸움이 벌어졌다. 이 싸움에서 실패한 가잔은 건강을 잃고 1304년 32세의 나이로 세상을 떠났다. 페르시아 전역에서 그의 죽음에 애도의 행사가 성대하게 열렸다. 칭기즈칸의 정복 이전 상태로 이슬람의 위치를 회복시켜 놓은 업적을 남겼기 때문이다. 선임자들과는 달리 자비롭고 과학과 문학을 후원하는 등 신앙인들과 가난한 사람들에게는 더욱 너그러웠다. 예술과 수공업, 특히 건축에 헌신하였으며, 점성학, 화학, 광물학, 야금학, 식물학, 자연과학에도 많은 관심을 갖고 후원하였다. 몽고의 역사와 족보학에도 통달하였고 모국어인 몽고어 외에도 페르시아어, 아랍어, 중국어, 티베트어, 카쉬미리어, 라틴어까지도 구사하였다고 전해오고 있다.

가잔은 선임자들보다 많은 것을 더 알고 있었다. 서방 세계와 서구인들을 알고 있었는데 특히 아제르바이잔에 있는 그의 수도를 방문한 여러 외국 사절들로부터 많은 지식을 얻었다. 호워르스가 언급한 바에 따르면 이러한 역사적 사실들은 가잔 집권 말기에 수상직을 맡았던 대역사가 라쉬드딘이 쓴 작품 속에 잘 나타나 있다. 예를 들어 스코틀랜드가 영국에 조공을 바쳤으며 영국에는 뱀이 없다는 것을 가잔은 잘 알고 있었다. 가잔의 궁궐을 방문한 외교사절 가운데는 중국, 인도, 이집트, 스페인 바로셀로나의 솔리베로 사절, 영국의 지오프리 드 장리 등 그 밖의 여러 나라 사절들이 있었다.

가잔은 편애에 가까울 정도로 쉬아교리를 좋아하였다. 세금을 징수하고 착취와 태만, 낭비를 용납하지 않음으로써 건전한 국가재정을 만들어 놓았다. A.H. 701년 8월(Rajab) 13일(1302. 3. 14 A.D.)부터 일카니 또는 가자니라고 하는 새로운 제도가 도입되어 시행되었는데 이 제도는 재정에 악영향을 미치는 잡비와 변칙 비자금 사용을 규제하는 데 목적이 있었다.

그는 엄격한 고행을 실천하는 이슬람 수도사들을 위해 수도원을 건립하고 샤피와 하나피 법학연구를 위한 대학설립, 도서관과 철학연구원 설립, 예언자 가문의 후예들을 위한 주택건설, 분수를 비롯한 그 밖의 공공건물 건축에 재정지원을 아끼지 않았다.

가잔에 뒤이어 아르군의 아들 울자이투 반다(1305~1316 A.D.)가 통치권을 승계한 후 페르시아, 이라크, 아제르바이잔까지 그의 수중에 넣었다. 선임자가 제정하여 실행해온 법률을 재천명하고 이슬람법을 엄격하게 준수하도록 명령을 하달하였다. 왕위에 오른 그 해 그는 잔잔 근교에 술타니아 왕 도시를 건설하고 역사가이며 점성학자인 라쉬드딘과 싸와 지역의 싸아드를 공동 재무장관으로 임명하였다. 재임한 지 두 달 후에 몽고지역에서 온 세 사절을 받아 들였는데 사절은 체결된 평화휴전을 선언하기 위해 왔다. 곧이어 그는 이집트에 대사를 파견하여 마믈루크조 나세르 무함마드 술탄에게 상호 우호관계를 확신시켰다. 그런 후 얼마 되지 않아 울자이투 반다는 이집트의 순니파 마믈루크조를 공격할 목적으로 필립 레볼, 에드에드 II세, 교황 클리멘트에게 서신을 보내 지원을 요청했다. 1306년 4월 라쉬드딘은 그의 저서인 역사총서(Jami Al-Tawarikh) 전권을 울자이투 반다에게 헌서하였다.

울자이투 반다의 사망으로 나이 어린 아들 아부 싸이드(1317~1334 A.D.)가 통치권을 계승하였는데 그가 몽고계 또는 페르시아의 타타르 일칸 계열로서는 마지막이었다. 그는 라쉬드딘과 알리샤를 장관으로 임명하였다. 그 후 라쉬드딘은 후자의 음모로 해고된 후 처형되고 말았다.

아부 싸이드와 신학자의 해석

1318~1319년 사이에 소아시아는 심각한 기근으로, 1320년에는 엄청난 우박으로 재난을 겪게 되었다. 이러한 대자연의 재난에 놀란 아부 싸이드는 신학자들에게 그에 대한 해석을 물었다. 그러자 신학자들은 왕국 전역에 만연되어 있는 방종과 타락에서 온 신의 벌이라고 대답하였다. 술과 매춘행위가 성행하여 이슬람 사원 근처에는 술집과 윤락행위를 하는 여관들이 즐비하였다. 아부 싸이드는 즉시 술집과 매춘행위를 하는 여관을 폐쇄시키고 여행객을 위한 최소한의 양을 제외하고 술을 버리라는 명령을 내렸다.

아부 싸이드의 이러한 조치는 이집트 마믈루크 술탄에게 좋은 인상을 주었다. 이로써 항상 몽고인들에게 적대감을 가져왔던 나세르 무함마드 술탄이 아부 싸이드와 수월하게 조약을 체결할 수 있는 분위기를 만들어 주었다. 1323년 몽고의 공주가 나세르 무함마드 술탄과 결혼하면서 최종 조약이 성사되었다.

무슬림 여행가 이븐 바투타에 따르면 추반 왕자가 절대적 권력을 행사하고 아부 싸이드는 명목상의 통치자에 불과하였다. 이러한 상황은 부친의 아내들이 추반의 아들 디마쉬크 코와자가 오만불손하다고 불평을 하자 술탄이 그를 체포하여 사형을 집행하라는 명령을 내린 그 날까지 계속되었다고 이븐 바투타는 덧붙이고 있다. 아부 싸이드가 다시 절대적 권력을 행사하게 되면서 추반의 아름다운 딸 바그다드 카툰과 사랑에 빠지게 되었다. 그때 이미 추반의 딸은 아부 싸이드의 조카 쉐이크 하산 탈라이리와 결혼한 후였다. 그럼에도 불구하고 아부 싸이드는 그와 이혼할 것을 명령하고 그녀와 결혼하였다. 이 사건이 추반의 분노를 유발시키고 아부 싸이드를 살해할 음모를 공모하였다. 그러나 아부 싸이드가 추반을 먼저 제거해버렸다. 그리고 1335년 아부 싸이드가 사망하였다. 그는 남자아이를 두지 못했으므로 아르파가 그 뒤를 계승하였다. 아르파는 훌라구의 형제 아리크부가의 후손이다. 쉐이크 하산 틸라라이는 이라크와 페르시아 서부에서 독립을 선언하고 바그다드를 수도로 삼은 후 1411년까지 통치하였다. 그는 아부 싸이드가 그의 아내와 결혼했던 것처럼 미망인 딜샤드와 결혼함으로써 그에게 복수를 하였다. 그 후 아르파에게 전쟁포고를 한 후 벌어진 전쟁에서 승리하였다. 큰 쉐이크라 불리는 쉐이크 하산 탈라이리는 추반 왕자의 손자 작은 쉐이크 하산과 8년 동안의 전쟁에서 승리한 후 타라이리, 일명 일칸왕조를 건설하였다. 이 왕조는 15세기 초까지 이라크와 아제르바이잔을 다스렸으나 혼돈과 무정부 상태가 전 지역을 휩쓸면서 1384년과 1393년 사이에 티무르의 침략을 받아 두 개의 소수 국가로 분할되었다.

티무르의 세력은 1369년과 1380년에 크게 확장되었다. 오랜 기간에 걸쳐 페르시아와 아프가니스탄을 원정하고 메소포타미아와 바그다드의 항복을 받아낸 후 소련 남부지역을 공격하였다. 아나톨리아를 침략하였으며 1402년에는 앙카라에 있는 우스만 터키인들을 축출하고 그곳 가아지드 술탄을 포로로 잡아갔다. 계속해서 시리아를 항복시키고 이집트 마믈루크 관할하에 있는 알레포와 다마스쿠스를 점령하였다. 그리고 그는 사마르칸드를 제국의 수도로 삼고 인도의 델리에서 다마스쿠스, 아랄 해에서 페르시아 만에 이르는 대제국을 다스렸다.

티무르는 1408년 중국정벌에 나섰다가 도중에 사망하였다. 번성해가는 사파비조의 세력에 티무르 후계자들이 저항하기에는 역부족이었다. 1세기 동안 티무르의 영역은 페르시아 북부에 국한되어 있었다. 16세기 칭기즈칸의 손자 샤이반이 티무르 수도를 공격하여 갔을 때 티무르의 영토는 고작 부카라 지역의 카나데 뿐이었다. 불화와 왕자들 간의 경쟁, 가문 구성원 간의 질투 등으로 티무르 제국은 크게 허약해졌으니 페르시아의 사파비조와 트란속시아나의 샤이반 가문에게 정복의 길을 열어주고 말았다. 그러나 티무르 계보의 세력이 완전히 멸망한 것은 아니었다. 티무르의 후손 바베르가 1525년에 파키스탄의 라호레를 정복하고 인도에 무굴 제국 건설의 기반을 마련해 놓았다.

이집트의 마믈루크조(648~923 A.H./1250~1517 A.D.)

바흐리 마믈루크(648~792 A.H./1250~1390 A.D.)

샤자르 투르르(648/1250)
무잇즈 아이바크(648/1250)
누르딘 알리(655/1257)
세이프딘 꾸뚜즈(657/1259)
히르 바이바르스(658/1260)
바라카 칸(676/1277)
바르딘 살라미쉬(678/1279)
만수르 잘라운(678/1279)
아쉬라프 칼릴(689/1290)
나세르딘 무함마드(693/1293)
제인딘 키트부그(694/1294)
후삼딘 라진(696/1296)
나세르 무함마드(698/1298 : 재집권)
루큰딘 바이바라스 자샨키르(708/1308)
나세르 무함마드(709/1309 : 3차집권)

세이프딘 아부바크르(741/1340)
쉬아브딘 아흐마드(742/1342)
이마드딘 이스마엘(742/1342)
세이프딘 샤으반(746/1345)
세이프딘 하지(747/1346)
나세르딘 하산(748/1347)
살레딘 살레(752/1351)
나세르 하산(755/1354 : 재집권)
만수르 무함마드(762/1361)
아쉬라프 샤으반(764/1363)
알라아딘 알리(778/1376)
살레딘 하지(783/1381)
바르꾸(784/1382 : 부르즈 조 참조)
살레딘 하지(791~792/1389~1390)

바흐리 마믈루크조의 연대표

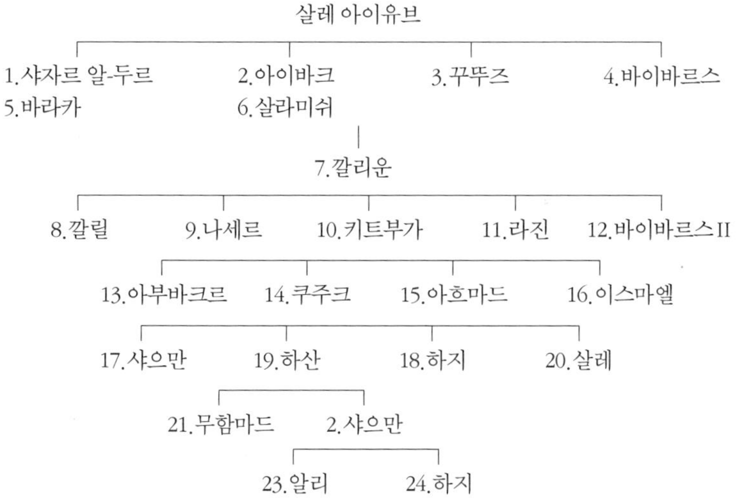

부르즈 마믈르크 연대(784~923 A.H./1382~1517 A.D.)

세이프딘 바르꾸끄(784/1382)
나세르 파라즈(801/1398)
만수르 압둘아지즈(808/1405)
나세르 파라즈(809/1406 : 재집권)

무스타인(815/1412 : 압바스조 칼리프)
무야아드 샤우크(815/1412)
무자파르 아흐마드(824/1421)
세이프딘 타타르(824/1421)
나세르딘 무함마드(824/1421)
세이프딘 바르스베이(825/1422)
자말딘 유스프(842/1433)
세이프딘 자끄마플(842/1433)
세이프딘 이날(857/1453)
시하브딘 아흐마드(865/1460)
세이프딘 쿠쉬까담(865/1461)
세이프딘 빌베어(872/1468)
자히르 티무르부가(872/1467)
세이프딘 까이트베이(873/1468)
나세르 무함마드(901/1495)
자히르 깐수(904/1498)
아쉬라프 잔발라트(905/1499)
깐수 구리(909/1500)
투만베이(922~923/1516~1517)

노예 출신의 통치시대

마믈루크조 시대는 이슬람 역사에서 가장 화려하고 번성했던 한 시대로 간주되고 있다. 마믈루크란 어휘는 아랍어에서 유래된 것으로 그 뜻은 누구에게 소유되어 있다는 자구적 의미이며 구체적으로는 전쟁에서 포로가 된 백인 남성노예 내지는 시장에서 사온 백인 남성 노예를 가리키는 말이다. 마믈루크조 술탄들은 바로 이들 백인노예 출신들이다. 이집트의 나즈무딘 아이유브 술탄이 경호원으로 이용하기 위해 구입해온 터키계 및 코카서스계 백인노예들을 마믈루크라 불렀다.

마믈루크조가 건국되기 전 이집트 술탄이면서 아이유브조 술탄 살레 아이유브의 미망이었던 샤쟈르 두르르가 이집트 마믈르크조의 시발점이 되고 있다. 아이유브 가문을 대표했던 무사가 몇 년 동안은 샤자르 알-두르와 함께 이집트를 통치하고 있었다. 그 이후로 노예 출신 왕들이 계속하여 통치권을 계승하면서 아이유비조는 바흐리와 부르즈 두 왕국으로 분할되어 이 두 왕국이 이집트와 시리아를 16세기 초반까지 다스렸다.

짧은 통치권 기간 동안 잦은 내란과 암살사건이 빈번했는데도 불구하고 마믈루크 술탄들은 잘 조직된 정부형태를 유지하면서 이집트에서 압바스 칼리파 체제를 회복하고 아인잘루트 대전투에서 몽고군을 격퇴하여 그들의 이집트 공격을 제지하였다. 또 시리아에 있는 십자군도 축출하는데 성공하였다. 샤자르 알-두르는 각 지역 총독에게 봉토를 주어 격려하고 세금을 완화하여 국민들의 마음을 사로잡았다. 비록 80일밖에는 통치하지 않았지만 탁월한 능력을 보여준 그녀의 통치력은 여성의 정치활동을 달갑지 않게 여기고 있는 이슬람 전통사회에 여성 통치자의 출현을 가능케 한 계기를 만들어 놓았다.

아이바크가 이집트 술탄이 되었을 때 마믈루크인들 간의 정권 경쟁으로 정세가 불안해졌다. 이러한 혼란을 틈타 시리아의 군주 말리크 나세르가 병력을 지휘하고 이집트로 진격해 왔다. 시리아는 곧 이집트와 연합하였다. 아이바크가 모슬 지역의 한 공주에게 구혼을 하자 샤자르 알-두르가 분노하고 1257년 남편을 음모하여 살해하였다. 그 후 아버지 나즈무딘 아이유브를 계승한 누르딘이 일부 하녀들을 충동하여 샤자르 알-두르를 살해하였다.

칼리파 제도의 폐지와 술탄제도 도입

A.H. 656년(1258 A.D.) 몽고인들에 의해 바그다드가 멸망되고 칼리프가 처형되면서 압바스 칼리파체제가 폐지되었다. 이 소식이 이집트에 전해지자 신학자 및 법학자, 군사령관들이 회의를 갖고 누르딘에게 충성한다는 약속을 깨뜨리고 마믈루크 출신 꾸트즈를 이집트 술탄으로 받들기로 하였다.

이집트 대군을 앞세운 새로운 술탄이 유명한 아인잘루트 전투에서 몽고의 침략자 훌라구를 패배시켰다. 아인잘루트는 팔레스타인의 바이산과 나블루스 사이에 있는 한 도읍이다. 이 승리는 계속된 몽고의 진격을 제지하고 이집트의 술탄이 된 마믈루크 사령관 바이바르스 덕분이었다. 마믈루크 바흐리조(1260~1277 A.D.)의 4대 술탄 바이바르스에 의해 이집트에 압바스 칼리파 체제가 회복되었다. 마믈루크 출신의 다른 정적들에 대항하여 세력을 확장할 목적으로 바이바르스는 그의 통치권을 합법화하려고 노력하였다. 그래서 그는 총회를 갖고 새 칼리프로 하여금 그에게 서임장과 명예의 예복을 수여하도록 하였다.

압바스 칼리파 체제를 회복하려고 했던 바이바르스의 노력은 종교적 의미보다는 정치에 목적을 두었다. 아직까지는 압바스 칼리파 체제가 믿음의 수호자로 간주되고 있었기 때문에 그의 지원을 받는 것이 그의 세력을 확장하는 데 필요하다고 보았다. 신학자들은 카이로의 칼리프를 모든 무슬림 영토의 통치자로서, 무슬림 세계의 지도자로서, 지상에 내려진 알라 하나님의 그림자로 간주해왔다. 일부 무슬림 왕자들은 카이로의 압바스조 칼리프가 그들에게 어떤 칭호를 부여함으로써 그들 통치권의 합법성을 부여하는 데 도움이 된다고 보았다.

그렇지만 바이바르스가 이집트에서 압바스 칼리파 체제를 회복하려고 한 최초의 인물은 아니다. 다마스쿠스의 아이유브조 부왕 말리크 나세르 유스프가 그러한 계획을 했던 선구자였다. 그는 바그다드에서 다마스쿠스로 피신한 압바스조의 한 구성원을 초청하였다. 그러나 초청받은 압바스조 구성원은 시리아에 있던 몽고인들이 이집트에 도착했다는 소식에 놀라 초청을 수락할 수가 없었다. 마믈루크 출신 꾸투즈(1258~1260 A.D.) 술탄도 초청받은 이 압바스 왕자를 무슬림들의 칼리프로 임명하려고 했으나 그의 계획이 실행되기 전에 사망하고 말았다.

바이바르스는 세습통치 체제를 구축하려고 했다. 그의 아들 싸이드를 황태자로 선포하였다. 그리고 마믈루크 최고 사령관 깔라운의 딸과 결혼시킬 계획을 갖고 있었다. 그러나 마믈루크 출신들은 세습제도에 익숙해 있지 않았다. 군 통솔력과 더불어 많은 추종자들을 거느리고 있지 않은 사람은 누구를 막론하고 지도자가 될 수 없다는 것을 줄곧 지켜보아 왔기 때문이다. 말리크 싸이드가 권좌에서 물러나자 깔라운이 그의 동생을 퇴위시키고 술탄이 되었다. 이렇게 해서 통치권(Sultanate)이 바이바르스 가문에서 깔라운 가문으로 넘어갔다.

깔라운은 코카서스에서 많은 코카서스인들을 데려와 그들을 카이로성의 망루에 배치시켰다. 그 이후로 이들은 망루의 노예 또는 코카서스 노예들이라고 불리어졌다. 그는 이들에게 특별 군사교육을 시키면서 그들의 이익도 옹호하여 주었다.

깔라운은 시리아로부터 십자군을 축출하는 데 바이바르스의 선례를 따랐다. 시리아와 이집트를 통합한 후 십자군과 몽고인들의 위협에서 시리아와 이집트를 보호하는 데 성공하였다.

통합된 이집트와 시리아 군대는 시리아를 점령하고 있던 십자군의 요새들을 파괴하고 1289년 아들 아쉬라프 칼릴이 점령하고 있었던 도시들을 1292년 다시 찾았다. 이렇게 해서 십자군의 세력은 종결되고 장기간 여러 전쟁을 치렀던 시리아 연안에 다시 평화가 찾아왔다.

깔라운의 아들 나세르 무함마드가 집권하고 있을 때 페르시아의 몽고 일칸 계열의 가잔은 시리아의 마믈루크인들과 싸우면서 거의 모든 세월을 다 보냈다. 1299~1300년 겨울 가잔은 10만 대군을 인솔하고 시리아로 진격해 갔다. 홈즈에 있는 마즈마아 무루즈 근교에서 벌어진 전투에서 마믈루크는 패배하고 말았다. 다시 몽고군은 시리아와 팔레스타인 거의 모든 전역을 황폐화시켜 버리고 금요 합동예배를 금지시키는 등 무슬림들을 공포의 도가니 속으로 몰아넣었다. 그러나 요새화된 다마스쿠스의 강력한 저항, 잘 무장된 마믈루크 군대, 페르시아에서 일어난 폭동, 특히 기대했던 십자군 지원의 실패 등 이러한 모든 요인들이 가잔으로 하여금 그의 수도로 귀환하는 계기를 만들어 주었다. 그리고 그는 나세르 술탄이 보낸 사절과 의견을 교환하는 것으로 만족해야 했다. 1303년 가잔은 다시 시리아로 공격해 오고 있었다. 그는 진격해 오는 길목에서 예언자의 손자 후세인이 피살된 카르발라에 들려 그곳에 헌화하였다. 그해 3월 몽고군은 홈즈 근교 수파르 초원지역에서 통합된 이집트와 시리아 군으로부터 심각한 타격을 입었다. 승리한 마믈루크조 술탄이 카이로에 도착하자 국민들이 그를 크게 환영하고 축제를 열었다. 이집트는 몽고인들의 길을 차단하고 바그다드의 칼리파 체제를 폐지하고 여러 다른 왕들을 전멸시켰던 몽고군을 패배시켰다. 이 당시 이집트는 유럽과 아시아의 여러 왕 또는 왕자들이 조약을 제의해 오고 결혼이나 선물을 통해서 이집트와 우호관계를 맺으려고 노력했을 만큼 번성하였다. 비잔틴 황제는 우스만 터키의 침략을 제지하는 한 방안으로 나세르와 조약을 맺고 인도 황제는 몽고와의 전쟁에서 나세르의 지원을 요청해 오기도 하였다.

시리아에서 패배한 지 얼마 되지 않아 페르시아의 몽고 일칸 계열의 울자이투는 다시 시리아 원정에 나섰으나 다마스쿠스 근교 라하다 지역에서 철수해야만 했다. 날씨가 너무 뜨거운데다 식량마저 고갈되었기 때문이다. 이런 일이 있은 후 페르시아의 아부 싸이드가 보여준 인간적인 조치가 이집트인들에게 좋은 인상을 심어주었다. 그 결과 아부 싸이드와 마믈루크조 나세르 술탄은 조약을 체결하고 나세르는 1330년 몽고 공주와 결혼하였다. 이로써 이집트와 시리아는 더 이상 몽고침략을 받지 않게 되었다.

아부 싸이드가 사망하자 페르시아 내부는 여러 소동으로 혼란에 휩싸이게 되었다. 페르시아를 욕심내고 있었던 나세르 술탄에게는 기회를 주게 되었다. 그 정책의 하나로 그는 하산을 지원했었는데 하산은 소아시아의 총독으로 있던 그의 동생 하산에 대항하기 위해 페르시아의 독립을 선언하고 바그다드를 이라크와 페르시아 서부지역의 수도로 삼았다. 이 두 하산은 티무르 타쉬의 두 아들이며 추반의 손자이다. 나세르는 형 하산에게 서한을 보냈다. 그 편지에서 그를 지원하는 대가로 바그다드에 대한 그의 통치권을 인정해 달라고 하였다. 결과적으로 이집트 마믈루크조 술탄 이름이 페르시아 주화에 새겨지고 바그다드에 있는 모든 이슬람 사원의 금요예배 설교에서 마믈루크조의 술탄 이름이 언급되었다.

나세르는 바흐리 마믈루크조의 술탄 가운데 가장 훌륭했던 인물로 간주되고 있다. 이집트 역사가 이븐 이야스는 그의 재능과 능력을 크게 평가하면서 칭송하고 있다. 당대의 저명한 시인 샤피딘 힐리도 그가 쓴 장문의 시에서 나세르가 이룩해 놓은 방대한 제국과 그의 세력, 끊임없는 그의 헌신을 묘사하였다.

1341년 나세르가 사망한 이후 이집트는 전염병과 기아로 시달렸다. 카이로 성 근교에 유명한 이슬람 사원을 건립했던 하산 술탄 통치시절에는 그 어려움이 이루 말할 수가 없었다. 1382년 바르꾸끄에 의해 바흐리 마믈루크조가 무너지고 서카시언, 일명 부르즈 마믈루크조가 건국되었다. 이 기간에 다시 마믈루크조와 몽고인들 사이에 적대행위가 재연되었다. 일명 티무르 랑 또는 타메르라네로 알려진 티무르는 이라크를 정복하고 안고라에 있는 우스만 군대를 축출하면서 시리아를 점령하였다. 1400년 그는 알레포, 홈즈, 발바크, 다마스쿠스를 점령하였다.

바르꾸끄는 몽고인들에 대항하기 위해 군대를 집결시켰으나 그는 곧 사망하고 그의 아들 나세르 파라즈(1399~1412 A.D.)가 부친의 뒤를 계승하였다. 마믈루크조와 몽고와의 관계는 악화되어 갔다. 특히 티무르가 보낸 사절이 구류되면서 더욱 심했다. 이 사건을 빌미로 티무르는 이집트와 시리아 원정에 나서게 된 것이다. 1400년 그는 알레포를 공격하고 하마, 에데사, 발바크를 점령하였다. 1401년 3월에는 다마스쿠스를 점령하고 매주 금요 합동예배 설교에서 그의 이름을 언급하도록 하였다. 마믈루크조 술탄은 페르시아의 몽고 일칸조에 대한 정책을 수정할 수밖에 없었다. 그래서 그는 티무르에게 귀중한 선물을 보내고 우호관계를 유지하려고 노력하였다.

나세르 파라즈는 그의 집권 말기에 들어와 권좌에서 축출되고 압바스조 무스타인 칼리프가 그 뒤를 이어 받았다. 1415년에 와서는 무아야드 쉐이크가 권좌에 올랐다. 그는 소아시아를 침략한 후 우스만 제국으로 하여금 그의 통치권을 인정하도록 하였다.

무아야드 쉐이크는 용감하고 매사에 신중한 행정가였다. 질서를 회복한 후 신앙생활에 충실하면서 금욕주의 생활을 하였다. 시를 쓰고 즐기는 시인이었으며 음악가였다. 그는 학문을 후원하는 데도 인색하지 않았다. 카이로 자월라 문 근교에 있는 이슬람 사원에는 아직도 그의 이름이 새겨져 있다.

1421년 무아야드 쉐이크가 사망하고 여러 허약한 술탄들이 그 뒤를 이어오다가 바르스바이가 권좌에 오르면서 이집트는 다시 회복되기 시작했다. 그는 알렉산드리아를 수차례 공격해 왔던 시실리 왕국을 점령하는 데 그의 온 정력을 다 쏟았다. 이집트 함대는 시실리 섬의 주요 해변 도시들을 점령하고 왕을 체포하여 카이로로 데려왔다가 300량의 금화를 받고 석방하였다. 시실리 섬의 왕은 마믈루크조의 통치권을 인정하고 매년 2만 디나르를 공물로 제공한다는 조약도 맺었다. 역사가들은 이 술탄의 뛰어난 지혜와 학식을 극찬하였다.

1438년 바르스바이가 사망하자 또 허약한 술탄들이 그 뒤를 이어오다가 1461년 쿠슈카담이 집권하면서 다시 회복되기 시작했다. 그의 집권기간 중 이집트 마믈루크조와 우스만 터키 사이의 분쟁이 시작되면서 까이트바이 시절에 전쟁이 일어났다. 여러 술탄들이 까이트바이를 승계하여 오다가 1501년 깐수가 술탄이 되었다. 마믈루크조 말기의 정세는 불안했고 경제사정은 어려웠으며 공무원들의 부패가 만연했다. 칸수는 국민들에게 과중한 세금을 부과하는 등 위조화폐를 발행하여 사용하였다. 1497년 포르투갈의 바스쿠 다 가마에 의해 아프리카 대륙 남단에 있는 희망봉이 발견됨에 따라 이집트 수에즈 해협을 지나가던 선박들이 항로를 바꿈으로써 이집트 마믈루크조는 국가를 운영할 세입원을 잃게 되었다. 이것이 결국 국민들에게 과중한 세금을 부과시키고 술탄은 위조화폐를 발행하게 되었다. 이집트 마믈루크조가 번성하고 강대국이 될 수 있었던 것은 수에즈 해협을 드나들면서 형성된 통과무역의 수입원 덕분이었다. 이제 마믈루크조는 군인 봉급까지 줄 수 없는 형편이 되었다. 이집트인들을 말할 것도 없었지만 마믈루크 출신들까지도 분노하기 시작했다. 군대를 유지할 수 있는 재정능력의 부재가 결국 망국의 원인이 되면서 1517년 마믈루크조는 우스만 제국에 넘어가고 말았다.

이미 언급한 바와 같이 터키와 이집트간의 분쟁은 마믈루크조 쿠쉬카담(1461~1467 A.D.) 집권기간 중에 시작되어 1501년 깐수가 이집트 술탄으로 즉위할 때까지 계속되었다. 그 후 1515년 살림이 술탄이 되면서 분쟁이 재연되었다. 이집트 술탄이 터키의 적에게 은신처를 제공하고 우스만 터키의 한 공주가 이집트로 도피해 왔을 때 은신처를 제공했던 것이 분쟁이 재발되는 동기가 되었다. 또 이집트 술탄은 터키에 대항할 동맹군을 찾기 위해 시리아를 횡단해온 페르시아 샤 왕의 사절과 비밀거래를 했다는 의심도 받았다. 그러나 근본적인 분쟁 재발의 원인은 이집트를 정복하려는 살림의 야망에서 비롯되었다.

16세기 초반 터키는 동방에서 힘이 가장 센 강대국이었다. 터키가 그처럼 강대국이 될 수 있었던 것은 페르시아와 이집트를 점령할 수 있었기 때문이다. 마믈루크조 말기 허약했던 이집트의 불안한 정세가 우스만 터키 살림 I세를 유혹하였다. 그래서 그는 먼저 시리아를 점령하는 것이 우선이라고 생각했다.

1516년 8월 24일 알레포 북부 평원에서 벌어진 마르즈 다비끄 전투는 이집트 마믈루크조의 운명을 결정지어 놓았다. 마믈루크조 술탄 깐수는 패망하여 피살되었고 군대를 인솔하고 시리아로 피신하던 압바스조 칼리프는 포로가 되어 콘스탄티노플로 송환되었다. 우세한 포병을 거느린 터키군에 이집트 군대가 대항하기란 불가능했다. 마믈루크조 군인들의 질투, 시리아 지역의 터키계 총독 케이르베가 터키를 지원함으로써 이러한 상황이 마믈루크조의 주된 멸망 요인이었다. 케이르베의 지원을 받아 우스만 군대가 시리아를 점령하였다. 그 이후로 케이르베는 그의 술탄을 거역한 배반자(Khain Bey)로 불리었다.

우스만 터키의 살림과 마믈루크조 멸망

우스만 터키는 다시 이집트로 진격해 갔다. 시리아의 한 지방을 정복한 마믈루크조 투만베 술탄이 카이로 외곽 리다니아 전투에서 패하였다. 이로써 1517년 1월 22일 이집트의 마믈루크조는 완전히 멸망하고 카이로 각 이슬람 사원에서는 우스만 터키 살림의 이름이 언급되기 시작했다. 마믈루크조 새 술탄은 배반당하여 1517년 4월 14일 카이로의 자윌라 문에서 처형되었다. 이렇게 하여 이집트는 터키 제국의 한 주가 되어 주변 아랍국가 시리아와 아라비아에서 분리되었다.

1258년 바그다드 붕괴 이후 카이로는 압바스 칼리파 체제의 중심지가 되어왔으며 마믈루크조 시대에는 소아이아와 누비아 사이에 놓여 있는 방대한 제국의 수도역할을 해왔다.

이집트와 외국과의 무역은 마믈루크조 시대에 크게 증가하였다. 유럽, 인도 극동지역으로 통하는 모든 항구와 대상로를 장악하고 있었기 때문이다. 단지 콘스탄티노플로 가는 길목은 장악하지 못했었다. 그 덕분에 마믈루크조는 동방무역을 거의 독점하다시피 하였다. 모든 금고는 관세 및 세금으로 거두어들인 금으로 가득 차 있었다.

그 밖에도 마믈루크조는 큰 돌을 사용하여 이슬람 대사원을 건립하였다. 그로 인해 석재산업이 발달하기도 하였다. 당시 석재산업 발달 덕분에 격자로 세공된 큰 돌로 세워진 대표적 건물들로는 다음과 같은 이슬람 사원이 있다.

1. 13세기 카이로 다히르 광장에 세워진 다히르 베이바르 사원이 있다. 베이바르는 아즈하르 사원 증축에도 일정금액을 기증하였다.
2. 13세기 수끄 나하신 근교 무잇즈 거리에 세워진 깔라운 사원.
3. 카이로 성 근교에 있는 하산 술탄 사원. 이 사원은 이슬람 정통 4개 법학파를 대표하는 4개의 대학으로 구성되어 있다.
4. 13~14세기에 세워진 나세르 무함마드 사원, 나세르가 아라베스크 스타일로 사원을 장식하자 후계자들이 그의 뒤를 따랐다.
5. 15세기에 세워진 꾸와이트베 사원과 그의 무덤.
6. 16세기에 세워진 바르스바이 사원.

우스만 터키 제국

우스만 제국의 연대표

에르투룰
1.우스만(680/1281)
2.오르칸(724/1324)
3.무라드 I (761/1360)
4.바다시드 I (791/1389)

술레이만
5.무함마드(805/1403)
무사

무스타파
7.무함마드II(855/1451)

8.바야지드II(886/1481)
9.살림 I (918/1512)
10.술레이만 I (926/1520)
11.살림II(974/1566)
12.무라드III(982/1574)
13.무함마드III(1003/1595)

14.아흐마드 I (1012/1603)
15.무스타파 I (1026/1617)

16.우스만III (1027/1618)
17.무라드IV (1032/1623)
18.이브라힘 (1102/1691)

22.무스타파II (1106/1695)
23.아흐마드III (1115/1703)

24.마흐무드 I (1143/1730)
25.우스만III (1168/1754)
26.무스타파III (1171/1757)
27.압둘 하미드 I (1187/1774)

28.살림III (1203/1789)
29.무스타파IV (1222/1807)
30.마흐무드II (1223/1808)

31.압둘마지드 (1255/1839)
32.압둘아지즈 (1277/1861)

33.무라드V (1293/1876)
35.압둘하미드II (1293/1876)
35.무함마드V (1327/1909)
36.와히드 (1336/1922)
37.압둘마지드II (1336~1338/1922~1924)

우스만 터키인들의 시조는 오르훈 부족에서 시작되었다. 이 부족은 중국 북부 지역에서 거주해 왔었는데 13세기 몽고인들의 침략에 밀려 서쪽으로 이동하여 가다가 소아시아 고원지대에 살고 있던 동족 셀주크 터키인들에게 피신처를 구하였다. 이 지역 절대 다수의 사람들은 터키어를 사용하고 이슬람을 믿고 있었다. 오늘날의 아나톨리아 지역을 가리킨다.

그 밖에도 많은 그리스인, 유대인, 아르메니인들이 이 지역에서 살고 있었다.

군지원에 대한 감사로 셀주크 터키인들은 우스만 터키인들에게 비잔틴 제국 국경 근처에 그들이 정착할 수 있는 영토를 제공하였다. 이들은 이곳에서 목축을 하면서 살았다. 이곳이 우스만 터키 제국의 중심지역이 된 것이다. 우스만 터키인들의 세력이 점점 커져가더니 주변 여러 소수 국가들을 장악하게 되었다.

무라드 I세와 앙카라 점령

1281년 우스만 I세가 주도권을 장악하면서 우스만 터키 제국의 제1대 술탄이 되었다. 그 이후로 그의 이름을 본 따 우스만 터키 제국이라고 불려지게 되었는데 서구에서는 정통 4대 칼리프 중 3대 칼리프의 이름과 혼란을 피하기 위해서 터키 오스만 제국으로 표기한 것으로 보인다. 우스만의 아들 오르칸(1326~1360 A.D.)은 부르사, 니케아, 카라치의 주변 국가들을 점령하였다. 우스만 터키의 성공은 오르칸이 마믈루크조를 본받아 조직한 새로운 엘리트 군대(Yanichari) 덕분이었다. 1358년 터키인들은 헬레스폰트를 가로질러 유럽의 비잔틴 제국을 정복하기 시작했다. 3대 무라드 I세(1360~1389 A.D.)는 부친의 모범을 따라 비잔틴 제국 정복사업을 계속해 갔다. 그는 오늘날 터키의 수도인 앙카라를 점령한 후 유럽 쪽으로 계속 진격하여 다르다넬스까지 세력을 확장하였다. 동유럽에 이슬람 제국이 건설되면서 서유럽에 세워진 스페인 이슬람 제국과 쌍벽을 이루었다.

아드리아노플 몰락과 더불어 유럽의 기독교 국가들과 단절이 되자 우스만 터키는 흔들거리는 비잔틴 제국을 포위하였다. 발크 지역 깊숙이 공격해 들어가니 그곳 국민들이 분열되었다. 한편 터키인들은 언어가 통일되어 있어 국민감정, 특히 군인들의 감정을 하나로 통합하는 데 크게 도움이 되었다. 마케도니아, 에미루스, 일리리아, 유고슬로비아, 세르비아, 불가리아가 우스만 터키 수중에 떨어졌다.

아드리아노플이 함락되자 유럽의 기독교인들이 관심을 갖기 시작했다. 이슬람세력이 증대됨에 따라 위협을 느끼기 시작했기 때문이다. 러시아 민족의 슬라브 군대가 우스만 터키에 대항하기 위해 단합하였다. 그러나 1389년 단합된 슬라브 군대도 무라드 I세에게 패하고 말았다. 이어 세르비아와 불가리아가 우스만 터키의 속국이 되었다. 아드라아 연안에 있는 라구사 공화국도 무라드 I세에게 항복하였다.

발칸반도 점령과 십자군 조직

무라드 I세가 한 세르비아인에 의해 피살되자 그의 아들 바야지드(1389~1402 A.D.)가 4대 술탄으로 승계하였다. 그는 살로니카와 모레아를 병합하였다. 우스만 터키의 세력에 위협을 느낀 헝가리와 슬라브의 기독교인들이 시기스문드 헝가리 왕에게 터키에 대항할 수 있도록 십자군 동맹을 제의하였다. 1394년 바야지드는 나코폴리스 전투에서도 승리를 거두고 세르비아, 불가리아, 루마니아의 나머지 영토를 점령하였다. 이 승리로 발칸반도 전체가 우스만 터키 수중으로 넘어갔다.

비잔틴 제국의 수도 콘스탄티노플만 아직 우스만 터키 수중에 들어가지 않았다. 아시아에서 일어나 소아시아 전역을 장악한 티무르 통치시절 타타르 몽고인들이 출현하였기 때문이다. 1402년 앙카라에서 벌어진 전투에서 바야지드 군대가 티무르 군대에 패함으로써 술탄은 8개월 동안이나 포로가 되어 있었다. 그는 포로가 된 슬픔 때문에 오래 살지 못하고 1402년에 사망하고 말았다. 타타르 몽고인들의 침략으로 다뉴브에서 오론테까지 펼쳐졌던 방대한 우스만 터키 제국이 힘없이 넘어졌으니 이제 터키는 병들어 누운 남자가 되어 버렸다.

티무르는 우스만 터키 제국을 바야지드의 네 아들에게 분할하여 주었다. 그러자 셀주크 계열의 터키 왕자들이 독립을 선언하였고 세르비아와 불가리아가 터키로부터 분리해 나갔다. 바야지드의 자식들은 술탄 통치권 문제를 놓고 싸우고 있었다. 1451년에 무함마드 II세가 6대 술탄으로 취임할 때까지의 50년 동안 우스만 터키의 세력은 약화되어 있었다.

무라드 II세(1421~1457 A.D.)는 왈라치아의 기사라고 불리는 헝가리 훈야디 총사령관의 공격을 막아 우스만 터키 제국을 보호하고 조약을 위반한 데 대한 복수로 1444년 바르나 지역에서 벌어진 십자군과의 싸움에서 대승리를 하였다. 그 뒤로 승리의 역사는 계속되었다.

무라드 II세 집권기간 동안에 여러 큰 사건들이 발생했다. 비잔틴 황제 임마누엘이 무라드 II세 아들을 공모하여 살해하였다. 이에 복수를 결심한 무라드 II세는 콘스탄티노플을 포위하였다. 그러나 소아시아에서 술탄의 동생이 일으킨 폭동 때문에 콘스탄티노플 공격을 취소해야만 했다.

불가리아, 세르비아, 보스니아, 알바니아, 루마니아, 헝가리가 우스만 터키에 대항하기 위해 연합하고 이탈리아로부터 십자군 지원을 받아 대군을 결성하였다. 1442년 벨그라드에서 2만 명의 터키군이 살해되고 군사령관이 포로로 잡혀갔다.

십자군 운동과 유사한 종교운동이 유럽에서 시작되었다. 슬라브인들과 헝가리인들이 교황에게 지원을 요청하자 교황은 즉시 유럽 왕들의 회의를 소집하고 터키 무슬림들에 대항하기 위한 지원을 호소하였다. 헝가리 장군 훈야디는 잘 훈련된 군대를 인솔하고 나섰고 세르비아와 불가리아는 이탈리아로부터 십자군 지원을 받았다. 1443년 훈야디는 발칸반도를 공격하여 터키군을 후퇴시켰다. 무라드 II세는 더 이상 버틸 수가 없어 평화를 제의하였다. 1444년 세르비아는 터키로부터 독립을 하고 10년간 휴전에 들어간다는 스베게딘 조약을 체결하였다. 양 당사자는 이 기간 동안 상대방을 공격하지 않는다는 맹세를 하였는데 이때 기독교인들은 성경(Bible)에, 터키 무슬림들은 꾸란(Quran)에 각각 맹세를 하였다.

무함마드 II 세와 콘스탄티노플 정복

7대 무함마드 II 세(1451~1481 A.D.) 시절에 비잔틴 제국의 최후 보루였던 콘스탄티노플이 무슬림들에게 정복되었다. 당시 지구상에서 가장 힘센 비잔틴 제국의 수도가 무너지게 된 것은 비잔틴 제국의 부패, 관료주의, 환관들의 득세, 비밀첩보 활동, 사치 등이 요인이었다.

무함마드 II 세는 질투심도 많고 학식과 교양을 겸비한 무슬림이었다. 노련한 정치적 수완과 영토를 확장한 정복자였다. 터키어, 아랍어, 페르시아어, 그리스어, 세르비아어도 능숙했으며 지리, 역사, 문학, 예술 군사학에도 조예가 깊었던 인물로 알려지고 있다. 선임자들이 실패했던 콘스탄티노플 정복에 지대한 관심을 두고 대량의 총포와 사제총을 준비하였다.

콘스탄티노플은 철저히 요새화된 도시였다. 남쪽으로는 마르마라 바다가, 북쪽으로는 골든혼 항구가 도시를 보호하고 있다. 이 항구에 거대한 성과 망루를 건설하였다. 1453년 4월 6일 15만 명의 대군을 지휘하면서 콘스탄티노플을 공격해 갔다.

팔레오로구스 비잔틴 황제는 교황과 유럽 왕들에게 지원을 요청했으나 콘스탄티노플의 절대 다수의 국민들이 황제가 교황에게 구원요청을 하는 것을 달갑지 않게 생각하였다. 콘스탄티노플의 교회들과 로마가 통일되는 것을 원하지 않았고 교황의 정신적 주도권에 반대해 왔기 때문이다. 베네치아만 지원을 해왔을 뿐 유럽 어느 국가도 지원을 못했다. 당시 유럽 대다수 국가들이 잦은 내란 문제를 해결하느라 여념이 없었기 때문에 외부지원을 생각할 겨를이 없었다. 터키 군대가 해상과 육상을 통해서 콘스탄티노플을 포위했을 때 콘스탄티노플의 전쟁준비와 유럽과의 동맹은 아무런 소용이 없었다.

술탄의 총들이 53일 동안 포위된 콘스탄티노플의 성벽을 향해 발사되었다. 비잔틴 군대는 황제 지휘를 받으면서 보기 드문 용감성을 발휘하여 그들의 수도를 방어하였으나 탄약이 고갈되자 철벽 같은 성벽이 허물어지기 시작했다. 1453년 5월 28일 우스만 터키는 지금까지 아랍인들이 실패해 왔던 콘스탄티노플 정복에 성공하였다. 이로써 이슬람 제국은 가장 신성한 선물 메카와 가장 아름다운 선물 스페인 정복에 이어 가장 부유한 콘스탄티노플을 얻게 된 것이다.

콘스탄티노플의 몰락과 르네상스

이렇게 하여 무함마드 II세는 가장 큰 기독교의 도시를 정복한 인물로 평가받고 있다. 그 후 콘스탄티노플은 우스만 터키의 수도가 되면서 이슬람불(Islambul)로 개명되었다. 그 뜻은 이슬람의 본산 또는 이슬람의 도시라는 의미를 담고 있다. A.D. 532년 쥬스티니언 대왕이 건립한 성소피아 성당도 이슬람 사원으로 개조되었다. 이 사건은 전 유럽 기독교인들의 분노를 유발시켰다. 이것이 계기가 되어 터키를 축출하기 위한 십자군 조직이 다시 재연되었으나 십자군 시대는 이미 지나가 버리고 말았다.

콘스탄티노플을 정복했다 하여 무함마드 II세는 정복자란 칭호를 받게 되었다. 그는 타 종교에도 관용을 베풀었다. 기독교인들에게 종교의 자유를 부여하였다. 종교기구를 설치하고 정신적 지도자를 임명하여 각 종교에서 발생하는 분쟁을 각자의 종교법에 따라 해결하도록 하였다. 그리스 정교에도 지원을 하면서 터키인들과 그리스인들 간의 불화를 평화롭게 해결하려고 하였다.

콘스탄티노플이 몰락하면서 지중해 해상권을 놓고 우스만 터키와 베네치아가 경쟁을 벌렸다. 1475년 크리미아가 합병되고 에게아 섬이 우스만 터키 영토가 되었다. 양국 간의 해상권 우위 다툼이 베네치아의 해상권을 허약하게 만들면서 인도양을 장악한 포르투갈의 세력만 강화해 주는 계기를 만들어 주었다.

15세기 초반 콘스탄티노플은 그리스 사람들의 학문연구와 문화활동의 중심지가 되어 있었다. 우스만 터키가 이 도시를 점령하자 이곳 그리스 사람들이 대거 서부 유럽으로 이동하기 시작했다. 이들은 귀중한 서적들을 가지고 이탈리아로 넘어가 그곳 대학에서 강의를 하기 시작하였다. 그 결과 그리스의 과학, 문학, 예술이 유럽 전역으로 확산되어 가면서 문예부흥으로 알려진 유럽의 르네상스 운동이 일어나기 시작된 것이다. 일부 역사학자들에 따르면 콘스탄티노플의 몰락이 중세 유럽 암흑기의 문을 닫고 근대 문명의 문을 열어준 계기가 되었다고 한다.

콘스탄티노플의 몰락이 가져온 또 다른 영향은 무함마드 II세의 후계자들이 시리아, 이집트, 아라비아를 점령함으로써 동방에 대한 정복의 길을 열어 놓은 것이었다. 이들이 유럽의 심장부라고 할 수 있는 비엔나 입구까지 이르자 유럽 각국은 유럽으로부터 우스만 터키를 축출해야 한다는 한 목소리를 내면서 분노하기 시작했다.

무함마드 II세의 야망은 콘스탄티노플과 발칸반도 점령에 만족하지 않고 로마 정복에도 관심을 두었다. 이탈리아의 도시 오란토가 터키의 수중에 들어갔으니 1481년 그의 사망과 더불어 이탈리아 정복은 무산되고 말았다.

바야지드 II세(1481~1512 A.D.)가 8대 술탄이 되었다. 그는 금욕생활까지 할 정도로 신앙생활에 충실했으나 형제간의 음모, 자식 간의 경쟁, 이집트 마믈루크조와의 불화, 터키와 페르시아 사이의 적대관계 등 제반 문제들을 해결하기에는 너무나 허약했다. 그가 이슬람 제국을 통치하고 있는 기간에 가장 아름다운 선물 스페인에서는 이슬람이 최후를 맞이하였다. 이때가 1492년이었다. 스페인에서 기독교 세력에 대항할 수 있는 군대를 지원해 달라는 장문의 구원요청이 있었지만 지원할 수 있는 힘이 없었다.

그러나 바야지드 II세의 아들 살림 I세(1512~1520 A.D.)는 가장 훌륭했던 우스만 터키 정복자 가운데 한 인물로 간주되고 있다. 역사가들은 그를 가리켜 불굴의 정신을 가진 남자라고 불렀다. 정권을 탐낸 그의 두 형제와 대신들을 처형하는 등 정적에 대해서는 잔인할 정도로 무섭게 다루었으나 학자들에게는 호의를 베풀었다.

이집트 마믈루크조의 불안하고 허약한 정세가 살림 I세에게 시리아와 이집트를 정복할 기회를 만들어 주었다. 1516년 8월 24일 마르즈다비끄 전투가 벌어졌다. 이 전투에서 마믈루크조의 깐수 술탄이 피살되면서 이집트 마믈루크조는 무너지고 말았다. 이집트 군대를 따라 시리아로 갔던 압바스조 칼리프는 죄인이 되어 우스만 터키의 수도 콘스탄티노플로 보내졌다.

우스만 터키군대가 이집트를 공격해 갔다. 마믈루크조의 마지막 술탄 투만베이가 카이로 외곽에서 패배함으로써 1517년 1월 22일 이집트의 마믈루크조는 완전히 무너지고 말았다. 술탄 살림의 이름이 금요예배 합동예배에서 언급되었고 시리아와 아라비아에서 분리되어 터키령이 되었다.

압바스조의 무타와키 칼리프는 우스만 터키의 살림 I세에게 통치권을 이양하는 공식행사를 가졌다. 바그다드의 칼리프들이 엄숙한 국가 행사 때만 입었던 예언자의 망토와 예언자의 수염 일부, 정통 2대 칼리프 우마르의 검 등 신성한 유물들을 살림에게 넘겨주었다. 이것은 통치권 이양의 상징적 의식이었다. 그러나 칼리파 통치권 이양에 대한 물질적 증거는 없다. 그 이유는 우스만 터키 제국이 공문이나 주화에 칼리프, 이맘, 신앙인들의 통치자(Amir Al-Muumin)란 칭호를 사용하지 않았기 때문이다. 우스만 터키 술탄들이 옛 통치자들의 칭호 사용을 회피한 것은 우스만 터키 술탄들이 지켜왔던 법률에 속한 하나피 법학자들이 칼리파 체제를 30년밖에 유지하지 못했다는 것으로 이해할 수 있다. 그러나 18세기 터키 외교관들은 기독교권과 교류할 때 그러한 칭호사용이 필요하다는 것을 깨닫게 되었고 또 우스만 터키 술탄과 터키 이외의 지역에 있는 무슬림들과의 유대관계를 맺어주는 데 필요하다고 느꼈기 때문이다.

살림 I세는 그의 짧은 통치기간에도 불구하고 페르시아의 샤를 패배시키고 쿠르디스탄과 디야르 바크르 지역을 터키령으로 귀속시키고 마믈루크조가 장악하고 있던 시리아, 이집트, 아라비아를 빼앗아 가장 성스러운 두 도시 메카와 메디나의 수호자가 되었다.

제11장

18세기 말까지의 중동

(1520 ~ 1800 A.D.)

- 술레이만(1520~1566 A.D.)
- 페르시아와 터키의 분쟁
- 우스만 터키 제국의 쇠퇴
- 압둘 아지즈 빈 사우드 가문과 사우디아라비아 왕국

술레이만(1520~1566 A.D.)

1520년 술레이만은 부친의 뒤를 이어 10대 술탄이 되었다. 그는 가장 오랫동안 장기집권을 한 인물로 동방과 유럽에서 많은 정복업적을 남겼다. 또 우스만 터키 제국을 하나로 결속시켜 영토 확장을 펼쳐나갔다. 무슬림들과 기독교인들 간에 계속되어 온 분쟁을 해결함으로써 기독교인들과 평화가 불가능하다는 이론에 종지부를 찍은 것도 그의 큰 업적으로 평가받고 있다. 우스만 터키인들은 그를 가리켜 법률을 제정한 입법자라고 불렀는데 그의 집권기간 동안에 백성들이 지켜야 할 주요 법률과 규정들을 만들었기 때문이다. 유럽인들은 그를 성경 속의 위대한 솔로몬에 비유하였다. 우스만 터키의 영토와 세력이 크게 확장되었기 때문이다.

술레이만과 동시대에 살았던 저명한 인물들로는 종교개혁의 선구자로 불리는 마틴 루터(1483~1546 A.D.) 영토를 크게 확장한 스페인의 왕 찰스 V세, 영국 정통교회가 로마교회로부터 분리되었던 시절에 살았던 헨리 VIII세, 프랑스 문예 부흥기에 있었던 프랑코 I세 등이 있었고, 터키계 출신으로는 이름난 건축가 시난, 법률고문 케말 자데, 항해사이며 해상제독인 케이르딘 바르바로사 등이 있다.

그는 페르시아 시를 창작할 정도로 시를 좋아하였는데 그의 부친 수준까지는 오르지 못했다. 금욕생활을 하면서 꾸란 전체를 여덟 차례나 쓸 정도로 신앙생활에 충실했다. 그가 직접 8차례나 썼다는 꾸란의 필사본은 오늘날까지 그가 묻혀 있는 사원에 보관되어 있다.

그는 1521년 벨그라드를 점령하여 서쪽의 헝가리로 가는 길을 열었고 1522년에는 십자군 왕자들이 통치하고 있던 로데스 섬을 점령하였다. 로데스 섬을 정복한 것은 중요한 역사적 의미를 갖고 있다. 이 섬은 이슬람 제국에 대항하여 온 십자군의 군사기지로서 우스만 터키와 다른 이슬람 국가 간의 우호관계를 방해한 해적들의 은신처였기 때문이다.

16세기 프랑스의 부르봉 왕가와 오스트리아 합스부르크 가문은 심각한 경쟁관계에 있었다. 오스트리아 합스부르크 가문을 대표했던 스페인의 왕 찰스 V세가 오스트리아, 헝가리, 보헤미아, 스페인, 신성로마, 네덜란드, 영국, 독일까지 세력을 장악하고 있었기 때문에 프랑스를 제외하고는 유럽 어느 나라도 합스부르크 가문에 대항할 나라가 없었다.

신교운동과 우스만 터키의 헝가리 침략이 찰스 V세의 위치를 허약하게 만들었다. 또 프랑스의 프랑코 I세가 해상전투에서 술레이만에게 패함으로써 프랑스 남단에 위치한 해안도시 니스가 우스만 터키에 넘어갔다. 우스만 터키 제국은 이곳을 해군기지로 사용하였다. 프랑코 I세는 파비아에서 포로가 되어 우스만 터키와 동맹관계를 체결해야만 했다. 프랑스 왕이 동맹을 맺은 것은 불가항력에 의한 것이었다. 그는 질투심이 누구보다 많았던 기독교인이었다.

1535년 바그다드에서 체결한 프랑코-터키 동맹 관계는 군사 및 경제적 의미를 함께 담고 있다. 즉 하나의 양보 조약을 의미하였다. 이 조약의 덕분으로 프랑스는 우스만 터키 영토 안에서 무역과 해상권을 갖되 그 대가로 5퍼센트의 관세를 지불하기로 하였다. 또 이 조약은 프랑스인들의 분쟁은 프랑스법에 따라 해결하며 그들의 신앙생활과 종교의식도 허용된다는 내용을 담고 있었다. 예루살렘에 있는 기독교 성물과 유물을 보호할 권리와 우스만 터키 제국 안에 거주하고 있는 기독교인들은 어느 정도 프랑스의 보호를 받는다는 내용도 들어 있었다. 그러나 이 조약은 1559년 찰스 V세의 퇴위와 프랑코 I세가 사망한 이후 체결된 조약(Catean Cambrises)에서 그 효력이 종결되었다.

페르시아와 터키의 분쟁

이스마엘 수피가 1499년 페르시아의 권력을 장악했다. 그는 예언자의 사위 알리 계보의 7대 이맘 무사의 직계 손 사피딘의 한 후손이다. 이스파한과 쉬라즈 지역을 포함하여 페르시아 대다수 지역을 장악하고 있던 우준 하산의 후손 알완드를 피하여 이스마엘은 타브리즈를 공격하여 항복을 받아냈다. 그 후 그는 타브리즈 평원에서 벌어진 전투에서 알완드를 제압하였다. 바그다드와 모슬, 그 밖의 여러 지역을 침략하고 그의 수도로 돌아왔다. 이로써 이스마엘 영토는 아제르바이잔, 페르시아, 이라크, 쿠라산, 파르스, 키르만, 쿠지스탄으로 확대되었다.

이스마엘은 쿠라산을 두 차례나 공격해 왔던 칭기즈칸의 후손 샤이바크칸과의 싸움에서도 승리를 거두었다. 이 전쟁의 승리로 헤라트와 메르브 지역이 이스마엘 수중으로 들어 왔다. 그리고 샤이바크칸과 그의 친인척 및 동료들이 대거 피살되었다.

우스만 터키와 페르시아 간의 실질적 권력투쟁은 사파비조(1502~1722 A.D.) 집권기간 중에 벌어졌다. 이스마엘은 우스만 터키 9대 살림 I세와 치열한 투쟁을 벌였다. 이 전쟁으로 인하여 살림은 우스만 터키 제국 안에 있는 모든 쉬아계열의 무슬림들을 증오하고 학대하기 시작했다고 역사가들은 전하고 있다. 정통 이슬람이라고 일컫는 순니계열을 이탈했다고 의심받은 4만 명의 무슬림을 학살할 정도로 쉬아 무슬림을 증오하였다는 설도 있다. 이 학살은 종교의 이름을 빌려 행하여진 가장 비참한 사건이었다고 페르시아 역사가는 기술하고 있다.

> "상상할 수 없는 그의 혹독한 탄압과 잔인성은 성 바돌로매 축제일에 벌어진 학살보다 더했다."

성 바돌로매 축제일의 학살은 1572년에 있었던 축제일에 파리의 구교도들이 2만 5,000명의 위그노 프랑스 신교도들을 학살한 사건이었다. 같은 종교인에 대한 학살로 샤하 이스마엘은 살림을 증오하고 적대시하게 되었다. 이 두 지도자는 상대방에 대하여 동일한 적대감을 가지고 전쟁준비에 들어갔다. 물론 터키와 페르시아 간의 갈등은 비종교적인 이유도 있었다. 동방에 대한 지배권을 놓고 오랫동안 경쟁을 하여 왔었다. 우스만 터키 술탄과 페르시아 샤하 사이에 교환된 일련의 서신들이 담고 있는 내용으로 보아 양 군주 간에 적대적 감정이 지배적이었다는 것을 짐작 할 수 있다.

터키군이 아제르바이잔과 페르시아 서쪽으로 진격해 갔다. 타브리즈 근교 찰디란 대전투에서 페르시아 방어 부대가 무너졌다. 1514년 9월 우스만 술탄은 승승장구한 기분으로 페르시아의 수도 타브리즈에 입성하였고 이때 페르시아의 왕 샤는 가까스로 포로가 되는 것을 모면하였다. 터키의 승리는 의심할 바 없이 조직력과 숫자적으로 우월한 군 병력, 대포와 같은 화력의 힘이 있었기 때문이다. 터키 장교들의 불만이 고조되자 살림은 서둘러 터키로 돌아왔지만 그의 페르시아 원정은 상당한 결과를 가져왔다. 페르시아 왕 샤의 거만을 허약하게 만들고 디야르 바크르와 쿠르디스탄 두 지역을 점령하여 터키 영토에 합병하는 성과를 거두었기 때문이다.

페르시아는 터키에 대항하여 전쟁을 치를 만큼 종교적 · 정치적으로 고무되어 있었다. 그리고 터키의 적이었던 포르투갈과 동맹을 체결하였다.

1510년에는 포르투갈령 인도의 총독 알폰소가 이스마엘에게 사절을 보내 동맹을 제의해 왔다. 그는 당시 쉬아 군대를 이용하여 포르투갈 함대와 연계하여 터키와 이집트를 공격할 마음을 갖고 있었다. 그러나 계획했던 페르시아-포르투갈의 동맹군이 살림의 군대를 제압하지 못했다. 동방에 대한 관심은 터키의 살림보다 페르시아의 샤가 더 컸다. 살림은 시리아와 이집트 정복에만 관심을 두고 있었기 때문이다.

1524년 이스마엘 샤가 사망한 후에도 그의 아들 타흐마스프와 터키의 술레이만이 페르시아와 터키를 대신하여 싸웠다. 1534~1536년 술레이만이 페르시아를 침공하고 수도 타브리즈를 점령했다. 또 이라크를 점령한 후 저명한 무슬림 신학자이며 터키인들이 따르고 있던 하나피 법학파의 창시자 아부 아니파의 무덤을 재건하였다. 이 무덤은 현재 바그다드에 있다. 1538년에는 페르시아를 공격하고, 1554년에는 아제르바이잔을 4번째로 침공하였다. 1555년 바로 전에 터키와 페르시아 간에 평화조약이 체결되었다. 술레이만의 아들 바야지드가 그의 아버지에 대항하여 반란을 일으켰으나 패배하였다. 그는 페르시아의 타흐마스프에게 은신처를 구하였다. 아버지 술레이만은 그의 아들을 돌려주든지 아니면 처형하라고 요구했다. 타흐마스프는 터키로 가는 사절 편에 피신한 터키의 왕자를 보냈다. 동기야 어떻든 간에 아버지를 배반한 터키의 왕자를 인도해준 그 행위 자체에 대해 우스만 터키는 페르시아에 감사하고 그것이 계기가 되어 양국 간에 평화조약이 체결되었다.

페르시아에서 일어난 일련의 소동들이 우스만 터키의 과거 정적들에게 목소리를 낼 수 있는 기회를 주었다. 1722년 인도의 무굴 제국이 페르시아를 공격하고 사파비조의 마지막 왕을 퇴위시킨 사건이 있었다. 아프가니스탄의 미르와이스 부친은 페르시아의 후세인 왕을 인도의 무굴 제국으로부터 보호해야 한다고 요구해 왔다. 1736년 미르와이스의 아들 나디르가 우스만 터키 술탄을 패배시키고 바그다드까지 이르는 서쪽지역을 장악한다는 조건으로 평화조약을 체결하였다. 나디르 샤는 페르시아 주요 인사들에게 사파비조의 이스마엘 I세가 소개한 쉬아 교리를 포기하도록 종용하였다. 그리고 그는 사파비조 시대의 국경을 회복하였다. 트란속시아나를 횡단하여 가즈나와 아프가니스탄의 수도 카불을 점령하고 그의 자식을 페르시아의 총독으로 임명하였다. 파키스탄의 라호레도 점령하고 1739년에는 인도의 델리에 입성하였다. 그리고 인도 무굴 제국으로부터 많은 공물을 받아냈는데 1949년 빅토리아 여왕에게 바친 109캐럿의 인도산 다이아몬드(Kohinour)를 획득하였다.

그에 반대하는 폭동이 계속되면서 나디르는 우스만 터키의 술탄을 칼리프로 인정해야만 했다. 1747년 나디르 샤가 피살되자 그의 조카 알리쿨리가 그 뒤를 이었다. 그의 집권기간 중 페르시아 제국이 쇠퇴하기 시작하였으므로 우스만 터키인들은 동방과 유럽에서 평화롭게 살았다.

우스만 터키 제국의 쇠퇴

유럽에서의 우스만 제국

1566년 영웅 술레이만이 사망했지만 우스만 터키 제국은 아직 건재했다. 코카서스 지역을 정복하는 등 1577년에는 흑해에 위치한 티플리스를 재탈환하고 그다음 해에는 사파비조의 수도 타브리즈를 재점령하고 게오르기아를 정복한 후 폴란드 내정에 간섭하였다. 또 1593년에는 보스니아의 총독을 무너뜨렸다. 1638년에는 바그다드를 구하고 페르시아와 평화조약을 체결하였다. 한편 베네치아인들이 해상전을 통하여 터키에 필사적으로 대항해 왔다. 1645년 우스만 터키가 사이프러스와 크레테 섬에서 그들을 축출한 데 대한 도전이었다.

1651년 우스만 터키 제국의 함대가 패하면서 무함마드 코푸룰루가 대신직을 맡았다. 절대 권력을 장악한 그는 제국의 질서를 회복하고 재정안정에 주력했다. 1661년 그가 사망하고 그의 아들 이브라힘이 부친의 개혁정책을 계속 추진해 나갔으나 그것은 독재정치를 위한 개혁이었다.

1663년 우스만 터키는 헝가리를 공격하고 비엔나를 위협하였으나 터키는 계속하여 패하고 말았다. 그 결과 헝가리의 수도로서 145년 동안 우스만 터키 제국의 보루역할을 해 왔던 부다(Buda)가 합스부르크 황제의 수중에 돌아가고 말았다. 1676년에는 헝가리 모하코즈 전투에서 패배하고 그다음 해에는 벨그라드에서 철수해야만 했다. 1699년 카를로위치 조약으로 우스만 터키는 헝가리, 슬레베니아, 크로아티아를 합스부르크 황제에게, 그리고 헤메니츠, 파돌리아, 우크라이나, 모레아, 달마티아를 베네치아인들에게 양도하였다.

1757년 무스타파 III세가 26대 우스만 터키 술탄으로 취임하였다. 그는 질서를 확립하고 재정을 확보하여 군대를 재조직할 수 있었다. 오스트리아를 공격했던 프러시아의 프레데릭 공이 우스만 터키에 원조를 요청함으로써 1761년 3월 상호간에 우호협정이 체결되었다.

군의 재조직에도 불구하고 우스만 터키군은 잘 무장한 유럽군대에 대적할 수가 없었다. 1770년 러시아가 몰다비아, 왈라치아, 다뉴베까지 진격해 들어왔다. 이때 러시아 함대가 최초로 에게해에 나타났다. 요새화된 모레아 지역이 함락되고 같은 해 7월에는 소아시아 해변을 따라 일어난 충돌에서 러시아 함대가 우스만 터키의 함대를 격파하고 그다음 해에는 크레미아를 공격해 왔다. 프러시아와 오스트리아의 개입으로 1772년에 휴전이 체결되었다.

군의 재정비를 통하여 우스만 터키 제국은 러시아의 진격을 제지할 수 있었다. 1773년에는 다뉴베를 가로질러 러시아의 진격을 물리칠 수 있었다. 무스타파 Ⅲ세가 사망하고, 그의 형제 압둘하미드 I세가 그 뒤를 이었으나 허약했다. 1774년 러시아의 카쩨리네 II세와 다음과 같은 내용으로 조약을 체결할 수밖에 없었다.

1. 흑해에 있는 요새를 러시아에 넘겨주고 다르다넬레스를 지나가는 통과권을 부여한다.
2. 크레미아의 완전 독립을 보장한다.
3. 몰다비아 주민들에게 신앙의 자유를 부여한다.

1788년 우스만 터키 제국의 함대가 치명적인 패배를 당했다. 오스트리아가 터키에 선전포고를 하였다. 1792년 터키와 러시아 간에 재시(Jassy) 조약이 체결되면서 크레미아는 러시아로 넘어갔다.

근동에서의 우스만 터키 제국

이집트

우스만 터키가 지배하고 있던 근동의 상황은 그렇게 좋은 편이 아니었으나 1517년 우스만 터키가 이집트를 정복한 후 17세기 후반까지의 이집트 상황은 비교적 안정되어 있었다. 그러나 이 기간에도 이따금 터키 일부 장교들이 이집트 총독으로 왔던 우스만 파샤에 대항하여 소동을 일으키곤 하였다.

17세기 말에서 18세기 동안 우스만 터키의 명성은 크게 감소되어 이집트 내정에 대한 터키의 영향력도 크게 감소되었다. 이집트 총독 우스만 파샤는 터키 왕제의 친위병들로 구성된 수비대 지휘관들과 세력이 증대해 가는 이집트 마믈루크조 왕자들의 간섭을 받게 되었다. 거기에다 우스만 파샤들과 마믈루크 출신들 사이에 투쟁이 점차 심화되어 갔다. 그러나 이집트인들은 별다른 관심을 갖지 않았다. 오히려 우스만 파샤와 마믈루크 왕자간의 투쟁이 단지 그들의 호기심만을 유발시켰을 뿐이다. 유럽 세력에 대항하여 오랫동안 싸워오면서 지친 우스만 터키의 세력이 악화되자 이러한 혼란은 더욱 악화되었다.

18세기 후반에 이집트 정치무대엔 두 가지 중요한 양상이 나타났다. 하나는 게오르기아 출신 기독교인으로 이슬람에 귀화한 알리베이 카비르가 있었다. 그는 그의 종이었던 무함마드 베이 아부다합의 지원을 받아 정적들을 제압하고 카이로에 입성한 후 세력을 확장하면서 평화를 회복시킬 수 있었다. 1769년 투르코-러시아 전쟁이 일어나자 술탄 압둘 하미드 I세는 알리베이 카비르에게 병사들을 징집하여 무장을 시켜달라는 군사지원 요청을 하였다. 그러나 알리베이 정적들은 술탄에 복종하지 않았다는 이유를 들어 그를 기소하여 해임시켜 버렸다.

알리베이 통치기간은 혼돈과 무질서로 얼룩졌다. 당시의 이집트 역사에서 중요한 의미를 지닌 기간이었다. 우스만 터키가 쇠약해 가는 기회를 틈타 마믈루크 제국을 재건할 수 있는 기회를 준 것이다. 아라비아의 헤자즈 지역의 내부 사정도 그에게 유리하게 작용했다. 그는 그곳에 원정대를 파견하면서, 비록 잠시였지만, 술탄의 자리에 올랐다. 다음에는 다마스쿠스를 정복하고 아크레 지역의 총독을 감금시켰다. 1737년 5월 알리베이는 패배하고 우스만 터키의 지원을 받은 그의 종 무함마드 베이 아부다합의 손에 깊은 상처를 입었다.

무함마드 베이 아부다합이 약 3년 동안(1772~1775 A.D.) 이집트를 통치하였다. 우스만 터키의 허약성이 이집트 내의 정적들에게 정치활동을 재개할 수 있는 기회를 만들어 주었다. 1775년 그가 사망하고 이브라힘 베이와 무라드 베이가 마믈루크 세력다툼 기간에 권력을 행사할 수 있는 기회를 가졌다. 그러나 이들도 세력다툼을 계속하여 오다가 1798년 6월 프랑스의 나폴레옹에게 이집트를 정복할 수 있는 기회를 만들어 주고 말았다.

시리아와 레바논

17세기 초 시리아와 레바논에서 발생한 일련의 내란들은 두르즈파 계열의 파크르딘 왕자가 우스만 터키에 대항하여 폭동을 일으켰던 쿠르드족의 지도자 잔불라드와 동맹하여 일으킨 사건들이었다. 파크르딘 왕자는 투스카니의 듀크와도 동맹을 맺었다. 그는 교황과 스페인 왕의 지원을 얻어 팔레스타인을 정복할 생각도 갖고 있었다. 1610년 레바논의 바알바크 지역을 점령한 후 다마스쿠스를 위협하고 있었다. 1613년 우스만 터키 함대가 시리아 연안에 나타나자 파크르딘은 이탈리아의 레곤으로 도주하였다가 다시 플로렌스로 가 그곳에서 5년을 보냈다. 한편 영리한 그의 모친이 손자 아흐마드를 대신하여 다마스쿠스의 섭정총독에 대항하여 그의 영역을 고수하고 있었다. 기회를 틈타 시리아로 돌아온 파크리딘은 시리아 연안을 따라 안티오크까지 그의 세력을 구축하여 나갔다. 1638년 또 다른 우스만 터키 함대가 시리아 연안에 나타나 항구들을 점령하였다. 한편 시리아 각 지방의 우스만 터키의 총독들은 육로를 통하여 두르즈 정파를 공격하였다. 결국 파크르딘은 항복할 수밖에 없었다. 그는 콘스탄티노플로 전송되어 1635년 4월 그곳에서 처형되고 말았다.

A.D. 18세기 말 이집트 마믈루크 출신 알리베이 카이르는 시리아로 관심을 돌렸다. 이집트 통치자들은 전통적으로 시리아와 아라비아의 헤자즈지역에 그들의 세력을 구축하려고 노력해 왔다. 우스만 터키와 불편한 관계에 있던 알리베이 카비르가 터키의 적 베니스 공화국으로부터 군사지원을 요청하였다. 그러나 베니스 공화국은 허약한 국력 때문에 군사지원을 할 수가 없었다. 알리베이는 러시아로 지원요청을 시도해 보았으나 러시아도 A.D. 1769년에 시작된 터키와의 전쟁에 여념이 없었으므로 지원을 받을 수가 없었다. 다마스쿠스의 정복을 지원했던 아크레 지역 총독이 그를 지원하였을 뿐이다.

이라크

이라크는 순니교리와 쉬아교리 출신들의 정치무대가 되어버렸다. 페르시아의 사파비조(1502~1722 A.D.)와 순니교리를 따르는 우스만 터키와의 각축장이 되고 말았다. 쉬아교리에 고무된 페르시아인들이 터키인들을 증오하고 있었기 때문이다. 페르시아인들은 이라크를 정복하기 위해 오랫동안 노력해 왔다. 그곳에는 쉬아파 교인들이 찾는 성지 나자프를 포함하여 여러 쉬아 중심지 가운데 하나인, 예언자의 손자 후세인이 피살된 카르발라 성지가 있기 때문이다.

16세기 초 이라크는 우스만 터키 지배하에 있었다. 1535년 영웅 술레이만 영웅이 이라크를 침공하고 바그다드에 입성한 후 순니계열의 하나피 법학파 창시자인 아부 하니파의 무덤을 재건하였다. 롱그리그 학자는 터키가 이라크에서 얼마 동안 페르시아의 세력을 제압했다고 하였다. 술레이만이 이라크를 정복한 것은 그곳의 순니교리를 회복하기 위한 하나의 종교전으로 볼 수 있다.

우스만 터키 지배하의 이라크 사정은 페르시아 사파비조 지배하에 있었을 때보다 못했다. 국민들, 특히 이라크 내부의 쉬아인들은 이라크가 터키와 페르시아 사이의 정권 장악을 위한 각축장이 되고 있다는 것에 분노하면서 우스만 터키의 통치에 분개하기 시작했다. 터키 친위대의 독재, 바그다드 대법관들의 절대적 권력행사, 재무부 장관과 그의 측근인사들의 야망, 봉토제도, 이라크 총독들의 독립적 정책 등 모든 상황이 17세기와 18세기 초 우스만 터키 지배하의 상황이었다.

우스만 터키의 17대 무라드 Ⅳ세에 대항하기 위해 총독으로 있던 바크르가 반란을 일으킨 것은 그 당시 이라크의 정세를 대변해 주는 좋은 예이다. 그러나 무라드 Ⅳ세가 서둘러 폭동을 진압함으로써 1639년 이라크의 정세는 다시 안정을 되찾았다. 무라드 Ⅳ세의 이라크 원정은 비록 그곳의 발전과는 아무런 관계가 없고 술탄들에 대항한 폭동을 지연시키는 결과를 초래했지만 페르시아인들에게는 커다란 영향을 미쳤다.

비교적 안정된 정세에 힘입어 이라크 국민들은 스스로 질서를 지켜 나갔다. 19세기에 들어와 부족들이 정착하기 시작했다. 쉬브 부족은 아라비스탄에 정착하면서 쌀 경작을 하고 땅을 개간하였다. 19세기 바누 샤미르 부족장 파아리스가 아라비아 중앙 나즈드 지역에서 이라크 서부로 이동하여 정착하였고 바누램 부족은 티그리스 계곡 중심부에 정착하였다. 그 밖의 이라크 아랍 부족들 중에는 쿠르드 족에서 나온 바반부족, 중세와 근대 정치무대에서 활약했던 모슬 지역의 잘리리 부족 등이 있다.

이라크에서 우스만 터키의 일부 총독들이 신앙생활에 충실하고 국민복지에 기여한 것은 사실이지만 그러나 대다수 총독들은 국민복지에 아무런 관심을 보이지 않았다. 오히려 그들의 허약한 행정력이 순니와 쉬아 간의 분쟁을 야기시키고 페르시아의 정치공세를 가속화하는 계기를 만들어 놓았다.

18세기 이라크 북부에 위치한 모슬 지역은 바그다드 중앙정부로부터 거의 독립된 체제로 유지해 오고 있었다. 그 결과 두 지역 간의 관계가 점차 약화되면서 종국에는 모슬 지역이 독립행정을 하기에 이르렀다. 키르쿠크를 수도로 삼고 있던 모슬의 통치자도 바그다드 총독과의 관계도 거의 없었다. 그러나 모슬 지역의 정세가 안정되지 못하여 발전하지 못한데다 부족 간의 갈등이 재연되면서 산악지대에 살고 있던 쿠르드 족과 각 지역 부족들이 공격해 오기 시작했다.

한편 이라크 남부에 위치하고 있는 바스라 지역의 상황은 달랐다. 아라비아 반도에 근접하고 있는 탓으로 이 지역 이라크 주민들은 터키인들에게 더욱 호전적이었다. 해안에 위치하고 있는 지역적 위치가 이라크 북부 중심지에 비해 훨씬 발전할 수 있는 여건을 제공해 주고 있었다. 또한 바스라가 터키로부터 바그다드보다는 거리상으로 멀어 우스만 터키가 이 지역에 대한 정복의 꿈을 갖지 않았다는 점도 이 지역 발전에 유리하게 작용했다. 당시 바스라 지역은 아랍의 후손 아프라쉬아브 왕자가 독립된 형태로 다스리고 있었다. 그는 군대를 조직하여 통치권을 확립한 후 이 지역에 대한 자치권을 얻는 데 성공했다. 그가 우스만 터키 제국에 순종한다는 유일한 표시로 매주 금요 합동예배 설교에서 술탄의 이름을 언급해 주는 일밖에는 없었다. 16세기 바스라는 자유와 평화를 만끽하면서 인도와 교역을 하는 중심지가 되었다. 영국, 포르투갈, 콘스탄티노플, 네덜란드, 그 밖의 여러 지역에서 상인들이 이곳에 몰려와 인도에서 수입된 상품들을 구입해 갔다. 이 지역 왕자는 상품 판매가에 5퍼센트의 세금을 부과하여 300만 파운드의 개인소득을 올렸다. 왕자의 주요 수입원 중에는 주화, 말, 낙타, 종려나무 열매(Tamr)도 있었다.

18세기 이라크의 역사는 16~17세기 역사와는 다소 차이가 있었다. 즉 터키와 페르시아 간의 투쟁은 아프간 사람들과 페르시아인들의 새로운 정치활동으로 인하여 영향을 받게 되었다. 사파비조 일부는 아프간인들, 일부는 페르시아 새로운 통치에 의해 계승되어 갔다. 페르시아는 사방으로부터 공격을 받고 있었으니 이라크는 더 이상 페르시아인들을 두려워하지 않았다. 이라크 총독들이 지역발전에 전념하였다. 터키, 페르시아, 네덜란드, 포르투갈, 영국이 서로 주도권 싸움을 하고 있는 동안에 아라비아 반도의 상황도 개선이 되었다. 19세기 초 이라크의 정세는 통치자가 개혁을 할 수 있는 분위기도 만들어 주었으나 터키 총독들 중에는 특별한 능력을 보여 주었던 하산 같은 인물도 있었다.

페르시아

터키와 페르시아 두 지역 간의 갈등도 역시 새로운 요인들의 영향을 받게 되었다. 언급했던 것처럼 때로는 아프간 출신들이, 때로는 페르시아 출신 지도자들이 페르시아의 사파비조를 통치한데다 사방으로부터 공격을 받고 있었기 때문이다. 유럽 세력들은 아랍비아 반도에 관심을 갖고 있었다. 영국과 네덜란드가 해상권을 잠식해가기 시작하였다. 한편 페르시아인들은 포르투갈에 대항하여 투쟁한 결과 17세기 초에는 바레인과 호르무즈 해협에서 그들을 추방하는 데 성공하였다. 포르투갈이 페르시아의 반다르 압바스 항구도 얼마간 점령하고 있었다. 영국의 동인도 회사가 포르투갈이 허약해진 틈을 이용하여 1670년 페르시아와 조약을 체결하고 포르투갈의 수중에 있던 실크 무역에 대한 독점권을 얻었다.

아라비아

이슬람의 단결이 허물어질 기미를 보이자 개혁의 목소리를 내는 자유사상가들로 구성된 무슬림 단체가 출현하였다. 16~18세기 동안에 이슬람 국가들로 개혁운동이 확산되면서 근동의 이슬람 국가들을 위협하였다. 18세기 말 후반에 들어와 아라비아 반도 중심부에 위치하고 있는 나지드 지역에서는 무함마드(Muhammad bin Abd Al-Wahab)가 이슬람 시대 초기에 그랬던 것처럼 꾸란의 가르침과 예언자 무함마드의 전통에 의거한 민족부흥 운동을 전개하였다.

무함마드는 젊어서 여러 이슬람 중심 도시에서 이슬람 신학을 공부하였다. 바그다드에서는 한발리 이슬람 법학을 창설한 이븐 한발의 이론을 수학하였다. 그러나 그의 학설과 이론이 너무 강직하고 엄격해서 그렇게 큰 매력을 끌지 못하고 주로 나지드, 바레인, 시리아에서 소수의 추종자만 두었을 뿐이다. 그의 추종자들은 꾸란의 가르침에 따라 술을 부어 버리고 악기를 부수어 버리는 등 꾸란의 교리를 엄격하게 실천하였다.

그는 무함마드라는 그의 본명보다는 와합의 아들, 즉 이븐 압둘와합(Ibn Abd Al-Wahab)으로 많이 알려지면서 그가 주도한 청교도적 이슬람 개혁운동은 그의 부친 이름을 딴 와하비야 운동으로 소개되고 있다. 이븐 압둘와합은 아흐마드 이븐 타이미야 이론도 공부하였다. 이븐 타이미야는 아흐마드 이븐 한발의 법학을 본받아 14세기의 이슬람 국가 통치자들이 저지른 부패와 타락을 신랄하게 비난하면서 무슬림들의 관심을 촉구하였다. 그는 통치자들을 위선자들이라고 공개적으로 비난하면서 당시의 이슬람 학자들, 헌법과 법률제도 특히 이슬람 교리에 위배된 관습법을 공격하였다. 그는 모든 종교인들에게 꾸란 그리고 예언자의 언행(Hadith)과 전통(Sunna)을 준수하라고 촉구했다. 마틴 루터가 기독교인들에게 성경에 의존한 신앙생활로 복귀해야 한다고 외쳤던 것과 흡사하였다. 그러나 이븐 타이미야의 이슬람 사상은 무슬림들이 십자군과 몽고에 대항하여 싸움에 여념이 없었던 시기여서 별다른 성과를 거두지 못했다. 그의 가르침은 4세기 반 동안 무슬림들의 무관심 속에 파묻혀 있다가 이븐 와합을 통하여 아라비아 반도 유목민(Badawi)들에게 확산되면서 정치개혁의 밑거름이 되었다.

이븐 압둘와합은 이러한 운동이 우스만 터키 지배하에서는 어떤 성공도 거둘 수 없다는 사실을 잘 알고 있었다. 우스만 터키는 어떤 형태의 개혁도 제국의 통합에 위험하다고 간주하고 있었기 때문이다. 그는 또 콘스탄티노플, 카이로, 바그다드, 다마스쿠스와 같은 이슬람 중심도시에 있는 종교인들이 그의 운동을 지원할 것이라고 생각하지도 않았다. 일반적으로 당시 이슬람 사회의 종교인들은 그들의 높은 사회적 위치와 대우에 모험을 싫어하는 보수적 성격을 띤 공무원들이었기 때문이다. 그래서 그는 사막에 사는 유목민들 사이에 그의 사상운동을 전개할 마음을 가졌다. 유목민들은 마음이 단순하고 순수하며 때로는 경건하고 염세주의적 성격을 지니고 있기 때문이다. 뿐만 아니라 이들은 사치와 향락생활을 즐기는 도시인들이 이슬람 공동생활을 멀리함으로써 이슬람 공동체(Umma Al-Islamiya)를 멸망케 한 장본인들로 생각하고 있었기 때문이다.

압둘 아지즈 빈 사우드 가문과 사우디아라비아 왕국

사우디아라비아 왕국의 계보

1. 압둘 아지즈 빈 사우드(1926~1952 A.D.)
2. 사우드(1953~1964 A.D.)
3. 파이잘(1964~1972 A.D.)
4. 칼리드(1975~1982 A.D.)
5. 파흐드(1982~2005 A.D.)
6. 압둘라(2005~현재 A.D.)

나지드로 돌아온 이븐 압둘와합은 유목민들의 이러한 호전적인 성벽과 기질을 이용하여 압둘아지즈 이븐 알사우드(Abdulaziz bin Al Saud)의 마음을 사로잡았다. 당시 이븐 사우드는 리야드 근교 요새화된 다르이야 지역의 왕자였다. 무함마드 이븐 압둘와합은 이 왕자와 손을 잡고 그의 지원을 받아가면서 아랍 부족들에게 이슬람운동을 전개해 나갔다. 간음한 자는 꾸란 법에 따라 투석형(Rajm)을 적용하였다. 이러한 그의 운동이 호응을 받자 그는 성인들에 대한 경배는 물론 예언자 무함마드를 숭배하는 모든 행위를 우상숭배와 미신으로 간주하였다. 금요 합동예배를 의무화하고 예언자의 언행록(Hadith)에서 금기되고 있는 사치스러운 비단옷이나 화려한 의상의 착복을 남자들에게 금지시키고 무덤을 장식하는 행위도 금지시켰다. 금기(Haram)가 아니고 혐오(Makhruh) 사항인 담배의 흡연까지 금지하였다. 1757년에는 가장 기름진 하사 지역을 점령하는 데 성공했다.

1765년 사우드가 사망하자 그의 아들 압둘 아지즈가 승계하였다. 그도 부친의 기질을 닮아 정복을 좋아하였다. 1788년에는 아라비아 반도 북부 해안에 위치한 항구도시 쿠웨이트까지 세력을 확장하여 갔다. 압둘아지즈는 압둘와합의 지원 아래 그의 아들 사우드를 황태자로 임명하면서 사우드 가문의 세습체제를 구축한 후 사우드 가문의 깃발을 내걸고 아라비아 반도를 통일할 수가 있었다. 아라비아는 콘스탄티노플의 무슬림 칼리프에 대한 충성을 파기하여 버렸다. 1792년 무함마드 이븐 압둘와합이 사망하자 그의 아들이 이슬람법 최고 지도자 무프티(Mufti)의 직위를 승계하였다.

그럼에도 불구하고 와하비 청교도 사상은 대다수 무슬림들의 지지를 받지 못했다. 콘스탄티노플, 바그다드, 카이로, 다마스쿠스 등 주요 이슬람 도시의 지도자들이 와하비운동을 제지하기로 결심하고 극소화시켜 그 의의를 무의미하게 만들려고 했기 때문이다. 특히 우스만 터키의 술탄이 이 운동의 확산을 저지하였다. 더욱이 주변 지역의 지도자들로부터 아무런 호응이나 지원을 받지 못했다. 메카 성지의 수호자 샤리프 갈리브(Sharif Ghalib)가 와하비운동을 제압할 수 있을 것이라 생각했으나 사우드에 패하고 말았다. 그는 10세기부터 성지 메카를 통치해온 가문 출신이었다. 그 결과 와하비운동은 북쪽으로 확산되어 갔다. 그러자 7,000명의 터키군과 1만 4,000명의 아랍군을 앞세우고 바그다드의 총독(Pasha)이 하사 지역을 공격해 왔다. 그러나 다리이야 성에 있는 와하비 추종자들을 공격할 용기를 갖지 못하고 6년간의 평화조약을 체결하고 떠나야만 했다.

1802년 사우드 II세가 그의 아버지를 계승하였다. 이 새로운 왕자는 그의 추종자들과 아라비아 주요 지도자들에게 그의 고매한 인품과 인격으로 커다란 영향을 주었다. 그는 사우드 가문의 수도 다르이야에 있는 서민의 집에 거주하면서 그가 소유하고 있던 2,000두의 말 외에는 물질적 욕심을 갖지 않았던 것이 국민들의 호응을 얻은 계기가 되었다. 수세기 동안 아라비아 반도에 알려져 있지 않았던 간소한 행정제도를 통하여 공공질서를 유지하였다. 분쟁의 해결을 담당한 치안판사들은 절도범의 손을 절단하는 등 꾸란을 헌법으로 적용하면서 국민들에게 엄격한 신앙생활을 촉구하였다. 이슬람세(Zakat)가 징수되었고 전쟁에서 얻은 전리품의 5분의 1은 이슬람법에 따라 국고의 수입이 되었다. 폭동을 일으킨 부족의 재산도 몰수되어 국고로 환수되어 치안판사의 월급, 사원건립, 우물 개발 및 그 밖의 비용으로 사용되었다.

제12장

19세기 이후 제1차 세계대전까지의 중동

- 프랑스의 이집트 원정(1798~1801 A.D.)
- 분리운동
- 유럽의 동방진출과 동방문제
- 우스만 터키령의 유럽 세력 팽창
- 친선협정

프랑스의 이집트 원정(1798~1801 A.D.)

프랑스의 이집트 원정은 프랑스가 오랫동안 생각해 왔던 계획된 침략이었다. 루이 IX세는 일찍이 이집트를 정복하여 홍해와 지중해를 연결한 해상통로를 통해 동방으로 진출하려는 생각을 하고 있었다.

이러한 생각이 1798년에 들어와 본격화되었다. 이집트를 정복한 프랑스는 동방과 인도로 가는 지름길을 확보하였다. 그리하여 많은 식민지를 잃은 프랑스는 더 좋은 시장을 확보할 수 있었다.

당시 영국은 아프리카 대륙 남단에 위치한 희망봉의 노선을 독점하고 있었다. 프랑스는 이집트 정복을 통하여 홍해와 지중해를 잇는 무역로를 장악함으로써 영국의 상권독점을 약화시키고 인도를 식민지화하려는 영국의 계획을 위협하였다.

우스만 터키 내부사정과 이집트 마믈루크조의 세력이 허약한 틈을 이용하여 이집트를 쉽게 정복할 수 있을 것이라고 프랑스는 생각하고 있었다. 당시 프랑스는 이집트 내에 소규모의 식민지 영역을 갖고 있으면서 무역 거래 등 일부 특권을 오랫동안 누려오고 있었다.

카이로에는 프랑스 신민(臣民)들을 돌보는 프랑스 영사관이 있었다. 카이로 주재 프랑스 영사관이 학대와 박해를 받고 있는 이집트내 프랑스 신민들을 보호하기 위해 프랑스가 이집트를 정복해 달라는 보고서를 올렸다. 이 보고서에 따라 1798년 탈레랑 수상이 이집트 정복에 대한 옛 라이프니츠 계획을 부활시켰다. 프랑스 병력을 이집트에 파병해야 한다는 기본적인 이유는 영국을 정복하기 위한 길을 마련하기 위해 영국의 상업독점권을 약화시켜야 한다는 것이었다.

1798년 잘 훈련된 거대한 군 병력을 인솔하고 나폴레옹이 이집트를 공격해 왔다. 그해 초여름 병력을 태운 프랑스 함대가 툴론 항구를 떠나 이탈리아에서 증원부대를 태우고 출항하여 그해 6월 말타를 점령한 후 7월에 이집트 알렉산드리아 항구에 입성하였다. 나폴레옹은 우스만 터키 총독(Pasha)에게 마믈루크조의 공격으로부터 그를 보호해 주겠다는 서한을 보냈다. 알렉산드리아를 점령한 후 카이로를 향해 진격해 갔다. 카이로 외각 엠바바에서 벌어진 전투에서 마믈루크조의 군대를 패배시켰다. 그러자 카이로 주재 우스만 터키 총독 이브라힘 베이와 그의 마믈루크 출신 측근들 모두가 시리아로 도주하였다. 무라드 베이가 남부 이집트에 은신하고 있으면서 프랑스를 괴롭히자 프랑스는 그를 이집트 총독으로 임명하여 달랬다. 이집트 국민들의 마음을 사로잡기 위해 나폴레옹은 10명의 아즈하르 대학교 출신으로 각료(Diwan)를 구성하고 쉐이크 압둘라 샤르까위 아즈하르 대학 총장을 수상으로 임명하였다. 또 프랑스가 이집트에 기술자문을 할 수 있는 이집트 연수원을 설립하였다. 그 밖에도 이집트 무슬림들이 기념하는 예언자 무함마드 탄생일 기념행사에도 특별한 관심을 보이고 이슬람에 관한 자문을 얻기 위해 이슬람 학자들과 토론을 가졌다. 그럼에도 불구하고 그는 이집트인들의 신임을 받지 못했다. 이집트인들이 그를 불신자(Kafir)로 간주했기 때문이었다.

이집트와 우스만 터키인들의 저항, 영국의 개입 등이 프랑스의 이집트 정복을 방해하였다. 영국은 프랑스가 이집트를 점령하게 되면 영국의 동방무역, 특히 인도에서의 영국이익에 큰 영향을 미칠 것이라고 생각했다. 또 우스만 터키는 프랑스의 이집트 정복은 근동지역에서 터키에게 큰 타격을 줄 것으로 믿었고 이집트인들은 프랑스가 그들의 정치적 상황을 개선하여 줄 수 없을 것으로 확신하고 있었기 때문이다.

1798년 8월 영국 함대가 알렉산드리아 근교 아부끼리 전투에서 프랑스 함대를 격파하고 이집트 북부해안을 점령한 후 프랑스 본국과의 교신을 방해하였다.

이 전투에서 승리한 영국은 터키인들을 충동시켜 프랑스에 대항하도록 하였다. 마믈루크 군주 독재의 세력을 약화시키고 무슬림들의 신앙을 존경하면서 참정권을 부여하겠다고 선언했음에도 불구하고 이집트인들은 나폴레옹의 이러한 선언이 이집트에 아무런 이익이 될 수 없다고 생각하면서 프랑스의 이집트 통치에 반대하였다.

아부끼리 전투에서 패배한 프랑스의 위신이 크게 감소되었다. 콘스탄티노플의 우스만 터키 정부가 프랑스의 이집트 점령을 반대하고 프랑스에 대한 선전포고를 하는 등 영국, 러시아와 동맹을 맺었다. 또 시리아의 총독이 해군 증원부대를 파견하여 왔다.

나폴레옹은 시리아를 점령하여 근동에서 발판을 확보하려는 계획을 가졌다. 또 우스만 터키 군대가 이집트에 도착하기 전 지중해에 정박하고 있는 영국함대로부터 주요 무기와 화약을 탈취하기 위한 노력을 하였다. 1799년 2월 나폴레옹은 시리아로 진격해 들어가 일부 항구를 점령하였다. 그러나 아크레의 강한 요새를 넘지 못했다. 그곳의 수비대가 용감하게 대항하고 시리아 군대와 합세한 영국군이 프랑스의 공격을 제지하였다. 이러한 상황에서도 나폴레옹은 1799년 4월 아크레 남부에서 벌어진 전투에서 우스만 터키군을 패배시켰다. 이집트를 탈환하기 위해 지원 나왔던 우스만 터키군도 아부끼리 육지 전투에서 나폴레옹에게 패배하였다. 이에 힘을 얻은 나폴레옹은 남부 이집트에서 일어난 일련의 폭동을 제압할 수 있었다.

나폴레옹은 이집트에서 장기간 체류하지 못하고 프랑스로 돌아갔다. 시리아만 점령하면 인도를 곧 정복할 수 있을 것이라는 기대를 해왔었다. 그러나 프랑스에서 일어난 일련의 사건들이 그의 귀국을 재촉하였다.

나폴레옹이 이집트를 떠난 후 클레베르가 동방의 프랑스 총사령관직을 계승하였다. 그러나 신임 총사령관은 프랑스의 이집트 원정이 실패했다고 보고 이집트에서 철수해야 할 것을 인식하고 있었다. 그래서 그는 우스만 터키에 평화회담을 제의했고 계속 패배해 온 우스만 터키는 프랑스측의 협상제안을 환영하였다. 1800년 1월 아리쉬 조약에서 이집트에서 프랑스 군대가 철수하되 그 철수 비용은 터키가 지불하도록 하였다. 그러자 영국은 프랑스 군대가 본국으로 철수할 경우 유럽 원정에 개입되어 프랑스군을 강화해 줄 것이라는 두려움을 나타냈다.

그러나 클레베르 사령관은 군 철수에 반대하면서 다시 이집트에 남아있기로 결정하였다. 그는 행정 및 재정제도 개혁을 주도하려고 하다가 1800년 1월 한 이집트인이 찌른 칼에 치명상을 입었다. 그러자 나폴레옹은 로제타 지역의 총독이면서 이집트 주재 고위 관리인 메모우 장군을 이집트 총사령관으로 임명하였다. 메모우는 아리쉬 협정을 인정하지 않고 그의 군보좌관들은 병력철수 문제에 대한 의견이 서로 달랐다. 메모우 장군은 그가 로제타 섬 총독으로 있을 때 이슬람으로 귀화한 후 그곳 본토 여성과 결혼하였다. 그러나 그의 동료들의 추앙을 받는 데는 실패하였다. 군인이라기보다는 행정가라는 평을 받았기 때문이다. 그는 재정을 통제하고 봉토제도를 폐지하였으며 아랍어 신문을 발행하였다.

그럼에도 주위환경은 이집트의 프랑스군 철수를 불가피하게 만들었다. 특히 프랑스에 대한 러시아의 우호정책의 전환이 큰 영향을 끼쳤다. 영국이 사방에서 이집트에 결정적인 공격을 가해 왔다. 북쪽에서는 영국-우스만 터키군이 공격을 하고, 동쪽에서는 우스만 터키가, 봄베이에서는 영국-인도군이 홍해에 있는 코세이르, 남부 이집트의 케나까지, 종국에는 나일 강을 타고 카이로를 공격해 왔기 때문이다.

3년 3개월간 지속된 프랑스의 이집트 원정기간 동안 이집트인들은 터키와 마믈루크조, 영국의 지원을 받아 두 차례나 프랑스에 대항하였다. 그 결과 프랑스는 이집트를 지배할 수 없다는 것을 알고 이집트를 떠나게 되었다.

영국 군대가 아부끼리에 상륙하여 1801년 3월 카노프에서 벌어진 전투에서 프랑스군을 물리쳤다. 메모우 프랑스 장군은 알렉산드리아로 피신하였다. 영국군은 카이로를 향해 진격해 갔다. 이집트 주둔 프랑스군은 또 다른 영국 원정대가 희망봉을 출발하여 카이로로 오고 있으며 프랑스를 지원했던 무라드 베이가 사망했다는 소식을 접했다. 그러자 카이로 주재 프랑스 수비대 장군이 1801년 6월에 체결된 아리쉬 협정조건으로 항복해 왔다. 메모우 총사령관도 그해 9월 항복하였다. 이로써 프랑스의 이집트 점령은 끝났다. 프랑스군의 철수도 인도에서 영국 원정대가 도착하기 전에 종료되었다. 이러한 일련의 상황변화는 중요한 의미를 가졌다. 영국은 이집트를 동방과의 교역뿐만 아니라 통신의 중심지로 간주해 왔기 때문이다.

프랑스가 이집트를 통치하는 동안 비록 정세는 안정되지 못했지만 긴 안목에서 볼 때 이집트에 많은 영향을 끼쳤다. 프랑스의 이집트 정복은 이집트 민족정신은 물론 제 아랍국가에 민족주의 정신을 심어 놓는 계기가 되었고 이집트가 동방과 서방 사이에 중요한 교량적 역할을 할 수 있는 지리적 조건을 갖추고 있다는 것도 깨닫게 하여 주었다. 유럽, 특히 영국은 이집트의 지리적 중요성에 관심을 두었다. 영국은 이집트가 다른 나라에 정복되지 않도록 모든 조치를 취했다. 프랑스의 이집트 정복은 우스만 터키 제국의 행정 및 군사제도의 비합리성을 노출시켜 놓음으로써 근동지역을 정복하고 야심을 가졌던 여러 유럽국가에 호기를 만들어 주기도 하였다.

분리운동

아라비아의 와하비운동

1802년 사우드II세는 메디나를 정복하고 콘스탄티노플의 우스만 터키 술탄에게 서한을 보내 악대를 동반한 연례 성지 순례단 파견을 금지시켰다. 연례 순례기간 중 와하비들은 메카도 점령하였다. 그다음 해 예언자 무함마드 무덤 위에 있는 웅장한 주조물을 비롯한 귀중한 장식물 등을 파괴하는 등 미신과 우상숭배가 가능한 것은 모두 파괴해 버렸다. 이렇게 하여 헤자즈 전 지역이 와하비인들의 수중에 들어갔다. 이라크에 있는 쉬아파 중심지로 알려진 나자프를 점령하고 예언자의 손자 후세인의 무덤이 있는 카르발라를 점령한 후 후세인 무덤 위에 세워진 웅장한 돔도 파괴하여 버렸다. 그다음에는 시리아로 진격하여 다마스쿠스와 알레포를 점령하였다.

이슬람 공동체의 최고 지도자이며 칼리프인 우스만 터키 술탄은 와하비즘을 이교도로 간주하고 이 운동의 확산을 막는 것이 최선의 과제라고 생각했다. 메카와 메디나 두 성지가 와하비 수중에 넘어가자 우스만 터키 술탄은 그에 대응하는 조치를 취했다. 이 두 성지를 장악한 지도자만이 무슬림 공동체의 지도자 권리를 요구할 수 있고 칼리프 칭호를 받아 왔던 것이 관례로 내려왔기 때문이다.

우스만 터키 술탄은 이집트의 무함마드 알리에게 와하비운동을 제압하는 임무를 위임하였다. 1811년 마믈루크조의 위험을 제거한 무함마드 알리는 이집트 국경을 넘어 아라비아 반도 정복에 나섰다. 1812년 무함마드 알리의 아들 투순이 메디나를 점령하고 이어 항구도시 제다, 메카, 타이프 지역을 정복했다. 그러나 투순의 군대는 점령지에서 곧 철수했다. 이번에는 양자인 이브라힘이 1818년 사우드 가문의 본거지인 다르이야를 점령하였다. 이 지역 왕자 압둘라는 포로가 되어 카이로로 후송된 후 다시 콘스탄티노플로 보내어져 그곳에서 처형되었다.

이렇게 하여 우스만 터키 술탄은 칼리프로서의 명예를 회복하고 다시 이슬람 세계를 재통일하였다. 그리고 얼마 동안 중단되었던 메카의 성지순례도 재개되었다. 아라비아 정복에 성공한 무함마드 알리는 모든 무슬림들의 찬양을 받았다. 그리고 그는 계속하여 주변 아랍국가에 대한 정복을 계속해 나갔다.

와하비들은 다르이야 근교 리야드에서 다시 집결한 후 새로운 국가를 건국하고 이집트 총독으로 하여금 아라비아를 떠나도록 강요하였다. 와하비 사상과 운동이 나지드 지역에서 발판을 굳히더니 곧 다른 지역으로 확산되어 갔다. 인도, 수단, 리비아까지 전파되어 갔다. 1822년과 1823년에 메카 순례를 마치고 돌아온 인도 싸이드 아흐마드가 와하비 사상을 선포하고 비무슬림들에 대한 성전에 들어갔다. 그러다가 제1차 세계대전 중 인도 일부 지역에서 와하비운동이 다시 일어났다.

무함마드 알리는 아라비아 남부지역 정복에 온갖 노력을 다했다. 티하마 남쪽 아시르 산악지대와 헤자즈 서쪽 저지대를 차례로 정복하는 등 남부 최단에 위치하고 있는 에덴까지 점령하는 성과를 올렸다.

무함마드 알리와 이집트

프랑스 군대가 철수한 후에는 프랑스군을 축출하는 데 공동 협력을 했던 우스만 터키군, 영국군, 마믈루크인들이 이집트에 남아 있었다. 이집트 주재 영국 총사령관과 콘스탄티노플 주재 영국 대사가 우스만 터키와 마믈루크조 사이를 화해시키는 데 실패하자 영국정부는 어느 한쪽만을 지원하지 않고 중용의 정책을 펼쳤다.

1801년 영국은 우스만 터키가 이집트에서 세력을 재구축하기 전에 철수하였다. 영국이 동방보다는 유럽정치 및 군사문제에 더욱 몰두하고 있었기 때문이다. 이집트가 비록 마믈루크인들과 우스만 터키인들 사이에 야기된 싸움으로 영향을 받기는 하였으나 1801년과 1805년 사이에는 평화와 자유를 누리면서 살 수 있었다.

무함마드 알리는 마케도니아 해안에 위치한 카발라에서 태어나 프랑스가 이집트를 점령하고 있을 당시 이집트로 이주하여 장군 직위에 오를 만큼 명성을 떨쳤다. 이집트 사회의 귀족층, 종교지도자들, 직장 노동자들이 우스만 터키의 총독 쿠르쉬드 통치에 반대하는 운동을 벌였다. 이러한 이유로 쿠르쉬드 총독이 해임되고 다른 인물이 그를 계승했으나 너무나 허약했다. 그 뒤를 이어 이집트 귀족층의 후원으로 무함마드 알리가 1805년 5월에 이집트 총독으로 취임하게 되었다. 우스만 터키 정부는 총독 임명권을 상실한 채 그 다음해 1806년 4월 무함마드 알리를 이집트 총독으로 인정할 수밖에 없었다.

무함마드 알리가 그의 정적들을 제압할 수 있었던 것은 이브라힘의 군사지원이 있었기 때문이다. 그러나 이들 알바니아계 군인들이 무함마드 알리가 제정한 새 군법에 수긍하려고 하지 않자 알바니아계 군인들을 대체할 새로운 군사제도를 도입할 필요성을 느끼게 되었다. 새로운 군사제도를 도입하는 데는 우스만 터키의 승인이 절대 필요하다고 생각하고 있었으나 터키 술탄의 승인을 받기 전 2년 이상을 외부 침략에 대항하여 싸워야 했다.

1805~1806년 사이에 나폴레옹이 오스트리아, 러시아, 프러시아 전투에서 승리했다. 우스만 터키는 그를 황제로 인정하고 콘스탄티노플 주재 프랑스 대사를 정중히 맞아들였다. 영국은 터키에 대항하여 군사조치를 취하는 한편 프랑스에 대한 터키의 우호적인 정책을 제재하기로 결정하였다. 영국 장군 프레이저가 알렉산드리아 원정에 나섰으나 마믈루크 지도자들이 그를 지원하지 않자 이것은 영국이 카이로를 진격해 가는 길목에 방해가 되었다. 프랑스와 러시아 간에 틸시트 평화협정이 체결되고 동방에 관련된 터키-프랑스 라브시안 계획에 대한 소문이 나돌자 영국은 터키에 대한 적대감을 가질 필요성이 없다는 것을 깨닫게 되었다. 그래서 영국은 1808년 알렉산드리아에서 철수하고 이 도시는 이집트로 돌아갔다.

짧은 기간 동안에 이집트가 유럽의 침략에 두 차례나 노출되었다는 것을 알게 된 무함마드 알리는 그가 이집트에서 세력 확장에 성공할 수 있는 길은 이집트 국민들의 신임이 아니라 우스만 터키 술탄의 지원이나 마믈루크인들의 협력이 더 중요하다는 것도 알게 되었다. 무함마드 알리는 이집트를 그의 고국으로 만든 후 그의 후손들로 하여금 세습통치를 하게 하려는 생각을 했다. 1811년 그는 아라비아에서 일고 있는 와하비운동에 대처하기 위한 자문을 구한다는 구실로 마믈루크조 지도자들을 카이로 성에 초대한 후 그가 거느리고 있는 알바이니아계 군대지원을 받아 3백 명의 마믈루크 지도자들을 살해하였다. 이에 놀란 잔류 마믈루크인들은 멀리 떨어진 지방으로 피신하여 갔다. 이로써 마믈루크인들의 모든 흔적이 사라져 버렸다.

아라비아 및 수단정복에 성공한 무함마드 알리는 군대조직을 발전시키고 해군을 창설하는 등 이집트에서 그의 통치권을 확립하였다. 1815년 그의 휘하에 있던 알바니아계 군인들이 반란을 일으키자 알바니아계로 구성된 군대를 해산하고 수단인들로 군대를 재편하였다. 그 후에는 이집트인들에게 의존하였다. 이집트 군대는 프랑스 장교들에 의해 프랑스의 새로운 군사교육을 받은 엘리트 군인들로 유럽 신무기들을 갖고 있었다.

무함마드 알리가 육군과 해군발전에 관심을 두었던 것이 국가발전의 원동력이 되었다. 그는 곧이어 장군을 단장으로 한 군사전문가 단체를 초청하고 군장교 양성을 위한 사관학교를 설립하고 학교, 공장, 병원들을 설립하면서 산업발전에 역점을 둔 경제정책을 수립하였다. 그는 최초로 이집트에 목화재배를 소개하기도 하였다. 또한 청년들을 이탈리아로 파견하고 군사학을 공부하게 하고 영국으로는 과학과 기술을 배울 청년들을 보냈다. 이집트 군사학의 발달이 기술과 문화가 발달할 수 있는 길을 열어 놓았다.

무함마드 알리 집권기간 동안 이집트와 유럽 사이에 상호교류가 증가하고 경제가 성장하는 등 외국인들이 눈에 띄게 늘어났고 외국자본이 유입되기 시작했다. 이집트는 19세기 초반 육로를 통한 동서간의 교류에 기여를 하였다.

이집트 통치권을 확고히 장악한 무함마드 알리는 국외로 눈을 돌렸다. 수단의 누비아, 센나르, 동골라, 다르푸르 지역을 점령하고 아라비아의 와하비들을 정복한다는 명목으로 우스만 터키와 동맹을 체결하였다. 그 후 그리스가 터키통치에 반대하는 반란을 일으켰다. 1821년 4월 모레아에 있던 그리스인들이 자니나 지역 알리 총독이 일으킨 반란을 틈타 터키 술탄에 대항하는 폭동을 일으켰다. 그러자 우스만 터키 마흐무드 II세 술탄이 무함마드 알리에게 원조를 청하면서 그 대가로 시리아에 대한 통치권을 그에게 넘겨주기로 약속하였다. 무함마드 알리는 술탄의 제의를 받아들이고 아들 아브라힘 지휘하에 정규군과 해군을 파견하여 그리스인들이 일으킨 폭동을 진압하는 데 성공하였다.

아라비아와 수단원정에 성공한 무함마드 알리는 우스만 터키 술탄이 약속이행을 미루자 약속불이행이란 구실을 삼아 시리아 침략 계획을 세웠다. 한편 시리아 내부에서는 자자르가 우스만 술탄에 대항한 반란을 일으켜 시리아 해변을 따라 세력을 확장하고 아크레, 다마스쿠스, 알레포 같은 주요 도시들을 점령하였다. 그리고 무함마드 알리에게 우호관계를 촉구해왔다. 한편 우스만 술탄은 무함마드 알리와 자자르가 연합하여 터키에 대항할 것을 염려한 나머지 이 두 사람의 우호관계 체결을 무산시키는 데 성공한 후 자자르를 자기편으로 끌어들였다. 이 사건이 원인이 되어 무함마드 알리는 우스만 터키군을 공격하여 패배시키고 콘스탄티노플 부근까지 진격해 들어갔다. 그 결과 무함마드 알리는 이브라힘을 시리아 총독으로 임명하고 9년(1831~1840 A.D.) 동안 통치하면서 일련의 개혁을 단행하였다.

이로써 무함마드 알리는 우스만 터키 지배하에 있었던 대다수 아랍지역을 장악하게 되었다. 이집트, 수단, 시리아, 아라비아까지 그의 통치권이 구축되면서 병력징집과 세입원을 이집트에만 의존할 필요성이 없었다. 그는 이라크의 유프라테스강 주변을 점령함으로써 사실상 그의 통치권은 아라비아만, 홍해의 남부 지역까지 확대되어 갔다. 아라비아 남부 티하마 산악지대를 점령한 후 12년(1825~1837 A.D.) 동안 그곳 주민들의 완강한 저항을 받기도 하였다. 하사, 까티프 지역을 비롯하여 예멘의 아덴도 점령하였다. 그는 또한 페르시아 왕과 우호관계도 주도하였다.

무함마드 알리의 영토가 팽창되어 가자 영국은 유럽 안보에 대한 위험에 대처하고 우스만 터키의 안전을 강화해야 한다는 쪽으로 정책을 수립하였다. 팔메스튼 경은 무함마드 알리의 영토 확장이 러시아를 콘스탄티노플입구까지 유도하여 1833년 훈키야르 이스켈레시 조약에서 보여주고 있는 것처럼 러시아의 영향권하에 두려고 강요할 것이라는 것을 깨달았다. 그래서 그는 홍해와 유프라테스강 경유 인도에로의 무역로를 따라 영국의 입지를 강화하고 이집트 군대는 이집트 내부에만 두기로 정책을 세웠다. 그와 마찬가지로 프랑스도 무함마드 알리의 영토 확장이 유럽평화를 위협하고 러시아가 우스만 터키 제국에 개입하여 영향력을 행사할 기회를 주게 될 것이라고 염려하였다.

1840년 7월에 체결된 런던조약은 우스만 터키 제국의 안전을 확보한다는 것에 원칙을 두고 있었다. 이 조약으로 무함마드 알리는 그의 야망에도 없었던 어떤 특권을 얻게 되었다. 즉 이집트는 우스만 터키 제국의 어떤 지역보다 더 좋은 위치를 부여받게 되었다. 이로써 무함마드 알리는 이집트와 시리아 남부에서 세습통치를 할 수 있는 기회를 얻게 되었으니 그는 이 조건들을 기꺼이 수락하였다.

런던조약의 원칙에 따라 우스만 터키 술탄은 1841년 6월 무함마드 알리에게 이집트에 대한 세습통치권을 허용한다는 칙령을 발표했다. 물론 이집트가 우스만 터키 영토로 남게 된다는 단서가 붙어 있었다. 무함마드 알리는 제한된 것이기는 하지만, 군 지휘권과 콘스탄티노플에 바치는 조공을 제외한 모든 세입은 그가 통제한다는 권리도 가지게 되었다. 런던조약은 1914년 영국이 이집트를 보호령으로 선언할 때까지 유효했다.

무함마드 알리의 후계자와 수에즈 운하

런던조약은 무함마드 알리와 우스만 터키 제국 간의 갈등을 종결지어 주었다. 그 후 그는 이집트 경제발전에 주력하였다. 그러나 1848년 그가 사망한 뒤 그의 뒤를 계승한 후계자들의 시대는 안정되지 못했다. 발전계획에 대한 후임자들의 자세, 이집트에 대한 우스만 터키의 태도, 이집트와 우스만 터키 양 지역에 유럽세력의 대응, 이집트 내부에서 일고 있는 민족부흥 운동이 경제발전의 저해요인으로 나타났다.

이 기간은 압바스 I세(1849~1854 A.D.)의 보수적 통치기간이라고 할 수 있다. 그는 영국과 상호협력을 위한 두드러진 성향을 보였고 그 뒤를 계승한 싸이드(1854~1863 A.D.)의 관대한 정치는 유럽세력, 특히 프랑스와 밀접한 관계를 유지함으로써 이집트에 대한 프랑스의 영향력이 상대적으로 컸던 시기였다. 그 이후에 등장한 이스마엘(1863~1879 A.D.)은 유럽문명을 받아들이고 유럽의 자본을 유치하여 그의 개혁을 성취시켰다. 그러나 그의 유럽 지향적 정책이 그를 퇴위시키는 결과를 초래하게 되었다. 우스만 터키 제국은 무함마드 알리와 그의 후계자들에게 주었던 권리를 되찾기 위해 노력했다.

그런데 이 기간 동안에 일련의 개혁들이 성공을 거두고 있었다. 이 중에는 싸이드(1854~1863 A.D.) 집권시절 계획되었던 알렉산드리아-수에즈간 철도건설이 있었다. 그는 교육에도 관심을 갖고 고교설립을 하는 등 문화 활동을 적극 장려하였다. 이 기간에 언론의 자유도 허용되면서 다양한 신문과 잡지들이 창간되었다.

이집트 통치자들은 홍해와 지중해를 연결하는 운하건설을 시도하여 왔다. 고대 이집트인들은 나일 강으로부터 현재 수에즈 지역인 꿀즌 그리고 멤피스 근교 바빌론 북부까지 물을 끌어가기 위한 수로를 건설했었다. 이 운하의 일부는 파라오 니코의 의해 착수되어 프톨레미 팔라델푸스 II세 때 보수되었으나 그 운하건설이 착공된 날짜는 확실하지 않다.

이 고대 운하는 방치되어 있다가 트라잔 로마 황제가 복구하였다. 그 이후로 이 운하는 황제의 이름을 따 트라잔 운하라고 불리어졌다. 7세기 정통 제2대 우마르 칼리프 시절 아므르(Amru bin As)가 이 운하를 복원하면서 그의 통치자 명칭을 본떠 믿는 신앙인들의 통치자(Amir Al-Muumin) 운하로 다시 개명되었다. 이 운하를 통하여 기근으로 시달렸던 아라비아에 곡물이 수송되었다.

아랍 정복자 아므르는 팀사흐 호수 북쪽으로 지류 운하를 파서 지중해와 연결하려는 생각도 했었는데 로마인들이 홍해까지 항해하여 와서 성지순례를 방해할 수 있다는 염려로 우마르 칼리프는 그 계획을 수락하지 않았다고 한다. 바그다드 압바스조 5대 하룬 라시드 칼리프 시절에도 홍해와 지중해를 연결하는 운하개설 계획이 수립되었으나 운하가 개설됨으로써 그리스인들이 무슬림 순례자들을 나포하고 메카와 메디나 두 성지를 공격할 수 있다는 자문위원들의 조언에 따라 이 계획이 취소되었다.

1517년 우스만 터키가 이집트를 정복했을 때 이집트가 지리적으로 중요한 무역로에 있다는 것을 깨닫고 희망봉 발견으로 잃은 무역의 손실을 회복하려고 했다. 그래서 우스만 터키 술탄은 베니스 공화국을 비롯하여 여러 유럽국가의 대표들을 환영하였다. 아이유브조와 마믈루크조의 술탄들이 유럽국가에 부여하였던 수혜조약도 부활하였다. 1535년 우스만 터키 술레이만 술탄과 프랑스 사이에 체결된 바그다드 조약을 선례로 하여 그 밖의 다른 나라들과도 조약을 체결하였다.

1520년 술레이만이 우스만 터키의 술탄이 되었을 때 운하건설을 생각했다. 예멘을 정복한 우스만 터키의 정복자 시난 파사도 1569년에 운하건설을 시도했으며 무라드 III세 술탄도 1586년 홍해와 지중해를 연결하는 운하건설을 시도했다. 17~18세기 영국, 프랑스, 오스트리아가 동방으로 가는 길을 재건하기 위해 콘스탄티노플의 우스만 터키 술탄과 카이로 마믈루크 왕자들을 여러 차례 설득하였다. 그러나 설득이 되지 않았다. 운하건설을 핑계로 이곳에서 유럽세력이 증대하게 되면 상대적으로 술탄의 세력이 약화될 뿐만 아니라 신변에도 위협이 될 것이라고 생각했기 때문이다.

무함마드 알리도 이집트 총독으로 부임하면서 육로를 복원하여 동서간의 교류를 확대하려는 생각을 했다. 압바스와 싸이드 집권기간(1851~1857 A.D.) 중 카이로 경유 알렉산드리아-수에즈 간의 철도건설이 이루어진 후 무함마드 알리가 복원하던 육로가 많이 알려지게 되었다. 나폴레옹도 홍해와 지중해를 연결하려는 생각을 하고 무함마드 알리의 승인을 얻어내려고 노력하였다.

프랑스 기술자 페르디낭 드 레셉스가 그의 옛 친구 싸이드에게 이 운하가 이집트에 큰 이익을 가져다 줄 것이라고 하였다. 이 운하로 인하여 이집트의 국제적 위치가 높아질 것이며 우스만 터키와 유럽세력으로부터 독립할 수 있는 분위기를 만들어 줄 수 있다는 것을 들어 이집트에 큰 이익이 된다고 하였다. 1854년 11월 30일 싸이드는 페르디낭 드 레셉스에게 운하건설을 허가하였다. 그 후 2년 뒤 1856년에는 수에즈 운하건설 프랑스 회사에 특권이 부여된 문서를 만들어 주었다. 운하 주변 미개발 지역에 대한 사용권은 프랑스 회사가 가지며 10년 동안 면세를 받는 것을 비롯하여 운하건설에 필요한 기계와 수입상품에 대한 세금도 면세된다는 조항이 포함되어 있었다. 식수로 사용하기 위해 나일 강에서 물을 끌어 올릴 수로공사 허가도 떨어졌다. 이 수로의 재산권도 프랑스 회사의 몫이었다. 이집트는 운하건설에 소요되는 인력의 5분의 4를 공급하고 회사는 운하가 개통되는 날로부터 99년 동안 소유권과 운영권을 가지며 이집트 정부는 연 순익금의 15퍼센트를 받는다는 조건이었다.

프랑스 회사가 이집트 영토에 대한 이집트 정부의 주권을 삭제하고 3만 명에서 6만 명에 이르는 이집트 노동자를 프랑스 회사에 예속시킨다는 조항은 이집트에 대한 프랑스의 일종의 주권침해요 강제노역이나 다름이 없었다. 더욱더 싸이드는 프랑스 회사가 8,882만 1,000프랑을 들여 발행한 총 40만 주식 중에서 1,776주의 비용을 부채로 떠맡게 되었다. 싸이드는 이 부채를 1863년부터 1875년 사이에 연 분할상환 방식으로 청산하기로 하였다. 주식의 대부분은 프랑스인들의 수중에 들어갔다. 이러한 상황이 싸이드 정부와 후임자 이스마엘 정부 국가예산에 심각한 영향을 미치면서 이집트 국가재정을 위기로 몰고 갔다.

1863년 이스마엘이 정부 수반이 되었을 당시 국가의 기강과 질서가 문란해지고 사회는 혼탁한 상황이 되었다. 국가재정은 부채더미 위에 올라앉게 된데다 수에즈 운하에 대한 계약은 이집트 주권을 침해할 정도로 이집트에 불리하였다. 이집트 주재 유럽 각국 영사관의 개입이 증가하고 수단에 대한 이집트 통치 또한 불안하였다. 이스마엘은 이러한 어려운 환경에도 불구하고 강한 이집트를 만들어 보겠다는 결심을 하였다.

그런데 우스만 터키와 영국정부가 수에즈 운하사업 계획에 반대하고 나섰다. 우스만 터키정부는 수에즈 운하의 정치적 중립성을 강조하면서 이에 대한 문서화를 요구하였다. 그러나 이스마엘은 우스만 터키의 주장을 수락할 경우 그의 정치적 독립성을 잃게 될 뿐만 아니라 운하건설 사업의 차질을 우려한 나머지 프랑스 회사와 직접 협정을 통해 계약조건을 수정한 후 사업을 추진하기로 마음을 굳혔다. 그는 지체하지 않고 1863년 3월 18~20일자로 서둘러 협정을 체결하였다. 수정된 협정서는 정치적 성격보다는 상업적 성격을 띠고 있었다. 수정된 협정서에서 이집트 정부는 카이로에서 와디 투마일라트에 이르는 나머지 운하 착굴작업을 맡게 되었다. 이미 프랑스 회사는 운하주변 미개발지역에 대한 소유권을 이집트 정부에 반환하였다. 프랑스에 대한 미지불 재정부채에 대해서는 이집트 정부와 회사에 상호이익이 될 수 있는 방향으로 수정이 되었다. 프랑스 정부가 수정된 협정서 내용에 반대했지만 누바르 이집트 수상과 페르디낭 드 레셉스는 1864년 1월에 추인된 협정서를 취소할 수가 없었다. 동년 6월 이 협정문에 대한 프랑스 황제의 최종 승인이 나기 전에 이집트 정부는 프랑스 회사에 3,500만 프랑을 보상하기로 합의하였다.

1869년 11월 수에즈 운하 개통식이 화려하게 거행되었다. 1888년 강대국 간에 체결된 콘스탄티노플 협정에 따라 수에즈 운하의 중립성이 보장되었다. 이집트가 운하를 보호한다는 조항은 1936년 8월 26일 앵글로-이집트 조약에 의해 추인되었다.

수에즈 운하 사업계획은 싸이드와 이스마엘이 기대했던 결과를 충족시키지 못했다. 이집트의 비참한 재정난으로 인하여 이스마엘은 1869년 이집트인들이 받은 주식을 매각할 수밖에 없는 상황에 이르렀다. 1875년 결국 수에즈 운하에 대한 이집트 주식이 결국 매각되고 말았다. 1900년 회사 순이익금의 15퍼센트를 받게 되어 있었으나 후임 통치자도 그 권리를 포기해야 했다. 결국 이집트는 수에즈 운하건설에 수백만 파운드를 투자하고 수많은 노동자들을 희생시키고도 얻은 것이란 부채밖에 없었다. 뿐만 아니라 19세기 후반에 들어와 우스만 터키가 쇠퇴하면서 외국이 이집트 내정에 간섭하는 기회만 만들어 주었다.

처음에 이집트 정부가 프랑스 회사로부터 매년 30만 이집트 파운드를 받아내고 수에즈 운하 전체 고용인원의 3분의 1을 이집트인으로 충원할 수 있도록 한 것, 회사운영권에 대한 이집트 정부대표를 1명에서 4명으로 증원한 것, 1986년에 운하의 운영권을 이집트에 이양하기 위한 준비단계로 이집트 관료 2명이 부사장으로 승진된 것, 회사 적립금 중 300만 이집트 파운드를 아스완 댐 건설에 사용하도록 한 점 등이 수에즈 운하건설을 통해 얻은 것이다.

1956년 6월 26일에 취해진 이집트 정부의 수에즈 운하 국유화 조치는 동년 10월 외부세력의 이집트에 대한 삼중 침략을 초래하고 1억 1,000파운드의 경제적 손실을 야기시켰다. 1967년에는 이스라엘이 미국을 중심으로 한 서방세계의 지원을 받아 이집트를 공격하여 수에즈 운하를 통한 항해를 차단함으로써 이집트의 수입원을 막아버린 것이다.

유럽의 동방진출과 동방문제

근동과 중동의 이슬람 제국이 안고 있는 문제는 이해하기 난해하고 풀기 어려울 정도로 서로 얽혀 있었다. 서로 엇갈린 이해타산, 경쟁적인 민족성, 보수적인 이슬람의 종교관, 유럽 각국의 자기 이해타산에 의한 경쟁적 개입 등으로 동방의 이슬람 세계는 풀기 어려운 꼬이고 꼬인 실타래와 같았다. 마리오뜨 경은 근동과 중동의 이슬람 세계를 동방문제란 제목으로 접근하였다. 동방문제는 서로 다른 시기에 서로 다른 양상을 띠게 되었는데 그러한 원인과 역사적 배경은 B.C. 5세기 경 유리스가 페르시아를 침략하고 그에 대한 복수로 페르시아가 이집트 알렉산드리아를 침략한 사건으로 거슬러 올라간다고 주장하고 있다.

그 후 몇 세기를 지나 7세기경 헤라클리우스 비잔틴 황제가 페르시아의 침략을 저지하고 628년에 체결된 조약에 따라 페르시아가 점령한 땅을 찾는 데 성공했다. 이슬람의 부활과 더불어 무슬림들은 비잔틴 황제가 소유하고 있던 가장 좋은 땅 시리아, 팔레스타인, 이집트, 북아프리카 지역을 빼앗는 데 성공했다. 그 이후부터 중동문제는 아랍문제, 그 후에는 터키 문제로 발전하였다.

예언자 무함마드가 622년 메카에서 메디나로 이주(Hijra)하여 온 이후 6년째 되던 해 그는 헤라클리우스 비잔틴 황제를 비롯하여 이집트의 비잔틴 총독, 기독교를 신봉한 아비시니아의 왕, 페르시아의 왕에게 이슬람 사절을 보내 이슬람을 수락하라고 촉구했다. 예언자가 이들 왕에게 보낸 서한의 내용은 꾸란에서 반복 강조되고 있는 보편적 유일신 유신론 사상이었다.

이슬람 초기에도 아랍인들은 콘스탄티노플을 정복하기 위해 원정대를 파견하여 그곳 성벽까지 이르렀다. 711년에는 스페인을 점령하고 피레네, 동방의 입구 프랑스 남부까지 점령한 후 콘스탄티노플에 이르게 되었고 뒤이어 다마스쿠스를 정복하여 이슬람의 수도로 만들면서 지중해를 아랍의 아름다운 호수로 만들어 놓았다. 다행히 우마위야조 칼리프가 그 이상의 계속적 정복사업을 단념하였다. 정복지역의 아랍 장군들이 점령지에서 독립적 통치를 할 수도 있다고 생각했기 때문이다.

그로부터 몇 년 후 스페인 정복에 성공한 아랍인들은 피레네 산맥 너머까지 정복을 시도하였다. 세따마니아 지역을 거쳐 르와르 강 남쪽에 있는 아끼뗀느에 도달한 후 론 강 분지와 리용을 점령하였다. 그러나 찰스 마르텔 장군이 지휘한 프랑크 군대가 포인티에르 근교에서 벌어진 전투에서 결정적인 승리를 거두었다. 이 전투는 역사상 가장 결정적 전투 가운데 하나로 간주되고 있다. 왜냐하면 만일 이 전투가 아랍의 승리로 돌아갔다면 유럽 전체가 그들의 수중에 들어가 전 유럽과 북아프리카, 소아시아가 이슬람화될 수 있었기 때문이다.

하룬 라시드의 무관심과 예루살렘

797년 아랍인들은 콘스탄티노플 성벽까지 진격해 갔다. 프랑크의 샤를르마뉴 왕이 압바스조 5대 하룬 라시드 칼리프에게 우호관계를 촉구해 왔다. 또 기독교인들의 예루살렘 성지순례를 돕고 무역거래를 확대하며 동방의 과학문명에 대한 정보를 얻기 위해 2명의 기독교인과 1명의 유대인으로 구성된 사절단도 보내왔다. 하룬 라시드는 샤를르마뉴와 협정을 체결하는 쪽으로 마음을 굳혔다. 콘스탄티노플과 스페인의 우마위야조와의 관계를 약화시키려는 의도에서였다. 이 협정으로 인하여 샤를르마뉴 왕이 예루살렘으로 순례를 떠난 기독교인들을 보호할 권리를 갖게 되었다. 하룬 라시드는 이 문제에 대하여 별다른 관심을 두지 아니했는데 이것이 후에 프랑크 왕에게 팔레스타인에 있는 기독교 성지들을 보호할 권리를 넘겨주게 된 동기가 되었다.

무슬림과 라틴 국가로부터 예루살렘을 해방하기 위해 11~13세기 서구 유럽의 기독교인들이 파견한 원정은 단지 근동문제에 불과했다. 최초에 유럽의 십자군이 전쟁에 개입하게 된 가장 중요한 원인은 셀주크 터키가 출현하여 11세기까지 비잔틴 영토를 잠식하면서 아르메니아, 소아시아를 점령하고 콘스탄티노플을 위협한 데서 비롯되었다. 제국을 잃을까 하는 두려움으로 알렉시스 황제는 우르반 II세 교황, 서유럽 왕들과 왕자들에게 구원을 요청했다. 그렇게 하여 십자군이 결성되고 나아가서는 이슬람 제국의 통치와 정치권이 유럽 기독교 세력의 도전을 받기 시작했다.

14세기 우스만 터키가 유럽정복에서 계속 승리를 하자 교황을 비롯하여 유럽 각국의 왕, 왕자들, 지식층 모두가 우스만 터키의 유럽정복에 두려움을 다시 갖게 되었다. 그로부터 우스만 터키의 축출문제가 유럽 기독교인들의 주요 관심사가 되면서 동방문제로 등장하였다.

1366년 우스만 터키가 아드리아노플을 정복하자 유럽인들은 이슬람에 대한 극도의 적대감정을 갖게 되었다. 그러자 슬라브인들이 연합하여 우스만 터키에 대항하였다. 우스만 터키 제국이 살로니카와 모레아 두 지역을 합병하자 유럽인들의 우스만 터키인들의 위협을 더욱 실감하고 헝가리의 시기스문드 왕이 십자군을 지휘하며 대응에 나섰으나 1369년 니코폴리스 전투에서 패하였다. 승승장구 승리를 계속해 가던 우스만 터키가 발칸반도에서 벌어진 전투에서 헝가리의 훈야디 장군에게 패배하였다. 무라드 II세(1421~1451 A.D.) 술탄이 평화사절을 파견하였다. 1444년 세제딘 조약에서 세르비아의 독립이 보장되고 1453년에 몰락한 위대한 기독교인들의 도시 콘스탄티노플에서 우스만 터키를 축출해야 한다는 것이 다시 거론되었다.

구교와 신교 사이의 갈등, 우스만 터키의 프랑스 침략, 파비아 전투에서 프랑코 I세의 연속적인 패배, 프랑스 부르봉 가문과 프러시아 합스부르크 가문 간의 경쟁 등 모든 주위 상황이 우스만 터키가 유럽을 정복할 수 있는 좋은 분위기를 만들어 주고 있었다. 이로서 동방문제는 당분간 거론되지 않았다. 그런데 1535년 바그다드에서 체결된 프랑코-터키 조약이 프랑스에게 어떤 특권을 부여했던 것이 후에 중대한 결과를 낳았다. 우스만 터키 영토 안에서 프랑스 선박에 항해권을 주고 무역거래를 할 수 있도록 한 것 외에도 예루살렘에 있는 기독교 성지와 유적들을 보호할 권리, 우스만 터키 제국 안에서 기독교인들을 보호할 수 있는 권리를 프랑스에게 부여했었다. 이러한 양보조항들이 후에 근동국가 내정에 유럽세력이 간섭할 빌미와 침략할 기회를 만들어 준 것이다.

이슬람 국가들이 외국인들에게 이러한 특권을 준 것은 처음 있는 일이 아니다. 이집트 아이유브조(1171~1250 A.D.), 마믈루크조(1250~1517 A.D.)도 베니스 공화국과 그 밖의 유럽국가와 체결한 조약에서 그러한 특권을 부여하였다. 1528년 우스만 터키 술레이만 I세는 이집트 마믈루크조 시절에 프랑스가 누렸던 특권들을 추인하였다. 1535년에 체결된 바그다드 조약이 그러한 종류로서는 최초이다. 그 이후로 근동과 중동국가들이 협정을 체결할 때 바그다드 조약의 형식을 답습해 갔다.

헝가리가 우스만 터키 수중에 들어갔을 때 비엔나도 포위되었다. 그러자 오스트리아는 그의 수도가 콘스탄티노플과 같은 운명을 맞지 않을까 하는 두려움을 갖게 되었다. 오스트리아는 교황과 유럽 각국 왕들에게 지원 요청에 나섰다. 폴란드도 같은 운명이 되지 않을까 하는 두려움으로 방어 준비에 나섰다. 유럽인들은 우스만 터키의 진격을 막는 것만이 자신들이 해야 할 의무라고 생각했다. 교황, 베네치아, 루이스 IX세, 우스만 제국과 우호관계에 있었던 프랑스와 독일 황제 등 모두가 우스만 터키의 세력 확장을 종식시켜야 한다고 주장하였다.

우스만 터키의 세력 확장을 차단해야 한다는 여론이 유럽 전역에 번져 나갔다. 19대 무함마드 IV세(1648~1687 A.D.)가 비엔나를 공격했을 때 종교적 반감이 폭발하면서 종교적 양상을 띠게 되었다. 이 전투에서 우스만 터키가 패하고 1664년 바스바르 조약이 체결되었다.

우스만 터키는 폴란드에게도 패하였다. 그 결과 헝가리에서 철수해야 했다. 뒤이어 벨그라드에서도 패했다. 발칸반도에서는 우스만 터키에 반대하는 폭동이 일어났다. 사보이의 유게네 왕이 흑해 쪽에서 공격해 왔고 베네치아는 모레아를 공격하여 크레타를 탈환하였다. 요새화된 발칸반도의 성도 무너졌다. 또 러시아가 서둘러 남쪽으로 진격하여 왔으니 병든 남자 우스만 터키는 회복될 기미를 보이기는커녕 더욱 약화되었다.

그러나 아직은 우스만 터키에 유리한 듯 보였다. 오스트리아 정권 계승전이 일어나자 오스트리아 황제는 1699년 터키, 러시아, 오스트리아와 카를로위치 평화조약을 체결할 수밖에 없었다. 그러나 이 조약이 우스만 터키에게 큰 타격을 준 것이 되어 버렸다. 오스트리아는 헝가리와 세르비아를 얻고 베니스는 모레아를, 그리고 러시아는 아조브를 얻으면서 흑해에서 자유 항해권을 얻어 냈다.

1825년부터 그리스의 상황이 변하였다. 비정규 우스만 터키군에 대항하여 오던 그리스가 이제는 이브라힘이 지휘한 이집트 군대를 감당할 수가 없었다. 이브라힘은 모레아를 점령한 후 북쪽으로 진격하여 라쉬드가 이끈 우스만 터키군을 지원하여 요새화된 나비리노 지역을 점령하였다. 그 후 아텐도 라쉬드 수중으로 넘어갔다. 우스만 터키의 술탄과 이집트의 무함마드 알리가 하이드라 항구에 정박 중인 그리스 함대를 격파하기 위해 연합작전을 펴고 있었다.

이브라힘이 그리스 민족을 말살하고 모레아인들을 이집트화하려 한다는 풍문이 유럽 전역으로 퍼져 나갔다. 이것이 계기가 되어 영국, 프랑스, 러시아 정부가 분노하면서 개입하기 시작하였다.

1826년 4월 4일 피터스버그 의정서가 조인되었다. 영국은 우스만 터키에 그리스 문제 해결을 제의하였고 러시아가 협력을 약속하였다. 그 결과 그리스는 봉건국가로서 조공을 바치기로 하였다. 우스만 터키가 이 기본적인 협약에 반대하고 나섰고 그러자 러시아가 이것을 전쟁의 이유로 삼았다.

프랑스 국민들의 신임을 얻을 목적으로 찰스 X세는 약소국가의 독립을 쟁취하기 위해 강대국은 싸워야 한다는 것을 강조하면서 그리스와 함께 1827년 6월 런던에서 조약을 체결하고 우스만 터키에게 휴전을 제의하면서 터키의 요구가 철회되어야 한다고 요구했다.

훈령에 따라 지중해 총사령관 에드워드 코딩톤 경이 휴전을 요구하고 이집트와 우스만 터키에서 들어오고 있는 모든 물자공급을 차단하였다. 우스만 터키가 이 요구를 거절하자 프랑스와 러시아 해군 장성들이 지중해 총사령관을 지원하기 위해 모여들었다.

그럼에도 불구하고 이브라힘 총독은 이들에 대항하여 전쟁을 하였다. 프랑스-영국-러시아 삼국의 함대가 유자(U)형으로 이집트와 우스만 터키 함대를 에워쌌다. 나바리노 전투에서 우스만 터키와 이집트는 4분의 3에 해당하는 함대를 잃었을 뿐만 아니라 해군력의 허약함을 노출시켰다. 무함마드 알리는 1828~1829년 러시아와 터키와의 전쟁을 예상하고 있었다. 이것이 무함마드 알리와 우스만 터키 관계에 큰 영향을 미쳤다. 나바리노 전쟁이 끝난 후 이브라힘 총독은 1798년 나폴레옹이 아부끼르 전투 후에 겪었던 시련과 똑같은 어려움에 직면하였다.

카닝 경의 사망으로 영국은 정책을 전환하였다. 웰링톤과 윌리엄 IV세가 나바리로 전쟁을 비난하였고 의회는 프랑스와 함께 모레아에서의 철수 임무를 수행할 군대를 파견하는 데 반대하였다. 우스만 터키가 약화되면서 러시아가 터키와 발칸반도에서 그의 세력을 확장할 것이라고 생각했기 때문이다.

18~19세기 우스만 터키가 쇠약해지자 동방문제는 다시 유럽 여러 나라의 주요 관심사가 되었다. 러시아와 오스트리아가 영국이나 프랑스보다 동방문제를 더 심각하게 생각했다. 러시아와 오스트리아 두 나라의 이익이 유럽과 발칸반도 국가에 달려 있다고 생각했기 때문이다. 1853년 러시아가 우스만 터키령의 모든 영토를 분할통치 함으로써 동방문제를 해결해야 한다는 제의를 하면서 영국의 동참을 촉구하였다. 제의된 거래에 따라 이집트는 영국에게 돌아가도록 되어 있었다. 한편 영국과 프랑스는 우스만 터키 지배하에 있는 동방국가들에게 지대한 관심을 갖고 있었다.

1876년 헤르체고비나에서 폭동이 일어났고 뒤이어 세르비아와 몬테네그로에서도 그와 유사한 사건들이 터졌다. 그다음 해 러시아가 전쟁을 선포하였다. 우스만 터키군이 전력을 다하여 대항하였지만 1878년 러시아 군대가 콘스탄티노플 성벽까지 진격해 들어왔다. 베를린 조약에 따라 보스니아와 헤르체고비나를 오스트리아에 넘겨주고 루마니아, 세르비아, 몬테네그로는 완전한 독립을 하였다. 그리고 불가리아는 우스만 터키 지배하의 주 국가로 독립을 하였다.

우스만 터키령하에 있던 유럽 영토의 대다수 지역을 잃어버린 34대 압둘하미드 II세는 아시아 지역으로 눈길을 돌려 최소한의 정신적 후원을 받으려 한듯 싶었다. 유럽 여러 강대국들이 병들어 버린 우스만 터키 제국을 침략하자 전 무슬림 세계는 동요되기 시작하였다. 베를린 조약을 통한 러시아의 승리는 이슬람 세계에 큰 재앙이 되었다. 1830년 프랑스는 알제리를 점령하고 1838년에는 영국이 아덴을 점령하였다. 설상가상으로 서구의 교육을 받은 자유사상가 정치인들이 잔인했던 압둘하미드 군주를 외면하고 도전했던 것은 더 큰 재앙이었다. 1876년 초 그의 헌법도 폐지되었다.

우스만 터키령의 유럽 세력 팽창

우스만 터키 제국이 유럽의 비잔틴 제국과 슬라브족, 셀주크족, 십자군, 아시아의 타타르 몽고인들, 아프리카의 마믈루크조를 무너뜨리고 세운 방대한 이슬람 제국은 흔들리는 이슬람 국가들을 지탱하여 주고 유럽 각국의 공격을 방어하는 데 대단한 기여를 하였다. 사실상 우스만 터키의 정복사업은 셀주크 족, 아이유브조, 11세기 말에서 14세기 말까지 십자군에 대항했던 마믈루크조 정복에 뒤이어 계속된 정복이었다. 우스만 터키의 3대 무라드 I세, 7대 무함마드 II세, 정복자 9대 살림 I세, 술레이만 영웅과 술탄들의 친위병들은 지중해 연안을 따라 공격해 오는 유럽 세력의 팽창을 제지한 대표적 인물들이다. 또한 이들은 콘스탄티노플을 정복하여 무슬림들에게 풍요로움을 안겨다 주었다. 술레이만이 몇 년만 더 살았다면 로마 정복도 가능했을지도 모른다.

그러나 어린 왕자들이 술탄이 되고 구성원들 간의 치열한 주도권 다툼, 하렘 여인들의 국무간섭, 각 지역에서 일어나는 폭동 등 이러한 환경들이 우스만 터키를 약화시켜 병든 남자로 만들어 버렸다. 동쪽의 이슬람 국가들에 비하여 인구가 감소하고 퇴보의 길에 들어선 우스만 터키가 더 이상 방대한 이슬람 제국을 통제할 수가 없게 되었다. 우스만 터키 지배하에 있던 제 이슬람 국가 국민들을 위해 우스만 터키가 할 수 있는 것은 단지 죽음에 대한 키스밖엔 없었다.

유럽인들은 동방으로 진출할 수 있다는 것을 깨닫게 되었으나 수에즈 운하와 홍해를 건너야 할 필요성이 없었다. 그들은 아프리카 대륙 남단에 있는 희망봉으로 돌아가는 길을 이용하여 이슬람 세계를 고립시키고 이슬람 제국에 거대한 부를 안겨다 주었던 무역로의 수익을 무의미하게 만들었다. 유럽인들은 과학의 발전을 통하여 돈을 벌고 부를 축적해 가면서 새로운 장을 열었다. 회사의 영업품목이 바뀌고 군대도 과학발전을 통해서 개발된 신무기로 무장하였다. 서방세계는 자유, 과학, 사상이라는 세 가지 무기를 가지고 동방에 도전하였다.

그럼에도 불구하고 유럽은 계속 이슬람 세계를 크게 존경하고 있었다. 유럽인들은 십자군 전쟁과 우스만 터키 정복사업에서 보여준 이들의 용맹성도 잊지 않고 있었다. 그러나 동방을 폭넓게 여행한 유럽인들이 이슬람 세계의 허약성과 정체성을 동료들에게 전달하였다. 이러한 상황이 유럽인들의 침략동기를 불러 일으켰다. 지중해 길이 다시 유럽의 발길에 짓밟혔으나 그들의 내부사정으로 공격이 지연되었다.

유럽인들은 십자군 운동을 통하여 많은 군사경험과 개척정신을 쌓았다. 1571년 레판토 전투에서 우스만 터키군을 물리치는 힘을 쌓고 지중해 해상권을 빼앗아 갔다. 십자군의 함대는 공격의 방향을 동방 쪽으로 돌렸다. 항해사 헨리, 바스쿠 다 가마, 알폰소 다보께르끄 같은 저명한 개척자들을 두었던 포르투갈, 네덜란드, 그리고 영국은 인도, 말레이반도, 인도네시아, 예멘, 아라비아 반도, 홍해와 페르시아만에 있는 소수 군주국들을 정복하여 나갔다.

18세기 후반에 들어와 호전적이던 우스만 터키인들의 정신은 크게 쇠퇴하여 공격형에서 방어형으로 그들의 사고방식이 바뀌었다. 유럽인들은 우스만 터키와 여러 차례의 충돌을 통하여 전쟁경험을 축적하게 되었고 신무기로 잘 무장된 군사력은 아직도 낡은 재래식 무기에다 전통적 전략 방법을 적용하고 있는 우스만 터키 군사력과 비교가 안 될 정도로 앞서 있었다. 쇠퇴하여 가는 우스만 터키는 지적 생활 등 문화생활에도 유럽에 비해 침체해 가고 있었다.

우스만 터키 전 영토에서 소동과 반란이 일어났다. 이집트에서는 알리 베이 카비르가, 시리아에서는 자자르, 알바니아에서는 알리 총독이, 아라비아에서는 와하비즘 운동이, 발칸반도에서는 기독교 국가들의 반 우스만 터키 반란이 일고 있었다. 유럽과 이집트를 포함한 근동, 북아프리카, 소아시아, 시리아, 이라크 그리고 아라비아에서 우스만 터키는 아무런 영향력을 행사할 수 없는 무기력한 환자가 되어 있었다. 특히 오스트리아와 러시아가 발칸반도에서 우스만 터키의 세력을 심각할 정도로 무기력하게 만들어 버렸다. 1798년 프랑스의 이집트 원정은 이슬람 제국에 변화를 가져다 준 새로운 요인이었다. 우스만 터키 지배하에 있던 동방 이슬람 국가에 대한 최초의 침략이었기 때문이다.

19세기 초반 압둘까디르 왕자의 강력한 저항에도 불구하고 프랑스는 1822년 알제리를 강점하였다. 1838년에는 영국이 아덴을 점령하고 1818년에는 프랑스가 튀니지를 점령한 후 프랑스 보호령으로 만들어 버렸다. 같은 해 이집트에서 오라비 운동이 일어나자 영국이 그 다음해 이집트를 점령하였다.

아덴과 아랍 토후국들에 대한 영국의 침략

영국은 아덴을 점령할 계획을 세웠다. 산들로 둘러싸여 자연적으로 요새화된 전략적 요충지를 확보하여 동방으로 뻗쳐나갈 교두보를 확보하면서 상권을 장악하기 위한 영국의 군사적 · 상업적 목적이었다. 아덴은 남단의 홍해로 연결해 주는 바브 만다브 해협을 갖고 있어 해군기지 역할을 할 수 있는 중요한 위치에 있었다. 인도 거주 영국인들이 예멘 지도자들을 설득시켜 아덴 항구를 영국에 파는 경우와 임대차할 수 있는 가능성을 타진하고 설득시키려 했으나 실패하였다. 예멘인들은 영국 정부와 어떤 형태의 상거래 협정에도 반대하였다. 무함마드 알리가 아덴을 점령하자 영국은 인도로 가는 무역로를 안전하게 확보하기 위해 아덴을 점령해야 할 필요성이 있다는 것을 확신하였다. 아덴 해안에서 파산된 인도 선박을 아덴지역 해적들이 탈취하고 그 배에 실려 있는 상품들을 절도해 갔다. 이 사건을 빌미로 인도 주재 하이네스 영국 해군사령관이 1838년 해군력을 동원하여 아덴을 점령하였다.

아덴을 정복한 영국은 곧 오만의 무스카트 지역 이맘의 지원을 받아 그 지역 지도자 및 주변 토후국 족장들과 조약체결을 시도하였다. 이로써 아라비아 남부와 동부 해안을 따라 위치하고 있는 아랍 토후국이 어느 정도 영국의 영향권 안에 들어가게 되었다. 조약의 주요 내용은 영국과의 항구적인 우호관계, 상거래 상호협조, 선린우호관계 및 무역로 안전보장 등의 내용을 담고 있었다. 제2단계 조약에서는 보호조약이 체결되었다. 영국정부는 토후국들에게 호의를 베풀고 토후국 통치자들을 보호하며 그 대가로 토후국들은 영국 이외의 다른 나라와는 통신교환, 일체의 협정이나 조약도 체결하지 않고 영국 이외의 어떤 나라도 토후국 내정에 간섭을 허용하지 않기로 하였다.

예멘 정부는 우스만 터키에 대항한 투쟁에 여념이 없었으므로 남부와 서부 토후국들에게 어떤 영향력도 행사할 수가 없었다. 1903년 영국 보호령 조약이 체결되었다. 40년 후 영국정부는 자문 조약이란 이름으로 다시 일련의 조약을 체결하면서 이미 체결된 보호조약을 연장하였다. 그리고 각 예멘 지도자들에게 예멘 총독과의 협력을 강조하면서 그 지역 발전과 그 지역 국민복지에 관련된 문제들에 관하여 총독의 충고를 수락해 줄 것을 촉구하면서 영국인 군인 정치인을 이 임무의 집행자로 임명하였다.

영국의 이집트와 수단 점령

1882년 6월 23일 오라비와 케디브 타우피끄 사이의 갈등 악화로 야기된 이집트 문제를 토의하기 위해 콘스탄티노플에 있는 이탈리아 대사관에서 외국 대사들의 회의가 열렸다. 관련 당사국 대표들은 회담의 기본 원칙들을 정했다. 우스만 터키 술탄과 케디브 타우피끄가 누려왔던 권리는 유지되어야 하며, 1840년 런던조약에서 이집트에게 주어졌던 특권 존중, 자치정부의 자유와 제도의 점진적 발전 조성이 기본 원칙들이었다.

초기 회담에서 통과된 주요 결의문이 있었다. 이 결의문은 강대국들에게 지역 특권이나 상권을 포기하도록 규정하고 있었다. 각 대표들은 각기 자기 정부의 이름으로 이집트 내정에 간섭하지 않는다는 결의문도 채택하였다. 그런데 영국 대표 다윈 경은 이 결정에 반대하면서 불가항력 조항을 추가할 것을 요구하였다.

이 구절의 추가는 회담의 결과를 무용지물로 만들어 버렸다. 영국은 곧 불가항력 조항을 이용하여 영국군을 이집트에 파병하고 영국의 이집트 점령은 불가항력에 의한 임시조치였다고 선언하였다. 사실상 영국은 1869년 수에즈 운하 개통 이래 이 수로가 동방에 있는 영국 통치령 국가들과 연결해 주는 지름길이라는 것을 알고 있었기 때문에 영국은 이집트 점령을 생각하고 있었다. 동시에 영국은 이집트가 다른 유럽국가의 수중에 들어가는 것을 원하지 아니했다.

이집트를 정복한 영국은 나일 강 전 지역을 장악하기 시작했다. 마흐디가 수단에서 폭동을 일으켰을 때 영국은 그것을 구실삼아 수단을 장악하고 있었던 이집트군과 이집트 공무원들을 수단에서 철수시켜야 한다고 이집트에 요구하였다. 그러자 수단 주재 이집트인 수상 샤리프가 영국의 요구를 거절하였다. 1889년 이집트가 수단을 재정복하였다. 수단을 정복하고 있는 동안에 이집트군은 불모지 사막을 가로질러 할파-카르툼 간 철도를 건설하였다. 이 철도 건설에서 희생된 많은 병사들은 무기를 소유한 군복차림으로 매장되었다.

프랑스는 콘스탄티노플 회담 결의에 따라 이집트 정벌에 참여하지 않고 영국의 동태를 경계하고 있었다. 백나일 강에 자리 잡고 있는 파쇼다에서 발생한 일련의 사건으로 양국 간의 관계가 악화되었다. 이집트군과 행정요원들이 철수한 이후 수단은 혼란에 휩싸였다.

프랑스는 수단 서부의 안보를 구실삼아 남부 지역의 일부를 점령하였다. 200명의 신갈리 군대를 앞세우고 프랑스 장교 마르샹드가 수단을 가로질러 파쇼다 도읍에 도착하였다. 그리고 1898년 6월 10일 그곳에 프랑스 국기를 세웠다. 앵글로-이집트 원정대의 총사령관 키체네 경이 나일 강 계곡을 타고 진격해 들어갔다. 프랑스 장교가 어떤 권리주장도 하지 못하도록 하는 데 그 목적이 있었다. 9월 19일 키체네 경이 1,800명의 병사와 함께 나일 강을 따라 올라가 파쇼다 지역에 도착한 후 프랑스 장교 마르샹드에게 전령을 보냈다. 키체네 경은 전령을 통하여 이집트 영토에 이집트 국기를 세워도 아무런 이의가 없느냐고 물었다. 프랑스 장교는 어떤 형태의 반대 의사도 표시할 수 없었다. 이집트 국기가 다시 펄럭이기 시작했고 프랑스 장교는 본국의 철수 명령이 있을 때까지 그곳에 남아 있었다.

친선협정

1904년 이집트는 영국-프랑스 친선협정 결과에 크게 실망하였다. 영국과 프랑스 양 당사국은 식민지 정책이 유럽의 상황에 부합되지 않는다는 것을 깨달았다. 독일 산업, 특히 군수산업의 발전, 영토의 팽창과 식민 정책, 세계 시장의 석권을 지향한 정책, 이러한 상황들이 양 국가를 위협하고 있었기 때문이다. 또 프랑스는 독일, 오스트리아, 이탈리아 삼국 동맹의 위험성과 북아프리카에서 프랑스에 대한 지역주민들의 호전성의 위험도 깨닫게 되었다.

1904년 4월 8일 영·불 협상은 20세기 식민지 정책의 주춧돌로 간주될 수 있다. 영국은 북아프리카, 특히 모로코에서 프랑스에게 자유 재량권을 부여하였고 그 대가로 프랑스는 영국에게 이집트에서의 자유 재량권을 부여하였다. 이러한 동맹관계가 이집트 지도자 무스타파 카멜을 좌절시켜 1908년 그의 죽음을 재촉하게 되었다.

모로코는 프랑스와 독일 양국 식민지 정책의 결투장이 되었다. 20세기 초반부터 프랑스는 알제리와 튀니지에서 그랬던 것처럼 모로코에서도 세력을 확장하려고 하였다. 그러자 독일이 저지하고 나섰다. 독일 황제가 탄자니아를 방문한 후 독일정부의 동의 없이는 어떤 나라도 탄자니아 내정에 간섭할 수 없다고 선언하였다. 이것은 프랑스의 세력 확장을 저지하려는 독일정책의 일환이었다.

그러나 1906년 프랑스가 모로코의 치안 담당 임무를 맡게 되었다. 1911년 분쟁이 재연되자 프랑스가 군대를 파견하여 페즈를 점령하였다. 이에 독일이 항의하고 나섰는데 이 사건이 유럽전쟁의 시발점이 된 것이다. 독일이 모로코 내정에 간섭했던 것은 영 · 불 · 소 삼국동맹의 세력을 제지해 보려는 의도에서였다. 협정조항에 따라 프랑스는 모로코에서 자유재량권을, 독일은 프랑스 자유 통치령 하에 있던 콩고에서 자유 재량권을 갖기로 하였다. 이러한 결과는 독일정책의 큰 실패였다.

1912년 발칸 전쟁에서 우스만 터키가 패망하자 중앙 유럽으로 연결되는 동방로가 차단되었다. 유럽의 분위기가 어두워지면서 1914년 제1차 세계대전을 유발시킨 충돌이 일어났다.

다른 근동 국가들 내부에서도 상황이 변하고 있었다. 1901년 이븐 사우드가 아라비아 중부 나지드 지역을 점령하고 1908년에는 터키 청년들이 혁명을 시작하였다. 이탈리아는 튀니지를 항상 노리고 있었다. 바다를 사이에 두고 인접해 있을 뿐만 아니라 프랑스인들보다는 이탈리아인들이 많이 거주하고 있었기 때문이다. 1911년 9월 16일 이탈리아 군대가 트리폴리 연안에 진주하고 질서를 회복한다는 구실로 1911년 리비아 점령 군사작전을 개시하였다. 1912년 루사네 조약에 따라 터키는 리비아를 이탈리아에 넘겨주어야 했다.

제13장

서구화 운동과 민족주의 출현

- 민족주의
- 민족주의 관점에서 본 근대 아랍 시 경향
- 당대의 대표적 아랍 시인

민족주의

우스만 터키의 상황과 아랍어

마믈루크조(1250~1517 A.D.) 시절 이슬람 공동체의 칼리파 직책이 카이로에 넘어오게 된 것은 이슬람 역사에서 하나의 대혁명이요 혁신이었다. 16세기 우스만 터키가 시리아, 이집트, 이라크, 아라비아를 정복했을 때 이들 지역의 운명이 칼리파 직위를 끊임없이 요구해 왔던 국외자들 수중으로 넘어왔다.

우스만 터키는 스스로 어떤 개혁을 단행하기에는 너무 허약한 나라들을 통치하고 있었다. 터키 자신의 개혁에도 실패했다. 그들은 지난날 이슬람 대제국 시절부터 있어왔던 지역적 전통을 이용하지 않고 그들만의 특정한 행정제도를 피정복 국가들에게 강요하는 데만 만족했다.

우스만 터키는 화려한 문명도 남기지 못했다. 정복자 무함마드 살림 I세 및 술레이만 영웅을 제외하고는 메디나, 다마스쿠스, 바그다드, 코르도바, 카이로 시대처럼 훌륭한 술탄도 두지 못했다. 총독(Phasa), 친위병, 피정복 국가의 총독들이 국민들에게 과중한 세금을 부과하고 정의구현을 위해 술레이만 영웅(1520~1566 A.D.)이 제정 · 발표한 법률도 지키지 않았다.

근동 국가들이 우스만 터키 수중에 들어오면서 아랍어 사용이 소외되고 터키어가 공식어로 사용되었다. 16세기 말 터키와 근동국가들을 방문한 프랑스 여행가 볼네이에 말에 따르면 우스만 터키 지배하의 여러 국가들은 무지하였고 터키의 사정도 이들 피정복 지역보다 더 나은 상황이 아니었다.

민족부흥, 아랍과 무슬림

3세기 동안 우스만 터키 지배하에 있던 피정복 국가들의 국민들이 수난을 겪는 과정에서 차츰 차츰 깨어나기 시작했다. 우스만 터키와 그들의 국가를 정복한 유럽 세력에 대해 분개하면서 민족감정을 표출하기 시작한 것이다. 아프리카와 아시아 지역 사람들도 터키인들과 마찬가지로 같은 무슬림이었으나 언어와 문화가 서로 달랐다. 페르시아에서는 정파 간에 적대적 감정이 팽배해 있었고 우스만 터키 술탄들을 위해 싸웠던 친위병들이 술탄의 권위를 존경하지 않았다. 오히려 친위대들이 우스만 군대를 공격하고 다마스쿠스와 바그다드에 있는 우스만 터키 총독의 군대를 패배시키는 등 정권을 장악하기 위해 지역 통치자들을 살해하니 우스만 터키 제국의 위신은 의심할 바 없이 크게 손상되고 말았다.

서구의 자유사상과 유럽의 근대 르네상스가 동방의 아랍민족주의를 싹트게 하면서 민족주의자들로 하여금 우스만 터키 군주독재와 유럽의 개입에 반대하는 운동에 불씨가 되었다.

아랍이란 용어는 초기에 부족이나 종족을 가리키는 말로 사용되어 오다가 7세기 이슬람이 부활하기 전 아라비아 반도에서 오아시스를 찾아다니며 유목생활을 해오던 부족의 개념으로 인식되어 왔다. 그러다가 17세기 후반부터 국가의 개념을 갖게 되었다. 당시 아랍에 대한 영토 개념은 아랍인들이 살아 온 고향 내지는 종족 또는 부족이 살아 온 지역 정도를 의미하였으나 이제는 방대한 영토를 가진 국가의 개념을 갖게 되었다.

아랍 민족주의는 18세기 아라비아에서 압둘와합이, 이집트에서 무함마드 알리, 시리아에서 자자르가 주도한 운동에서 표출되었다. 여기서 싹이 튼 아랍 민족주의가 지역적 경향을 띠면서 이슬람을 믿는 같은 무슬림이라 할지라도 국가는 타국 무슬림이 아닌 자국 무슬림을 위해 존재해야 한다는 원칙이 강조되기 시작했다.

그러나 무슬림들은 우스만 터키인들을 타국 무슬림으로 간주하지 않았다. 왜냐하면 그들은 같은 무슬림으로서 모든 이슬람 국가들을 상징적으로 통일시켜주고 있었던 칼리파 직위를 갖고 있었기 때문이다. 민족주의 출현과 더불어 종속 국가들은 터키인들을 침략자로 간주하기 시작하였고 동일한 사상과 이념 또는 종교라 할 수 있는 이슬람을 따르면서도 지역적 통치권을 주장하기 시작하였다. 이로써 이슬람 제국이라는 한 공동체의 무슬림이란 공통의 국적이란 말 대신 지역의 개념이 도입되었다. 이집트 무슬림, 시리아 무슬림, 이라크 무슬림 등의 용어가 나타났다가 아라비아 반도에서 와하비운동의 영향을 받은 후 이집트인, 이라크인, 아라비아인 등 지역적 개념이 더욱 뚜렷해지면서 뒤이어 수단에서는 마하디즘, 리비아 및 서부 아프리카에서는 시누시즘, 인도에서는 싸이드 아흐마드가 주도한 아흐마디야 운동이 전개되면서 민족주의는 더욱 명백한 색채를 드러냈다.

변화하는 국가들은 이념적 선도 역할이 크게 작용하게 되었다. 아랍 국가들도 예외는 아니었다. 현대 국가의 요건을 갖추는 첫발을 내딛고 있었지만 그 뿌리는 이슬람 공동체(Umma Al-Islamiya)의 일원이라는 과거 속 깊숙이 묻혀 있었다. 이슬람 공동체의 사상과 표상들이 그대로 간직되어 흘러 내려오고 있었다. 의식, 관습, 전통 등 헤아릴 수 없는 것들이 여러 세대를 거치면서도, 이따금 정치적 충돌은 있었지만, 서구 문화에 크게 동화되지 않고 전수되어 내려오고 있다.

민족부흥의 역사적 발전과정

몽고인들이 1258년 바그다드를 점령하면서부터 1798년 프랑스가 이집트 원정할 때까지는 어떤 이슬람 국가도 침체 속에 빠져 있는 아랍 국민들을 일깨워줄 내적 자극제를 갖고 있는 나라가 없었다.

그러나 유럽은 중세기의 장기 침체 속에서 깨어나고 있었다. 그리스 문명이 부활되고 민족주의 운동이 싹트면서 새로운 장이 열리게 된 것이다. 학자, 시인, 사상가들이 승려와 제사장을 대신하여 국민들을 선도함으로써 유럽의 민족주의는 종교가 역할을 담당했던 그 이상의 수준으로 발전하였다. 교육과 지적 향상이 이슬람 세계에 변화를 가져다주기 시작했고 서구 학문을 공부했거나 유럽에서 오랜 기간 체류하였던 아랍 자유 사상가들이 등장하면서 아랍 이슬람사회의 민족 부흥에 밑거름이 된 것이다.

전 세계 모두가 일반적으로 프랑스 혁명의 영향을 받았다. 그 물결이 유럽과 근거리에 있는 근동과 중동에까지 확대된 것은 당연한 것이다. 이집트와 시리아를 점령한 프랑스군은 정신적으로 문화적 착취와 부흥이라는 도구로 철저히 무장되어 있었기 때문이다. 피정복 이슬람 국가의 백성들은 지나간 그들의 오랜 과거 속에 익숙해 있었던 문명과는 다른 새로운 것이 있다는 것을 깨닫게 된 것이다. 또 이 새로운 문명에 놀랐다. 나폴레옹은 카이로에 제지 공장을 비롯하여 여러 공장들을 설립하였다. 이집트인들의 사상과 이념을 그들의 언어로 전달할 수 있는 아랍어판 공무 회람도 처음으로 발간되었다.

그럼에도 불구하고 프랑스의 이집트 및 시리아 원정에 뒤따르는 정치적 사건들은 피정복 국가의 국민들을 자극시키면서 프랑스에 대한 저항운동을 싹트게 하였다. 이상한 종교문화를 가진 외국 군대의 입성이 그 지역 국민들에게 반대 급부적인 영향을 미치면서 저항운동과 더불어 민족부흥을 재촉하게 된 요인이 된 것이다. 다른 한편으로는 이슬람적 가치관이 유럽의 문화를 수용할 수 있는 타 문화에 대한 새로운 개념과 가치관이 발달하기 시작하였다. 프랑스 혁명이념의 영향을 받아 자기 국가의 장래를 생각하는 이집트인들의 단체도 생겨났다.

아랍 지도자들은 서로 다른 관점에서 그들 국가의 장래를 보기 시작했다. 이 단체의 저명한 인물들 중에 이집트 콥트교인 야곱이 있었는데 그는 프랑스를 지원한 대가로 사령관으로 승진을 하였다. 콥트교란 이집트가 아랍 무슬림의 지배를 받기 시작하면서 이단시되었던 기독교의 단성설을 신봉하고 있는 이집트 기독교인들을 말한다. 야곱은 이집트에 대한 프랑스 통치가 조만간 종료될 것이라고 보았다. 이집트의 독립이 보장될 방법으로 이집트 문제를 결정할 시기가 왔다는 것을 깨닫고 프랑스로 떠났다. 그러나 그는 프랑스에 도착하기 전 가는 길목에서 사망하였으니 이집트 독립을 위한 그의 계획은 아무런 결실을 맺지 못했다.

당대 저명한 이집트 사학자 자바르티도 프랑스 혁명의 영향을 받았다. 그는 이집트 역사의 사건들을 비판적 방법으로 기록하여 종교의 목적들이 무의미하다는 것을 제시하였다. 그는 또 이집트에 대한 우스만 터키의 통치도 종료되기를 원했다. 알리 정당의 지도자 우마르 마크람은 대중을 자극시켜 무함마드 알리를 이집트 총독으로 만드는 데 성공하였다. 민족부흥이 바로 이 시점에서 시작되었다고 할 수 있다.

아랍문화의 부흥

아랍 민족주의 발전에 기여한 요인들 중에는 아랍문화의 부흥이 있다. 나폴레옹은 이집트에 한 개의 극장을 비롯하여 이집트 거주 프랑스 어린이들을 위해 두 개의 학교, 과학연구소, 도서관 등을 설립하였다.

프랑스의 이집트 원정은 과학적 측면에서도 중요한 영향을 미쳤다. 나폴레옹이 설립한 이집트 연구소에서는 이집트 사정을 자세하게 기술한 큰 업적을 남기기도 하였다. 이집트 원정에 나섰던 나폴레옹은 고대 이집트 상형문자를 해독하는 데 크게 기여했던 로제타 돌을 발견하였다. 이때부터 이집트인들은 유럽 현대문명에 친숙해졌다.

무함마드 알리는 학교, 공장, 병원들을 설립하고 유럽, 특히 프랑스에 이집트 유학생들을 파견하였다. 의학을 가르치는 학교도 설비하였으나 의학교수들은 대부분이 프랑스 학자들이었다. 번역 및 통역사를 고용하여 서구학자의 강의를 전수 받았다. 당시 그가 설립한 언어학 연구소는 아랍어 발전에 기여하여 전문서적, 특히 아랍어 번역판 과학 서적이 많이 나오게 되었고 그로 인하여 이집트 근대과학 발전에 초석이 되었다.

인쇄술은 프랑스 인쇄기가 도입되면서부터 발전하기 시작하였고 당시 카이로에서 발간했던 불라끄 신문 발간의 중추적 역할을 하게 되었다. 저널리즘의 발전은 근대 아랍문학 부흥에 크게 기여하였다. 아랍어 방언을 퇴치하고 순수 아랍어를 전파하는 과정에서 학교교육이 부재했던 당시로는 꾸란 다음으로 중요한 역학을 했다고 말할 수 있다. 그뿐만 아니라 문학, 과학, 역사, 사회학 분야 발전에도 기여하였다.

이집트 문예부흥

이스마엘(1863~1879 A.D.)이 집권하고 있을 때 이집트 문학이 가장 번성했다. 그는 학문에 특별한 관심을 두고 학문의 집(Dar Al-Ulum)을 세워 그곳에서 아랍어를 가르치도록 했고 이집트 박물관을 건설하여 여러 이슬람 사원에 흩어져 있던 서적들을 한 곳에 소장하도록 하였다. 불라끄 신문사는 수많은 고서들을 수정 또는 재출간하는 데 큰 역할을 하였다. 출판의 자유가 허용됨으로써 다른 신문 및 잡지가 창간되어 나왔다. 이 시기에 이집트의 교육 분야는 놀랄 만큼 발전하였다. 지리학 협회 등 과학 및 문학에 관한 여러 협회가 설립되기도 하였다.

이스마엘은 이집트 학교 교육에 역점을 두면서 이집트의 서구화에도 관심을 가졌다. 그런데 그는 재정을 사치스러울 정도로 낭비하였다. 이집트 내 외국은행 및 관련 업무를 위해 지점설치를 허용함으로써 많은 외국 지점들이 개설되었다. 국가재정의 사치스러운 낭비로 인하여 이집트가 부채국이 되자 이집트에 대한 외국 세력의 개입과 영향력이 증가하자 신문들이 이스마엘을 공격하고 나섰다. 위대한 지도자이며 사회개혁가인 자말딘 아프가니가 외세의 지배에 반대하는 반란을 조성하면서 신문을 통해 이집트인들의 권리를 옹호하는 글을 기재하는 등 통치자인 이스마엘을 직접적으로 공격하고 나섰다. 다른 이집트 지도자들도 이집트 국민들 마음속에 민족주의 불꽃을 심어 넣었다. 이브라힘 라깐이 주필을 맡고 있는 동방의 거울(Miraat Al-Sharq)이란 국영신문, 미첼 압두싸이드가 주필을 맡고 있는 조국지(Al- Watan), 아딥 이삭이 주필을 맡고 있는 이집트지(Misr), 살림과 비샤라 타클라가 공동으로 주필을 맡고 있는 피라미드, 즉 아흐람(Al-Ahram)지가 이집트 국민들 마음속에 내재하고 있는 민족주의 불꽃에 기름을 부었다.

레바논에는 외국 종교를 관할하는 기구가 설립되고 현대식 학교가 세워지면서 여타 아랍국가 내부에서도 근대화 추세가 가속화되었다.

이슬람 사원(Masjid)에서 가르쳐 왔던 과거 이슬람 전통교육 방법에서 현대식 학교 교육으로 전화되는 계기가 되었다. 레바논에서 시작된 학문의 부흥이 외래 종교단체가 설립한 학교 교육에서 비롯되었다. 이러한 학교 교육이 아랍국가 국민들에게 새로운 의식을 심어주면서 전통 아랍국가에 다양한 반응을 일으켰다. 꾸란에 절대적으로 의존해 왔던 과거의 교육 내용과는 많은 차이를 보였기 때문이다.

무슬림들은 차츰차츰 유럽 민족운동에 익숙해져 갔다. 이집트에서는 오라비 운동에 의하여 대중의 힘과 군부의 세력이 결합되어 민족부흥의 새로운 전기를 만들었다.오라비는 압딘 광장에서 군사 퍼레이드를 지휘하였다. 승마에서 내린 그는 호위병들의 인사를 받으며 행진하였다. 케디브 타우피끄에게 다가가 정중히 경례를 한 후 상관의 명령에 따라 들고 있던 칼을 칼집에 넣고 다음 세 가지 사항을 요구하였다.

첫째, 각료회의를 해체할 것.
둘째, 국민회의를 개최할 것.
셋째, 군병력을 증원할 것.

그리고 덧붙여 말했다.

"우리는 자유로운 어머니에게서 자유로운 몸으로 태어났습니다. 우리는 앞으로도 그렇게 될 것입니다."

이와 같이 오라비는 케디브 타우피끄의 군주 독재정치와 그 부패에 대항하여 봉기하였다.

유럽을 휩쓸었던 새로운 정치사상이 아랍사회에 스며들면서 칼리프

제도에 대한 변화가 요구되었다. 이러한 추세가 콘스탄티노플의 우스만 터키 제국의 칼리프 제도에 영향을 미치면서 새로운 헌법제정 문제가 공식화되었다. 그 결과 터키 청년당(Hizb Turkiya Al-Fatah)이 결성되었고 이들이 1908년에 혁명을 일으켰다. 진보 연합당(Hizb Al-Ittihad wa Taraqqi)도 결성되었다. 이러한 사상의 물결이 이슬람 각 국가에 스며들면서 아랍 작가와 시인들의 저작 활동에도 중요한 역할을 미쳤다. 이들 작가들이 국민들의 감정을 시와 문장으로 표현했기 때문이다.

1980년 터키의 신헌법이 공포되면서 정치와 사회를 다룬 작품들이 동방국가 전 지역에 확산되어 갔다. 작가들은 군주독재의 폐단과 자유의 영광을 표현하면서 한편으로는 유럽 식민지에 대한 아랍 국민의 저항을 선도하는 글을 썼다.

이렇듯 프랑스 혁명사상이 아랍 및 이슬람 국가에 스며들 수 있었던 것은 이집트와 프랑스에서 교육을 받았던 무스타파 카멜의 영향이 컸다. 그는 국민당(Hizb Al-Watan)을 창당하였다. 민족주의 운동을 전개하는데 기수역할을 했던 알리와(Al- Liwa) 매일신문의 영향도 컸다. 북아프리카의 압둘카림, 터키의 카말 아타튜르크, 인도의 간디와 이끄발 등도 프랑스 혁명의 영향을 받으면서 자국의 장래를 생각했던 그 대표적 인물들이다.

민족주의 관점에서 본 근대 아랍 시 경향

아랍 시인들은 무스타파 카말이 일간지에 기고한 새로운 사상에 영향을 받았다. 이집트, 레바논, 팔레스타인, 이라크, 아라비아 반도의 헤자즈, 북아프리카, 바레인, 쿠웨이트, 예멘에서는 문학, 정치, 종교, 사회, 각 분야별로 민족주의 운동에 영향을 받은 작가와 시인들이 등장하였다. 마흐무드 사미 바르두디 이집트 거장 시인은 고대 아랍시에서 근대시로 넘어가는 가교 역할을 함으로써 아랍시 세계에 르네상스를 일으켰던 인물로 간주되고 있다.근대 아랍시 경향은 유럽문화의 영향을 받은 정도와 아랍시의 발전정도를 나타내 주고 있다. 서구의 시 이론과 창작법을 모방하였다. 알리 마흐무드 따하, 이라크와 레바논의 일부 시인들의 작품에 나타난 서정시 형태는 아랍시에 없었던 것으로 알려지고 있다.

낭만주의 운동

아랍 사회의 낭만주의 운동은 당대 젊은 시인들이 중심이 되었다. 이들 젊은 시인들의 작품은 전통 아랍시와는 매우 다른 새로운 표현을 구사하면서 흉조와 억압의 내용을 담고 있었던 것이 특징이었다. 언어와 전통적 방법에서 탈피하여 자유롭게 그들의 작품을 표현하였다. 외래문학에 대한 아랍인들의 저항적 사고도 변하였다. 그들의 것만이 완전한 문학으로 생각해 왔던 이들이 외래 문학을 이해하기 시작했다.이러한 사고의 변화가 유럽 시문학의 학풍을 아랍 시문학에 쉽게 전이할 수 있는 계기를 만들어 주면서 낭만주의, 상징주의, 현실주의를 띤 아랍시가 나오게 되었다.

당대 시인들이 관심을 가졌던 것은 주로 낭만주의 시들이었다. 그때까지의 아랍시는 단순하고 서구와 아랍 사이에 표출되어 왔었던 심리적 대립 양상을 띠고 있었다. 이러한 경향은 이집트의 알리 마흐무드 따하, 이브라힘 나지, 레바논의 일리야스 아부 샤바카, 비샤라 쿠릴린, 시리아의 우마르 아부 리샤, 안와르 아타르, 북아프리카의 아부 까심 샤비, 이라크의 마지크 말라이카, 칼리드 샤와프의 시 작품에서 잘 나타나 있다.

정치적 색채를 띤 시

현실를 대변하는 시인들은 아랍사회에서 일어난 사건들의 영향을 많이 받은 인물들이다.이들은 그들의 목소리를 시에 실려 보내면서 민족의 고통과 희망을 표현하였다.

정치적 색채를 띤 이들의 시는 당시 아랍세계의 정치적 상황, 그리고 제1차 세계대전과 제2차 세계대전 사이에 있었던 재앙의 경험을 통하여

성숙되었다. 특히 팔레스타인의 상황은 이집트 시인 마흐무드 고네임, 시리아 시인 우마르 아부 리샤, 레바논 시인 아크탈, 그리고 이라크의 무함마드 주와히리, 칼리드 샤와프, 카짐 자와드, 아드난 라위 같은 많은 시인들을 흥분시켰다.

이러한 사회적 현실을 묘사한 시들은 아랍사회의 양면성을 직접적으로 묘사하고 있었다. 아랍 사회가 갖고 있는 좋은 점과 아랍 사회가 안고 있는 비참한 면을 표현하고 있었기 때문이다. 이러한 경향은 이집트의 압둘하미드 디브, 팔레스타인의 이브라힘 투깐, 이라크의 바드르 싸이브와 압두라힘 마흐무드의 시에서 표출되고 있다.

상징주의

상징주의 시가 아랍시의 한 학파로 등장했지만 시인들의 작품은 아직 초기단계를 벗어나지 못했다. 카이로의 비쉬르 파리스, 레바논의 살라하 아시르, 이라크의 발라드 하이다리 등의 시인들이 당시 이 분야의 대표적 인물이다.

서구화 추세

서구화의 경향은 제2차 세계대전 기간 중에 나타나기 시작했다. 전쟁으로 인한 사회적 혼란, 전쟁의 슬픔, 불확실한 미래 등이 가져온 결과였다. 이집트, 시리아, 레바논, 이라크의 일부 젊은 남녀 시인들이 현실주의와 주체성을 표현하고 있었다. 이러한 추세는 시리아의 니자르 깝바니와 이라크의 후세인 마르단의 시에서 잘 나타나 있다.

고대 아랍문학에 나타나지 않았던 서술적 · 희곡적 표현과 기법도 이 시기에 등장했다. 이라크의 루사피, 이집트의 알리 마흐무드 따하가 여러 편의 서술적 시를 쓴 대표적인 인물이다. 전쟁을 묘사한 시도 등장했는데 이 시에서는 아랍의 옛 영광과 심리적 그리고 예술적 경향이 묘사되고 있다. 이집트의 아흐마드 샤우끼, 아지즈 아바자 시인 등이 희곡시에 관심을 갖고 있었는데 카이로에 극장이 있었기 때문이다.

당대의 대표적 아랍 시인

마흐무드 사미 바루디는 1838년 이집트에서 탄생하였다. 그는 일곱 살이 되었을 때 부모를 잃고 열두 살이 될 때까지 가정에서 교육을 받다가 군사학교에 입학하여 1856년 열여섯 살에 졸업하였다. 그는 영웅시를 좋아했다. 그리고 그는 그 시 안에서 인생의 단맛과 쓴맛이 어떤 형태라는 것을 완전히 목격하였다. 그는 콘스탄티노플을 향해 떠났다. 그곳에서 터키어와 페르시아어를 공부한 다음 문학공부에 전념하였다. 1863년 이집트의 케디브 이스마엘이 콘스탄티노플을 방문했을 때 이스마엘은 그곳에 있던 바루디를 그의 경호원 일원으로 선발하였다. 바루디는 군사업무 여러 분야에서 근무하였으며 장군의 직위까지 승진하였다. 바루디는 크레테 전투에 참가하여 그가 시로 묘사한 그곳의 아름다운 경치에 그의 혼을 빠뜨려 버렸다. 1878년 러시아가 터키에 선전포고를 하자 이스마엘은 우스만 터키를 지원하기 위해 군대를 파견하였다. 바루디 시인도 이 전투에 참가하였다. 발칸반도에서 벌어진 전투에서 바루디가 보여준 전술과 영웅심은 그를 장군으로 만들고도 남을 정도였다. 전쟁을 생생하게 묘사하고 그 지역 국민과 경치를 묘사한 그의 탁월한 작품이 그를 정상의 시인으로 만들었다. 전쟁에서 돌아왔을 때 그는 샤리카 지역 총독으로 임명되었다가 다시 카이로 총독, 그 후에는 이슬람 기금을 관장하는 부처(Wakf) 장관, 그 다음에는 국방부 장관이 되었다.

그는 오라비 혁명에도 가담하였다. 그러나 혁명이 진압되면서 그는 추방을 당했다.그는 유배지에서도 고국 이집트를 그리워하고 유배지의 경관을 묘사한 걸작의 시를 썼다. 1900년 다시 이집트로 돌아와 4년 후인 1904년 사망하였다.

바루디는 그의 시에서 때로는 찬미와 찬양을 하다가 애통해 하고 때로는 자랑을 하다가 책망을 하고 있다. 문체와 내용은 옛 것을 모방하고 정신과 의미는 이슬람 이전 시대의 것을 따랐다. 그러나 그의 감정표출 방법은 새로운 경향을 띠고 있었다. 자연을 묘사하고 자연의 아름다움을 글로 폭로한 그의 서술시는 아랍시 발전에 크게 기여하였다. 그는 성격, 전쟁, 전쟁터, 무기를 묘사하기도 하였다. 감옥생활, 고대 이집트 유물을 주제로 한 시를 쓰고 때로는 기차를 주제로 삼기도 했다. 기차 같은 것을 주제로 하여 시를 쓴 시인은 그가 처음이다. 왜냐하면 그 당시까지는 아직 이집트에 철도가 소개되지 않았기 때문이다.

제14장

제1차 세계대전 이후의 이슬람 세계

- □근 동
- □이슬람 세계의 문제
- □전 세계 이슬람 독립국가 분포와 인구
- □아랍연맹과 이슬람 회의기구
- □중앙아시아의 이슬람 독립국가

근 동

근동은 전략적 관점에서는 물론 경제적 측면에서도 중요한 위치를 차지하게 되었다. 이곳은 동방이 지금까지 거의 목격하지 못했던 찬란한 문명의 배경을 갖고 있는 지역이다. 이 지역 사람들은 그들 민족의 열망을 성취하기 위해 부단한 노력을 하고 있으며 점령지로부터 독립을 쟁취하고 평등권을 얻기 위하여 제3세계 세력으로 국제사회에 등장하고 있다.

유엔(UN)이란 국제정치기구가 연합된 힘을 이용하여 일부 근동국가들을 독립시킬 수 있었다. 1945년 3월 1일 얄타 회담의 결의에 따라 시리아, 레바논, 이집트, 이라크, 사우디아라비아, 예멘, 이란, 아프가니스탄, 인도 모두가 독일과 일본에 대항한 전쟁을 선포하였고 유엔 결의에 서명한 후 유엔에 가입하였다.

1930년부터 외국 군대의 식민지하에 있던 시리아와 레바논이 1941년에 독립한 후 1944년 10월 8일 아랍연맹 창설 회담에 참여하여 1945년 3월 22일 아랍연맹 창설회원국이 되었다.

1942년 트란스요르단은 영국과 동맹조약을 맺고 요르단 국가를 창설하였다. 요르단 소국은 팔레스타인 문제를 비롯하여 아랍 피난민 문제, 요르단 운하문제 등 여러 복잡한 문제들을 안고 있었다.

이집트

제1차 세계대전의 종말이 이집트 민족정신을 부활시켰다. 깨어난 민족정신이 1919년의 혁명을 주도하게 되었고 이 혁명에서 이집트의 독립과 합법적 정부구성이 요구되었다. 2월 28일의 선언으로 이집트는 영국으로부터 독립을 하고 이어서 국제연맹에 가입하였다. 그러나 선언에 나와 있는 4가지 사항이 중요한 과제로 남아 있었다. 수단, 수에즈 운하지역에 주둔하고 있는 영국군과 기술자, 이집트내의 외국조차지, 이집트 국민이 안고 있는 부채 문제가 남아 있었는데 이러한 상황이 이집트 국가 발전에 저해요인이 되었다. 1924년 새로운 헌법이 제정되었으나 이집트인들의 기대와 열망을 충족시켜주지 못했다. 민주정치의 길을 열어주지 못했기 때문이다.

앵글로-이집트 회담들은 수단 문제와 수에즈 운하지역에서 영국군 철수문제 해결에 목적이 있었으나 결정적인 결과를 이끌어내지는 못했다. 그곳의 정치적 상황, 군사기지 방어, 수에즈 운하의 효율적인 운용을 위해서 이집트에 영국군 주둔이 필요하다는 것이 영국의 주장이었다. 양국 간의 회담이 문제해결의 결실을 보지 못하면서 1951년 10월 양국 간의 비우호적 관계가 발전하였다. 이러한 상황이 후에 양국 간의 군사적 충돌을 야기시켰다.

1952년 6월에 일어난 군사혁명은 1798~1801년 프랑스의 이집트 원정이 일깨워준 민족정신의 표출이었다. 헌법은 여러 단계를 거치면서 발전해 갔다.

1. 카이로에는 국민회의(Al-Diwan Al-Watani)가 그리고 각 지방에는 분회가 설립되었다. 이곳에서는 프랑스인들에 의존한 이집트인들과 프랑스인들이 실질적 권한을 쥐고 있었다. 이집트인들은 그들이 얻은 권리를 행사하여 정부행정에 참여할 대표를 선발할 수 있는 기회를 갖게 되었다. 그럼에도 불구하고 이집트인들은 지속적으로 프랑스 개입에 반대하면서 봉기하였다.
2. 자주정부를 수립하려는 이집트인들의 열망은 종교 지도자들과 선출된 공무원들의 역할에서도 잘 표출되고 있었다. 싸이드 우마르 마크람이 우스만 터키가 임명한 이집트 총독을 퇴위시키고 1805년 무함마드 알리를 이집트 태수로 임명한 경우는 이를 잘 반영해 주고 있다.
3. 무함마드 알리가 설치한 여러 자문기구가 국정업무의 일부를 관장하였다.
4. 이스마엘 집권기간(1863 ~ 1879 A.D.) 중 추가 입법운동이 있었다.

1) 내각제도와 내각책임제도가 현실화되었다.

2) 다양한 협의기구들이 설치되었다.

5. 오라비 운동은 이집트인들과 터키 군인들 간의 평등, 이집트인들 간의 평등권을 구축하고 대표자 의회구성과 각료해체에 그 목적이 있었다.
6. 오라비 운동은 목적달성에 실패하고 1882년 9월 14일 영국이 카이로를 점령하였다.

1) 영국의 이집트 점령으로 이집트의 입법은 당분간 발전을 멈출 수 밖에 없었다. 크메르경이 총독이 되어 1883~1907년까지 이집트를 통치하였다.

2) 이집트 헌법을 입법화하는 데 그 목적이 있다. 자말딘 아프가니, 쉐이크 무함마드 압두, 무스타파 카말 등이 이집트 민족운동에 선두적 역할을 하였다.

3) 알리와(Al-Liwa) 같은 신문은 민족운동에 큰 역할을 하였다.

4) 자민당(1907 A.D.)과 입법의회(1913 A.D.) 같은 정당들이 민족운동을 지지하였다.

7. 세계 제1차 대전 중 영국이 이집트를 1914년부터 1922년까지 영국 보호령으로 만들었다. 1918년 제1차 세계대전이 끝나가면서 1919년 싸아드 자글룰이 민족혁명을 일으키고 이집트 독립과 헌법을 쟁취하고자 했다.
8. 1952년 6월 23일 일어난 군사혁명의 취지는 다음과 같다.

1) 국민의 권리 확보

2) 정치와 사회개혁

3) 모든 계층 간의 사회정의 실현

4) 정치, 경제, 문화, 사회개혁의 안정

군주독재 체제가 무너지고 공화제가 확립되었다. 군주제에서 공화제로 넘어오는 과정에서 3년간의 이양과정이 필요했다. 1923년에 이집트 헌법이 폐지되었다. 새 헌법작성 위원회가 구성되고 정당들이 해체되었다.

토지 소유를 제한하는 새로운 법률에 따라 개인 일인당 200에이커 이상은 소유할 수 없었다. 한 자녀를 두었을 경우는 250에이커, 두 명 이상의 자녀가 있을 경우는 300에이커를 소유하고 나머지 토지는 소농들에게 판매하되 토지대금은 30년 분할상환 하도록 하였다.

당시 이집트 전체 인구 2,700만 명 가운데 1만 명이 경작지의 절반을 소유하고 있었다. 새 정부는 경작지 면적을 650만 에이커에서 1,000만 에이커로 확대한다는 계획을 수립했는데 이것은 새 헌법에 따라 혜택을 받은 이집트 가정의 숫자가 증가하였다는 것을 의미하였다.

관계수로가 건설되면서 사막지대에 새로운 경작지가 만들어졌다. 서부사막에 위치한 시와 오아시스(Siwa Waha) 지역 6,350에이커를 개간하고 올리브를 재배하였다. 이 지역은 남부지역 소농들에게 분배하기 위해 작은 규모로 나누어졌다. 서부사막에 있는 와디 자디드 지역의 50만 에이커가 개간에 들어가고 물 공급을 위해 280개의 우물을 파기로 하였다.

새 정부는 다른 경제 분야 개혁에도 관심을 두었다. 1952년 10월 2일 국립 생산성 기구를 설립하고 자원개발, 농업과 상업의 생산성 향상과 세금과 사업을 감독하는 임무를 관장하도록 했다.

정부가 가장 좋은 양질의 면화를 생산하려고 했던 것은 가격안정, 면화재배를 위한 차관도입, 정부의 다량 곡물구매, 이집트 면화 판매를 위한 시장 확보에 그 목적을 두었기 때문이었다.

이집트 국민의 양곡수요를 충족시키기 위해 밀, 옥수수, 쌀, 보리 같은 주요 곡물재배 면적을 넓혀야 했고 그러기 위해서는 관개수로 사업과 더불어 사막과 불모지 개발이 요구되었다.

그 밖의 다른 새로운 산업분야도 발전하였다.

1. 금, 망간, 석유 인산염, 소금 등 광물자원의 개발
2. 무명실, 면직물, 모직물 같은 직물산업
3. 알코올, 시멘트, 유리, 철, 설탕 산업, 무역불균형의 개선과 수출증대

1955년 5월 이집트 각료회의는 천연자원 개발과 국민 생활수준의 향상, 국가 세입의 증대를 위해 생산사업 기금으로 2억 5천 파운드를 책정하고 다음과 같은 분야에 우선 투자하였다.

1. 아스완 댐 남쪽에 다량의 식수를 공급하면서 전력을 생산할 수 있는 새로운 댐 건설
2. 비료생산
3. 철 및 강철생산
4. 새로운 철도건설

근대 이집트 발전에 기여한 요인들을 보면 여성교육, 여성의 사회활동 참여, 토지개혁, 천연자원의 개발, 여성의 여러 국제기구 활동, 연합단체와 국민의회 등을 들 수 있다.

수 단

수단 문제는 1889년 앵글로-이집트 조약에서 비롯되었다. 이집트가 수단 내정을 통제할 권리를 갖고 있었음에도 불구하고 영국이 절대적 권한을 행사하였다. 1922년 2월 28일 영국선언이 발표되면서 앵글로-이집트 회담은 수단 문제해결을 이끌어 내는 데 실패하였다. 이집트 정부는 이 문제해결을 위해 계속 노력하였으나 실패하고 말았다.

1924년 영국군 총사령관 레 스카크 경 피살 사건으로 이집트군과 이집트 공무원들이 수단에서 철수하게 되었고 500만 파운드의 배상금을 지불해야 했다. 이 사건으로 말미암아 자글루(Zaghlul) 내각이 해체되는 결과를 초래하였다. 1950년 1월 와프드당이 정권을 장악할 때까지 회담은 계속되었다. 당시 대중의 여론은 수단 문제에 집중되어 있었다. 이 나라 초대 정당으로는 연합당이 있었는데 카르툼 대학교 졸업생들의 모임 이름을 그대로 따른 것이다. 창당된 주요 정당들로서는 세 개의 당이 있었다.

1. 형제당(Hizb Al-Ikhwa): 이집트와 수단의 연합을 주장하면서 양 국가는 자신의 정부 와 의회를 두되 연합군과 합동 외교대표부를 두자는 정당이었다.
2. 나일 계곡 연합당(Hizb Ittihad Wadi Al-Nil): 양 국가의 완전 연합을 주장하면서 하나 정부와 하나의 외교기구를 두자는 정당이었다.
3. 국민당(Hizb Al-Ummah): 압두라흐만 마흐디의 아들 시디끄가 주도한 당으로 영국의 감시하에 완전한 독립을 촉구한 정당이다.

1946년 수단의 모든 정당 대표들로 구성된 대표단이 이집트에 도착하여 양국관계를 토의하였다. 그리고 각 정당의 대표가 이집트와 협의된 협정문에 서명하기로 되어 있었다. 그런데 국민당 대표가 서명하지 않고 수단으로 귀국하여 버렸다. 그 결과 다른 정당들도 이집트와 어떤 협정도 체결하지 못했다. 아즈하르 출신 한 명과 그의 동료 두 명이 1950년까지 카이로에 남아 있었으나 수단에서 정치활동을 재개하기 위해 귀국하였다. 1951년 형제당이 형제당과 자유당으로 분열되었다.

그때 이집트 정부는 수단 문제에 적극적인 관심을 가졌다. 수단의 국민당 당수 압둘라흐만 마흐디가 영국에서 본국으로 귀환하는 길에 카이로를 방문했을 때 그곳에서 열렬한 환영을 받았다. 그 후 이집트 정부는 수단 여러 정당의 연합을 촉구하였다. 그 결과 형제당과 자유당이 다시 국민연합당으로 합당이 되었다.

1953년 앵글로-이집트 협정은 수단의회가 설립된 지 3년 후에 자치권을 부여하기로 했다. 이러한 과도기를 거친 이후부터는 이집트와 연합을 하든지 아니면 새로운 독립 국가를 수립하는 문제는 의회가 결정하기로 하였다. 1853년 12월 수단인 2명, 이집트인 1명, 영국인 1명, 의장대행 인도인 1명 등 6명으로 구성된 위원회 감시하에 선거가 치러졌다.

이 선거에서 국민연합당이 상하의원의 절대다수를 차지했다. 앵글로-이집트 협정에 따라 의장 대행 파키스탄인 1명, 위원 미국인 1명, 이집트인 1명 등 5명으로 구성된 수단화 위원회는 정부 고위직에 있는 영국인을 수단인으로 대체하는 임무를 맡았다. 군대와 행정 분야에서도 수단인으로 대체되는 변화가 일어났다.

이라크

19세기 후반부터 이라크는 민족부흥과 더불어 외세에 반대하는 운동을 주도하는 중요한 역할을 하고 있었다. 민족감정이 그들의 애국적인 시와 언론을 통하여 불이 붙었다. 프랑스 혁명의 이상주의 영향을 받아 아랍의 옛 가치관 대신 새로운 이념과 사상에 눈을 돌리기 시작한 것이다. 유럽 이상주의에 동화된 일부 이라크 지도자들은 유럽 민족주의 운동, 프랑스의 이집트 원정, 아라비아의 와하비운동에서 많은 영향을 받았다.

이라크는 터키와 유럽세력의 개입에 분개하기 시작했다. 1920년 8월 10일 세브레 조약 이후 이라크의 분노가 표출되었다. 이집트, 시리아, 레바논, 팔레스타인, 이라크, 북아프리카에 대한 터키의 지배가 종료되어야 한다고 주장하였다. 그리고 샤리프 후세인이 장악하고 있던 아라비아의 헤자즈 지역을 독립국가로 인정하였다.

1929년 10월 10일 앵글로-이라크 조약에서 이라크에 대한 영국의 위탁통치 조항이 수정되면서 이라크의 독립과 국제연맹 가입이 허용되었다. 이라크 민족주의 운동가들이 그 조약을 비난하면서 이라크의 완전한 독립 보장이 없는 어떤 계획도 수락하지 않겠다고 했다. 그 결과 1923년 위임통치 기간에 관한 조항이 20년에서 4년으로 줄어들었다. 그런데 1926~1927년에 새로운 조약이 체결되면서 이라크의 완전 독립은 멀어져만 갔다.

1930년 타협에 의하여 영국과 이라크의 이해관계를 조정할 수 있는 조약조건들이 고안되었으나 이라크의 민족주의 과격파와 영국의 보수주의 파로부터 비난을 받았다. 1932년 이라크 정부가 그 조약을 승인함에 따라 조약의 효력이 발생하게 되었다.

근대 이라크의 건국자 파이잘 I세는 이라크를 통일하고 농업, 교육, 경제 분야를 연구할 전문가들을 초청하고 청년 군사교육을 제도화하였다.

그의 집권기간 중 이라크는 국제연맹의 회원이 되었다. 그는 시리아, 레바논의 독립과 팔레스타인의 해방을 위해 최선을 다한 인물이었다.

이라크가 영국 식민지하에서 독립을 하고 국제연맹에 가입한 후 1년이 지난 1933년 파이잘 왕이 사망하고 그의 아들 가지(Ghazi) I세가 계승하였으나 통치기간은 짧았다. 1937년 한 미스테리의 사건으로 죽었기 때문이다. 그의 뒤를 이어 파이잘 II세가 부친을 계승하였으나 나이가 어린 탓으로 그의 삼촌 압둘라가 섭정정치를 하였다. 그의 나이가 완숙한 1953년까지 섭정정치가 계속되는 동안에 여러 심각한 사건들이 발생했다.

1. 1935~1936년 사이에 부족들의 빈번한 폭동
2. 1936년 바크르 시디끼의 군사혁명
3. 1941~1942년 사이에 라쉬드 알리 가일라니의 군사혁명
4. 1936~1951년 사이 내각을 전복시킨 무장 기동훈련
5. 1948년의 포트머스 조약 반대운동
6. 이라크를 포함한 전 세계 각 지역에 제2차 대전의 심각한 사회적 영향, 특히 자본주의에 끼친 영향, 그리고 급속적인 공산주의의 팽창과 팔레스타인 전쟁

1948년 1월 앵글로-이라크 포트머스 조약이 체결되었다. 이로 인하여 이라크는 독립과 더불어 제1차 세계대전 후에는 국제연맹 가입을, 그리고 제2차 세계대전 후에는 유엔 가입을 하게 되었다. 1955년 앵글로-이라크 협정에 따라 바그다드 근교 합바니아 공군기지로부터 영국군이 철수하도록 되어 있었다.

이라크는 여러 분야에서 주목할 만한 발전을 보였다. 군의 발전을 비롯하여 경찰, 교육 분야, 부족 간의 분쟁해결 등 여러 면에서 발전의 면모를 보였다. 대학은 5,000명 이상의 대학생을 수용할 수 있었고 1,000명 이상의 해외 유학생을 파견하고 있었다. 적십자와 아동복지기구가 밝힌 바에 따르면 여성운동 분야에서도 놀랄 만한 발전을 하였고 토지소유를 통

제하는 새로운 법은 이라크 사회발전의 좋은 본보기가 되었다.

이라크의 주요 생산품은 옥수수, 밀, 쌀, 채소, 과일, 담배, 종려나무 열매(Tamr) 등으로 이러한 것들이 오랫동안 이라크의 주요 수입원이 되어왔다. 무역과 상업도 외국인들의 수중에서 이라크인들의 수중으로 넘어왔다. 1930년 이라크 회계연도 총예산이 4,400만 디나르였으며 1947~1948년에는 2,300디나르였는데 이 예산은 철도건설, 바스라 항구건설, 담배공사 예산이 제외된 예산이었다. 각각 독립예산이 책정되어 있었기 때문이다. 석유수입은 1948년 팔레스타인 전쟁 이전까지 매년 300디나르까지 이르렀으며 1954년에는 5,000만 디나르까지 올랐다.

석유수입의 증대와 풍부한 천연자원에서 들어오는 수입은 이라크 경제발전의 잠재력을 말해주고 있었다. 1950년 개발 및 확장사업을 추진할 개발청이 설치되고 재원은 주로 석유수입에 의존했다. 1953년 관개사업을 비롯하여 토지개간, 교통, 건설 등 여러 사업이 시행에 들어갔으며 그 밖의 다른 사업들이 연구되고 있었다.

근동 지역의 석유와 경제

주로 아라비아 만, 홍해지역의 해변에 위치하고 있는 유전들이 이라크, 쿠웨이트, 바레인, 카타르, 사우디아라비아, 리비아의 경제 및 사회발전에 주요 역할을 하고 있다. 이란과 마찬가지로 이집트에도 석유가 매장되어 있어 석유탐사가 진행되고 있었다.

1953년 근동지역에서 채굴된 석유생산량이 전 세계 원유소비량의 42퍼센트를 차지하면서 서구와 소련 사이에서 팽팽한 경쟁 세력이 되었다.

근동지역의 주요 유전들은 개발특허권을 얻은 4개 합작회사에 의하여 발견되었다.

1. 앵글로-이란 석유회사(AIOC)가 근동지역의 풍부한 석유 광맥을 처음으로 발견하면서 세계의 이목을 끌었다.

2. 이라크 석유회사(IPC)가 이라크, 카타르, 시리아 조차지, 팔레스타인, 오만에서 유전 개발 및 채굴작업을 하였다. 회사는 5퍼센트를 제외한 나머지를 균등하게 4등분 하였다. AICC, 왕립 네덜란드 쉘(Shell) 회사, 미국의 근동개발회사(Standard of New Jersey and Socony Vacum), 프랑스 그룹이 4등분 하여 갖고 5퍼센트는 샤르키스 글루벤키안 측에서 갖기로 되어 있었다.
3. 쿠웨이트 석유회사는 앵글로-미국 석유회사가 균등하게 소유하고 걸프석유회사는 종속회사로 들어갔다.
4. 사우디아라비아 유전개발은 아라비아-미국 석유회사(ARAM Co.)가 독점하고, 바레인 유전은 바레인 석유회사가 미국 캘리포니아 석유회사, 텍사스 회사와 공동투자로 운영하고 있었다.

1950년 들어와 근동의 다른 지역에 대한 석유탐사가 시작되었다. 다른 여러 회사들이 석유탐사 특허권을 따내면서 카타르, 오만의 주파르 지역, 레바논, 쿠웨이트, 예멘, 터키, 이집트에서 활발한 석유시추 작업을 하였다.

레바논에서는 팩시픽 웨스턴 석유회사와 다른 미국 회사가 레바논으로부터 70만 에이커에 해당하는 넓은 지역에서 개발권을 얻었다. 이집트에서는 알렉산드리아 항구에 새로운 석유저장 탱크가 건설되었다. 그 밖에도 이집트 정부는 수에즈 운하와 카이로를 잇는 두 개의 송유관 설치를 허가하였다. 이 사업은 2년에 걸쳐 완공되었다. 라스 지역에서도 유전이 발견되면서 텍사스, 뉴저지, 캘리포니아 3개 회사가 알렉산드리아에 본부를 두고 석유시추에 들어갔다.

근동지역의 석유개발 계획은 아덴 지역, 이라크, 쿠웨이트, 중립지대, 사우디아라비아의 석유시설 확충을 비롯하여 송유관 설치, 저장탱크, 항만 확장계획을 포함하고 있었다. 1953년 앵글로-이란 석유회사가 1954년 말 이전에 원유정제를 시작할 예정으로 아덴에 새로운 항구와 저장시설 건설을 시작하였다.

이슬람 세계의 문제

이슬람 세계의 문제를 평화적으로 해결해야 한다는 것을 촉구하면서 종교와 민족을 불문하고 피를 흘려서는 안 된다는 것을 이슬람은 강조하고 있다. 꾸란 21장 107절의 내용에 근거한 것이다.

"알라 하나님께서 그대를 보냄은 만백성에게 자비를 베풀기 위해서라."

무슬림 국가들은 문제들을 해결하기 위해 상당한 역할을 하고 있다. 남아프리카의 인종차별을 비난해 왔던 유엔을 지지하고 나서는 등 여러 분야에서 각 지역 문제해결에도 동참하였다.

아시아

아시아에서 무슬림 세계가 직면하고 있는 문제들 중에는 인도-파키스탄 문제가 있다. 1947년 인도에서 파키스탄이 분리해 나감으로써 800명의 힌두교도와 600명의 무슬림이 강제수용 당하는 결과를 초래하였다. 인도 서북부에 위치한 카쉬미르 지방에는 5백만 명 인구 가운데 무슬림 숫자가 82퍼센트를 넘고 있으나 힌두교인이 통치하고 있다. 카슈미르는 파키스탄 경제에 중요한 역할을 하는 인더스 강의 시원이기도 하다.

1965년 8월 인도와 파키스탄 간의 분쟁은 3주간의 전쟁으로 발전하였다. 그 해 9월 유엔의 휴전 결의에 따라 양국 간의 적대관계가 당분간 종료되었다. 그럼에도 불구하고 양측 여러 지역에서 휴전협정을 위반하였다. 1966년 1월 3일 소련 수상, 파키스탄 대통령, 인도 수상이 참여한 가운데 타슈켄트에서 인도 문제를 평화적으로 해결하기 위한 회의가 개최되기도 하였다. 51퍼센트의 무슬림이 가진 말라야, 45퍼센트의 무슬림이 있는 싱가포르, 75퍼센트의 무슬림을 두고 있는 사라와크, 75퍼센트의 무슬림을 둔 북부 보르네오로 구성된 말레이시아의 연방구성이 1963년 9월 영국정부에 의해 발표되자 인도네시아와 필리핀이 강력하게 반대하였다. 북부 보르네오는 인도네시아에 없어서는 안 될 중요한 지역이었기 때문이다. 미국의 로버트 케네디가 말레이시아 분쟁을 평화적으로 해결하기 위해 인도네시아 수카르노 대통령과 회담을 가졌다. 북부 보르네오에서의 휴전, 국경지대에서 영국군 철수와 중립 감시단 설치 등이 토의되었다.

아프리카

1960년 독립한 모리타니는 그 나라 전체 인구 99퍼센트에 해당하는 77만의 무슬림들이 살고 있는 나라이다. 모로코가 모리타니를 자국 영토의 일부분으로 간주하면서 심각한 문제에 직면하였다. 1963년 3월 협정에 따라 말리가 모리타니 땅의 일부를 차지하였다.

230만 무슬림이 살고 있는 소말리아 공화국은 246만 7,900명의 무슬림이 살고 있는 케냐 북부지역을 요구하였다. 그러자 케냐와 에티오피아아가 강력히 반대하고 나섰고 소말리아와 영국과의 외교관계가 무효화되었다. 이어 에티오피아와 소말리아 간에 군사적 충돌이 시작되었다. 소말리아 문제는 아프리카 단결기구의 중재를 통하여 해결이 되었다.

1953년 8월 남부 로디지아, 북부 로디지아 및 니야살란드로 구성된 로디지아 연방에는 76만 3,500명의 무슬림이 거주하고 있다. 1963년 나야살란드는 선택의 기회를 갖게 되었다. 결국 나야살란드가 연방에서 떨어져 나감으로써 1963년 12월 로디지아 연방은 해체되고 1964년 5월 북부 로디지아와 나야살라드에서 총선거가 치러졌다.

북아프리카

모로코-알제리 국경 무장분쟁이 이슬람 양국 간에 심각한 분쟁을 야기시켰다. 1963년 10월 모로코, 알제리, 세네갈, 에티오피아 대표가 참석한 바마코 회담에서 휴전 결의안이 채택되었다. 그러나 분쟁은 계속되어 1963년 11월 아디스아바바 회의에 이 문제가 다시 주제로 상정되었고

1963년 1월 13일 카이로에서 개최된 아랍 정상회담이 양국 간의 분쟁해결에 큰 역할을 하였다.

프랑스와 알제리 관계는 1962년 3월 19일 체결된 에비앙 협정의 영향을 받고 있다.

유대국가 건국과 팔레스타인 문제

근동 아랍 국가들이 직면하여 온 가장 미묘하고 복잡한 당대의 아랍문제는 이스라엘과의 분쟁이었다. 각 당사자는 역사적 근거와 서류에 근거하여 각자의 요구를 정당화하고 있다. 전 세계는 이스라엘 건국으로 인하여 추방된 후 고난과 역경을 겪고 있는 팔레스타인 아랍 피난민 문제해결에 고심하고 있다. 1961년 요르단 왕국이 조사한 결과에 의하면 요르단 인구 169만 명 가운데 88만 4,000명이 피난민들이었다. 영국이 아랍과 유대인을 교묘하게 이용하려고 했던 것이 분쟁의 씨앗이 되었다. 1917년 영국 외상 발포어경은 영국 정부가 팔레스타인 땅에 유대인 국가를 건설할 계획을 갖고 있다고 선언하였다. 이 선언을 발포어 선언이라고 한다. 그러나 그의 선언은 팔레스타인 땅이 유대인들의 독점 고향이 된다는 것을 의미한 것은 아니었으며 그곳의 기독교인과 아랍 무슬림 사이의 이익에도 간섭하지 않고 있었다. 문제는 영국이 아랍과 유대인 두 민족에게 똑같은 말로 장사를 하려 했던 것이다.

유대인들은 선언문의 두 번째 부분을 무시하였고 아랍인들은 첫 번째 부분을 도외시했다는 것을 알 수 있다. 영국은 미국내 미국계 유대인들의 영향력을 이용하여 미국으로 하여금 독일에 대항한 전쟁에 끌어들이려는 속셈이었다.

600만 명 이상의 유대인들이 도처에서 학살되었으며 히틀러가 그들 대부분을 처형했다는 것이 유대인들의 주장이다. 그래서 그들은 그들의 성지 팔레스타인 땅으로 돌아가기를 기다려 왔으며 이 약속이 구약성서에 명시되어 있다고 믿고 있었다.

한편 팔레스타인 땅은 아랍인들이 1,300년 동안 살아온 그들의 땅이라고 아랍인들은 주장하고 있다. 팔레스타인 땅은 기독교의 성지가 있는 곳이며 예루살렘은 메카와 메디나에 이어 이슬람교의 세 번째 성지(Al-Qudus)다. 예언자 무함마드가 부라끄(Burq)라는 백마를 타고 메카를 출발하여 하룻밤 사이에 예루살렘에 도착(Al-Isra)한 후 그곳에 있는 이슬람 사원 돌반석에서 천사의 날개에 실려 하늘여행(Al-Miraj)을 한 후 다시 메카로 돌아온 신비적 여행의 기원이 되면서 이슬람교의 세 번째 성지가 되었다. 또한 무슬림들의 예배방향이 메카로 전환되기 전까지는 예루살렘이 무슬림들의 예배방향이었다.

아랍인들은 팔레스타인 땅의 면적이 1만 제곱킬로미터를 넘지 않는데다 그 중 3분의 1은 사막이요 3분의 1은 불모의 산악지대이며 3분의 1만이 비옥한 땅이라고 주장하고 있다. 또한 1919년도의 팔레스타인 인구는 6만의 유대인들에 비해 아랍인은 90만을 넘는 숫자라고 주장하였다.

1947년 팔레스타인 땅에서 아랍-이스라엘 전쟁이 발발했을 때 그곳 인구는 120만 명의 아랍인에 비해 유대인은 65만 명에 불과했다. 이웃 아랍인들이 2,000년 동안 차지하고 있었고 20만 명 팔레스타인 아랍인들이 이 땅을 지켜왔다. 그래서 100만 아랍인들이 팔레스타인 땅에 남아 있어야 했다. 그런데 고작 그곳에 남아 있는 아랍인은 15만 명뿐 나머지 모두는 추방되어 난민생활을 하고 있다.

팔레스타인 땅에 이스라엘이 건국됨으로써 85만 명의 아랍 피난민이 생겨난 것이다. 1956년과 1967년 아랍-이스라엘 전쟁 후 30만 명 이상의 아랍 피난민이 또 생겨났다. 이들 아랍 피난민들은 요르단 국경 동쪽과 레바논, 시리아, 이집트 국경을 따라서 비참한 피난생활을 하고 있었다. 이들은 유엔의 제한된 원조에 의존하고 있었을 뿐이다.

한편 유대인들은 팔레스타인 땅에서 1,300년 동안 살아온 아랍인들은 별다른 발전을 이루지 못했으나 유대인들은 비록 팔레스타인 땅에 거주한 지 몇 년에 불과하지만 팔레스타인 국민생활의 수준을 향상시켜 놓았을 뿐만 아니라 병원, 공장, 대학을 설립, 말라리아 퇴치와 전염병 예방을 하는 등 많은 업적을 남기고 발전에 기여했다고 주장하고 있다.

이에 대하여 아랍인들은 이러한 유대인들의 주장은 그곳의 팔레스타인 땅에서 아랍인들이 이루어 놓은 업적을 무시하거나 극소화하기 위한 그들의 과장된 선전이라고 일축하였다. 또 유대인들이 팔레스타인 땅으로 이주하여 올 때 가져온 제한된 돈과 팔레스타인 땅에서 재배된 오렌지 판매금액으로는 그들이 말한 경제발전에는 아무런 가치가 없었으며 미국에 살고 있는 미국계 유대인들의 재정지원이 없었다면 그들의 경제사정은 극도로 심한 타격을 받았을 것이라고 주장하였다.

E.A. 스페이서 교수는 영국의 견해, 유대인들과 아랍인들의 다양한 주장을 제시하면서 이 문제를 다루고 있다. 그가 인용한 아랍인들의 주장은 다음과 같다.

> "팔레스타인 땅은 7세기부터 계속하여 아랍들인 수중에 있어왔다. 1948년까지 절대다수의 아랍인들이 이곳을 지켜오면서 외세의 침략을 저지해 왔다. 또한 월등이 높은 인구를 차지하고 있을 뿐만 아니라 아랍 무슬림들의 신성한 주거지였다."

그는 계속하여 유대인 시오니즘의 기원에 관하여 언급하였다.

> "넓은 의미에서 본 시오니즘은 다윗과 그의 자손이 왕궁과 신전을 세웠던 예루살렘의 시온 산에 유대왕국을 재건하자는 희망이었다. 그것은 유대인들이 19세기 동안 분산되어 있었던 만큼이나 오래된 것이다. 기원전 586년 네부차드네자르가 예루살렘을 점령한 후 부분적으로 전해온 것으로 보면 25세기 동안의 해묵은 이야기다. 시오니즘은 유대인들이 유대왕국 건설에 대한 그들의 희망을 정해진 그들의 매일 예배에서 생활화함으로써 종교적 색채를 띠게 되었다."

아랍 피난민의 복귀와 정착문제에 대하여 여러 분야의 전문가들이 관심을 가졌으나 해결될 기미가 보이지 않자 국제분쟁 및 피난민 문제는 유엔안전보장 이사회로 넘어갔다. 긴급 의료지원이 필요한 난민들이었다. 태어난 고향을 찾고 1,300년 동안 살다가 빼앗겨 버린 땅을 찾아야 한다는 것이 아랍 피난민들의 요구이다. 이 문제가 줄곧 아랍인들과 무슬림들의 관심사가 되어 왔고 또 국제사회의 심각한 문제로 대두되었다.

이슬람 국가, 특히 아랍 이슬람 국가들이 직면해 왔던 문제는 아덴에 대한 영국 보호령을 비롯한 남부 아라비아에 위치한 토후국들로 구성하는 남부 아라비아 연합문제였다. 무스카트와 오만 사이에 분쟁이 있었다. 이 지역 주민들은 탈당파(Khawarij)의 한 분파인 이바디(Ibadi) 교리를 따르고 있었는데 이것은 싸이드(Said bin Sultan) 가문에서 비롯되었다. 무스카트와 오만에 대한 통치권(Sultan)을 받은 싸이드가 사우디가 요구한 보레이미 오아시스를 합병하였다. 그러나 오만은 독립을 성취하는 한 단계로서 자결권을 얻으려고 애썼다. 아부 다비, 두바이, 샤즈자와 말바, 아즈만, 움물, 까이와인, 라으술 카이마와 푸자이르스 지역이 남부 아라비아 자매 토후국들의 선례를 따를 것이라는 것은 의심할 바 없었다.

1962년 9월 26일 압둘라 쌀랄이 주도한 해방 혁명에서 예멘의 이맘 무함마드 바드르가 축출되면서 이 지역에 대한 예멘인 통치는 종료되었다. 그러나 반항세력이 군주정치를 회복하기 위해 지속적으로 투쟁하였으므로 공화세력도 점차 약화되어 갔다. 가말 압두 나세르 대통령과 파이잘 왕 사이에 체결된 제다 협정은 예멘 문제의 평화적 해결을 위한 길을 마련하였다.

이 협정에 의하면 과도정부가 정부형태를 결정할 국민투표를 주관하기로 되어 있었다. 1965년 11월 23일 사우디 국경 하라스 촌락에서 국민투표를 주관하기 위한 사우디-이집트 공동 평화위원회 회의가 열렸다. 카르툼 소재 아랍연맹 회의에서 구성된 위원회의 노력에도 불구하고 양측 간의 갈등은 여전했다.

1965년 9월 25일 영국정부는 아덴 국가 헌법을 연기시켰다. 그 결과 아덴 각료들이 해산되고 입법회의가 해체되면서 영국 고등판무관이 직접 통치하였다. 이 문제가 유엔에 상정되었고 유엔은 국민투표를 통해서 정부형태가 결정되어야 한다는 것으로 결의하였다. 마침내 1967년 11월 알샤를 수도로 한 남예멘 공화국이 건국되었다.

1965년 9월 제다 평화협정이 아라비아 반도 역사 이래 최초로 국민투표를 실시하는 기회를 만들어 줌으로써 아랍반도와 아라비아 남부 아덴에까지 개혁정신을 가속화시켰다.

걸프전과 이슬람 세계

1990년 5월 21개 아랍 정상들이 참석한 바그다드 회의에 이어 1990년 6월 18일 필자를 비롯한 전 세계 아랍 · 이슬람 대표자들이 참석한 바그다드 이슬람 회의가 열리고 있었다. 회의가 한참 진행되고 있을 때 단상에서 회의를 주재하고 있던 대표들이 갑자기 자리에서 일어나더니 박수를 치기 시작했다.

뒤를 돌아다보았더니 사담 후세인 대통령이 들어오고 있었다. 단상에 오른 사담 후세인은 환영인사에 이어 시종일관 아랍과 이슬람 공동운명체를 강조하면서 이스라엘을 비롯한 서방 식민주의 국가에 대응한 단결을 촉구했다. 공격을 받는 형제국가가 있다면 그것은 아랍 전체에 대한 도전행위로 간주하고 이라크가 응징하겠다고 외쳤다.

> "이스라엘을 비롯한 서방세계가 이슬람 형제국가 중 어느 나라를 공격하더라도 그것은 이라크에 대한 도전으로 간주하고 이라크가 갖고 있는 모든 힘을 동원하여 응징할 것입니다. 예루살렘(Al-Quds)은 절대로 이스라엘의 수도가 될 수 없습니다. 역사가 우리와 함께 할 것입니다."

사담 후세인의 말 한마디 한마디는 감정적인 아랍인의 마음을 충분히 흥분시킬 수 있었다. 쿠웨이트를 비롯한 아랍권 대표들은 우레와 같은 박수를 보내면서 사담 후세인이 아랍권과 이슬람권을 결속시키는 지도자가 되어 주기를 기대했는지 모른다.

그 후 45일 뒤 8월 2일 이라크가 쿠웨이트를 침략했다는 소식이 전 세계에 방송매체를 타고 퍼져나갔다. 이란의 이슬람혁명이 걸프만 왕정 아랍국가에 유입되는 것을 차단하기 위해 이라크가 8년 이상 이란과 대리전쟁을 수행했다는 것이 이라크 측의 주장이었다. 그러므로 쿠웨이트와 사우디아라비아 왕정은 이라크에 제공한 300억불 차관을 상쇄하는 동시에 300억 불을 추가 지원해야 한다고 요구했다.

세이크 아흐마드 사바하 쿠웨이트 국가 원수는 이라크가 공식적으로 쿠웨이트의 주권을 인정하지 않는 한 차관 상쇄 및 추가지원 관련 회의를 갖지 않겠다고 하였다. 1963년 바그다드가 쿠웨이트의 독립을 인정했으나 국경 설정에 관한 협정은 현재까지 이루어지지 않은 상태이기 때문이다.

유엔 안전보장 이사회가 소집되고 이라크의 조건 없는 철수를 요구하는 660호 결의안이 만장일치로 채택되었고 1990년 7월 10일에는 필자를 비롯한 전 세계 아랍 · 이슬람 지도자들이 참석한 성지 메카회의에서 이라크의 쿠웨이트 점령을 비난하고 이슬람 국가가 형제국가를 침공하는 행위는 어떤 명분으로도 합리화될 수 없다는 한목소리로 조건 없는 즉각 철수안을 만장일치로 통과시켰다.

그해 11월 29일 미국 주도하의 유엔 안전보장 이사회는 유엔 결의안 660호 완전 이행을 요구하는 678호를 채택하면서 1991년 1월 15일까지 이라크군의 쿠웨이트를 철수를 제시했으나 사담 후세인은 이 제의를 거절하였다. 여러 경로를 통한 바그다드와의 회담이 결렬되자 1991년 2월 28일 유엔 연합군의 쿠웨이트 해방작전이 45일 동안 개시되었다. 이 전투에서 33개 연합군의 피해도 있었지만 이라크 측은 10만 명 이상의 인명피해가 발생했다고 비공식적으로 집계되고 있다.

걸프전으로 인하여 전 세계 항공산업 및 관광산업이 심각한 타격을 받게 되었고 그해 말에는 세계경제가 영향을 받게 되었다. 특히 사우디아라비아와 쿠웨이트를 포함한 걸프 국가들이 엄청난 전비를 부담하면서 채권국가에서 채무국이 되는 등 가장 큰 타격을 입게 되었다.

한편으로는 쿠웨이트 형제국가 해방이라는 명분하에 아랍 국가들은 미국을 위시한 서방국가와 연합을 하였으나 그들 국가의 국민들은 서로 다른 견해를 갖게 되었다. 이라크가 형제 국가인 쿠웨이트를 점령함으로써 아랍권과 이슬람권을 두 편으로 갈라놓은 것은 이라크의 가장 큰 실수요 과오이지만 형제국가인 이라크에 대한 서구 연합군의 공격에 성전을 펼쳐야 한다는 분노의 목소리도 터져 나왔다.

서구 정치학자들은 이러한 아랍인들의 반서구 감정을 이슬람의 원리주의 또는 근본주의라고 표현하면서 알제리와 이집트 등지에서 일고 있는 반정부 운동을 이슬람 근본주의자들의 소행이라고 몰아붙이고 있다. 그러나 이슬람의 본질적 원리주의란 서구 세력에 종속된 세속정치에서 벗어나 꾸란과 예언자 무함마드의 전통에 따른 순수 이슬람 정치로의 복귀를 의미하고 있을 뿐이다.

걸프전으로 인하여 아랍인들의 견해가 양분되었던 것처럼 걸프전은 제2차 세계대전 이후 미국의 가장 큰 승리로 보는 견해와 미국의 가장 큰 실수로 생각하는 두 가지 교훈을 제시하여 주었다.

전 세계 이슬람 독립국가 분포와 인구

7세기 이슬람이 부활한 이래 이슬람 세계는 방대한 지역과 거대한 인구를 갖게 되었다. 이슬람 인구가 가장 많은 아시아 대륙의 인도네시아에서 출발하여 중앙아시아, 중동, 아프리카 중·북부 지역에 걸쳐 16억 명의 무슬림 인구가 소련 붕괴 이후 서구세력에 이어 제2의 세력을 형성하고 있다.

이슬람 공동체는 크게 순니(Sunni)와 쉬아(Shia) 두 정파 및 종파로 나누어져 있다. 꾸란의 가르침을 기본 교리로 삼고 예언자 무함마드 언행과 전통(Hadith & Sunna)에 따라 교리를 실천하는 것은 양 교파의 공통점이다. 다른 점은 예언자가 사망한 이후 이슬람 공동체의 지도자(Khalifa) 선출 문제를 놓고 무슬림 지도자들 간에 분쟁이 발생했다. 협의(Shura)에 의해 통치자를 선출해야 한다는 주장과 예언자 무함마드의 혈통을 이어받은 후손들(Ahl Al-Bait)만이 이슬람 공통체의 지도자가 될 수 있다는 의견이 제시되면서 이슬람 공동체가 두 정파로 나누어져 오늘날까지 전해 내려오고 있다. 전자를 순니파, 후자를 쉬아파라고 하는데 쉬아파를 추종하는 무슬림들의 대부분은 주로 이란, 이라크, 시리아, 인도에 분포되어 있다. 인도에서 쉬아파 이슬람 공동체를 주도했던 아카 칸과 부흐라 술탄은 그들이 예언자의 사촌 형제이며 사위인 알리의 후손이라고 주장하였다.

소련 공산정권이 붕괴하기 이전 이슬람 독립국가 수는 50개국이었으나 소련연방으로부터 독립한 중앙아시아 지역 6개국을 포함하여 2002년 현재 57개국에 이르고 있다.

레바논

지중해 동쪽 해안에 자리 잡고 있으며 1만 452제곱킬로미터의 면적을 가진 아랍 국가로 베이루트를 수도로 삼고 있다. 무슬림 인구 비율은 전체 인구의 70퍼센트에 달하며 아랍어가 공식어나 불어도 통용되고 있다. 국경일은 11월 22일이다.

리비아

아프리카 대륙 1,900킬로미터에 달하는 지중해 해안을 따라 자리 잡고 있으며 한반도의 약 7배에 달하는 175만 9,540제곱킬로미터의 면적을 가진 아랍 국가로 트리폴리를 수도로 삼고 있다. 국민 대다수가 무슬림이며 아랍어가 공식 언어다. 영어와 이탈리아어가 외국어로 이해되고 있다. 국경일은 9월 1일이다.

모로코

아프리카 북서쪽 극단에 위치하고 있으며 44만 6,550제곱킬로미터의 면적을 가진 아랍 국가로 라바트를 수도로 삼고 있다. 무슬림 인구 비율은 전체 인구의 99퍼센트에 달하며 아랍어가 공식어이나 불어 사용이 일반화되어 있으며 북부 지방에서는 스페인어도 통용된다. 국경일은 3월 3일이다.

모리타니

서부 아프리카에 위치하고 있으며 한반도의 4.6배에 달하는 103만 700제곱킬로미터의 면적을 가진 아랍 국가로 누와크수트를 수도로 삼고 있다. 국민 전체가 무슬림이며 공식 언어는 아랍어와 불어가 사용되고 있으나 아랍어가 보편적이며 이 나라의 모국어이다. 국경일은 11월 28일이다.

바레인

아라비아 반도 남동부에 위치하고 있으며 711제곱킬로미터의 면적을 가진 아랍 국가로 마나마를 수도로 삼고 있다. 무슬림 인구 비율은 전체인구의 99퍼센트에 달하며 아랍어가 공식어이다. 영어는 외국어로서 이해되고 있는 정도다. 국경일은 12월 16일이다.

사우디아라비아

아시아 서쪽 끝 아라비아 반도에 위치하고 있으며 한반도의 약 10배에 달하는 214만 9,690제곱킬로미터의 면적을 가진 아랍 국가로 메카와 메디나 두 성지와 리야드를 수도로 삼고 있는 왕정 이슬람 국가다. 국민 모두가 무슬림으로 아랍어가 공식 언어이며 국경일은 9월 23일이다.

소말리아

아프리카 대륙 인도양을 따라 펼쳐져 있는 아랍 국가로 모가디슈를 수도로 삼고 있다.

국민 모두가 무슬림으로 아랍어와 소말리어가 공용어로 사용되고 있다. 국경일은 10월 21일이다.

수 단

아프리카 동부에 위치하고 있으며 한반도의 11.3배에 달하는 250만 5,813제곱킬로미터의 면적을 가진 아랍 국가로 카르툼을 수도로 삼고 있다. 무슬림 인구 비율은 85퍼센트에 달하며 아랍어가 공식어이다. 남부지역에는 여러 지역 방언이 사용되고 있다. 국경일은 1월 1일이다.

시리아

지중해 동쪽 끝에 자리 잡고 있으며 18만 6,180제곱킬로미터의 면적을 가진 아랍 국가로 다마스쿠스를 수도로 삼고 있다. 무슬림 인구비율은 전체 인구의 87퍼센트에 달하며 아랍어가 공식어이다. 쿠르드어, 아르메니아어, 불어, 영어도 사용되고 있다. 국경일은 4월 17일이다.

아랍에미리트 연합

아라비아 반도 아랍 만에 위치하고 있으며 7개 토후국으로 구성된 8만 3,000제곱킬로미터의 면적을 가진 아랍 국가로 아부다비를 수도로 삼고 있다. 국민 전체가 무슬림이며 아랍어가 공식어다. 페르시아어, 영어, 우르두어도 사용되고 있다. 국경일은 12월 2일이다.

알제리

북아프리카에 위치하고 있으며 한반도의 약 10배에 달하는 238만 2,000제곱킬로미터의 면적을 가진 아랍 국가로 알제리를 수도로 삼고 있다. 무슬림 인구 비율은 전체인구의 98퍼센트에 달하며 아랍어가 공식 언어이나 베르베르어와 불어도 통용되고 있다. 국경일은 3월 27일이다.

예 멘

아라비아 반도 남단에 위치하고 있으며 한반도의 2.5배에 달하는 52만 7,970제곱킬로미터의 면적을 가진 아랍 국가로 사나를 수도로 삼고 있다. 무슬림 인구 비율은 전체 인구의 95퍼센트에 해당하며 아랍어가 공식어이다. 영어는 외국어로서 이해되고 있다. 국경일은 10월 14일이다.

오 만

아라비아 반도 동남쪽에 위치하고 있으며 한반도의 1.4배에 달하는 30만 9,500제곱킬로미터의 면적을 가진 아랍 국가로 무스카트를 수도로 삼고 있다. 국민 전체가 무슬림으로 아랍어가 공식 언어이다. 국경일은 11월 18일이다.

요르단

아라비아 반도의 서북부에 위치하고 있으며 9만 6,188제곱킬로미터의 면적을 가진 아랍 국가로 암만을 수도로 삼고 있다. 무슬림 인구 비율은 전체 인구의 95퍼센트에 달하며 영어는 외국어로 이해되고 있다. 국경일은 5월 25일이다.

이라크

아라비아 반도 북동쪽에 자리 잡고 있으며 한반도의 약 2배에 달하는 43만 4,924제곱킬로미터의 면적을 가진 아랍 국가로 바그다드를 수도로 삼고 있다. 무슬림 인구 비율은 전체 인구의 95퍼센트에 달하며 쉬아파 55퍼센트, 순니파 40퍼센트, 기독교를 포함한 기타 종교는 5퍼센트에 해당된다. 지역에 따라 쿠르드어가 사용되고 있으며 영어는 외국어로서 이해되고 있다. 국경일은 7월 17일이다.

이집트

아프리카 대륙 북동쪽에 위치하고 있으며 한반도의 약 5배에 달하는 100만 2,000제곱킬로미터의 면적을 가진 아랍 국가로 카이로를 수도로 삼고 있다. 무슬림 인구 비율은 전체인구의 92퍼센트에 달하며 아랍어를 공식어로 사용하고 영어는 외국어로서 이해되고 있다. 국경일은 7월 23일이다.

지부티

아프리카 대륙 북동쪽 해안에 위치하고 있으며 2만 3,000제곱킬로미터의 면적을 가진 아랍 국가로 지부티를 수도로 삼고 있다. 무슬림 인구 비율은 전체 인구의 98퍼센트를 차지하고 있으며 아랍어를 공식 언어로 채택하고 있다. 불어도 공용어로 사용되고 있으며 소말리아어, 사호아파르어도 통용되고 있다. 국경일은 6월 27일이다.

카타르

아라비아 만 사우디아라비아 동쪽에 위치하고 있으며 1만 1,437제곱킬로미터의 면적을 가진 아랍 국가로 도하를 수도로 삼고 있다. 국민 모두가 무슬림이며 아랍어가 공식 언어이다. 국경일은 9월 3일이다.

코모로

아프리카 대륙 남동쪽 탄자니아와 모잠비크 옆 해안에 위치하고 있으며 3개의 군도로 이루어진 나라로 모로니를 수도로 삼고 있다. 무슬림 인구 비율은 전체 인구의 80퍼센트에 달하며 불어를 공식 언어로 사용하고 있으나 아랍어 사용이 보편적이다. 코로란어와 키스와흘리어도 사용되고 있다. 국경일은 7월 6일이다.

쿠웨이트

사우디아라비아와 이란 사이 걸프 만 입구에 자리 잡고 있으며 1만 7,818제곱킬로미터의 면적을 가진 아랍 국가로 쿠웨이트를 수도로 삼고 있다. 95퍼센트 국민이 무슬림이다. 아랍어가 공식어이며 영어는 외국어로 이해되고 있다. 국경일은 2월 25일이다.

튀니지

아프리카 북부 지중해에 위치하고 있으며 16만 2,155제곱킬로미터의 면적을 가진 아랍 국가로 튀니스를 수도로 삼고 있다. 무슬림 인구 비율은 전체 인구의 97퍼센트에 달하며 아랍어가 공식어이나 불어 사용도 일반화되어 있다. 국경일은 6월 1일이다.

팔레스타인

지중해 동쪽 해안에 위치하고 있으며 과거 2만 6,000제곱킬로미터의 면적을 가진 아랍 국가로 예루살렘을 수도로 삼았다. 무슬림 인구 비율은 전체 인구의 90퍼센트에 이르렀으며 아랍어가 공식 언어이다. 1917년 발포어 선언으로 1948년 팔레스타인 땅에 이스라엘이 건국되면서 국가를 잃었다가 1991년 마드리드 선언으로 팔레스타인 자치정부가 들어서 있다.

아랍연맹과 이슬람 회의기구

1번에서 22번까지의 국가가 아랍어를 공식 언어로 사용하고 있는 22개 아랍국들이다. 아랍국들로 구성된 연합기구를 아랍연맹이라 부른다. 한편 이슬람 회의기구는 1969년 모로코의 수도 라바트에서 첫 정상회담이 개최되어 결성된 기구이다. 예루살렘 소재 아크사 이슬람사원에 대해 이스라엘 측의 고의적 방화사건에 대응하기 위해 이슬람 국가들 간에 결성된 기구이다. 1970년 3월 사우디 제다 외무장관 회의, 같은 해 12월 파키스탄 카라치 외무장관 회의에 이어 1971년에 공식적인 이슬람회의 기구로 창설되었다. 이슬람 회의기구는 22개 아랍국가들과 비아랍 이슬람 국가들을 합쳐 57국으로 구성되어 있으며 2009년 5월 25일부터 시리아의 수도 마다스커스에서 바샤르 대통령 주재로 제36차 이슬람회의가 열리고 있다.

가 봉

아프리카 서남부 기니아 만에 위치하고 있으며 리버불을 수도로 삼고 있다. 무슬림 인구 비율은 전체 인구의 50퍼센트이다.

감비아

아프리카 서부에 위치하고 있으며 반줄을 수도로 삼고 있다. 무슬림 인구 비율은 전체인구의 85퍼센트에 달하며 영어를 공식어로 채택하고 있으나 아랍어도 널리 쓰이고 있다. 국경일은 2월 18일이다.

기 니

아프리카 서부에 위치하고 있으며 코나크리를 수도로 삼고 있다. 무슬림 인구 비율은 전체 인구의 95퍼센트에 달하며 불어가 공용어이다. 지역 방언도 널리 통용되고 있다. 국경일은 10월 2일이다.

기니비사우

아프리카 서부에 자리 잡고 있으며 비소를 수도로 삼고 있다. 무슬림 인구 비율은 전체 인구의 70퍼센트에 달하며 포르투갈어가 공용어이며 크리올로 지역 방언도 사용되고 있다. 국경일은 12월 12일이다.

나이지리아

서부 아프리카 남쪽 해안에 자리 잡고 있으며 아부자를 수도로 삼고 있다. 무슬림 인구 비율은 전체 인구의 75퍼센트에 달하며 영어를 공식어로 채택하고 있으나 하우사, 요르바어도 사용되고 있다. 국경일은 10월 1일이다.

니제르

서부 아프리카에 위치하고 있는 나라로 니아메이를 수도로 삼고 있다. 무슬림 인구 비율은 전체 인구의 95퍼센트에 달하며 불어를 공식어로 채택하고 있다. 하우사어도 통용된다. 국경일은 12월 18일이다.

몰디브

스리랑카에서 남쪽으로 924킬로미터 떨어진 인도양에 위치하고 있으며 국민 전체가 무슬림이다. 아랍어와 싱하레세가 혼합된 디베이어가 공식언어다. 국경일은 7월 26일이다.

말레이시아

동남아시아에 위치하고 있으며 콸라룸프르를 수도로 삼고 있다. 무슬림 인구 비율은 전체 인구의 54퍼센트에 달하며 바흐사 말라이어가 공식 언어다. 영어, 중국어, 힌두어도 사용되고 있다. 국경일은 8월 31일이다.

말라위

아프리카 동남쪽 그리고 중앙아프리카에 위치하고 있으며 릴롱궤를 수도로 삼고 있다. 무슬림 인구 비율은 전체 인구의 50퍼센트를 차지하고 있다. 영어와 치체와어가 공식 언어이다. 국경일은 7월 6일이다.

말 리

서부 아프리카 내부에 자리 잡고 있으며 바마코를 수도로 삼고 있다. 무슬림 인구 비율은 전체 인구의 92퍼센트에 달하며 불어가 공식 언어이며 국경일은 9월 22일이다.

모잠비크

아프리카 동남쪽 해안에 위치하고 있으며 마푸토를 수도로 삼고 있다. 무슬림 인구 비율은 전체 인구의 60퍼센트에 달하며 포르투갈어가 공식 언어나 반투어도 통용된다. 국경일은 6월 25일이다.

방글라데시

아시아 남부에 위치하고 있으며 다카를 수도로 삼고 있다. 무슬림 인구비율은 전체 인구의 86퍼센트를 차지하고 있으며 벵갈리어가 공식어이나 영어와 우루두어도 통용되고 있다. 국경일은 3월 26일이다.

베 냉

아프리카 서부에 위치하고 있으며 포르토 노보를 수도로 삼고 있다. 무슬림 인구 비율은 전체 인구의 50퍼센트에 달하고 있고 불어가 공식 언어이나 지역 방언인 폰어도 통용되고 있다. 국경일은 11월 30일이다.

부르키나파소

아프리카 서부에 위치하고 있으며 와가두구를 수도로 삼고 있다. 무슬림 인구 비율은 전체 인구의 56퍼센트에 달하고 있다. 불어가 공식어이나 여러 수단 방언이 사용되고 있다. 국경일은 12월 11일이다.

브루나이

동남아시아 보르네오 섬 북쪽 해안에 자리 잡고 있으며 반다르세리 베가완을 수도로 삼고 있다. 무슬림 인구 비율은 전체 인구의 75퍼센트에 달하며 공식어는 말레이어이다. 영어는 외국어로서 사용되고 있으며 국경일은 1월 1일이다.

세네갈

아프리카 북서쪽에 위치하고 있으며 다카르를 수도로 삼고 있다. 무슬림 인구 비율은 전체 인구의 97퍼센트에 달하며 불어가 공식어다. 그 밖의 올로프, 풀라, 만딩고, 세레브, 아랍어도 사용되고 있다. 국경일은 4월 4일이다.

시에라리온

아프리카 서부에 위치하고 있으며 프리타운을 수도로 삼고 있다. 무슬림 인구 비율은 전체 인구의 70퍼센트에 달하며 영어가 공식어이다. 다른 지역 방언도 사용되고 있다. 국경일은 4월 19일이다.

코트디부아르

아프리카 서부 남부 해안에 위치하고 있으며 야무스크로를 수도로 삼고 있다. 무슬림 인구 비율은 전체 인구의 55퍼센트를 차지하고 있으며 불어가 공식 언어이다. 지역 방언도 사용되고 있다. 국경일은 8월 7일이다.

아프가니스탄

중앙아시아에 위치하고 있으며 카불을 수도로 삼고 있다. 무슬림 인구 비율은 전체 인구의 99퍼센트에 달하며 푸쉬투어가 공식어이나 페르시아어도 통용되고 있다.국경일은 5월 27일이다.

알바니아

남부 유럽에 위치하고 있으며 티라나를 수도로 삼고 있다. 무슬림 인구 비율은 전체 인구의 80퍼센트에 달하며 토스크 알바이나어가 공식어이나 스쿰비 강 북쪽지방에서는 제그 방언이 통용되고 있다. 국경일은 11월 29일이다.

에티오피아

아프리카 북동쪽 홍해쪽으로 자리 잡고 있으며 아디스아바바를 수도로 삼고 있다. 무슬림 인구 비율은 전체 인구의 70.5퍼센트에 달하며 암하리크어를 공식 언어로 사용하고 있으나 무슬림들은 주로 아랍어를 사용하고 있다. 국경일은 12월 12일이다.

우간다

아프리카 동부 콩코 동북부와 케냐 사이에 있는 나라로 캄팔라를 수도로 삼고 있다. 무슬림 인구 비율은 전체 인구의 60퍼센트에 달한다.

이 란

아시아 서남쪽에 위치하고 있으며 테헤란을 수도로 삼고 있다. 무슬림 인구 비율은 전체 인구의 98퍼센트에 달하며 페르시어가 공식 언어이다. 터키어, 쿠르드어, 아랍어, 불어도 부분적으로 사용되고 있다. 국경일은 4월 1일이다.

인도네시아

아시아 남동쪽에 위치하고 있으며 자카르타를 수도로 삼고 있다. 무슬림 인구 비율은 전체 인구의 90퍼센트에 달하며 세계에서 무슬림 인구가 제일 많은 이슬람 국가이다. 바하사 말라이어가 공식어이며 여러 지역 방언이 사용되고 있다. 국경일은 8월 17일이다.

차 드

아프리카 중북부에 위치하고 있으며 은자메나를 수도로 삼고 있다.무슬림 인구 비율은 전체 인구의 80퍼센트에 달하며 불어를 공식 언어로 사용하고 있으나 아랍어도 통용되고 있다. 국경일은 4월 13일이다.

카메룬

중부 아프리카에 위치하고 있으며 야운데를 수도로 삼고 있다. 무슬림 인구 비율은 전체 인구의 50퍼센트 이상을 차지하고 있으며 동부지역에서는 불어가 그리고 서부지역에서는 영어가 공용어로 사용되고 있다. 국경일은 5월 20일이다.

터 키

아시아 대륙 서쪽 끝과 유럽대륙의 남동쪽 끝에 위치하고 있으며 앙카라를 수도로 삼고 있다. 무슬림 인구 비율은 전체 인구의 90.5퍼센트에 달하며 터키어가 공식 언어다. 쿠르드어, 아랍어, 영어도 사용되고 있다. 국경일은 10월 29일이다.

탄자니아

아프리카 동부 해안에 위치하고 있으며 다르에스살람을 수도로 삼고 있다.무슬림 인구 비율은 전체 인구의 70퍼센트에 달하며 스와일리어와 영어가 공식어이다. 국경일은 4월 26일이다.

토 고

아프리카 서부 해안에 위치하고 있으며 로메를 수도로 삼고 있다. 무슬림 인구 비율은 전체 인구의 55퍼센트에 달하며 불어가 공식어이다. 방언도 통용되고 있다. 국경일은 4월 27일이다.

파키스탄

아시아 남쪽에 위치하고 있으며 이슬라마바드를 수도로 삼고 있다. 무슬림 인구 비율은 전체 인구의 97퍼센트에 달하며 우르두어와 영어를 주로 사용하고 있으나 판밥, 신디, 푸스토, 발루치 지역에서는 지역 언어가 많이 사용되고 있다. 국경일은 3월 23일이다.

아제르바이잔

중앙아시아에 위치하고 있으며 바쿠를 수도로 삼고 있다. 무슬림 인구 비율은 전체에서 인구 8백 가운데 80퍼센트 정도를 차지하고 있다. 언어는 터키어를 사용하고 있다.

우즈베키스탄

중앙아시아에 위치하고 있으며 면적은 한반도의 2배이고 타슈켄트를 수도를 삼고 있다. 무슬림 인구 비율은 전체 인구 약 2,800만 명 중 85퍼센트에 달하며 25만 명의 한국인이 거주하고 있다. 언어는 터키어의 변형인 우즈베키스탄어와 러시아어를 사용하고 있다.

카자흐스탄

중앙아시아에 위치하고 있으며 면적은 한반도의 12배이고 알마티를 수도로 삼고 있다가 현재는 아스타나로 수도를 옮겼다. 공산화되기 전에는 무슬림 인구 비율이 전체 인구의 96퍼센트를 넘었으나 지금은 약 1,800만 명 인구 중에서 62.5퍼센트로 감소되었다. 언어는 터키어의 변형인 카자흐어와 러시아어를 사용하고 있다. 15만 명의 한국인도 그곳에 살고 있다.

키르키즈스탄

중앙아시아에 위치하고 있으며 비슈케크를 수도를 삼고 있다. 무슬림 인구는 전체 인구 약 680만 명 중에서 82퍼센트에 이르고 있다. 터키어의 변형인 키르기스어와 러시아어가 사용되고 있다.

타지키스탄

중앙아시아에 위치하고 있으며 두샨베를 수도로 삼고 있다. 공산화되기 전 1918년에는 국민 전체가 무슬림이었으나 지금은 전체 인구 약 800만 명 가운데 88퍼센트밖에는 되지 않는다. 페르시아어가 주로 사용되고 있다.

투르크메니스탄

중앙아시아에 위치하고 있으며 아슈가바트를 수도로 삼고 있다. 무슬림 인구 비율은 인구 전체 약 550만 명 중 80퍼센트에 달하고 있다. 언어는 터키어의 변형인 투르크메니어와 러시아어를 사용하고 있다.

중앙아시아의 이슬람 독립국가

53번부터 58번 사이의 6개국은 압바스조 시절에 이슬람화된 중앙아시아 지역이다. 트란속시아나 지역은 당시 이슬람과 아랍어의 배움터였다. 13세기에 들어와 몽고의 침략을 받으면서 이슬람 활동이 당분간 중단되었다가 사마르칸트의 티무르조 시절에 다시 재개되었다.

중앙아시아는 유럽 동부와 인도에 이슬람 문화를 전파하는 중심지가 되기도 하였다. 터키인들 모두가 무슬림이 되면서 이곳에 이슬람이 본격적으로 전파되었다. 1552년 카자흐스탄이 소련에 점령되면서 1783년에는 크리미아, 18세기에는 키르키즈스탄, 19세기 초에는 코카서아, 1847~1881년 사이에는 부카라와 사마르칸트 등 이슬람 중심지 역할을 해 왔던 트란속시아나(Mawara Al-Nahr)가 러시아 공산화에 완전히 넘어가고 말았다.

공산주의 소멸과 소련연방의 붕괴로 중앙아시아의 6개국이 이슬람 국가로 독립하였다.

부 록

이슬람 주요 사건 연대표

연 도(A.D.)	이슬람 역사	이슬람 제국의 변천	이슬람 문화
	예언자 시대		
570	무함마드 메카에서 탄생		
595	15세 연상의 미망인카디자와 결혼		
610	신의 최초계시 받음		
622	메카에서 메디나로 도읍 옮김 이슬람력의 원년이 됨		예언자 집 건축 후에 예언자 사원의 시원이 됨
630	메카 무혈입성		
632	무함마드 사망		
	정통 칼리파 시대		
632	아부 바크르 칼리프 즉위		
633		시리아 · 이라크 정복	
634	아부 바크르 사망, 우마르 칼리프 즉위		
639		이집트 정벌 시작	
640		페르시아 무슬림 수중에 들어감	
644	우마르 사망, 우스만 칼리프 즉위		
650			우스만 꾸란 단행본으로 편집
656	우스만 사망, 알리 칼리프 즉위		
657		알리 노선 이탈 카와리즈당 결성	
661	알리 사망. 시리아에서 우마위야 조 탄생		

연 도(A.D.)	이슬람 역사	이슬람 제국의 변천	이슬람 문화
		우마위야조 시대	
661	수도를 메디나에서 다마스쿠스로 옮김		
670		튀니지 까이라완이 북아프리카의 수도가 됨	우끄바가 까이라완에 대사원 건립
680	무아위야 사망, 아들 아지드가 칼리파 계승 알리의 차남 후세인이 카르발라에서 피살		
691			압둘말리크가 예루살렘에 바위 돔 세움
696			아랍화폐 주조, 아랍어가 이슬람 제국의 공용어 됨
705			칼리프 왈리드가 다마스쿠스에 대사원 건립 시작
711	다리끄 스페인 정벌에 나섬	무슬림군 이베리아 반도와 인도의 인더스강 침공	
717	우마르 II세 즉위, 개혁단행		
732		프랑크 왕국의 찰스 마르텔이 피레네 북부까지 침략해 온 무슬림군대 격퇴시킴	
750	아불 압바스가 마르완 II세 제압하여 우마위야조 전복		

연 도(A.D.)	이슬람 역사	이슬람 제국의 변천	이슬람 문화
	압바스조 시대		
750	아불 압바스가 압바스조 초대 칼리프가 되어 이라크의 하쉬미야를 수도로 삼음		
751			사마르칸드 근교 탈라스에 중국과의 싸움에서 승리, 중국포로로부터 종이 제조법 배우고 유럽에 전함
754	아불 압바스 뒤를 이어 형 만수루가 계승		
756		우마위야조의 압둘라흐만이 스페인의 코르도바를 수도로 하여 스페인의 우마위야조를 수립	
762	만수르 칼리프가 바그다드를 새 수도로 건설함		
765			쥐르시스 이븐 바크티슈가 바그다드에 의학교 설립
767			하나피 이슬람법 학과의 창시자 아부 하니파 옥사함
785			압둘라흐만이 코르도바에 대모스크 건립 시작
786	하룬 라시드 칼리프로 즉위		

연 도(A.D.)	이슬람 역사	이슬람 제국의 변천	이슬람 문화
788		모로코가 이드리스 하에서 독립	
799		튀니지가 아갈리브 하에서 독립	
800			무슬림 상인 중국 광동거주
801			언어학자이며 바스라 학자 시바웨이 사망
803			바그다드에 종이 공장 설립
810			압바스조 궁전시인 누아스 사망
813	하룬 라시드의 아들 마으문이 칼리프 계승		
827	무으타질과의 교리가 22년 동안 국교가 됨		
832			마으문이 바그다드에 지혜의 집 세워 그리스 작품들 아랍어로 번역, 세계지도서 제작, 과학 발전
836	무으타심이 수도를 바그다드에서 사므라로 옮김		
846	무슬림군 로마침공		
851			중국과 인도에 관하여 최초로아랍어로 기록됨
855			한발리 법학파의 창시자 아흐마드 이븐 한발이 무으타질라교리 거부로 투옥됨

연 도(A.D.)	이슬람 역사	이슬람 제국의 변천	이슬람 문화
857			초기 수피 주의자 무아시비 사망
868		이븐 툴룬이 이집트에서 툴룬조를 창건	
870			무함마드의 언행록을 수집하여 집대성한 부카리 대학자 사망
876			이븐 툴룬이 카이로에 이븐툴룬사원 건립
892	수도를 사마라에서 다시 바그다드로 옮김		
910		쉬아파의 파티미조가 북아프리카 지배	수피학파의 일원인 주네이드 사망
911		파티미조 튀니지 지배	
921			이븐 파들란이 러시아에 관하여 아랍어로 최초기술
922		불가리아에 이슬람 정착	수피창시자 할라즈가 이단혐의로 처형
923			꾸란 해설학자 따바리 사망
925			중세 철학자 · 의학자이며 천연두에 관한 최초의학논문 쓴 라지(라제스) 사망
929		스페인 코르도바의 압둘라흐만 III세가 세 번째로 칼리프 칭호사용	
945	페르시아의 부와이조가 바그다드 점령후 통치		

연 도(A.D.)	이슬람 역사	이슬람 제국의 변천	이슬람 문화
965			중세 아랍의 거장시인 무타납비 사망
969		파티미조가 이집트를 정복하고 카이로를 수도로 삼다. 메카 · 메디나 성지도 파티미조 지배하에 들어감	
970		셀주크 터키가 이슬람 수락한 후 페르시아 대부분점령	파티미조가 카이에 아즈하르 사원 및 대학 설립
998		가즈니조의 마흐무드가 페르시아와 북인도 점령	
1006			터키가 아랍어 문자 채용
1017			두르즈파 교리전파
1030		우마위야조 통치하의 스페인이 소왕국으로 분열	
1037			철학자 · 의학자인 이븐시나(아비케나) 사망
1054		말리 왕들이 이슬람 귀하	
1055	셀주크 터키가 바그다드 점령한 후에도 칼리프 호칭 그대로 사용		
1067			재상 니잠 물크가 바그다드에 니자미야 대학 설립하고 아쉬리야 교리를 정통신학으로 채택

연 도(A.D.)	이슬람 역사	이슬람 제국의 변천	이슬람 문화
1071		셀주크 터키가 비잔틴 제국으로부터 소아쉬아를 빼앗음	
1085		기독교군이 톨레도 점령하고 스페인 탈환시작	
1088			아랍 의학이 이탈리아 살레노에서 강의되고 중국에 소개
1090			중국문헌에 아랍인이 나침판을 사용하고 있음이 처음 소개
1091		노르만 군대가 이슬람 거점 시실리 섬 점령	
1095		우르반 II세 교황이 무슬림 지배하의 기독교 성지 탈환을 위한 최초 십자군 전쟁 선포	
1096	십자군이 콘스탄티노플에 착륙하여 남방진출시도	팔레스타인 인접지역에 십자군 국가 건설	신비주의자 · 신학자 가잘리 집필 시작
1099	십자군이 예루살렘 점령		
1111			가잘리 사망
1123			시인 · 천문학자 우마르 히샴 사망
1154			지리학자 이드리스가 제국의 답파를 위한 열망하는 자의 위안책 저술

연 도(A.D.)	이슬람 역사	이슬람 제국의 변천	이슬람 문화
1169	순니파 누르딘이 다마스쿠스를 기점으로 하여 이집트 파티미조 무너뜨림		
1171	순니파 살라히딘이 파티마조를 붕괴시키고 이집트와 시리아 술탄이 되어 아이유비조 세움	살라하딘이 쉬아파 파티미조 타도한 후 순니파 체제 부활	
1175	무이즈딘 무함마드가 인도에 최초 이슬람 국가 건설		
1176			살라하딘이 카이로에 2개 대학 설립, 카이로에 대성루 건설
1187	살라하딘이 히틴 전투에서 십자군 제압하고 예루살렘 탈환		
1211		터키인 일레트미시가 인도 델리에 술탄조 세움	
1219	칭기즈칸이 최초로 이슬람 제국 침공		
1220			페르시아 세라믹 산업 발달, 인도 델리에 델리 이슬람 사원 건립
1221	칭기즈칸이 보낸 몽고군에 의해 페르시아가 공격받다		
1227	칭기즈칸 사망		

연 도(A.D.)	이슬람 역사	이슬람 제국의 변천	이슬람 문화
1236		스페인의 코르도바가 기독교인 수중에 들어가다	
1238			스페인 그라나다에 알하므라 궁전 건축시공
1240		말리 아프리카 이슬람 제국 건설	수피 법학자 이븐 아라비 사망
1250	마믈르크조 카이로 장악		
1258	몽고군 바그다드 점령		
압바스조 시대			
1259			칭기즈칸이 페르시아의 마라가에 천문대 설치
1260	마믈루크조 시리아에서 콩고군 격퇴	마믈루크조가 이집트와 시리아 지배함	
1273			페르시아 신비주의 시인 잘 라루딘 루미 사망
1288			폐 순환기 계통을 발견한 이집트 의학자 이븐나피스 사망
1292		마르코폴로가 인도네시아의 수마트라에서 이슬람왕국 발견	
1295	페르시아를 지배하고 있던 가자칸 몽고인 통치자가 이슬람으로 귀화, 이슬람을 국교화		
1311			리사눌 아랍 대사전을 저술한 이븐 만주르 사망

연 도(A.D.)	이슬람 역사	이슬람 제국의 변천	이슬람 문화
1325			아랍 지리학자 이븐 바투타가 여행을 떠남
1345		이븐 바투타가 말라위에서 이슬람 발전상 견문	
1353			스페인의 그라나다에 알하므라 궁전 완공
1375			이슬람 사학자 이븐 칼둔 역사소설 무깟디마 집필시작
1377			이븐바투타 사망
1379	몽고-터키계 티무르 군대가 북방으로부터 페르시아 공격		
1385		알바니아에 이슬람 전파	
1390			페르시아 위대한 서정시인 하피즈 사망
1393		티무르 군대 인도 침공	
1400		남부 인도차이나에 이슬람 전파 인도네시아 자바섬 이슬람화	
1406			최초 현대사회학자 튀니지 출신 이븐 칼둔 사망
1453	우스만터키가 비잔틴의 수도 콘스탄티노플 점령		

연 도(A.D.)	이슬람 역사	이슬람 제국의 변천	이슬람 문화
1469		카스틸레 지역의 이사벨라 공주와 아라곤 지역의 페르디난도 왕자 결혼한 후 스페인의 대기독교 왕국건설	
1483		독일 종교개혁자 마틴 루터 탄생	
1486			유럽에서 라지의 아랍 의학대사전 라틴어로 번역
1492		스페인의 그라나다가 기독교군에 넘어감, 페르디난도와 이사벨라가 이슬람 도서관 방화. 무슬림과 유대인 추방	
1498		바스쿠 다 가마가 아프리카 대륙 남담의 희망봉을 거쳐 인도 도착	
1502	사파비조의 이스마엘이 페르시아(이란)를 건국하여 샤 칭호를 도입한 후 쉬아교리를 이란의 국교로 채택		
1508	사파비조가 바그다드 인수		
1514		사파비조의 쉬아파와 순니우스만 터키와의 전쟁	

연 도(A.D.)	이슬람 역사	이슬람 제국의 변천	이슬람 문화
1517	우스만 터키가 이집트와 시리아 인수, 메카 · 메디나 성역 보호 통치령 확립		
1520	술레이만 대제가 46년 동안의 장기집권 통치 시작, 터키인들 유고벨라그라드에 착륙		
1526		바부르가 인도 델리의 술탄조를 정복한 후 무갈제국건설	
1529	우스만 터키인들 빈 점령		
1535	술레이만이 프랑스에 교역의 특권 부여 터키인들 바그다드, 튀니지, 알제리 도착		
1546		우스만 터키인들 예멘 체류	
1550		아랍 상인들 캄보디아에 이슬람전파	
1556		아크바르가 황제로 취임한 후 인도 무갈제국 확장	
1583		필리핀, 셀레베스, 뉴기니에 이슬람이 전파됨	
1591		모로코인들이 서부아프리카의 송가이 왕국 제패	
1593		우스만 터키와 오스트리아 전쟁	

연 도(A.D.)	이슬람 역사	이슬람 제국의 변천	이슬람 문화
1599		브루나이에 이슬람전파	
1609			이스탄불에 블루모스크 건립 시작
1611		사파비조의 압바스 I 세가 이스파한을 새 수도로 삼음	
1631			타지마할이 샤자한의 아내 뭄타자를 위한 사당으로 인도 아그라에 타지마할 세움
1645		우스만 터키와 베니스 전쟁	
1653			타지마할 완공
1668		우스만 터키 크레테섬 정복	
1683	우스만 터키 빈 침공 실패	우스만 터키의 빈 함락	
1688		우스만 터키인들 벨그라드에서 추방되기 시작	
1699	카를로비츠 조약의 체결로 우스만터키는 점령한 유럽영토 상실		
1707		인도의 무갈제국 쇠퇴	
1730	페르시아의 사파비조 몰락		
1739		아라비아 반도에 와하비운동 시작, 압둘와합과 무함마드이븐사우드 왕자 간의 협정 체결	
1748		와하비운동 강화	

연 도(A.D.)	이슬람 역사	이슬람 제국의 변천	이슬람 문화
1757		로버트 갈라이브가 인도벵골의 무갈제국 제압하고 영국 식민통치	
1773		사우디가문이 리야드 지역 장악	
1788		우스만 터키-오스트리아 전쟁	
1792		무함마드 이븐 압둘와합 사망	
1798	나폴레옹이 이집트 정복		
1803		영국이 인도 델리점령한 후 무갈 황제를 꼭두각시로 인도통치	
1805	무함마드 알리가 이집트의 절대적 통치자 등극		
1806		와하비 당원들 메카정복	
1820		이집트가 수단 점령	
1826	마흐무드 II세가 쟈니사리를 학살하고 개혁단행		
1830		프랑스가 알제리 점령	
1832		이집트인 카르툼 건설	
1839		영국인 예멘 아덴에 도착, 아프가니스탄 내정간섭	
1860		서부아프리카 이슬람 제국이 프랑스 지배하에 들어감	
1861		튀니지 헌법선포	
1863		바하이야 운동 시작	

연 도(A.D.)	이슬람 역사	이슬람 제국의 변천	이슬람 문화
1877	우스만 터키-러시아전쟁		
1878		우스만 터키 유럽에서 철수, 영국-아프가니스탄 전쟁	
1881	영국의 이집트 점령, 프랑스의 튀니지 점령	이슬람개혁자 마흐디 수단의 권력장악	
1892		세네갈 올로프부족 이슬람귀화	
1895		일본인 최초 이슬람 귀화	
1897		우스만 터키-그리스 전쟁	
1899		영국이 수단 통치	
1900			무함마드 압두 이집트 대법관이 이슬람개혁 운동
1902			지르지 자이단이 이슬람 문명사 저술
1905			아주리가 파리에서 아랍연맹 결성
1906		페르시아 혁명에 입헌 군주제 채택	
1908	청년 터키당이 혁명을 주도		메카 오카즈신문 발행, 의회정치 시작
세계 1차대전 이후의 이슬람 세계			
1914	제1차 세계대전. 우스만 터키가 영국 · 프랑스에 대항하여 독일과 연합	이집트 영국보호령 됨, 쿠웨이트 영국보호령	
1915		제1차 세계대전후 아랍이 독립보장 가능성 갖고 영국과 동맹	

연 도(A.D.)	이슬람 역사	이슬람 제국의 변천	이슬람 문화
1917		영국이 바그다드 인수, 유대국가 건설을 지원하는 발포어 선언(영국)	동방에 그레고리안 태양력 소개
1918		유럽연합군 아랍권 독립희망 박살하고 근동 분할 시작	
1919		프랑스의 시리아 점령	
1921			이집트의 투탄카문 왕의 무덤 발견
1922		이집트 터키로부터 독립, 프랑스가 다마스쿠스 인수	
1925	무스타파 케말(아타튀르크)가 술탄제도 폐지, 공화국 선포	이븐 사우드 헤지즈지역 왕 됨, 레자 팔레비 이란 황제됨	아즈하르 대학이 예언자의 전통에 위배된다는 이유로 국가와 종교의 분리론 반대
1926			따하 후세인 아이얌 「지나간 날들」 집필
1927			소련이 점령한 이슬람 공화국 내에 라틴문자 채택
1928			터키가 라틴문자 채용
1931		압둘아지즈 이븐 사우드 사우디아라비아 왕국건국	
1934		이탈리아가 리비아 사수시 저항 운동 억압	
1936		압둘아지즈 이븐 사우드 사우디아라비아 왕국 건국	

연 도(A.D.)	이슬람 역사	이슬람 제국의 변천	이슬람 문화
1936		유럽거주 유대인 팔레스타인 이주 전체인구의 30퍼센트 차지	
1945		프랑스가 시리아, 레바논에서 철수 아랍연맹 창설	
1947		인도 영국으로부터 독립 파키스탄 탄생	
1948		영국이 팔레스타인 유대지역과 아랍지역 분할통치 이스라엘 건국 제1차 아랍-이스라엘 전쟁	
1949		인도네시아 공화국 선포	
1950		한국전 발발, 유엔군 터키에 의해 한국에 최초 이슬람전파 후세인이 요르단국왕 즉위	
1952		리비아 이탈리아로부터 독립	
1956		튀니지, 모로코 프랑스로부터 독립, 제2차 아랍-이스라엘 전쟁(이집트 수에즈운하 국유화), 수단 독립	
1959		나이지리아 고립	
1961		알제리 프랑스로부터 독립	

연 도(A.D.)	이슬람 역사	이슬람 제국의 변천	이슬람 문화
1963		파이잘 사우디 왕 즉위	
1964		팔레스타인 해방기구 창설	
1967		제3차 아랍-이스라엘 전쟁	
1975		칼리드 사우디 왕 즉위	
1977		지부티 프랑스로부터 독립 사다트-베긴 회담	
1978		이란 이슬람혁명 시작, 이란 샤 몰락, 켐프데이비드 평화협정 이집트-이스라엘 평화조약	
1979		소련의 아프가니스탄 침공	
1980		이라크-이란전쟁	
1990		소련 공산주의 몰락 중앙아시아의 이슬람 국가들 독립, 이라크 쿠웨이트 점령	
제1차 세계대전 이후의 이슬람 세계			
1991		연합국 이라크 공격(걸프전) 마드리드 선언과 팔레스타인 국가 건설 세르비아계 보스니아 침공 인종청소 대학살	
1995		보스니아 평화조약	
2003		미국의 이라크 점령	

찾아보기

ㄱ

ㄴ

ㄷ

ㄹ

ㅁ

ㅂ

ㅅ

ㅇ

ㅎ